U0112430

海外中国研究丛书

—— 到中国之外发现中国

Laurel Bossen

［加］宝森 著　胡玉坤 译

云南禄村

中国妇女与农村发展

Chinese Women and Rural Development

Sixty Years of Change in Lu Village Yunnan

江苏人民出版社

图书在版编目（CIP）数据

云南禄村：中国妇女与农村发展 /（加）宝森著；
胡玉坤译. —南京：江苏人民出版社，2024.5
（海外中国研究丛书 / 刘东主编）
书名原文：Chinese Women and Rural Development：
Sixty Years of Change in Lu Village Yunnan
ISBN 978 - 7 - 214 - 29070 - 0

Ⅰ. ①云… Ⅱ. ①宝… ②胡… Ⅲ. ①乡村—妇女问
题—调查研究—禄丰县 Ⅳ. ①D442.874.4

中国国家版本馆 CIP 数据核字(2024)第 073901 号

书　　　名　云南禄村：中国妇女与农村发展
著　　　者　[加]宝森
译　　　者　胡玉坤
责 任 编 辑　康海源
特 约 编 辑　解冰清
责 任 监 制　王　娟
装 帧 设 计　周伟伟
出 版 发 行　江苏人民出版社
地　　　址　南京市湖南路 1 号 A 楼,邮编:210009
照　　　排　江苏凤凰制版有限公司
印　　　刷　苏州市越洋印刷有限公司
开　　　本　652 毫米×960 毫米　1/16
印　　　张　35　插页 4
字　　　数　393 千字
版　　　次　2024 年 5 月第 1 版
印　　　次　2024 年 5 月第 1 次印刷
标 准 书 号　ISBN 978 - 7 - 214 - 29070 - 0
定　　　价　138.00 元

（江苏人民出版社图书凡印装错误可向承印厂调换）

"海外中国研究丛书"总序

中国曾经遗忘过世界，但世界却并未因此而遗忘中国。令人嗟讶的是，20世纪60年代以后，就在中国越来越闭锁的同时，世界各国的中国研究却得到了越来越富于成果的发展。而到了中国门户重开的今天，这种发展就把国内学界逼到了如此的窘境：我们不仅必须放眼海外去认识世界，还必须放眼海外来重新认识中国；不仅必须向国内读者迻译海外的西学，还必须向他们系统地介绍海外的中学。

这个系列不可避免地会加深我们150年以来一直怀有的危机感和失落感，因为单是它的学术水准也足以提醒我们，中国文明在现时代所面对的绝不再是某个粗蛮不文的、很快就将被自己同化的、马背上的战胜者，而是一个高度发展了的、必将对自己的根本价值取向大大触动的文明。可正因为这样，借别人的眼光去获得自知之明，又正是摆在我们面前的紧迫历史使命，因为只要不跳出自家的文化圈子去透过强烈的反差反观自身,中华文明就找不到进入其现代形态的入口。

当然,既是本着这样的目的,我们就不能只从各家学说中筛选那些我们可以或者乐于接受的东西,否则我们的"筛子"本身就可能使读者失去选择、挑剔和批判的广阔天地。我们的译介毕竟还只是初步的尝试,而我们所努力去做的,毕竟也只是和读者一起去反复思索这些奉献给大家的东西。

刘　东

谨以此书献给

弥敦（Nathan）

英格里德（Ingrid）

斯蒂芬（Stephan）

安妮卡（Annika）

塞拉芬娜（Seraphina）

目　录

1

图和表格

图

表格

度量衡

1 工＝0.4 亩（工是禄丰地区使用的当地单位，最初相当于一天劳
作的田亩数）＝0.027 公顷

1 公斤＝1 千克

1 斤＝0.5 公斤＝1.1 磅

1 公顷＝2.471 英亩

1 里＝0.5 公里或 1/3 英里

1 亩＝1/6 英亩＝0.067 公顷

1 元≈0.20 美元（1990 年）

容量到重量的转换

1 升糙米＝0.85 公斤

1 升稻谷＝0.54 公斤

关于拼音使用的说明

　　在整本书中,我采用了中华人民共和国制定的汉语拼音系统。老式拼法仅在英语世界的人们可能更为熟悉的情况才予以保留,比如"蒋介石"(Chiang Kai Shek)的拼写。当它们第一次出现在采用了不同拼音法的旧出版物时,我在括号内保留了其原先的拼写法,比如"费孝通和张之毅"[Fei and Zhang(Fei and Chang)]。为了保持一致性,费孝通、张之毅及田汝康[Tian(T'ien)]著作中采用不同拼法涉及的人名和地名,都转成了汉语拼音或英语拼法,甚至在直接引文中也如此。因此,表示"禄村"的 Luts'un 就写成 Lu Village,Tali(大理)写成 Dali,Chang(张)写成了 Zhang,Soong(宋)写成 Song,kung(工)成为 gong,mow(亩)写成了 mu。

致　谢

在过去十年,许多人帮助并鼓励过我致力于这一研究项目。我的研究得到了加拿大社会科学和人文科学研究理事会(Social Sciences and Humanities Research Council,简称 SSHRC)、魁北克省培训与研究基金会(FCAR)以及麦吉尔大学研究生院及人类学系等个人和团队科研基金的慷慨资助。在麦吉尔大学,我也获得了社会、技术与发展中心(STANDD)、麦吉尔妇女研究与教学中心(MCRTW)及东亚研究中心等机构的支持。在中国的机构中,我要感谢云南省社会科学院的接纳及其提供的机会,使我有幸结识了给予我帮助的许多同仁。当我在昆明时,云南大学时常成为我的一个工作基地、相聚之处及信息中心。其他提供了帮助的机构还包括云南省妇联、禄丰县政府、禄丰县妇联、金山镇及禄村行政班子。在香港,香港中文大学的大学服务中心图书馆也提供了很大帮助。这个中心本身是洋溢着信息和活跃学术交流氛围的一片绿洲。

麦吉尔大学的同仁始终给予了我很大支持。他们当中,我要特别感谢唐纳德·阿特伍德(Donald Attwood)、约翰·加拉蒂(John Galaty)、富美子·井川-史密斯(Fumiko Ikawa-Smith)、菲利普·萨尔兹曼(Philip Salzman)、德博拉·西克(Deborah

Sick)、布鲁斯·特里杰（Bruce Trigger）及已故的理查德·索尔兹伯里（Richard Salisbury）。托尼·马西（Tony Masi）和汤姆·勒格兰德（Tom LeGrande）对第八章给予了有益的评论，弥敦（Nathan Bossen）、戴玛瑙（Norma Diamond）、葆拉·弗里德曼（Paula Friedman）、葛希芝（Hill Gates）、西格伦·哈达多蒂（Sigrun Hardardottir）、朱迪思·米切尔（Judith Mitchell）及司佩姬（Margaret Swain）对整本书稿提过意见。我要感谢凯瑟琳·布朗（Catherine Brown）、陈春（Chen Chun）、胡晓文（Hu Xiaowen）、胡晓聪（Hu Xiaocong）、麦宜生（Ethan Michelson）、斯科特·西蒙（Scott Simon）、布赖恩·汤姆（Brian Thom）和赵天婴（Zhao Tianying）在研究和制图上给予的帮助。在系里，我感谢罗斯·玛丽·斯塔诺（Rose Stano）、黛安娜·曼（Dianne Mann）和辛西娅·罗马尼克（Cynthia Romanyk）给予的帮助。

其他许多人在不同时刻也都提供过信息、见解和鼓励。她们当中包括苏珊·布卢姆（Susan Blum）、孔迈隆（Myron Cohen）、顾尤勤（Eugene Cooper）、郝瑞（Stevan Harrell）、玛丽亚·贾斯乔克（Maria Jaschok）、朱爱岚（Ellen Judd）、雷伟立（William Lavely）、白海思（Heather Peters）、格洛丽亚·鲁道夫（Gloria Rudolf）、邱宝玲（Alan Smart）、约瑟芬·斯马特（Josephine Smart）、司佩姬、托比·施（Toby Shih）、悉妮·怀特（Sydney White）及卢蕙馨（Margery Wolf）。我要特别感谢葛希芝在研究缠足问题上给予的帮助，她将自己的问卷寄给我用于云南的调查。西格伦·哈达多蒂使我1999年的田野之旅那么令人愉悦。

在中国，我得到了更多朋友和同仁的协助，可惜我不能在此一一列举。这些人中包括云南省社会科学院的何耀华（He Yaohua）、贺志雄（He Zhixiong）、和钟华（He Zhonghua）、李曾

（Li Ceng）、邱宝林（Qiu Baolin）、俞文兰（Yu Wenlan）、赵君辰（Zhao Junchen）、周永华（Zhou Yonghua）、朱霞（Zhu Xia）及已故的郭震斌（Guo Zhenbing）和袁德珍（Yuan Dezhen），郑州大学的李小江（Li Xiaojiang），复旦大学的陈淳（Chen Chun）。禄丰县的潘振富（Pan Zhenfu）、贺建明（He Jianming）、钱成润（Qian Chengrun）慷慨提供了关于该县的书籍。金山镇政府的顾向苒（Gu Xiangran）、王琴生（Wang Qinsheng）、雷红（Lei Hong）、郭萍（Guo Ping）提供了数据。在田野调查中帮助过我的人们包括俞文兰、周永华、王芬（Wang Fen）、王希英（Wang Xiying）以及我不能在此一一列出姓名的其他许多人。朱霞在进行访谈和问卷调查方面提供了特别的帮助。胡傅（Hu Fu）和杨扬（Yang Yang）为我作了云南之行的准备工作。我很感激著名人类学家费孝通（Fei Xiaotong）和田汝康（Tian Rukang）给予的建议和鼓励。我在昆明逗留时，已故的向景云（Patrick Xiang Jingyun）及其妻子刘德伟（Pearl Liu Dewei）给予了巨大的支持、友情和盛情款待，并教会了我许多关于中国的事情。在香港，香港中文大学大学服务中心副主任熊景明（Xiong Jingming）给予了我深厚的友谊、鼓励和款待。加拿大前驻华大使弗雷德·比尔德（Fred Bild）及夫人伊娃·比尔德（Eva Bild）在北京招待了我，并使我有机会拜见费孝通。

我要感谢罗曼和利特菲尔德出版公司（Rowman & Littlefield Publishers）的执行编辑苏珊·麦凯克伦（Susan McEachern）、文字编辑杰汉·施魏策尔（Jehanne Schweitzer）和印刷编辑戴夫·康普顿（Dave Compton）帮我将此书付梓。

回眸逝去的那个世纪，我们可以对所发生的一些重大技术变迁感到欣慰。这些变化使无数妇女有可能放弃在织机前织布，转而在电脑上写作。我非常感激弥敦的帮助，这使我回想起他如何滑稽地模仿《织女叹》(Complaint of the Woman Weaver)，当妻子在家里无休止地从事她的工作时，其丈夫站在一旁给予道义上的支持。

女作家叹

饥肠辘辘，她依旧在书写，

酷寒下冻僵了，她还在撰写，

一页一页又一页。

时日苦短，

天寒地冻(在蒙特利尔)，

每一章的完成何其之难……

夫君欲劝阻，

可心又何忍。

默默不做声，

只是悄声站在电脑旁。

我最深切地感激我的家人，感谢弥敦，是他第一次带我去了中国，并给予我鼓励。我们共享了美好时光，也共度了艰难岁月。我要感谢英格里德，她不得不容忍了一个从事人类学研究的母亲，并愉快而机敏地经受了这一切。她1999年终于同我一起访问了中国，并受到热情的欢迎。再次感谢我的父母已为时太晚了，在其谢世之后很久，他们的支持一直支撑着我。

序　言　发现了一个母系家庭

　　1989 年 7 月，我第一次来到了云南省禄村。在云南省社会科学院、县里及当地镇上一小群外来官员代表的陪同下，我坐上了镇里的吉普车。车子在村口标志石的前面停了下来。作为访问该村的"第一个"北美人——至少到那时人们的记忆所及——我的出现使村民们中断了其正常活动，走出家门来观望。村民们确实告诉我，我是到访他们村的第一个外国人，有人甚至说我是他们见过的第一个外国人。① 当人群开始聚集时，官员们保护性地将我护送到了禄村行政班子所在地的二楼。在一个摆放着桌椅的大会议室里，他们端上了茶水。随后，村领导、旁观者、我本人以及来自省里与镇里的官方随从 20 多人开了一个公开会。在那里，我的陪同人员将我正式介绍给了当地干部，后者随后介绍了他们村，讲述了基本的经济状况。他们沿用的是村领导每当有外来贵宾或上级光临时使用的套话（作为有博士头衔的一名大学教授，我具备了被当作贵宾的资格）。

　　我解释说我对妇女与农村发展尤其是妇女的社会经济生活感兴趣，并谈到我要研究自中国最知名人类学家费孝通 20 世纪

---

① 第二次世界大战期间，人们在附近可能见过美国大兵，但许多人那时还太小以至于都记不起来了。

1

30 年代在那里开展研究以来所发生的变化。党支书指向了两位女领导——妇代会主任和计划生育专干。他要我问她们有关妇女在村里作用的问题，我照做了。这些微笑而坦率的妇女简短讲述了该社区妇女从事的各种劳动。她们没有因为绝大多数听众都是男性而感到不安，并在一个多数人都是本村村民的房间里自信地谈论着。她们简述的妇女工作非常积极而实在，但讲得较肤浅。她们坦诚的态度似乎是在说："现在我们已告诉您关于妇女及其工作了，您还想知道别的什么？"当我问及妇女的非农机会时，领导们安排带我到村里去转了转，去"视察"了妇女做豆腐卖的当地人家。

由地方组织向上级、外来权威人士汇报情况的这类公共活动，总令我很不自在，特别是当我注意到有权势的镇领导、来自城市有声望的学者、"尊贵的外宾"同必须履行职责的村领导之间不那么微妙的地位差异时更是如此。然而，当会议结束之后，我终于设法摆脱了正规礼节和随从，开始同几个妇女包括女领导闲聊了起来。一旦"离开了舞台"，我们都对刚才烦琐的礼节感到可笑，我知道我们是可以融洽相处的。作为村里妇女的代表，她们都是达观、健壮的中年人，看上去很自信而务实，她们在政治领导人面前显得很自如。她们也很理解我在发展的情境下研究妇女的兴趣以及我对于同妇女直接交谈的重视。

会议结束后，我们一行沿着村里狭窄的主街步行。走到村庄的尽头，我们在一幢二层的新楼房前停了下来，欣赏起这个现代建筑。这是党支书（村里最重要的领导）的家。他诚恳地邀请我们进去再喝点茶。我很害怕每个人都坐下来寒暄的装腔作势的场合，但一旦进入了这家的庭院，气氛就变得不那么正式了。我们在呷茶时，小孩子们在周围奔跑玩耍，我们来访者都开始放松了下来。

为了摆脱不断被男性官员和正规俗套所淹没的感觉，我同这家的妇女们交谈了起来，询问她们之间的相互关系——家里看上去有那么多妇女！这个村支书有 5 个成年子女，其中 4 个是女儿。那天在他家里，我首先碰到了他妻子，一个坚毅而自信的中年妇女，她不失尊严而自信地欢迎官员们。我随后碰到了一个高个子的老年妇女，她瘦削而结实，在她轮廓分明的脸上两眼闪闪发亮。她穿着整洁的传统蓝裤子与短上衣，村支书管她叫"妈"。嗣后，我被介绍给更年轻的一些妇女——他的已婚女儿及其中一个女儿的丈夫。

我开始写下她们的名字，期待有时间能回来作更多的回访。正是在那时，我发现这个支书生活在一个从妻居的家庭里，即男子成为他妻子家庭的成员，而不是相反。他岳母和女儿的姓都有别于他的，而在父系制之下人们是被期望从父姓的。他叫"妈"的那位妇女是他的岳母，他女儿们的姓都是他妻子家的姓。他其中一个女儿当然也是入赘婚（uxorilocally married），即"招进"了丈夫，而不是嫁出去。没有人表现出认为这些婚姻安排有何异常的迹象。我一旦意识到在院子里忙碌的所有这些妇女都是母亲和女儿时，发现以下事实就不足为怪了，即最小的小姑娘——希望支书抱着她到各处转悠（他经常这么做）的一个蹒跚学步者——是第 4 代。她也是一个由曾外婆、外婆（支书的妻子）、母亲和女儿构成的母系共居家庭中最年幼的成员。

这当然有别于此前数月我所生活的河南省村落里严格的父系制家庭。我在那里作访谈时不曾遇到过从妻居婚姻的任何个案。这一户的不寻常之处不仅在于它偏离了从夫居标准，而且也在于丈夫地位的不同。关于中国家庭的传统文献都强调，入赘婚中的男性一般是被瞧不起的，然而，这个党支书显然并非如此。他长期担任由 15 个不同村落构成的一个行政村的领导。他在 20 多个当地干部中职务是最高的。这是我初到禄村了解到的情况，当然激起了我的兴趣和回访愿望。在对其他 4 个村落（2 个在云南，2 个在河南）进行了相对短暂的比较研究后，我意识到，有费孝通以前的研究作为基础，禄村将提供一个独特的机会去探究从革命前时期迄今妇女所经历的发展变化。

有关安排的交涉

1990 年我回到了禄村进行了为期数月的较长时间的研究。那时只有一个助理陪着我，她是我从云南省社会科学院要来的一个女青年。镇官员热情地欢迎我们。由于官员们并不理解传统田野研究涉及在村里长期居住，他们也不能料想这种研究的内容或影响（这有可能给他们带来麻烦），他们坚持让我住在市场中心的招待所里，既为了维持政治正确（politically correct）的形象，也为了保护一个外国女性的健康与安全。后者被认为政治上是不可靠的、脆弱的并且不习惯艰苦生活，当权者决定不改变我时常提出的住在村里的要求。

对外国研究者而言，官员们关心的事情看上去通常显得很武断又不明智，作为政治借口也是软弱无力的，这对于严肃的研究来说是一个麻烦事，但我试图使自己设身处地为官员们着想。假如我得了重病，成为犯罪行为的受害者，或者公开谴责社会主义的某些缺陷而"使中国人感到难堪"，他们是要负责任的。由于普遍存在的城市偏见，官员们也相信，村落比城镇中心更危险，因为官员们在市镇控制着警力。就这样，我别无选择，只得住在他们的招待所里,我就待在费孝通 1990 年作了两天重访时下榻的同一个房间里。

我同几个村民协商开展研究的事宜。我雇了一个刚从工艺学校毕业的女青年当我的研究助理,她帮我确定了 80 个样本户,并进行访谈。其他官员和村民在整个项目过程中提供了多方面的帮助,特别是聪明、能干的妇女主任和计划生育专干及其家属,都很乐意给予解释、帮助联系并讲述当地状况和家庭生活。我们作出安排经常固定在一家吃饭,但也时常应邀去其他人家吃饭,休息并作调查。

自那时起,我多次回到禄村,进行或短或长的田野考察和调查,有时同来自云南省社会科学院的一个女助理一起去,有时独自一人或与家属同行。遵从卢蕙馨(1985)有关当研究者丈夫到场时女研究者被当作次要关注目标的忠告,在我自己站稳脚跟之前避免带我丈夫前往,即使他不是一个学者。在他第一次前去访问时,当地官员在我得知之前就匆忙杀了一只鸡设宴招待他。

伴随中国变得越来越开放,并愈加习惯接待来访者,各种安排的礼节仪式有所减少,但村民们的盛情好客总是不同寻常的。在 1991 和 1993 年,我搜集了许多妇女生活史的资料,1995 和 1996 年,我再次回来进行了更多访谈,还参加了婚礼,进一步从总体上了解到村里生活与变化的各个方面。1999 年更近的一次实地考察正好赶在稻谷收割时节,这为我提供了观察和参与某些劳动以及赶上其他变化的机会。这次也使我碰到了来自冰岛的一个博士研究生西格伦·哈达多蒂,她也是来禄村作人类学研究的。

计划与意外收获

为了探究中国妇女与农村发展这一主题，我的目标是通过田野调查获得定量（quantitative）与质性（qualitative）信息。我从村镇干部那里索取的定量数据，通常是从手写的表格中抄录的。这类数据表明了有关村里的官方看法，它们对于理解禄村经济与社会的总体特征很重要，对于确定禄村内部的变化并将禄村的一般情况同镇、省及全国其他地方的状况作对比也很有用。

我使用了禄村的户口登记簿来选取入户访谈的随机抽样样本。我从中选择了两种访谈样本。第一套访谈有 80 多户，是1990 年进行的；第二套 50 户，是 1997 年由一个助手完成的。这些访谈覆盖了诸如家庭成员、就业、农业劳动分工、收入与支出、婚礼与盖房花销、生育与生育控制、迁徙、政治经历及现代财物等。1996 年我对老年妇女进行了另一套 50 份的问卷调查，以便对费孝通研究时期的妇女状况有更清晰的了解。这些问卷涉及婚姻、妇女为自己家及其丈夫家从事的劳动以及她们家的缠足活动。此外，我选择了许多个人进行了较长时间访谈并搜集了生活史的资料。[①] 这些个人主要是从我随机抽样样本中已访谈过的那些人当中基于趣味相投或感兴趣而选择的。因此，生活得到了更详尽呈现的兴许是更习惯于同陌生人交谈的那些人。所以，这些故事可能并不包括较无技能或兴趣同外人沟通的那些人。干部是同陌生人交谈最轻松自如的人。尽管他们可能采用相当标准化的介绍村里事务的方式，但他们自己的生活往往充满了远非

---

① 在整本书中，为了保护被访者的个人隐私，我为禄村村民选择了假名。

程序化的丰富多彩的经历。

在多数田野考察中,我都由来自云南省社会科学院的某个人作为**陪同**陪着。起初,像大多数外国研究人员一样,我感到要求这样做是为了盯着我,对此还颇感不快。我还被要求支付她们的开销以及各种行政费用。但我意识到,假如我要求**陪同**是女性,并聘她们为研究助理,她们对于我的研究可能会起重要的作用。在下面各章,我不时提到陪伴我的研究助理而没有列出具体姓名。我这样做是为了避免混淆,因为我在禄村时曾分别同三个不同的女青年俞文兰、王芬和朱霞工作过。俞文兰和王芬1990年帮过我。1991年,俞文兰再一次与我同行。在1993—1997年间的不同调查中,我雇了非常能干的朱霞当我的助手。我感到非常庆幸能同这三个女青年一起工作,她们每个人都很聪明,而且非常勤奋。特别是朱霞,她1996年和1997年帮我进行了问卷调查,并作出了重大贡献。我则最终负责所收集到的数据的研究和解释。

值得一提的是,外国研究者、研究助理同当地居民之间的关系总是错综复杂的。我发现,在我最初的调查中,当我助手还是年轻的单身女子时,有关妇女的某些主题还是禁忌。讨论性、生育控制及生孩子等问题最初会使她们感到不好意思,当被访的村妇意识到我的助理是未婚者时也感到很不自在。但她们相当乐意同我讨论这种主题,因为她们知道我已婚并有一个女儿。当我问及生育控制问题时,王芬起初常离开房间,即使我的发音很难为当地妇女所理解,而王的协助很有用时。随着岁月的流逝,这些年轻妇女中的每个人都结婚并生了孩子。到那时,她们在场讨论更宽泛的各种主题时就变得更能被接受了。村妇们在缺乏经验者面前谈到这些主题时会小心地提防着,即使关于生育控制的信息得到了广泛而公开的传播。

我田野考察的质性研究促使我在村里尽可能多待些时间,访问并观察不同的活动。我几乎每天都在村里吃饭,并应邀在许多人家吃过饭。我观看菜园、猪圈并上厕所。我也应邀参加婚礼和其他庆典。我广泛与人交往并观察人们的日常生活。我最珍爱的一些回忆是在校园打篮球,观看孩子们玩斗蛐蛐,爬山去找野蘑菇,同一群朋友坐在街边或院子里聊天。我对割稻时节的酷热和劳累也有鲜活的记忆。参加村务会议不那么费力,但它们又长又慢。我走访当地各种场所,到集镇去赶集,拜访有在城镇工作或拥有城镇公寓的村民们的亲戚。我也同镇官员一起开会吃饭,复印镇办公室的档案,购物,并骑着我的自行车转悠,参观当地寺庙和恐龙博物馆,并坐马车和公共汽车。有人请我将镇里政府旅馆的名称和县里恐龙博物馆的简介翻译成英语(该地区因其恐龙化石而闻名)。镇官员也邀请我参加当地文艺演出并拍摄照片,来自禄村的表演者同该镇其他村争夺奖项。涉足镇里的生活,并没有使我感到自己远离了村落生活,因为我通常在镇里碰到村民们,并了解到他们到那里购物,走访或做其他生意的频率。

我研究的结果既在预期内,又有意外的收获。我原计划获得基本的人口与经济数据,但我并未打算要去了解女性自杀或缠足问题。我没想到能去参加一个分地的会议,我当然也没想到去观看村文艺演出的许多彩排,这是为了参加在镇里举行的一个大型杂艺表演。我总觉得田野调查是"机会主义的"(opportunistic),我当然也觉得我的机会受到了政府强加的大量限制的局限:我经过了一套复杂的手续才获准去作研究,当局不允许我睡在村里,最初要求我作短暂的调查以及由政府公务人员陪着我。同时,我能同村民和镇官员一起度过很长时间,他们都极其好客并给予了帮助。经过 10 年的田野考察，我对村里许多老朋友的拜访都是令人温暖和非正式的，而我同官员的联系则更疏远，这些人员在此期间都有了变换。

第一章　中国西南的禄村：挖掘社会性别问题

云南是中国西南的边陲省份；它的名字"云之南"本身就带有距离感。它距中原较遥远，就像是悬挂在亚洲大陆的背脊上，剥离了为崇山峻岭所阻隔的江河盆地。从中部各省去云南很不易，因距离滋生的疑虑致使不久以前还盛行着云南是一个充斥着野蛮夷人的荒蛮之地的古老看法。据说只有三国时代足智多谋的神一般英雄诸葛亮及后来无所畏惧的蒙古人才迫使他们臣服过。（费孝通和张之毅［Zhang Zhiyi］1945：7）

假如你有钱，不用担心到你想去的任何地方去，甚至是去云南或贵州。这是 20 世纪初较流行的描述财神爷的对句。（葛希芝 1996：148）

据说云南的汉人从前是两类人的后裔：被贬谪的官员和遭流放的罪犯。——1959 年下放到云南的向景云（向景云和刘德伟 1999）

坐落在省城昆明西边大约 100 公里处的禄村，被云南中部的群山所环抱。它是点缀一个布满灌溉稻田的大山谷的许多密集村落和小村庄之一。1989 年时从村外望去，这个封闭的带着乡土色调的小村，仍非常像中国最知名的人类学家费孝通所描述的那样。费氏1938—1939年在此地作研究之后,他将这个社区称作"乡土的"。四周的田野毗邻并环绕着鹅卵形村庄的围墙,大片鲜绿的稻田闪闪发亮,平坦的田野上没有高大树木的遮挡一直伸展到一座附近的小山,而原野的周边则是更高更黝黑的群山。夏天可见到零星的人影在田间劳作,他们或在除草或在打农药。从山顶上望去,禄丰大城在远处清晰可见。它跨越了一条小河,恰好处于该河谷的中心。不像到处泥土色的禄村,禄丰县的主色调是城市灰色的水泥街道和水泥建筑物,这里有更深色更大型的建筑群,在远处就能嗅到它的工业气息。

照片1.1　从稻田看到的无窗泥墙的禄村(1989年)

　　从县城通向禄村的柏油马路绕着该村改变了方向,朝着绿色的山谷延伸出去。人们步行或骑车进城,偶尔可见吵闹的拖拉机发出突突声从身边开过,那时小汽车和卡车不常见。一旦进入禄村,你几乎看不到什么植被。除非爬到屋顶,否则你看不到田野。主街道笔直而狭窄,尽管刚刚铺过,但还略显泥泞,路的两侧是敞开的排水道。街道两边的房屋和院墙呈浅褐色,即枯叶和干泥的颜色。它们同拥挤的房屋围墙之间纵横交错、肮脏而狭窄的人行道交织在一起。沿着禄村的主要道路(这里没有任何中心广场),人们的街巷生活因鹅在路边沟中戏水,孩子们追逐玩耍、穿着积满灰尘的蓝布衣的老年男子坐在门前台阶上或蹲在路边下棋而充满了活力。妇女们成群聚集在路的另一侧。她们坐在小草凳上一边闲聊,一边清理蔬菜,有的还在做布鞋。水牛或马拉的车偶尔缓缓而过。这一切很易于使人联想起禄村还是革命前岁月里的那个样子,用民族志(ethnography)的老生常谈来说,是现代3 城市和工业发展在很大程度上"未受触动"之地,人们一如既往过着慢节奏的农业生活。诚然,这个地方有许多东西似乎是"永恒的"——色彩、气味、泥泞的小道、农用牲口、主街上的排水道、身穿蓝或灰色棉衣和黑布鞋的老年男性和妇女分开的群聚。但没有人应长久沉湎于这种想像。

泥墙而不是窑烧的砖盖成的房屋,对于西方人来说,即使是新的,也显得较旧。曾有过的村里庙宇和族庙已派上了别的用场:有的住着好几户人家,其他的则用来当农具和打谷机的仓库。若仔细瞧一瞧,仍可辨认出从前寺庙绘画的遗迹,高墙上有褪了色的革命标语的潦草笔迹。一幢原先地主家的大房子和有围墙的院子现在成了学校和校园。这个空间的一端有个篮球场,另一端有一棵能遮阴的老树,这是曾经位于此处的这座绅士庭院静谧魅力的唯一一点踪迹。

禄村行政班子所在地是一幢相当新的两层长方形水泥结构房屋,有着"斯大林式现代"设计。沿街一直下去在村的尽头是党支书的家。金属大门的里面是一栋黄白相间抛光瓷砖的二层新楼,这同邻近住家泥土色的主色调形成了鲜明的反差。禄村并不是凝固不变的,费孝通1938年来到时它也不是静止不动的。这

个村有它自身的历史和不断变化的命运。然而,我开展研究的
10 年,正是变化明显加速的时期,就像中国其他地方的村落一
样,这个村开放了。随着村、镇和城市之间交通的发展,住房、衣
着和交通工具上的翻新和色彩变换,预示着它同外面的世界有了
更广泛的交流。

重访中国人类学的研究前沿

许多人类学家被中国西南多山的云南省所吸引。不同的文
化群体分散在这个边陲省份崎岖不平的山脉与山谷之中。它的
西边同西藏地区和缅甸接壤,南邻老挝和越南,东边是广西和贵
州省,北边是四川省。同完全汉族地区的相对整齐划一相比,云
南充溢着色彩、对比度和人群的奇异混合。这使它在整个 20 世
纪成为中国人进行"社区分析的实验室",对外国人类学家也很有
吸引力(费孝通和张之毅,1945:7)。[①] 当代人类学家主要是在云
南寻找观察中国少数民族的机会,但在 20 世纪 30 年代,即便"原
居民"近在咫尺,到那里作研究的中国社会科学家,也有可能去研
究汉族(中国主要的民族)。他们将云南当作研究中国汉族农村
社区变化的一个适宜之处。我也来到云南研究汉族村民,但我是
特别来研究发展对农村妇女的影响的。

1938 年,即 60 多年以前,中国最知名的人类学家费孝通及

[①] 有关云南的早期民族志研究包括许烺光(Hsu 1952,1967)、费子智(Fitzgerald
1941)、奥斯古德(Osgood 1963)及田汝康(1944)。

其同事张之毅①对云南省的农地制度和农村发展进行了一项里程碑式的研究。他们属于因日军占领而离开了其沿海家乡和大学来到了抗日后方——中国西南边陲的社会科学家。他们在该省的省城昆明建立了一个研究室。费孝通和张之毅研究了云南中部的3个社区，这在他们关于中国土地所有权的经典之作——《乡土中国——对云南农村经济的研究》（*Earthbound China：A Study of Rural Economy in Yunnan*）②中作过描述（1945）。禄村是这3个社区之一，最初被拼写为 Luts'un。③ 它位于当时著名的滇缅公路（Burma Road）边上。这条路线是第二次世界大战期间为中国提供物资的供给线。

费孝通的研究是我最初选择云南省的一个主要因素，我借此能够评估中国社会性别组织不断变化的形式。他的经典之作《乡土中国》表明，从人类学对中国其他地方（如黄河沿岸的华北平原和靠近长江三角洲的华东地区）的描述来看，云南表现出了有趣的不同之处。然而，他的著作主要侧重于农地制度，他对社会性别制度的描述只不过是他主要意图的附带主题。我的目标是去理解社会性别制度同农业系统是如何关联的（在中国境内这两种制度总是不断变化的），并审视20世纪末的革命性变化如何影响

---

① 在《乡土中国》中，张之毅最初被写成 Chang Chih-I 和 Tsi-yi Chang。费氏是关于禄村的这本著作的主要研究者和该书第一部分的作者，因此下文中被称为禄村研究的作者。据欧达伟（David Arkush）的研究，费氏作禄村调查的时间是1938年11月15日到12月23日和1939年8月3日到10月5日。欧达伟提到，这项研究是1940年1月完成的，并以《禄村农田》的书名出版（欧达伟1981：80）。

② 1945年版的 *Earthbound China* 翻译成中文出版时改名为《云南三村》。但为了体现本书作者对禄村乡土特性的强调，译者选择将书名直译为《乡土中国》，尽管这与1947年初版的费氏文集《乡土中国》是重名的。——译者注

③ 费氏给这个社区取了一个假名，写成 Luts'un，现在用拼音（这是中华人民共和国的官方拼写系统）写为 lucun。这个村名让人想起它同禄丰这个挨得最近的县城的联系。

到妇女同男性以及同农田的关系。

1938年,禄村是一个仅有122户、694口人的小社区。这个村名是费孝通和张之毅给它取的假名,突出了这个村同更有名气的禄丰县和禄丰集镇的关系。费孝通和张之毅研究的这个村不再是一个离散的实体。革命之后,村民们被重新纳入了新的单位,禄村也扩大了。1990年,我仍可辨认出费孝通曾拜访过的位于村落中心的房屋和家庭。但现如今,禄村总共包含15个"村民小组",以前称为"生产队"。照一般说法,这些小单位仍常常被叫着"队"。为了方便起见,我继续采用这个术语。① 1988年,禄村管辖的人口已达到2943人,共693户,是费孝通及其同事50多年前研究时人口规模的4倍多。

大禄村指的是整体而言的行政村结构,它包括15个队。当我研究生活在中心地区和居住在更偏远小村庄里的那些人之间的差异时,我分别以禄村**中心**和禄村**小村庄**加以区分。禄村中心由8个队构成,是一个单独的相当密集的聚落,紧挨着通往禄丰县城的公路。它占禄村总人口的57%,共有1680人。禄村小村庄包括7个偏远而分散的队。禄村中心和禄村小村庄并不是得到正式认可的行政划分,只是姑且用来区分居住在紧挨着那条公路的密集群落,同居住在更难通达公路的那些地方。

在禄村中心,各队既不是离散的地域单位,也不是分离的亲属单位。住在中心的街坊邻里通常属于不同的队,而队里又包含不同的宗族和姓氏群体。所有15个队合在一起的焦点在于它们对某些地块拥有管辖权;从特定队里获得土地的村民就处于其管

---

① 科林·卡特(Colin Carter)等从总体上描述过中国改革。他解释说,"村民小组相当于以前的生产队,是由约20—30户构成的"(1996:10,99)。

辖范围之内。这是自 20 世纪 50 年代土改起就确立的一项安排。

在得知费孝通和张之毅只研究了现在禄村中心一地之后,我认识到了困扰大多数人类学与发展研究包括我本人研究的再现/(错误)再现的问题,这里指"道路偏见"(road bias)问题。[1] 在关于中国农村的文献中,迄今所研究的大部分村落都靠近主要城市和交通要道,因为这些是外来研究者更便于达到的地方。[2] 禄丰靠近滇缅公路,而禄村中心距离镇中心也不太远。假如我仅偏重于中心部分,我将会复制原先研究中固有的道路偏见,政府官员已试图使我选择更富裕的社区。这样的话,我将只能了解到最有可能是处境较好的那些人的生活境况,因为他们处于更中心的位置上。

虽然《乡土中国》将禄村描写成无任何工业的相对孤立的村落,但中心村却有周边小村庄所缺乏的优势。如今,这个中心有小村庄缺乏的学校、马路和行政资源。禄村中心有一家其先祖可追溯到明朝官员的望族。这个家族在 20 世纪初就培养出受过大学教育的儿子们,其后裔在费孝通研究时代和如今仍生活在那里。我推断假如我也收集有关大禄村更偏远小村庄的信息,我可能会对中国较不富裕的乡村生活获得更

---

[1] 罗伯特·钱伯斯(Robert Chambers)提出了"道路偏见"这个概念(1983)。考德威尔等(1988)发现,印度(India)南部的镇与分散的村庄之间存在着显著差异。

[2] 长弓村(Long Bow)因韩丁的著作而扬名(Hinton 1966),它位于山西长治市郊区(原文长春市——译者)。费氏(1939)研究的江苏开弦弓村(Kaixiangong)靠近苏州,而黄宗智(Philip Huang)著作(1990)的关注点位于长江三角洲,波特夫妇(1990)描述的增埗村坐落在珠江三角洲,靠近广州(原文靠近广东——译者)并在铁路边上。温婉芳(Yuen-fong Woon 1990)和詹森(Graham Johnson 1993)也是在珠江三角洲进行研究的。诺曼·钱斯(Norman Chance)对北京郊区做过研究(1991)。在四川,恩迪科特(1989)研究的村也挨近铁路。葛瑞峰(1998)研究的村离一条铁路 9 公里(距成都市 90 公里)。同样,葛苏珊(1993)在陕西研究的 3 个村和朱爱岚(1994)在山东研究的 3 个村都靠近主要的城市中心。

好的了解。利用户口簿,我从 15 个队的全体人口而不仅仅是禄村中心选取了访谈的随机抽样样本。虽然某些队同县城有了相当好的交通联系,其他队则只有肮脏的泥路,甚至是狭窄的小泥道,由于布满泥浆有时连马车都难以通行。不像位于禄村中心的那些队,其他一些队还缺乏自来水,他们从井里汲取饮用水,并在道边小水沟或灌溉渠里洗衣服。从最远的队步行去集镇,需要花 2 个小时时间,而从禄村中心去只需步行半个小时。

禄丰镇:县城和市场中心

禄丰有着较高的行政级别和最靠近的主要市场,其对于村民来说无疑是每周(如果不是每天)生活的轨道。费孝通将 1938 年时的这个集镇描述为"村民几乎所有买卖活动的中心",并提到"在每个赶集日,几乎每户都会派一名代表去那里卖农产品并购置必需的商品"(费孝通和张之毅 1945:47—48)。

从图 1.1 可以看到,禄丰县属于楚雄彝族自治州,这表明处于楚雄管辖之下的这块地域,有大量在民族构成上被确定为彝族的人口。他们是汉人在云南定居之前就生活在这里的许多原居民之一。在 20 世纪 30 年代,费孝通描述过不属于禄村的少数民族,他们主要生活在周边的山上,但也来禄丰赶集。如今,彝族和其他少数民族在禄丰的市场上更不易看到了。人们偶尔会发现几个少数民族在那里,但假如他们赶集时人数较多的话,在着装上也一定不像过去那么与众不同了。

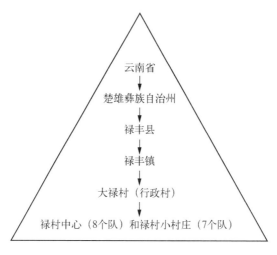

8

图 1.1　政治结构

中国的社会性别

我为禄村所吸引源于我对中国农村社会性别关系的总的兴趣。在 20 世纪 70 年代社会性别研究闯入北美大学课程之前,对妇女与土地的研究是个禁区。但在最近几十年,人们的兴趣有所增长。在本研究中,我探究导致不同类型社会性别关系的诸多因素。我详尽描述了在云南禄村汉人中发现的社会性别制度,并揭示自费孝通首次撰述该村以来影响这个村经济发展的各个方面。

像许多北美人一样,我先是意识到我自己社会中的社会性别不平等以及妇女争取平等权利与尊重的历史斗争,然后出于更广泛理解这些性别不平等的愿望开始了对其他社会的研究。对中国过去、现在及将来社会性别关系的强烈好奇心驱动了我的研究愿望。一个社会如何形成如此极端的风俗,谁从中受益,什么促成其发生变化,了解这些问题的愿望促发了我的兴趣。然而,我的好奇心不仅限于瞄准中国的历史。在一个拥有 12 亿人口的国度里,男女比率即使是 1‰ 的"微小"上浮,都会影响到数百万人的生活。

"这些罪恶缘何而来?""它们在过去和现在仅仅是'中国父权制文化'的一部分吗?"假如是这样,我们仍不清楚其起源或持续不断的原因。它们能否被看作人们在某些社会、经济或政治环境下采取的策略?倘使如此,这些环境又是什么?它们可以被具体罗列出来吗?以往那么抓住中国社会观察者注意力的这些问题有多普遍?新闻报道告诉我们,其中一些,如杀女婴、拐卖妇女、卖老婆及较高的女性自杀率仍旧存在,特别是在农村地区。这些现象在农业社会难道是有根基的?假使如此,看上去对女孩和妇女无疑有害的行为,是如何适应中国农村男女组建家庭并为生存和富裕而奋斗的更大社会情境的?

有计划的发展体制究竟能改善多少妇女的生活?在其他制度业已失败的领域里,它取得成功了吗?由市场驱动的发展为中国妇女带来了更好的还是更糟的未来?这些显然是对一个村落的研究难以回答的一些大问题。然而,禄村是特定场景下发生了变化的一个充足例证。它也折射了不同的环境和关系,其中包括历史、当地、全球、经济、政治及文化等各个方面,导致特定后果的方式。

对单一村落的研究,再加上特别获益于费孝通所作的一项非凡的早期研究,使我们得以探究这些较大的概念与抽象物,如中国文化、社会主义计划、市场驱动的发展,如何影响到日常生活中的社会性别。它使我们看到在这些较大建构之内生活的人们在当地情境下是如何相互对待的,并使我们考虑到同样影响生活质量的更地方化和个人化的其他因素。感谢费氏的研究,我们得以通过禄村这个农村社区来审视中国的发展如何随着时间的流逝而发生变化,我们还可以发现并理解区域多样性,并且至少可以在妇女同男性的生活对比之中获得一些认识。这一历史与区域场景创造了一个异常好的机会,来审视塑造中国社会性别关系的各种变量,在某些情况下它给予妇女更大的权力与价值,而在另一些情况下则不然。这使我们得以问一问禄村的社会性别制度如何及为何有别于华北平原、内蒙古、长江三角洲或珠江三角洲汉人村落的社会性别制度?尽管没有任何村落可以被看作代表中国农村,我们仍可以通过分析和比较翔实的地方研究更好地理解并确定中国更令人忧虑的社会性别关系的起源。

中国村落的变化和多样性

1976年后,中国开始逐渐而有控制地向西方学者开放,但对信息和实地考察的限制,仍使他们很难开展独立的田野研究,尤其是在农村地区。其结果是,同中国庞大的农村人口相比,人类学家所进行的村落研究屈指可数,对社会性别的研究就更有限了(朱爱岚 1994;帕斯特纳克和萨拉福[Pasternak and Salaff]1993;波特夫妇[Potter and Potter] 1990)。革命岁月里,中国人类学家中断了研究,而更年轻的几代人仍受到政治和有限的培训与资金的掣肘,直到最近才开始发表其研究成果。而境外人类学家碰到了田野作业的许多政治障碍,他们通常被禁止在单个农村地点长时间逗留(卢蕙馨 1985;顾尤勤,2000)。鉴于在中国农村开展研究的种种困难,其他有价值的地方资料就只有中国各地由男性书写的(或是"文革"期间下放到农村的城市妇女所写的),并且是关于村里男人的传记作品。[①]

　　改革时期许多最初的长期村落研究都偏重于富裕的华南广东省，该省有许多海外联系（波特夫妇 1990；陈佩华［Chan］等 1992；萧凤霞［Siu］1989）。直到最近，中国其他省份的村落才得到了更多关注（帕斯特纳克和萨拉福 1993；景军［Jing］1996；阎云翔［Yan］1996；高默波［Gao］1999；葛瑞峰［Ruf］1998）。这些村落研究探讨了革命性政治与经济变迁的多元化和地方化后果以及现时中国发展面临的挑战。然而，几乎没有什么基于田野考察的研究，将社会性别当作发展过程的一部分来系统地予以研究。一个主要的例外是朱爱岚（1994）对山东 3 个村落所作的比较研究，她揭示了妇女就业上的地方性差异。朱爱岚的研究显示，山东妇女的权力（power）是很有限的，革命年月里官方所推动的增强妇女权力的措施在许多方面受到了当地抵抗与国家权力的束缚和削弱。这些发现得到了有关中国农村改革的其他社会性别研究的支持。

　　虽然汉族人口中的社会性别常常有别于中国少数民族的社 11 会性别，但汉族社会性别制度并不是铁板一块的。在父权制的一般准则之下，汉人的社会性别关系错综复杂，而且变化不定。增进对中国农村不同地方和区域社会性别模式的认识，有助于找到并确定促进或阻碍妇女发展的各种条件和关系。对不同地区的社会性别展开类似的民族志研究，对于确认有利于男女平等或消

[①] 黄树民（Huang Shumin 1989）和彼得·西博尔特（Peter Seybolt 1996）分别写过厦门（Xiamen）和河南男性村干部的传记。张戎（Jung Chang 1991）关于中国三代女性传记的畅销书——《鸿》（*Wild Swans*）是由城市干部的女儿撰成的，并不是基于村落的研究。一个生于农村、受过教育的白族男性所写的自传，通过描写他同云南几个妇女的密切联系，对农村的社会性别问题提供了很有价值的见解（何力毅［He］1993）。

除歧视的地方化因素是必要的。

伯顿·帕斯特纳克和珍妮特·萨拉福(1993)就影响中国北部边陲汉族移民的区域动态研究提供了一个重要范例。通过研究汉族移民将其集约化的农耕体系带入内蒙古之时生态、技术、文化与社会性别之间发生的交叉互动,帕斯特纳克和萨拉福勾勒了"汉人方式"("Chinese Way")的生活在一种文化中的漫长历史和广泛传统。这一文化"同化并重塑了与之接触的那些人的文化"。

> 汉人方式同建立在稠密聚落和集约化耕作之上的经济是密切关联的。中国是一个"过密化"(involuted)社会(格尔茨 1970)。[1] 农民将不断增大的人口压力转向土地。他们将更多劳动力和注意力用于从有限空间榨取边际增量。很久以前,汉族就找到了在大部分时间都管用的一种调试方式。为了得到这种劳动密集型管理方法所需要的劳动力,农民们都偏好父系—从夫居的扩大家庭,并强烈偏爱儿子。这种适应性使汉族能尽可能填塞到中国所有地区,而其漫长历史也证明了那一成功。

> 但是,这也存在着局限性。在有的地方,汉人方式可能传入了但并未真正征服。这往往出现在因其恶劣环境而不利于人们居住的地区。(帕斯特纳克和萨拉福 1993:4)

同中国北疆农牧民的"生态区"相比,帕斯特纳克和萨拉福指出,在农耕地区,蒙古人的情况是这样的:

> 采用了北方汉族的耕作方式和汉民的生活方式……他

---

[1] 历史学家黄宗智(1990)也阐释过中国历史上的"过密化"(involution)这个概念。

们同汉族人杂居,在文化上已变得同汉族无法辨认了。在建筑、服饰和活动上,我们几乎找不到同汉人方式有重大差别的迹象。他们的谋生手段几乎相同,得到的收入也几乎一样。他们常通婚。像汉族一样,他们也偏爱早先的从夫居婚姻,有两三个孩子以及主干家庭。(1993:265)

相形之下,在农耕不甚成功的生态区,汉族牧民开始变得"更像游牧的蒙古人,而不是从事农耕的汉族……由于汉族迁入内蒙古并适应了草原生态,他们放弃了耕作和许多汉人式的民族传统"(266)。

帕斯特纳克和萨拉福侧重于研究有利于农耕或游牧的环境, [12] 但有一种类似方法也可以用来区分旱地和灌溉的农耕系统。这通常同南北差异有关。

葛希芝(1996)批评过根据从北到南的气候梯度变化(导致所种的庄稼不同)来审视农业的生态方法。她同时也反对生态、族群和儒家的教育理论:

> 在所有各类现象中,由北到南的连续体之说是中国研究中的一种陈词滥调。这一梯度变化之说既意味着不同区域的成本,也反映了支出模式上的区域差异:即贫困的北方和较富裕的南方以及自给自足的北方经济和更商品化的南方经济。因此,将目光转向其他一些地区是有益的。在这些地区,南北差异不管被阐释为气候/生态、移民和原居民的融合,抑或如杰克·古迪(Goody 1990:109—110)提出的受儒家学说的影响,都很难说有许多相关性。(葛希芝 1996:282—283)

尽管拒绝已成为陈词滥调的南北连续性一说,但葛希芝并没有否认生态因素本身，只是拒斥其中假定南方和北方各有一个简单的整齐划一的经济适应模式。有关中国的多数生态模型也都考虑到了中国的各种气候与地理特征。位于山区或平原，是否靠近河流，即便在南方，这些都会影响到稻谷种植的分布。在本研究中，我坚持认为，探究中国社会性别化家庭经济中作为一个因素的稻谷种植适应问题十分重要。只有详尽了解当地家庭经济和农耕系统是如何运作的，我们才能确定农业生产的特殊模式，或者社会性别化责任的特殊结合是否阻碍了妇女的发展。对禄村及其稻谷种植演变传统的研究，为我们提供了更好地理解汉族社会性别等级（gender hierarchies）动态变动的可能性。

社会性别与发展

联合国发布的《人类发展报告》对社会性别的大力强调，反映了对发展中的这一重要问题越来越多的认可（联合国开发计划署[United Nations Development Program] 1995）。多年来，女权主义学者一直指责妇女被排斥在发展计划之外，并把妇女当作被动的受援者（博塞鲁普[Boserup] 1970；宝森 1975；森和格罗恩[Sen and Grown]1987；戴维森[Davison]1997；努斯鲍姆[Nussbaum] 1999）。她们呼吁应更加努力地记录妇女的经济作用、社会适应性及家庭策略的种类与多样性，这一切均要求把妇女算作并视为能动者。经济学家阿马蒂亚·森（Amartya Sen）认为，最近出现了从强调妇女的**福祉**（well-being）到更宽泛地突出妇女**能动性**（agency）的转向（1999:189）。在人类学界中，这体现在从记载妇女的工作与经济状况转变为记录妇女的"声音"。很显然，重要的是花时间去倾听妇女的声音，而不只是记录有关她们的数据。但

13

森提醒我们说:"妇女运动不断变化的焦点是对从前关切事项的一个关键性补充;这并不是抛弃那些关切事项"(1999:190)。

何为"发展"?宣称发展的总目标仅指简单的状况或有公认的含义,显然是不切实际的。准确地讲,发展是一揽子混合性的实物与梦想,它因文化场景的变化而不同,但又具有某些得到公认的共性。我所说的发展是指生活水平、财富、健康、教育、通信、技术、消费品、舒适度及选择等方面不断改善的一个多样化群集,而不仅仅是与发展计划者的目标或不断上升的"增长"相吻合。森认为,发展也可以被看作"扩大人们享有的真正自由的一个过程"(森 1999:3)。

我在别处已提到,妇女融入发展进程是不平衡的。这太复杂了,以至于不是一种简单的程序化办法就可以解决的(宝森 1984,1999)。不平等与不对称并非总是随着发展而不可避免地出现增加或减少。相反,发展会导致多样化、裂变性的变化,在一些领域往往出现进步与倒退不断交织并存的情形,从而对不同年龄、性别、阶级及族群的人群产生不同的影响。近年来,除了继续探讨经济与社会福祉等更传统的主题外,对亚洲社会性别与发展的分析越来越多地关注妇女财产权和人口性别比等问题(阿加沃[Agarwal] 1994;考德威尔等[Caldwell] 1988;杰弗里和杰弗里[Jeffery & Jeffery]1997;米勒[Miller] 1981)。社会性别缓慢但稳步地被纳入到对中国经济发展的研究之中,其中包括劳动密集型的生产、社会分层及人口问题(克罗尔[Croll] 1994;葛希芝 1996;葛苏珊[Greenhalgh]1990;黄宗智[Huang]1990;雷伟立 1991;李静君[Lee]1998;苏耀昌[So] 1986)。通过研究禄村跨越60年的社会性别动态,我试图对关于中国妇女及因技术变迁而加速的亚洲农村发展的模式的更广阔视野有所贡献。

对中国妇女的研究

> 中国人的生活中没有任何其他表明差别的特征比社会性别具有更深远、持久并且不对称的影响。（朱爱岚 1994：257）

14 在革命前后以及当下的改革进程中，中国妇女地位的问题引起了人们广泛的兴趣，但时常会导致刻板定型化的观点。无数学者讨论、分析、颂扬并批评过中国的努力。作为一个社会主义国家，中国将妇女带入了公共经济并确立了性别平等（戴玛瑙1975；克罗尔 1981；约翰逊［Johnson］1983；卢蕙馨和威特克［Wolf and Witke］1975；卢蕙馨 1985；骆思典［Rosen］1987，1988；斯泰西［Stacey］1983）。更近期的研究探讨了当代中国更广泛的各种女权主义问题。有些人采取了一般化的方法，利用中国各地的调查、访谈、逸事及新闻报道以便对世界上人口最多国家中的妇女形成一种全国性的拼图或合成性观点（克罗尔1994，1995；霍尔［Hall］1997；杰华［Jacka］1997 及韩起澜［Honig］与贺萧［Hershatter］1988），而另一些人则研究了妇女的再现、性行为和变动中的社会性别等主题。后者主要立足于城市场景，当作中国追求现代性的一部分（扬科瓦克［Jankowiak］1993；罗丽莎［Rofel］1999；路易莎［Schein］2000）。

尽管存在这一广泛的兴趣，有关当代中国农村妇女的有深度的人类学实地田野调查依然微不足道。鉴于农村人口的规模与文化多样性以及涉及的重大社会与经济问题，这种情形是特别令人遗憾的。关注这一空白点的人类学家和社会学家寥寥无几。与此不同的是，对更早历史时期中国妇女的研究（伊沛霞［Ebrey］

1991,1993;葛希芝 1989;高彦颐[Ko]1994;曼素恩[Mann]
1997),尤其是对华南珠江三角洲和香港的研究却很兴盛(贾斯乔
克 1988;斯托卡德[Stockard] 1989;托普利[Topley] 1975;华若
碧[Watson]1991a,1994)。这一匮乏同获准在中国农村作长期
综合性研究的持续困难有关。尽管中国商务和旅游业方面已有
了广为人知的开放,但中国农村问题的研究者面临着许多障碍和
令人感到沮丧的拖延,尤其是在非沿海、较不富裕的地区。

　　除了社会性别问题,对中国**农村**的研究也不成比例地覆盖了
东部沿海省份(陈佩华等 1992;弗里曼等[Friedman]1991;黄宗
智 1990;黄树民[Huang]1990;萧凤霞 1989;苏耀昌 1986;傅高义
[Vogel] 1989),而对内陆省份的关注相对较少(恩迪科特
[Dikotter] 1989;高默波 1999;景军 1996;葛瑞峰 1998)。尽管最
近的一些村落和区域研究对妇女问题进行了明确的讨论,但这一
文献总的来说尚未充分而详尽地以很大自信关注理论问题。对
禄村的这项研究,旨在增进我们对中国农村妇女的了解,并促进
在中国区域和当地文化和经济变化情境下的系统研究及对社会
性别的理论研究。

历史与记忆

　　禄村不应被看作与历史脱节的或者对于外部世界来说"相对
未受影响"的一个地方。历史对于理解中国农村社区及其社会性
别制度至关重要,由于忽略了历史,早先的几代人类学家通常误 *15*
以为,他们研究的社区有相当稳定的传统。它们达到了一种平
衡,并作为独特而孤立的单位维持了下来。然而,禄村这个普通
社区几个世纪以来一直是云南许多互为交叉的商道上的一个驿

站。禄村的一些男性走出去后成了政治家、士兵或学者，他们的业绩被记录在宗族家族的历史上（但很难找到通常嫁出去的女儿和娶进来的妻子们的记录）。禄村将商人、矿工和流动劳工送往远方，同时它自己也接纳外来迁移者。"远离"东部中国人、位于滇中彩云之南的禄村，是坐落在一个人口稠密之山谷边缘的许多聚落之一。若干世纪以来，这些村民同该山谷边界之外的地方有买卖和贡赋关系，从而将它们同更大的帝国联结起来。禄村一直很贫困，但并不与世隔绝。中国的历史剧一而再再而三来到云南，并在禄村上演。

建立在费氏先前的研究之上，我重构了过去妇女在社区中所扮演的角色。当前对禄村的研究表明，某些领域存在着牢固的延续性，而在另一些领域则出现了意义重大且不断加速的变化。比如，在农作活动和家庭组织方面，连续性是显而易见的，而更显著的变化包括缠足的消亡以及现代交通、教育与电视的普及。

同禄村老年人一起重温历史，使我们进一步对费氏有关妇女的描述获得了深刻的见解。老年妇女证实、补充、有时还纠正了他的解释。例如，她们对其 20 世纪 30 年代在禄村生活和活动的回忆，澄清了费氏关于女性普遍缠足及其妨碍她们下田劳作的令人费解的陈述（见第三章）。她们揭示了如今已成了记忆的缠足曾如何嵌入生活方式之中。置于经济变迁的更大历史背景之下，有关农村妇女与缠足的全新观点就浮现出来了。

从历史视野审视禄村，使我们有可能在发展的过程中重新探讨社会性别问题。处于中国边陲的禄村人是否移植或颠覆了在中原形成并得到阐释的有强大父权制家庭经济根基的汉人制度，即"汉人方式"（帕斯特纳克和萨拉福 1993）？父权制是否因与当地原居民接触或对外贸易而有所削弱，从而使这里的妇女比在中国腹地有更大的机会与自主权？禄村的社会性别是否受到有利于水稻而非小麦种植的生态环境的影响？到世纪之末，随着 20世纪 20 年代出生的年长者的谢世，加深我们了解一个极具变动时期村落生活的这一珍贵机会行将消失。年长者回忆和费氏的拓荒之作中对禄村 20 世纪初社会性别制度的理解，为比较革命与改革政策之下的发展提供了有价值的基线资料。

　　在 21 世纪开启之际，这一历史观揭示了 60 年的经济、社会与政治变迁如何改变了禄村的社会性别制度。社会主义国家的革命政治议程和男女平等辞藻在禄村是否引发了有重大意义且持久的变化？农业系统及妇女在其中的作用是否发生了变化？中国不断变化的计划生育政策是解放还是压迫妇女的？重访费氏早先的研究，修正了当前的一些变化观。将历史洞见同系统研究 90 年代禄村社会性别的经济、社会与文化方面结合起来，使我们得以对农村妇女所经历的变化作出意义深远的评估。

传统与改革

　　当中国最初几代受过教育并对外面世界有更多了解的农村妇女走向成熟，并较其女性前辈更少受孩子拖累时，她们在中国改革进程中扮演了不同的角色，并在寻找新的目标。经济发展和改革如何影响到了她们？禄村的水稻种植传统是否促进了男女平等，并使这里的妇女比中国其他地方的传统对新的市场机会作了更好的准备（宝森 1992）？有关家庭、工作和财产的弹性化的当地社会性别传统是否仍持续存在？换句话说，市场整合是否促进了标准化？国家政策在改革时期是否依旧促进了男女平等？

　　改革时期城市化进程加速了。随着 20 世纪 70 年代末降生的那些人（兄弟姐妹较少）成年和达到婚龄之后，她们的经历揭示了教育、计划生育和市场改革如何影响到农村妇女的经济与家庭选择。受过更好教育、更为开放的一代农村年轻成年人是否拒绝干农活并选择城市类型的职业、家庭和居住安排？

中国的计划生育政策也揭示了其对农村地区社会性别的一些长期影响。计划生育如何影响到重男轻女和土地分配？在严格的计划生育之下，没有儿子的农村家庭遇到了什么问题？没有儿子的夫妇是否通过迁徙和在村外非法生孩子来颠覆这一政策？他们是否离婚或试图领养孩子（儿子）？他们是遗弃女儿还是将她们抚养成人并鼓励她们将女婿"招进来"？所有这些现象都出现在中国农村。在像禄村这样的农村社区，最为普遍的做法是什么？

经济改革对于农村妇女的财产权意味着什么？村里有关村17 民继承权的规定是否导致了更为开放的居住制度？中国父系制继承与财产管理的地区变异（孔迈隆 1993,1999）需要予以确认。虽然农村财产制改革的压力来自许多不同渠道，其中包括国家法律（欧中坦[Ocko]1991），但当地的村落习俗也影响到对妇女财产权的尊重，后者反过来又对婚后居住模式、重男轻女、对计划生育的抵制以及对女性教育的投资都有影响。从妇女的视野探讨禄村离婚、寡居、再婚、禀赋及继承权等方面的叙述，都揭示了妇女土地权利及其他形式财产权的范围。

中国农村与禄村

禄村是一个处于动态变动中的社区，但它却不是观光者寻求民族差异的一个地方。禄村农家及其寻求发展的故事，在许多方面是中国各地村落共同面临的一个持续挑战。作为探究禄村 60

年变化与连续性的一项民族志研究，我的方法侧重于妇女同男性的关系以及社会性别在村民经历中的作用。然而，除了这些内在的兴趣，研究禄村还触及人类学家和汉学家都有很大兴趣的一些问题，即旨在同关于中国发展与区域社会性别变异的其他研究进行对比。研究所涉及的三个主要问题是社会性别同农业环境与实践、同正在变化的政治议程以及同市场发展之间的关系。

社会性别与农业

探究社会性别同特定农业系统及变化中的劳动分工的关系，揭示了父权制实践的历史与区域变异。社会性别同农业之间的变动关系，对于当代发展与人口变迁具有意义重大的影响，就像传统的社会性别模式影响到新的城乡经济制度一样。

> 虽然许多学者对妇女工作的方面同另一方面的其他因素之间的关联关系做出了*假定*，其中包括家庭组织、婚姻偿付（marriage payment）、婚后居住模式、婚姻形式、杀婴及缠足等。但这些关系尚未得到详尽的研究。（华若碧1994：25，斜体为作者所加）

> 还没有人就在家外劳动对中国妇女地位或自主权的影响做过系统衡量。我们也没有。这些线索是含混不清甚至是矛盾的。（帕斯特纳克和萨拉福1993：263）

通过对禄村进行民族志研究，我旨在寻找各种关系并分析稻作及其他工作中的社会性别同妇女财产权与计划生育关联的各种线索。我也寻找妇女工作形式同西南山区中国文化（即文化边陲）的区域表达之间的关系。这一研究探讨了汉族社会性别变异的动态发展以及中国其中一个区域农耕系统——稻作生态区—— 18

中农民"汉人方式"的意义。根据公认的见解和来自中国其他地方的发现来研究禄村，检验并改进了有关工作、社会性别与不平等的理论。

贾雷德·戴蒙德(Jared Diamond 1997)和帕斯特纳克与萨拉福(1993)等生态理论家都强调，一些宏观和微观区域能够维系特定种类的农作物和牲畜，而其他区域则不然。这就导致了农民将动植物结合的不同类型和各种各样的家庭劳动分工。但环境本身并不表明人们如何进行耕作。成功的文化传统和技能也在传播，改变环境，并配置农民分配工作的方式。禄村揭示了区域环境如何影响社会性别与发展之关系的出发点和发展路径。在禄村，灌溉的稻作同种蚕豆、养猪及养水牛相结合，导致了不同的家庭模式与策略，这里有别于在华北和华东所发现的作物与牲口的其他结合方式。然而，这并不是纬度作为一大决定性因素的简单化的南北差异问题。当然，即便在云南境内，也存在农民不种水稻的微观环境。更确切地讲，这一探讨鼓励人们就种植烟草、棉花、蚕桑或茶叶同各种粮食种植相结合的方式进一步进行微观层面的细致研究，从而改进同中国文化那么长久相连的"父权制蓝图"。

全国政治议程

在以往 60 年，中国经历了对小农与社会性别具有影响的各种政体和政策。许多笔墨都倾注在这些政体中的哪一个为妇女提供了更好项目与前途的辩论上。在许多方面，妇女被当作是国家发展程度的一个象征或指标。令人惊讶的是，中国在民国、革命和改革时期的政府之下都见证了变化和发展，在每个阶段，妇女在我们可能称之为"发展"的方面都获得了某些益处，并取得了

某些进步。这些益处因时期而异，每个时期对于构成当下中国农 *19*
村妇女状况的巨大改进都很重要。这种观点有别于将妇女生活
的改善归功于一类或另一类政府的极端化观点。很显然，革命时
期国家在促进男女平等方面发出了最强音，它大力宣扬妇女在社
会主义制度下取得的成就。民国或改革时期的政府都没有专门
代表妇女提出过冠冕堂皇的主张，或进行过投资。但从禄村长时
段演变的视野来看，这一过程似乎是更为连续或者说是递增的。
使妇女处于不利境地的许多传统机制依然如故，但逐渐改善也是
无可否认的。

　　中国追求发展的道路并非一帆风顺。这个过程不断被各种
挫折所阻碍。它特别受到了漫长的全民族抗日战争（1937—1945
年）、残酷的内战（1945—1949 年）及"大跃进"（1959—1961 年）和
"文化大革命"（1966—1976 年）错误政策的阻碍。尽管有这些低
谷，在上文所界定的意义上，中国城乡在不同方面一直发展着。
而且，在每一个主要的政治时期——民国、革命及改革——中国
在将妇女融入更大的经济、政治与文化变化方面都表现出了某些
进步，这使妇女迈出了家门和村庄。这表明有一个更大的过程在
运作，这个过程超越了特殊的政体。这种观点的麻烦之处在于，
它既不取悦于渐进的再分配国家计划的倡导者，也不能使相信自
由主义和自由市场的那些人感到满意。我的希望是，对禄村的叙
述将增进我们对一个复杂问题的理解，即如何平衡代表妇女进行
国家干预和让妇女自己商定解决办法的重要性。

　　在整个 20 世纪，将妇女融入国家的社会、经济与政治生活一
直列入了全球议事日程。不能说中国农村或任何其他地方的这
一过程业已告成，妇女已完全融入其中了。或者说，她们在广阔
的公共空间内同男性已接近平等了。但在许多方面，她们的生活

更好了——社会活动范围有所扩大，获得知识的机会有所增加，预期寿命已延长。当男性取得进步时，妇女并没有陷于停滞状态。对禄村的研究探究了 20 世纪发展给妇女带来的不同益处：缠足的终结，对妇女经济贡献的更大承认，女性健康和教育的改善，婴儿死亡率的降低，更广泛的各种就业选择和家庭选择，更节省劳力的技术与通信方式以及更大的社会发言权。

20　　　就最终达到性别平等的理想而稳定的标准而言，这些进步中没有一个是"决定性的"或是无所不包的；就没有益处流失和没有倒退到更受限制的生活模式的意义上来讲，也没有一个是牢靠的。中国农村的父权制关系并没有消亡。但它们已被削弱了，很可能将继续削弱，特别是，假如中国更大的经济开放朝着更民主的政治体制迈进。如果一定要指出这一漫长趋势的根本原因，我可能会提到更开放的市场和日渐增长的个人主义所起的侵蚀性或动摇性作用。在过去那个世纪里，这两者在许多国家都削弱了父权制机制。这种扰动并非没有代价，也不是没有导致妇女承担了更沉重的负担。而且，更开放市场的发展很大程度上还取决于国家的外交及其避免战争的能力。

开放的市场

通过使处于从属地位的家庭成员寻求其自身生计，劳动力市场的开放具有销蚀父权制权力的潜力，但国家在加速（或延缓）妇女作为完全公民融入社会与市场方面，也可以发挥重大作用。保守的宗教国家通常反对给予并支持妇女的权利，包括女性出现在公共场所、上学、选择结婚或离婚、在家外工作、拥有财产或以她们自己名义投票等。然而，中国通过推翻家长的专制权力，促进男女平等、妇女接受学校教育以及参加社会生产劳动搭建了发展的一个基础。

1949 年,父权制权威只是刚刚开始受到主要出现在城市的全球贸易和正在发育的劳动力市场的侵蚀。当农村妇女尚未提出参加社会生产劳动的特权之际,革命性的政策就要求妇女参与其中。20 世纪 80—90 年代同样强制性地实施了国家计划生育政策,即对城市居民采取了众所周知的一对夫妇只生一个孩子的政策,并在大部分农村地区实行并非人尽皆知的两孩政策。因而,政府在促进繁荣之前就已实现了生育率的下降,而更开放的市场经济则自发导致了家庭小型化的人口转变。阿马蒂亚·森曾提出,通过赋权年轻妇女,这一转变的实现可以变得更为高效(1999:217—218)。这里要谈的一点是,渴望发展的中国政府在解放导致家庭父权制权力削弱的市场力量并通过更民主的过程予以确立之前,就通过强制实行社会就业和计划生育(以及教育) 21 跑得比市场更快了。从长远看,国家支持的这些变化中的一些变化似乎对妇女是有利的。但只有通过更仔细地审视当地状况,比如禄村的那些情况,并审视农村妇女实际经历的变化,我们才能开始理解她们真正得到了哪些益处,并付出了怎样的代价。在这60 年期间,禄村妇女在多个发展进程中都历经了上下沉浮和迂回曲折。

中国发展中的农村妇女

像禄村这种地方的农村妇女,她们所经历的挑战性发展项目的某些特殊方面是什么呢? 在民国时期,痛苦的缠足习俗戏剧性地衰微了,尽管在云南农村的部分地区还在苟延残喘,但在中国大部分地区几乎都被消灭了。正如我们将要看到的,这一衰微不只是不断变化的时尚、传教士的说教或政府法令与执行的产物。

由工业与交通革命以及贸易和更开放的市场所驱动的家庭经济变迁等，都使裹起来的脚成为取得经济成功的障碍。它从前可不是这样的。中国市场的开放及缠足的废弃，为妇女敞开了取得其他进步的大门，比如女童正规学校教育的普及。

在革命时期，官方的社会主义话语（受西方工业资本主义及其批评家的启发）规定了两性平等，坚持妇女走出家门参加劳动以实现平等。国家制定了新法律赋予了妇女（和男性）个人作出结婚与离婚决定的权利。它也针对男女两性确立了普遍教育与保健，从而为未来的进步奠定了基础。中国国家有关妇女发展与平等的愿景，并不是对市场需求或是对生机勃勃的农村妇女运动作出的一个直接回应。革命政权主要试图将中国带到使它能同其他国家展开竞争的一个国家发展水平上。妇女的劳动、健康、教育及在家外活动都被视作国家进步所必不可少的。这些也是

照片 1.2　1999 年从禄丰通向禄村的路上可以看到两三层的新式砖瓦房已变得普遍化了

阿马蒂亚·森和让·德雷兹所谓的"支持引导型"进程的组成部分（森 1999：46；德雷兹和森［Drèze and Sen］1996）。

在改革时期，对振兴市场及国有部门改革的强调，意味着支持男女平等的宣传、国家硬性规定的妇女就业以及妇女在权力机构的政治能见度（虽然不是真正的权力，她们不曾获得过真正的权力）都丧失了。然而，通过市场就业，更多地接触大社会以及更好（假如说不是太多）获取避孕药具的机会，这个时期可以说使妇女对她们自身的收入有了更大的控制权。国家通过强制家庭少生孩子（限制了妇女在那件事情上的选择），减轻了妇女过去面临的最为繁重而且最令人烦恼的负担之一：生养更多孩子超出了她们供养的能力，并眼睁睁地看着他们死去。

在改革时期，市场复苏和市场激励给农村带来了更大的食物保障。在反市场政策和"大跃进"后困难时期居高不下的婴儿死亡率，在 20 世纪 80—90 年代已然下降，并维持在较低水平。改革时期的妇女很少因贫病而失去婴儿。然而，重男轻女仍是一个因素，当前的政策导致了较高比例的女婴失踪。除了经济与人口变化外，通过电视机等新消费品，妇女接触到了新的世界。尽管这个过程肯定给农村人口带去了许多新的"欲望"和"需求"，但这也提供了从前缺乏的信息。当她们收看全国和国际新闻时，妇女现在可以"看到"另类的生活方式，无数新产品通过电视和广告进入了她们的视野。这削弱了妇女参与城镇生活的较大障碍之一，即对未知事物的畏惧。她们现在可以看到如何穿着，如何做事，如何说话及如何购物。只有通过做田野研究并年复一年复杂地询问价格与产品问题之后，我才意识到被束缚在家中和村里的男男女女缺乏这类信息要吃多少亏。城市过去是一个更令人惧怕的地方，而较少有外出打工经历的妇女则更加害怕。

照片 1.3　孩子们放学回家后走在禄村中心晒着稻谷的主街上

　　这一变化给我印象最为深刻的一次，是我 1999 年去禄村的一次旅行。那天我乘坐一辆下午的公共汽车从大城市昆明前往禄丰镇。坐在我后头的是 4 个高兴得又嚷又笑的农村女青年，她们在市场上待了一天后正好回家。她们喜气洋洋的原因是什么呢？原来她们那天一大早带着蘑菇离开了禄丰，在昆明很快就以好价钱卖掉了。随后她们就去逛街，她们对自己的销售活动和所购之物（包括一个手提包和烧饭锅）很满意。她们那富有感染力的喜悦使她们在坐车回家的大部分时间里都沉浸在说说笑笑之中。所有这一切都发生在一天！10 年前，同样的旅程仅单程就要坐 4 个多小时不舒服的公共汽车。这就使人们有必要在城里过夜,而这对村民来说是比较大的花销。这些年轻女子不必担心路途中厕所很差(或没有厕所),或者花钱在城里过夜:她们在天黑之前就可以回到家里了。

本章介绍了禄村及其对于研究中国农村以及一些迫切问题的意义。这些问题包括农业劳动、国家发展与人口政策、不断扩展的市场同妇女权利、男女平等及人类尊严的关系。在下面各章,我将描述当地发展面临的挑战和禄村妇女所经历的经济、社会、政治及文化变迁。利用调查、访谈和个人叙述,我揭示了常常丰富和多样化得出乎意料的这些经历,如何反映了不断变化的发展进程。

第二章根据费孝通1938年对禄村进行的开创性研究勾勒了60年的变化观。虽然人类学研究在许多方面已有所改变,最该强调的是它对社会性别的承认,农村发展中的重大连续性还是将我们的兴趣连接了起来。在整本书中,我时常提到并重新解释费氏的著作以评估以往60年的变化。利用我自己1989—1999年间屡次到禄村调查得到的见解,我勾勒了那10年的显著变化。

第三章到第六章思考的是经济主题,从审视女性裹脚开始。现在已不复存在的这一臭名远扬的习俗,无论从真实还是象征意义上以前都曾影响到了中国许多地方的社会性别。第三章将村里老年妇女的口头叙述同当地与区域历史编织在一起。对20世纪初禄村社会性别之经济学的解释揭示,甚至在革命以前它就开始发生变化了。第四章追溯了20世纪30年代迄今村里农业与非农职业中性别劳动分工的变化,包括其同照料孩子的冲突等内容。禄村的例子驳斥了革命以前妇女几乎不干农活的普遍观点。第五章通过叙述一个最不寻常的萨满女巫(她曾被认为是村里最富有的女人)的故事,突出了经济变迁的其他方面。描述她在中 ²⁵

国几十年动荡岁月里的漫长生活，揭示了过去和现在都被忽略了的经济与社会性别主题以及不同村民关于她的有些相互矛盾的看法。第六章探究了禄村富裕与贫困的分布以及处于不同社会位置的妇女及其家庭的故事。

其后三章展示了禄村社会性别与发展的社会文化方面。第七章描述了不同世代的婚姻与家庭动态，包括不寻常的婚后居住模式，如入赘婚和远距离婚嫁等。这章揭示了婚姻偿付、婚事安排、家庭仪式、离婚、分家、继承权、结拜姐妹以及照料老年人等如何促成了复杂的家庭生活结构，以及这些制度如何对妇女的发展经历产生了重大影响。第八章抓住了人口变动的棘手问题，特别是有争议的中国计划生育政策和人口普查报告所显示的越来越失衡的出生性别比，这暗示着杀女婴现象的死灰复燃。本章将禄村同镇里、云南省及整个中国的证据结合起来进行研究并作了比较。第九章审视了当地政治制度与政治文化中的社会性别，突出了妇女占据的社会位置以及她们担任领导和参加官方会议的政治经历。最后，第十章考虑的是总的发展进程和禄村妇女生活中已发生的许多变化。

驱使中国朝发展方向迈进的外在力量同当地历史、环境与文化相结合，使禄村在社会性别关系上形成了其独特的配置和风味。尽管没有任何其他村落会走完全相同的道路，但许多村一直朝着相同的方向前进。了解这些农村妇女如何经历并回应20世纪后半期的急剧变化，有助于回答有关中国妇女与发展的复杂问题。当我们迈入21世纪之际，这些问题依然亟待解决。

第二章 跨越时间的透视

假如经济发展的过程可以从人文地理中读出来的话，那么，云南应成为最佳实地研究场所之一。（费孝通和张之毅1945:19）

追寻中国人类学创立者费孝通的足迹

由于费孝通在《乡土中国》中对禄村的研究为我对云南省发展的研究提供了一个参照系，概述他的著述和我们研究上的某些差异就很重要。最明显的不同在于，费氏侧重于农地制（land tenure）的经济学研究，而我则以社会性别关系为着眼点。尽管我们有不同的优先关注事项，但费氏对1949年以前的关注和我对1976年以后的关切之间，事实上存在着相当多的连续性。

费氏是中国人类学界具有持久影响力的一个人物，其学术生涯和影响力从20世纪30年代到90年代，跨越了大半个世纪。他在伦敦政治经济学院就读时师从马林诺夫斯基（Bronislaw Malinowski），到芝加哥大学又投在罗伯特·帕克（Robert Park）的门下。费氏的著述在涉及中国农村的研究中得到了广泛引述，有关他的传记甚至出了好几本（欧达伟1981和麦高夫

[McGough]1979)。他不仅是中国社会学重建与发展的一个关键性人物，作为民盟领导人，他也是全国政治界的主要人物。伴随中国政治优先事项的转向，他既受到过赞扬，也遭到过处罚。在他分析中国社会结构的许多人类学成果中，他对中国农村妇女的描述却几乎没有引起什么注意。①

按今天的标准来看，费氏对村妇只作了有限的描述。他花在农村男性身上的时间比花在妇女那里的多得多，这反映了他那个时代许多社会性别化的假设。② 然而，鉴于他生活和写作的背景，在寥寥无几描述过妇女并对后者的苦难也作过评论的中国人类学家当中，他算是很出色的。③ 尽管他有关妇女的数据通常很贫乏，他的主张也时常是建立在可疑的证据之上的，但只要比较一下费孝通和张之毅在《乡土中国》中撰写的章节就能看出其中的不同了。在张之毅作为主要调查者调查的两个社区（玉村[Yu Village]和易村[Yi Village]，最初写成 Yuts'un 和 Yits'un）中，④除了讨论玉村妇女纺织活动的衰退外，有关妇女的信息明显更少。由于较少触及妇女，我们无从得知玉村和易村的妇女是否缠足。与此相比，由费氏撰就的有关禄村的第一部分，则较详尽地描述并分析了妇女在农业劳动分工、婚姻及社区生活其他方面的角色。

---

① 然而，女权主义学者却常常援引费氏民族志著作中有关妇女的信息（见达文[Davin] 1975；杰华 1997：24—25；约翰逊 1983；斯泰西 1983 和卢蕙馨 1985）。

② "文革"期间，有人指责他带有偏向富人的偏见，但不是社会性别偏见（见欧达伟1981）。在他那本引起争议的论文集《乡土中国》（英文原著的书名为 From the Soil 中，费氏用了一章篇幅概述男女关系的理论和中国文化中男女隔离的问题，他引述了非常传统的儒家格言"男女有别"（1992：87—93）。

③ 许烺光（1967 [1948]）也提供了有关云南西镇妇女的相当多信息。

④ 按照当代拼音的拼法，它们被写为 yucun 和 yicun。

转变研究议程:从阶级与农地制度到社会性别关系

费孝通在其比较 4 个社区的研究策略中选择了禄村来完成一项特定任务:

> 我们选择这个村开始我们的研究是因为我们发现,这里有工商业都不曾发挥重要作用的简单经济形式。人们的主要的职业是管理和耕种农田,村民们或是小土地所有者,或是无地的劳工。这里没有拥有大宗田产的地主。离地地主(absentee owner)也寥寥无几而且微不足道。在我们看来这个村代表了中国内陆农业社区的一个基本类型。这里农民生活的特点是,他们在相当肥沃的土地上采用传统的农业技术进行耕作,并处于强大的人口压力之下。禄村以这些根本方面代表了微型的传统中国。(费孝通和张之毅 1945:19)

他相信,研究村落时心里应装着理论问题和分析上的相关性:"主要不是为了图方便和碰运气"(18)。然而,费氏的村落选址的确受到了便利与个人联系(我自己的当然也如此)、女性亲戚与同班同学以及理论考虑的影响。最为明显的是,日本侵占中国影响到云南成为由背井离乡的社会科学家构成的一个临时研究站点。

费孝通和张之毅感兴趣的是土地集中程度同离地所有权之间的关系。他们择村的标准突出了这一点。表 2.1 中列出的前面 3 个村是费孝通和张之毅在云南研究的那些。第四个村是费氏原先在江苏完成的,这在《中国农民的生活》(*Peasant Life in China*)(即《江村经济》1939)中有详尽记述,并在《三访江村》

29

（*Chinese Village Close-up*）（1983）中作了简介。

表 2.1   费孝通和张之毅研究的四个村落

村落和省份	
	小农状况
1. 禄村,云南	小农、在地地主、少数佃户
2. 易村,云南	在别的村拥有土地的几个大地主、小农式在地地主,没有佃农
	离地地主和佃农
3. 玉村,云南	许多佃农,一些大地主住在附近城镇
4. 开弦弓村,江苏	主要是佃农,离地地主住在大城镇

从统计学的意义上讲,费孝通和张之毅研究的中国村落不能被看作"典型的"或是一般化的。它们对整个中国或云南省来说都不典型,但就对于成功的经济发展较为重要的条件而言,它们的确呈现了显著对比。像费氏和张氏这样的中国社会科学家,他们所关心的是农村发展道路的问题。他们探寻的是使中国小农避免陷入贫困、破产、被驱逐及突然背井离乡境地的办法。这些是世界上许多地方与迅速发展相伴生的现象。他们担心从贫苦农民那里攫取地产的离地地主忽视农业投资与生产率问题。他们希望自己对中国农地模式和农业与棉织业相结合的比较研究,有助于揭示农村发展与繁荣的正确道路。

跨过了 20 世纪,对农村发展与繁荣正确道路的探寻,依旧是像中国这样的农业大国的重大关切问题。经历了 50 多年的社会变迁之后,妇女享有或管理土地的权利仍是不牢靠的。它们如今是否比费氏年轻时得到了更好的界定也是值得怀疑的。

如今得到广泛理解的是,发展涉及各种广泛的社会与经济制度的转变,对变迁的研究必须明确考虑到妇女和男性。全体人口健康和福利的指标越来越多地被用来衡量"人类发展"的成功。①
国民总财富不再是衡量发展成功的一个充分的度量标准。使每
个人都获得良好教育、健康及长寿的财富分配方式,现在被视为
发展的一个重要维度。发展的这些方面是能够量化的。成功的
发展假如是用来描述人们所渴望的生活质量,那么,它就不仅仅
是指财富、健康和教育。它还涉及就人们的生活质量作出选择的
机会以及找到实现个人目标又不排斥他人得到这些选择的满意 *30*
方法。这意味着要更密切地关注生活质量、身体强迫存在与否、
职业和婚姻选择以及流动等问题。本研究探究发展的这些方面,
并更明确地探讨中国农村发展中出现的社会性别差异。

费氏研究的准确性

由于费孝通在中国社会科学界占有突出而显要的地位,也由
于他撰写了一些最出色的研究战前时期的中国人类学著作,他的
著述得到了格外多的关注。许多学者大量引用他的论著,直到今
天依然如此(古迪 1990;杰华 1997)。总的来说,他们努力将他的
研究方法及其做研究的时代等局限性考虑进去。虽然他的著作
并不是完美无瑕的,但总体而言被认为是高质量的。他通常会描
述他如何获得其数据,对谁进行过访谈以及他住在哪里。他将富
有洞察力的逸事同努力收集最令他感兴趣的有关经济问题的更
综合性系统化数据结合了起来。

"文革"期间,中国有人猛烈抨击他作品中的阶级偏见,正如
他本人表明的,他更多地依靠农村人口中更富裕并受过更好教育

---

① 参见联合国开发计划署发布的《人类发展报告》,特别是 1994 和 1995 年的,介绍了
社会性别发展指标(Gender-related Development Index, 简称 GDI)和社会性别赋
权测度(Gender Empowerment Measure,简称 GEM)。

的那部分人提供的信息。这些政治批判当然是极其不公正的。费氏的著作提供了有关贫困和富裕村民生活的各种广泛的质性和量化信息。他的意图当然是寻找解决农村贫困的途径，而不是使贫困永久化。然而，他的专业生涯因此而中断了。

在西方，费氏的著作也因其不准确性而受到诟病。欧达伟指出，费氏的研究是"仓促完成的……他对农业年及其季节性劳动需求的重要分析，没有多少是建立在实地观察之上的。他没有对村人口做过普查，而是根据他明知不准确的当地政府的数字计算出来的"。在详尽分析了费氏著作中的定量问题之后，欧达伟得出的结论是"应谨慎地对待费氏的定量数据"（欧达伟 1981：85，87）。

这一评估当然是正确的，同我本人分析费氏量化数据的努力结果是吻合的。但他提供的质性数据多少抵消这一缺陷。他对村落生活各个方面作了许多丰富的描述。他关于禄村战前生活的这些描述和逸事，同今天老年人对过去的回忆大体上是一致的，这揭示了其现在的清晰的连续性。它们提供了一个极好的出发点来追溯村落传统和变迁的过程，特别是对社会性别与发展问题不断变化的理解。

除了从 60 年变迁的视野来审视禄村的好处，我本人对禄村的实地调查迄今已跨越了 10 多年，从而见证了城镇中心和村里的一些显著变化。

当前人类学方法

在 1998 年举行的国际人类学与民族学联合会上，人类学家杰里·伊兹（Jerry Eades）就近期东西方有关中国农村研究的方法进行了对比。他观察到，在日本受过训练的中国学者采取了一种更整体性的或者说典型的民族志研究方法,即对互为关联的村落生活的不同方面给予相当详尽的叙述,而受过西方训练的中国学者则侧重于某个单一的理论问题,并予以详尽的分析,但对村庄生活的其他方面则几乎没有提供什么信息。① 按照这些标准,本研究更接近于经典方法和费孝通采用的方法。我不想解决一个单一狭窄的理论问题,而是想探究社会性别与发展更广泛的互为关联的各个方面。我之所以选择这一更经典的方法,部分是因为我需要对费氏著作所覆盖的许多主题作当代比较。对更广泛的各种因素进行研究,同当代发展经济学家如阿马蒂亚·森(Amartya Sen 1999)等采用的更综合性的发展定义也是一致的。高度聚焦的研究对村落生活其他方面的重要性通常会留下太多未解的问题。然而,声称我试图同等对待所有主题也是不现实的。我的一些选择受到了我个人偏好的左右,一些也受到政治气候和村民自身兴趣的影响。

我最初的优先关注点是理解革命与经济改革时期如何转变了村落经济和社会性别制度。费氏的研究牢固植根于经济人类学领域,他所关心的是农村地区发展的问题。我本人的研究追随了他在农作、发展、家庭和人口方面的兴趣,但我对这些主题作了详尽研究。然而,我几乎没有涉及宗教。村民们没有表现出对宗教的兴趣,因而常常不理会我的提问。当我按照村里几个老年妇女所说的较热闹的日子去当地寺庙时,却发现那里几乎没有什么活动。当我询问革命以前村里基督教存在的情况时,人们否认这里曾有过许多基督徒,老年人和年轻人都声称不了解宗教或缺乏

³²

---

① 伊兹(1998)举例的在日本受过学术训练的中国学者是韩敏(Han Min)和聂莉莉(Nie Lili)。在西方受训练的中国学者包括景军(1996)、阎云翔(1996)和杨美惠(Yang 1994)。

宗教信仰。或许在我没有碰到的仪式和宗教生活中出现了更多东西，①但由于费氏叙述中的信息有限，再加上人们对我的询问缺乏热情，所以，我没有像其他研究者那么多地探讨这个问题。然而，在1999年调查期间我发现，在特定的日子里家庭祭祖活动是相当广泛的，在集镇市场上供祭祖仪式用的纸制品买卖也颇为兴隆。

建设的十年：禄丰城明亮的灯火

一座有名的7拱石桥横跨一条朝南流向禄丰城区西边的河流。这是我在中国西部见过的最结实而有艺术性的桥梁。这个城本身遭到过严重毁坏，但从农业的观点来看，同东边的下一个安宁（Anning）城所占据的河谷相比，它处于非常有利的位置。（谢立山［Hosie］1890:143）

1990年，在我昆明的同事们眼里，禄丰仍是一个单调乏味的城镇。其扬名的主要景点依然是上文中谢立山所描述的"著名石桥"，大概由于改水灌溉，它跨越的那条河流已大为萎缩。禄丰的店铺既少又单调，所进之货不会引起城市居民的任何兴趣。来访者有望从禄丰带回去的主要东西是野蘑菇。它们是从环绕禄村这样村庄的小山上采摘来的。我本人对其缺乏城市消费者所需的货物也深有感触。例如，1990年人们找不到卖卫生纸或阿司匹林的店铺。作为一名研究人员，我徒劳地寻找复印机、明亮的

---

① 1999年，我发现县城有一处基督教和一处伊斯兰教礼拜场所，它们都位于靠近主街道的住宅院内的房屋里，几乎没有表明其存在的外部标志物。然而，我不曾发现其会众中有来自禄村的村民。

灯泡、优质的笔纸以及上好的电池。小包装食物或饮料的供应极少。没有人卖云南有名的奶酪。路边出售的新鲜水果状况不佳，看上去像是在较大城市销售不出去的东西。相反，日常新鲜农产品市场上的东西却相当丰富。赶集时，人们可以找到各式各样丰富的农产品，如野蘑菇、谷物、种子、蔬菜、手编篮子、工具以及平纹布等。一周两次的定期集市是最热闹的时候，来自四面八方的村民们都前来购物，并在街上与朋友和亲戚会面。城里有几家清真餐馆，另有几个汉族人开的小饭店。偶尔可见几个少数民族妇女，她们通常是从山村下来的身穿与众不同服装、背上背着竹篓的苗族妇女。城里没有那么多汽车，到夜里人们出来在街上闲逛，吃小吃，聊天并放松一下。

每当我坐公共汽车去禄丰时，汽车往往在禄丰城外约 2 公里处的一个公路站点（滇缅公路）停下来。这里成为公路交通服务的一个小定居点，总停着一排出租马车，收一块钱就可以将乘客带入城内。进城的路是宽广而空荡的林荫大道，铺砌过的大街边上尚未有任何建筑物，接着就到了没有任何车辆停放着的一个"交通环岛"，在它中间矗立着一个想象中的、现代派的恐龙大雕塑，以纪念禄丰县是发掘了许多恐龙化石的一个地区的中心。收藏恐龙化石的一座新博物馆刚刚落成。在恐龙路标的后头，城里的好几条主道变得更窄了，交通也更拥堵了。这里是该城的老城区和商业区。城里有一幢崭新的高楼，是约有 10 层的宾馆（这意味着它是城里唯一有电梯的地方），或许是期望来参观恐龙博物馆的游客光顾这里（人群尚未来到，但的确有一些外国代表团经过这里）。

禄丰有用围墙圈起来的县和镇政府大院、一家医院、一所中学、一家电影院、一些银行、三四间大商店、一座恐龙博物馆、一个公共汽车站、一个可以租马车和自行车的地方、各种小商店、食品店、自行车修理铺以及农产品市场等。郊外还有几家企业,其中一家生产钢铁制品的企业造成了相当多的污染。城外有一座佛寺和一个革命烈士公墓。这个宁静的县城最令人伤感的商店或许是主街上的书店。它几乎没有什么存货,摆放着的书主要是一套套政府印制的布满灰尘而陈旧的马克思、列宁及毛泽东著作,连同各种农业指导手册。

从那时起,我每次返回时都会对这里所发生的重大变化感到吃惊。商店和饭店的数量不断增加,店家重新装修了其店面,设立了陈列橱窗并安装了玻璃展柜。许多店还安装了使物品可以在明亮光线下被看到的射灯。存货的规模也迅速增长。我不再自己带卫生纸、电池和笔纸了。我也不再必须恳请多疑的政府官员让我在镇里的一台机器上复印我的资料了,原先假如要复印问卷,我还得回到昆明去。1996 年,好几家店都有了复印机和电脑服务。1999 年,几个店还有了网络服务,尽管又慢又不可靠。美容店和美容产品也激增了。商店里突然堆放着许多品牌的洗漱用品。五金和家具店也冒出来了。百货商店开始购进更现代的自行车,随后是摩托车、立体声音响、彩电、录像机、电风扇、洗衣机、冰箱以及更多用具。音乐店和迪斯科舞厅也开张了。国营书店进行了改建,摆出了更宽泛、更丰富多彩的书籍。商业变得越来越活跃。蘑菇销售者不再只在街头卖鲜蘑菇了,他们现在把蘑菇烘干后批发出口——这是云南省商品交易会的云南特产之一。卖竹篮子的人们已从主街消失了,其生意让位于卖塑料袋和色彩艳丽的塑料桶和塑料盆的人们。

1990 年时我根本不可能预料到在我作第一次实地调查后该地区的变化会来得如此之快。商业改变了禄丰城,政府的发展也

34

很明显。禄丰曾几何时空荡荡的林荫大道和小街两侧,如今林立着为政府工作人员建造的 6 层新公寓。似乎每年都冒出来更多的银行、医院大楼、政府办公楼及居民住宅楼。禄丰一个医院职工(禄村一户人家的女儿)带我去看了为医院职工所盖的铺了釉面砖的新宿舍楼。她指着一幢较破旧的水泥楼,挖苦地说它太"旧"了,其实这个楼盖起来还不到 10 年时间。随后她带我去了以前的职工宿舍,一栋盖了不到 20 年但现在已废弃了的红砖楼。同样的建筑狂热在政府的旅馆建造中也表现得很明显,我第一次到访时就住在 1989 年刚竣工的这个新楼里。自那时起又盖了另外 2 幢新楼。我 1990 年待过的当时还是崭新的那幢楼已停用了,可能不久将会被拆除。到 1999 年,城郊新落成的高层建筑正以私人商品房的形式在出售。

以前缺乏活力的这个城镇正变成一个繁忙的商业中心。城里变化的力量也驱动了禄村的居民。遭受过商品匮乏之苦的人们对新商品的渴望是很强烈的,没有人知道何时才能满足。然而,掩盖在获得的这些物品之下,是变化得没有那么迅速的一套文化理念、习俗和制度。人们依旧按他们熟知的社会性别传统去从事农作、结婚、抚养孩子并营建社会网络。

消费者"追赶"的 10 年:电视在禄村

在 20 世纪 90 年代,禄村和村民们也都在迅速发生变化,他们有了更多机会享用现代通信与交通技术。村里的主街铺筑好了,另一幢挨着旧楼的村办公楼盖起来了,院子中间有一个极其现代的螺旋式楼梯通到二楼办公室。大多数村民都买了电视机,电视上现在播放着更多的广告,刺激着人们的欲望,并提供了新产品剧增的信息。多数人家过去只不过有两把旧的木椅子、凳子或用来坐的草垫子，现在各家开始购买沙发和手扶椅。在富裕起来的家庭，黑色的木头碗柜消失了，取而代之的是显眼高大的白磁漆橱子。西方"起居室"的概念同前屋的传统对称融合到了一起。时尚的服装、家具及用具都在激增。一场消费革命正在发生，比大城市只落后了几步。

交通方式也有了发展。越来越多村民现在开着机动车辆。我过去常常加入主要靠骑车或步行的人群去城里，那时只有少量柴油拖拉机嘟嘟地从身边驶过，但现在有了许多卡车、摩托车和公共汽车。令人惊讶的是，马车开始频繁地拉着村民们往返于村镇之间，过去人们是没有这一选项。城里是禁止出租马车进入的，过去靠步行的村民们现在有了更多可自由支配的收入可以选择坐车去。1991年，当我从昆明租了一辆小车将我送到禄丰时，我决定乘此机会开车前往位于元谋的考古学遗址看看，并邀请了几个村民同行。后来，一个妇女告诉我，这是她第一次坐在汽车里。她提醒我，这在当时给她留下了很深的记忆，但如今她每天都坐在她丈夫的摩托车后头进城去。禄村约有20户在过去几年购买了小型货车。私人电话也悄然入户。1991年，当我出人意料地来到村里一个朋友家里时（希望避开客套），一个男子被派去骑车到镇里通知镇干部，后者随后驾车过来欢迎我，而村民们则匆忙备下了饭菜。1996年，就是这同一户人家装上了电话。1999年秋，整个村都铺设了电话线，谁想安装电话都可以装了。

到了20世纪90年代，当新房子不再是灰暗的泥土色调的土墙时，村里宁静闲适的气氛也正在发生变化。在村边靠近马路处，一些房屋突然拔地而起，脱离了从前的保护中心。人们可以看到闪亮的白色釉面砖，大窗户朝外开着，可以用来兼做生意。

36

为了评估过去 60 年和以往 10 年变化的意义,我们有必要退回到早先的参照点上。在第三章,我探究缠足的主题,因为它曾在禄村存在过。重新探究当地历史上妇女经历过的这一重要方面,有助于我们更深刻地理解村民们已向前推进了的社会性别化行为与价值观,以及他们在寻求中国急剧转变的发展道路上已废弃了的那些东西。

第三章 贸易与审美：禄村缠足的消亡

脸长得一般是老天爷给的，但脚要是裹得不好则是懒惰的标志。（普鲁伊特[Pruitt]1945:22；克罗尔1995:20作了阐释）

中国和云南的缠足

流行了几个世纪之久的女性缠足传统，通常象征着中国帝制时代妇女遭受蹂躏的地位。在清朝（1644—1911年）统治之下，清帝国禁止该习俗的法令并未奏效，该习俗仍在延续。[1] 到19世纪末，许多中外改革者都呼吁废除缠足，然而，他们碰到了相当大的阻力。20世纪初，解放中国妇女的争论通常聚焦于将解放她们的脚当作民族健康的必要条件。缠过、折断并被压小了脚的妇女很显然遭受了皮肉之苦，其活动也深受限制，但认为缠足有利于妇女、使之美丽并改善其婚姻机会的观念，在人们思想中也是根深蒂固的（高彦颐1994）。这一习俗为何在中国那么多地区

---

① 1644年，清朝政府发布了不许妇女缠足的禁令，但1668年又废除了该禁令（王萍[Wang]2000:34—36；高彦颐1994:149）。

盛行了那么长时间？最后又是如何变得有可能将它消除的?[①]
它如何影响到像禄村这样的农村地区的妇女们？

照片 3.1　罗茨裹脚的老年妇女　　　　　　　　　　　*38*

　　禄村缠足的历史揭示了中国,特别是西南地区汉人社会性别
制度的动态与分布。通过将缠足如何适应特定的已知情境的素
材拼合在一起,我们可以更好地理解缠足在一个地区被接受的程
度(这个地区在时空上与推定的宋朝[960—1279 年]起源之说相
去甚远)以及它在 20 世纪最终被抛弃的原因。

---

① "天足会"鼓励妇女不再缠足,以提高其工作能力,从而增强国民健康。见伊沛霞
　(1984)有关 1903 年这一运动的著述。

缠足问题和当代中国妇女面临的问题绝不是不相干的。曾允许或导致通过残害妇女来控制其身体的这种形式的诸多环境,同中国更大的一套社会性别化习俗与实践是相互关联的。即使在迅速变化的和政治革命时期,社会一般仍维持着关于社会性别差异的假设,并通过在家庭和社区落实社会性别角色的方法来维持其连续性。禄村妇女裹脚同社会性别的其他方面,特别是同妇女工作的性质及其经济贡献是如何关联的? 作为该村社会性别传统组成部分和更大中国模式一部分的禄村缠足史,为理解社会性别演进与现状的特殊方式提供了深刻的见解。

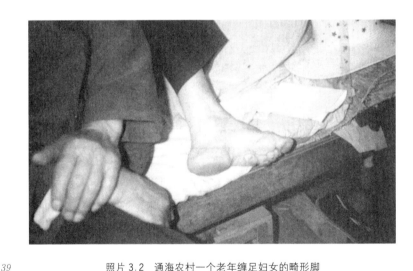

照片 3.2　通海农村一个老年缠足妇女的畸形脚

缠足:阶级、农作与族群

许多观察者强调,缠足同阶级有关,同城乡差异也是隐含关联的。农村穷人家需要妇女下田从事繁重的劳动,她们较之精英家庭的妇女不太可能裹脚,后者往往生活在城镇。富裕之家不需要其女儿的劳动，并且负担得起供养一个纤纤秀足女人的奢侈享受。小脚、财富与懒惰因而是连在一起的，就像大脚同贫困、农业劳动的关联一样。从这一视野来看，通过绑压女儿之脚使其符合"三寸金莲"之理想，这种对女子的压迫颇具讽刺意味地给了她们更好的机会逃离贫困和繁重劳动的压迫——但只有当她们能嫁入富裕人家，才能在那里过上悠闲的户内生活。然而，这些好处的代价是她们丧失了活动能力和自由。裹了脚的妇女比不裹脚的妇女从本质上讲更有可能足不出户。小脚新娘更符合作为一个"内人"的良家妇女的理想。

但是，既非精英亦非赤贫的广大农村人口又如何呢？缠足的确不只限于精英阶层的妇女。在 20 世纪以前，它分布很广，在许多农村地区的妇女中几乎是普遍化的。人们主要根据农田劳动和族群来解释区域变异。不同的作者比如达文（1975，1976：118）和杰华（1997：23），在解释中国妇女地位的区域差异时都提到了卜凯（John L. Buck）20 世纪 30 年代进行的农业调查。卜凯的报告显示，妇女在华南稻作区承担了更多农田劳动（占 16%），而在北方小麦种植区她们承担的劳动则较少（占 9%）。这一理论是说，妇女下田承担了大量农活的地方，如双季稻种植区，妇女裹脚就不那么常见了（杰华 1997：24）。然而，这些作者已注意到，某些地区妇女不同程度地参与了农田劳动，但也盛行类似的缠足风俗。① 那么很显然，妇女是否从事农作只是影响缠足的一个可能性因素。

① 达文写道："提出**女性劳动参与率同缠足流行程度的区域变异之间存在关联**的卜凯，对［遥远北方春小麦种植区女性参与农田劳动的较高比例］14% 这样的高数字感到困扰。他意识到，缠足在春小麦种植区仍盛行，裹脚布缠得那么紧，以至于不能长时间站立的妇女不得不跪着干农活"（1975：248，斜体为作者所加）。假如将不断衰弱的家庭纺织业考虑进去的话，那么，困扰卜凯的这一矛盾的答案可能就可以揭开了；这一变化摧毁了妇女传统上在家里从事的支柱性活动，迫使甚至是裹了脚的妇女也去寻求对家庭经济作出贡献的替代性方法，包括下田劳动。

这一农田劳动的理论并不十分令人满意,因为缠足同妇女免于务农并不是紧密对应的。免于农田劳动实际上几乎不能够解释有的地区实际上所有妇女都缠足,农村和城市都如此。在农村地区,很难相信占人口比例如此之大的妇女,可以从有经济价值的劳动中脱身(为了生活!)以便对男人有"吸引力"。当中国农村许多地区都贫困不堪,需要拼命苦干之时,假如不是非理性和不可理喻的话,许多妇女裹脚只是为了变美并成为其劳作的小农丈夫的闲置玩物,这似乎是不太可能的。

人们也提到族群是影响缠足分布的一个因素。中国非汉族的少数民族群体一般都不给妇女缠足。[1] 对汉人而言,妇女不缠足被解释为这些人缺乏文明,或者说是其野性的标志;未缠之足的八字脚趾被看作不守规矩的或是野性的。在许多少数民族聚居的地区,汉族的缠足可能还因其维持明显的民族界线和作为"文明"标志的愿望而得到了强化。同样,小脚可能也是处于从属地位的群族被主流的汉族文化同化的一个标志。然而,就我所知,没有人直接提到,全中国汉族家庭给女子缠足**主要**是为了表明他们是汉族。

尽管阶级、族群和农业劳动的要求影响到缠足,但这些因素几乎都不足以对它进行解释。[2] 最常见的文化解释假定,缠足主

---

[1] 例如,历史学家史景迁(Jonathan Spence)提到,在太平天国起义期间,客家妇女"习惯了山区艰苦的农耕生活……不像其他中国女性,她们从来就不裹脚"(1990:173)。在中国北方,满族妇女也不裹脚。

[2] 史景迁的叙述表明了对特定习俗*何以*蔓延缺乏解释的一个例子。在谈到汉族抵抗为满族妇女制定戒尺禁令时,他写道:"尽管这一习俗带来了疼痛,但该习俗还是从精英阶层蔓延到农民当中。小脚对中国人来说成为衡量女性美的标准。千百万妇女为此而遭受苦难。拒绝遵守该习俗,清朝既维护了其文化独立性,又设置了满汉通婚的有效屏障,因为汉族男人明言满族妇女的天足缺乏**性**吸引力"(1990:39,斜体为作者所加)。这段话似乎表明,"百千万妇女遭罪"主要是由于汉族男人的性爱文化。与此相反,柏桦(Blake 1994)采取了类似于葛希芝(1989,1995)的立场。柏桦相信缠足问题上出现了一种"社会文化神秘化"现象,这忽视了妇女在中华帝制晚期越来越劳动密集化经济中的工作,并使妇女显得"几无价值"。

要是为了迎合中国男人的审美偏好,他们的审美情趣令人费解地转向了这一理想。这些文化建构的偏好之所以看重无助的、不甚重要而且足不出户的女性,估计是因为她不能够逃脱或挑战男性的支配权。她的弱点成为引起性欲的东西。曾被葛希芝(1995)描述为"坚定的男权主义者"的霍华德·利维(Howard Levy)所作的研究(1991[1966])就秉持这种观点。他利用文献资料揭示 *41* 了裹过的脚对精英男性具有"施虐受虐般的吸引力"。

人类学家伊丽莎白·克罗尔(1995)及其他人提到,缠足并不只是为了回应男性性幻想而独立演变的,这是性别隔离和妇女与世隔绝在身体上的延伸,致使适婚女儿和姐妹被禁锢在有监护人的空间里,而儿子和兄弟则可以自由行动。对以结婚为归宿的良家缠足女子持续不断的性监督与控制,截然有别于男性挑逗得不到这种保护的奴婢和佣人。在描述 20 世纪初一个有天足的妇女后,有个妇女问道:"佣人们将如何能够分辨她是新娘还是刚买的一个丫头呢?"(克罗尔 1995:23)。当然,尽管存在缠足有"性"吸引的理论,但大脚的佣人和丫鬟也不可能逃过主人的注意。

经典著作和传统谚语通常解释,必须把脚裹起来以免女孩子东奔西跑或逃跑,或者外出走到街上去(克罗尔 1995:24)。这种禁锢为何如此值得人们效尤呢? 这难道只是为了确保性行为规范,或者更直白地讲,是为了控制性财产? 仅仅关切性、行为规范和父道表明,妇女的重要性只是作为生育者、性象征及地位的象征。这种奢侈之举可能适用于富庶之家,它又怎能适用于全中国数目庞大的农村妇女呢? 她们的劳作就那么没有价值吗? 在此,我们需要更明确地考虑在家里那么严厉控制之下妇女和女孩所从事的各项劳动。

缠足与教养训练

我在云南其他地方碰到过仍旧紧绑着脚的老年妇女,她们中的许多人还遵循她们那个时代的审美情趣,即有教养的妇女举止要有克制。这些妇女保持背部挺直,几乎是维多利亚时代的姿势。她们将其长发梳到脑后整齐地盘成一个圆发髻。她们身穿非常合体的棉质或丝绸的老式短上衣,恰好在其小鞋之上的脚踝之处用白布将裤子紧紧绑着。即便是今天,这些装束也隐隐约约表明了良好的教养和自我控制力。同裹脚和小心翼翼活动相关的这种自我约束似乎曾标志着妇女的美德,就如同笔挺的身姿、无可挑剔的着装及精准的行军象征了士兵们严明的军纪一样。

汉娜·帕帕内克(Hanna Papanek)谈道:"在许多社会中,一些使人痛苦的习俗标志着男性和妇女开始向成年期过渡"(1990: 176)。她将"缠足范例"当作女性接受不平等与痛楚社会化的一种形式以及"与性欲吸引相关的"的一种肢体损毁形式。她写到,这一习俗被废除的重要性不仅仅因为它是极度不平等的一个例子,而且也"因为伴随社会上发生的重大政治、社会和经济变化它便戛然而止。这表明了通过适当行动改变甚至是最严重不平等的可能性"(1990:176—177)。除了推测缠足使某些妇女(但我再次提出,为什么不是所有妇女?)社会化方面所起的心理作用外,帕帕内克并没有建议哪些"适当行动"最终导致了它的灭绝。

当然,脚被裹的程度是大为不同的。有些脚被裹得那么紧以至于小脚趾向后弯曲被压到了脚底板的下面,脚的弓形是折叠、断裂的,前部往后被推向脚后跟;有些脚的变形没有那么严重,仅仅通过使小脚趾弯曲并绑到脚底下使之变小变细,而没有折断那个弓形。行文至此，假定女性劳动潜力被浪费的经济学谜团依旧没有得到破解。

缠足、纺织品和家庭经济

最近，人类学家葛希芝(1995,1996)率先揭示，更仔细地审视家庭经济状况和妇女在当地的工作，可以进一步洞察这个唤起人们回忆之习俗的意义。她坚持认为，缠足的妇女并没有免于劳作，只是被要求从事可能被归入"轻活"的工作类型。这里的轻活并不意味着劳动的经济价值必然是无足轻重或低于重活的（人们不会认为一个干"轻活"的计算机编程员所创造的价值低于一个干"重活"的砌砖工）。这也不意味着这种劳动是不费劲的。相反，它具有对劳动者提出身体要求的含义。她的假设易于理解："在妇女一般干轻活的地方，裹脚有可能是普遍化的"(1995:7)。

什么才算轻活并非总是不言自明的，虽然"轻活"是女人工作的观念在中国根深蒂固。[①] 葛希芝将各种形式的纺织活囊括在内，但对于像剥牡蛎壳和采茶这样的工作形式则不太确定。在福建(Fujian)过去妇女裹脚的一些地区，这两项活都是由妇女干的。葛希芝将山区的搬运劳动、拾柴、割饲料以及在潮湿的稻田里劳动排除在轻活的范畴之外。[②] 因此，根据她的见解，在妇女

[①] 杰华(1997:19,121)将轻/重(以及内/外,无技能/有技能)当作中国人用来描述男/女劳动分工的概念上的二分法,但她承认,尽管是这么分的,但各地区的实际任务通常是变化不定的。这也是男女之间激烈交涉的一个主题。

[②] 达文也排除了妇女从事搬运工作。她提到:"许多妇女因裹脚而永远伤残了,这妨碍了她们背运重物,甚至是走一段距离"(1975:252)。

43　从事这些类型工作的地区，她们不太可能缠足。通过在福建、四川和台湾进行的调查，她将缠足率高低和缠足年龄早晚同工作类型的关系拼凑起来了。

快手和慢脚

我本人对于与缠足相容的"轻"活的理解，特别强调劳动的地点、速度以及用来成功完成任务所需要的身体部位。轻活应是妇女可以在室内或有限的地理范围内从事的工作。它的圆满完成需要用灵巧的双手和迟钝之脚，而且主要是在家里或附近的田里完成。它需要手的熟练，但几乎不需要步行能力。这真的是"手工艺"。

19世纪中国妇女许多形式的工作都要求不同程度的熟练、不活动性和耐心，但没有任何工作比纺织业中的"手工"劳动更符合这一标准了，确切地讲，它更多地利用了手而不是脚。正如葛希芝(1995)提到的，像做草席和蚊帐一样，纺纱织布、捻织大麻制品、缫丝都同缠足高度兼容。① 对此，我还要将刺绣、缝纫、做布鞋、编草鞋及编织篮子加进去。在复杂的高度商品化的商业体系中，存在着许多种类妇女可以制作出售的家庭生产的商品。专业化是一个普遍现象。为了完成这项工作，妇女不得不变得习惯于一次在一个地方坐上几个小时，主要靠其手来工作。其他类型的工作也需要心灵手巧：采茶，剥牡蛎壳，养蚕等也同缠足部分相容，虽然这些通常要求妇女到工作场地去完成。一旦到了那里，她们脚的活动可能较缓慢，而其手则飞快地动起来。

---

① 柏桦(1994：703—704)有类似的观察。他提到，所有传统形式的纺织工作在缠足到来之前就已存在，但在王朝末期，这些商业化的家庭职业，有时对家庭现金收入作出了重要贡献。

　　根据这一理论,当坐在家里完成的手工纺纱与织布被基于现代工厂的纺织业逐出家庭时,裹脚也就失去了它存在的许多理由。家庭棉纺织及其他形式坐着完成的纺织工作的衰败,同妇女过去从事这项工作的地区中女性裹脚的式微应该是关联的(葛希芝 1995,1997)。

　　葛希芝所作的开创性理论与实证研究要求学者们去研究这一令人痛苦和虚弱之习俗的经济影响。重温西德尼·甘博(Sidney Gamble 1954)的早先证据(他描述过缠足的分布与衰退)以及记录了华东纺织革命的经济史家[1]的最近著述,我们越来越清楚地意识到,缠足情结是不能够仅仅用文化与象征价值来解释的。尽管"小脚"可能唤起绅士们的赞美和性欲(利维 1991 [1966];张戎 1991;张邦梅[Chang]1996),而且表明了同有闲阶层的象征性关系,但中国各地农村这种习俗的不均衡分布和迅速消失,与其说同审美与伦理价值观的突然转向有关,毋宁说与不同的经济状况和经济动机可能有很大关系。在这一"纺织模型"中,就像通常所暗含的,偏爱小脚的审美价值观并未通过拒绝使用女性劳力而同经济利益相抵触。相反,这种身体限制保障了有用并且有利可图的纺织**手工活**。正如葛希芝在福建和四川的研究所揭示的,当村民中的女性不再裹脚时,那些村民几乎不知道中国改革家和基督教传教士发起的放足运动。然而,在禄村周边,警察执法显然加快了缠足的消亡,即便思想运动显然没有给经历过裹脚的妇女留下什么印象。

44

　　在关于中国女童孩提时代缠足经历的几乎每个叙述中,都会

---

[1] 劳伦·布兰特(Brandt 1989)、迪特里希(Dietrich 1972)、伊懋可(Elvin, 1972)、黄宗智(1990)及其他人都大大拓展了我们对纺织在中国经济史上所起作用的认识。

描写其此后的室内活动。这些不外乎是刺绣、纺纱、织布或使用针线的其他活计。张戎（1991:24）描述了她那位 2 岁就裹脚的姥姥，有人不仅教她学刺绣，还教她画画和音乐。葛希芝（1995:11）援引了福建妇女所说的，织布好像同缠上足是同义词。克罗尔（1995:20）引述了谢冰莹（Hsieh Ping-ying）所描述的缠足、抵抗及其后果——在屋里纺纱时："我就像一个被判了死刑的囚犯……号叫着……我觉得我脚上的骨头似乎要断了，我哭倒在地上……从那时起我的大部分时光都坐在炉火旁**纺纱**"（1995:21—22，斜体为作者所加）。

令人遗憾的是，正如葛希芝观察到的，因为妇女一般都在家里干活，我们很少知道妇女纺织劳动产品及其价值的详情。这些纺织品只是为家人享用的吗？它们是卖给承包者抑或在市场出售的，还是在特定场合作为"无价"的贡品送出去的？购买同样的东西要花多少钱？由于缺少这个方面的知识，人们自然倾向于认为其价值是微不足道的。

妻子、母亲和女儿为家人纳鞋节省下来的钱，对于一个富裕家庭的预算无疑是无足轻重的，但对于贫困家庭则不然。他们就地利用妇女为家人做衣服，而且他们可以靠妇女出售她们的纺织品及其娴熟的纺织劳动力甚或她们本身来获取收入。通过省下购买纺织品的开销，并用针线为家人做装点，或者为上流社会人士刺绣上好的纺织品，妇女能够使贫困家庭勉强度日。当男人的财富化为乌有时（就像中国鸦片馆里时常发生的情形），这种几乎不需要什么资本投入的技能给妇女带来了收入。

接近 19 世纪末时，工业技术、资本主义、交通以及商业融合的经济革命，开始取代了由妇女从事的某些类型的家庭手工生产：先是纺纱，继而是织布。假如土布在经济上不再具有竞争力的话,那么,缠足存在的根本理由也就消失了。纺织领域的这场工业革命使缠足的家庭纺织生产者难以为继。关于家庭经济状况变化的这一观点表明,男性农民或小农家庭从来就不像人们普遍相信的那样,是非理性地受审美或性偏好支配的。权力、妇女的劳动以及经济利益总是密切相关的。在本章中我将重构禄村缠足的流行与消亡,但首先要总结一下有关华北的信息以便做一个对比。

华北缠足的消亡

1926—1933 年,社会学家西德尼·甘博在华北的河北定县进行了一项详尽而丰富的研究(甘博 1954)。这些调查揭示,在1900—1904 年出生的这一年龄段的妇女中,缠足的文化控制开始松动了。不缠足的决定是 1905—1909 年间当女孩子们长到约5 岁时作出的。[①] 这正好是在反西方影响的义和团运动结束之后,也恰好在清朝倾覆与民国时期开始之后。1910—1914 年出生的女孩在 1915—1920 年间到了裹脚的年龄,她们成为第一代多数人可以成长起来而不裹脚的人群。

甘博的数据表明,缠足变化的时间同当地妇女纺织生产的重大变化是非常吻合的。在定县,大多数村妇都深度投身于纺织生产。该县有 453 个村致力于棉纺活动,占 98%,其中 95% 的纺纱

---

① 就像甘博报告的,缠足有时被说成从两三岁开始。这在极端个案中可能是存在的,在一些地区比如东北地区可能比较普遍,张戎(1991:24)提到,她母亲 1911 年 2 岁时就在辽宁裹了脚,但我访谈的妇女通常是从五六岁左右开始的,有时晚至七八岁(又见克罗尔 1995;普鲁伊特 1945:22)。人们所说的年龄有时是按中国传统的计岁方式,即把孩子出生的那年当作一岁,另外还要再加上一年。

者是妇女。织布的有 378 个村，占 83％。30％的人口属于纺织家庭，纺织者占村人口的比例刚好低于 10％。80％以上纺织者是生产可销售布匹的妇女（1954：298—301）。在家庭纺织技术决定性地转换为使用来自天津的机织纱和具有更高生产率的织机的同时，这些家庭也正好放弃了缠足。纺纱可能已受到了进口机织纱的冲击，那时每人平均所得还不到其他家庭工业（主要是织布）的 1/3（甘博 1954：16）。但较便宜厂纱供应的增加只是提高了最有机会获得新供应来源的那些人的收入。甘博发现，1882—1932 年在一个样本村里，织布的家庭从 58％上升到 86％（甘博1954：16）。令人遗憾的是，他没有研究进口厂纱对该县纺纱家庭的影响。我们只能猜测，在有机会获得便宜机织线并能买得起织机的地方，纺纱者就转向织布了。因交通困难或无力购买好织机从而不可能有这种机会的地方，农户就丧失一种家庭职业和可靠的收入来源。

　　三种不同类型的织机"当地称之为笨机、拉机和铁机"。最初的"笨机"是一种木制织机，靠手来穿梭。"拉机"得到了改进，梭子是通过拉"悬挂在织布者跟前的一根线而从梭盒中抛出来的"。铁机"是通过踏板、链条和齿轮传输，用脚作动力来驱动的一种机械装置。拉机是 1908 年前后引进的，铁机在 1920 年左右"（301）。织布者很快从木机改换成拉机，而后又转换成铁机。后者使织布者的生产率提高了一倍多，她们只需用脚踩踏板来使梭子移动。

　　表 3.1 显示了缠足消亡的时间以及女性织布者家里采用的纺织技术的转变。该地区大约在 1908 年引进了新拉机，这同缠足少女的百分比开始出现大幅度下降的 5 年期是重合的。1912年，7％的家庭购买了新织机，40％的女童不再缠足了。1917 年，当 17％的家庭有了新织机时，80％的女童被允许让其脚自由生

长了。这两个戏剧性变化之间的关系是什么呢？是"时代的精神"致使各户将其女儿们从一种行之有效的经济策略中转移出来，以满足新的审美标准，还是新纺织技术不断提高的生产率与竞争力导致靠织布为家庭赚钱的妇女越来越少了？由于家庭织机的改进与工厂生产的结果，随着产量的提高，纺织品的市价势必下降。只能用手梭慢慢织布的那些人很快就被靠脚动力铁机的那些人超过了。裹过的脚对于操作铁机上的踏板或许是一个不利因素，因为在新工厂里，管理者还是更喜欢能站立较长时间并可以在织机之间来回走动的健壮劳动者。

表 3.1　华北缠足与不缠足女性的年龄
（1929 年对北京南边 206 公里处河北定县 515 户的调查）

出生年份	裹脚的年份[a]	总数	缠足的百分比	按年份排列的老织机的百分比
1889 年以前	到 1894	492	99.2	
1890—1894	1895—1899	109	94.1	
1895—1899	1900—1904	103	94.1	
1900—1904	1905—1909	130	82.5	
1905—1909	1910—1914	129	56.5	93 (1912)
1910—1914	1915—1919	149	19.5	83 (1917)
1915—1919	1920—1924	161	5.6	66 (1922)
1920—1924	1925—1929	169	0.0	51 (1927)
1925—1929	1930—1934	294	不详	20 (1932)
	合计	1736		

资料来源：缠足数据是根据甘博 1929 年调查（1954）第 60 页的表 9 改编的。织机的数据取自第 314 页的表 96。

a. 我与甘博的观点不同，和克罗尔（1995）一样，我也认为缠足是从 5—10 岁开始的。甘博相信裹脚从 3 岁开始，但这可能是把幼小年龄的极端例子当作了一般情形。我的访谈表明人们公认裹脚是从晚些时候才开始的，总的来说，不同地区都认为裹脚是从 5 岁以后开始的。上面的裹脚年份被假定为出生之年的 5 年以后。

甘博指出，当更多家庭转向采用新的具有更高生产率的织机特别是铁机后，村里开动的织机总数却下降了。从1912到1932年，织机总数下降了15％，从280台下降为239台，但同期的产量却提高了90％。这表明采用新技术的那些人正在压低价格，并取代了缺乏新技术的那些人。即便裹脚的中老年妇女可能继续在其传统织机上劳作了一些年，但年轻姑娘则面临不同的经济前景。其父母必定已敏锐地意识到，即便他们有铁机，其女儿已不能通过手工织布来赚很多钱了。外国和工厂制造的布匹使她们的劳动成果过时了。裹脚女子对其家庭来说不再是一种经济资产了。

甘博研究的另一个引人注目的发现是，定县缠足的妇女是干农活的，这就回击了认为中国北方妇女因不参与农田劳动而比别处妇女更受压迫的理论。"在有515个家庭的一组中，88％的男性和**80％12岁以上的女性在干农活**。两性主要从事非农职业的占18％。12％的男性和**51.5％的女性都致力于某种家庭工业**"（1954：7，斜体为作者所加）。

定县妇女将农活和家庭工业结合起来，她们是灵活的家庭劳动力的组成部分。然而，我们不能确信通过破坏已传播并兴盛了数个世纪之久的家庭生产形式，纺织工业革命是将这种灵活性强加给了女性劳动力（和她们的脚），还是该地区的人们总是期望裹脚的妇女将纺织与下田劳动结合起来。

中国西南禄村的缠足

根据有关中国南方妇女劳动与稻作的普遍公认理论（第一章已讨论过），缠足在华南应较不普遍，因为这里的妇女要插秧。根据葛希芝(1995:11)的观点,在稻田劳动并不是"轻"活。因此,作为一个由妇女插秧的种稻村,禄村不应有许多裹脚的妇女,假如有的话,她们应属于不需要妇女参加大田劳动的精英家庭。

　　然而,费氏1938年对禄村的观察并不符合这一理论(费孝通和张之毅1945)。他评论说,裹脚并没有使妇女免于参加大田劳动。不管其家庭的财富如何,**所有**妇女都在田间劳动。他的这种解释意味着,禄村妇女的地位更像是家里的劳动力而不是共同所有者。富裕家庭年长的甚至是年幼的男性可以享有不下田劳动的特权,但妇女则不能,即便是裹了脚的那些女人。然而,费氏从未详述过那时缠足实际上有多普遍,也没有提及它有多严重。他没有提到因经济变迁或政府废除缠足运动的结果,裹脚是否正在消失。根据这一有限的信息,我们可能倾向于不把禄村当作民族因素超过经济考量的一个反常例子。这或许是葛希芝会做出的反应,她曾写道:"在各个地方,比如汉族—原居民居住的台湾北部,或云南北部汉族/非汉族混居的社区中,同劳作相关的成为群族认同一个压倒性标志的缠足终于消失了"(1995:7)。

　　所幸的是,我从禄村老年妇女那里得到了关于缠足的一些信息。1996年我对禄村中心几乎所有幸存的老年妇女(1940年以前出生的)进行了访谈。这使我得以评估19世纪末缠足的流行状况和转变为"大脚"的时间。① 这些估计对那个时期的经济状况作了更缜密的审视。

---

① 数据来源包括对56个妇女进行的有关其自身经历的问卷调查(经葛希芝同意,根据她的调查问卷改编的)和对一个18个妇女的子集所进行的更为详尽的问卷调查。后者特别清楚地记得并讲述了她们娘家村和她们婚后迁入的那些村里过去的事情。

1866—1940 年禄村的缠足有多流行?

在禄村及附近的汉族村落里,几乎所有妇女在 19—20 世纪之交都是缠足的。我对一个由 18 位老年妇女(生于 1918—1938 年)组成的子样本进行了详尽访谈。这提供了有关她们的母亲、外婆和奶奶以及她们作为婚入的妻子有机会碰到的婆婆、丈夫的外婆和奶奶的情况。表 3.2 对下面的证据作了总结,即 19 世纪末和 20 世纪初在这个汉族稻农生活的地区,缠足一直是占主导地位的,但绝不是普遍化的。这个样本包括大致生于 1866—1913 年之间的妇女。

表 3.2　禄村老年妇女前辈们的缠足情况(估计生于 1866—1913 年)

前一代 (1891—1913)	缠足的 百分比	前两代 (1866—1888)	缠足的 百分比	前两代 (1866—1888)	缠足的 百分比
自己的母亲 (18 人)	78	奶奶 (12 人)	75	公公的母亲 (8 人)	88
婆婆 (13 人)	85	外婆 (11 人)	91	婆婆的母亲 (8 人)	88
前一代合计 (31 人)	81	前两代合计 (娘家亲属) (23 人)	82	前两代合计 (姻亲) (16 人)	87

资料来源:对禄村 18 个老年妇女进行访谈的子样本,是 1996 年从能够清楚回忆并描述过去事情的更大样本中挑选出来的。

注释:受访妇女的子样本中,妇女的出生年份是 1916—1938 年,跨越了 22 年。这一代人的平均婚龄是 19 岁。我估计各代之间的平均年龄大约相差 25 岁。这意味着前两代妇女比被访妇女约大 50 岁。从被访妇女年龄上限和下限(1916—1938 年)中减去 25 年后为 1891—1915 年,减去 50 年就是 1866—1888 年。丈夫方的总人数更少些,因为这些女亲眷中的一些人在新娘嫁入前就已过世,所以她不曾见过她们的脚。

在前两代的 5 个妇女中有 4 人是裹脚的。这些人中包括一些本身就是在禄村长大以及来自同一县周边社区的妇女,后者是当地婚姻交换系统的组成部分。大多数妇女来自距离禄村不到15公里的一些村落。

人们解释了在真正转变发生之前偶尔没有裹脚的各种原因。一个妇女解释说，她来自一个山区，那里人太穷了所以没有给妇女裹脚。她的意思是拥有平坦河谷地的被公认具有经济优势，这有别于拥有位于山坡上的地的人。正如我们在下文将看到的，其他因素还包括早年丧失父母，或同非汉族的少数民族联姻。一个裹过脚的汉族妇女嫁给了彝族男子（彝族一般生活在更多山的地区），她的女眷属中没有人裹过脚。

禄村的证据表明，缠足甚至在费氏开展研究之前就迅速衰微了。民国政府宣布该习俗是非法的，并在主要集镇通过给妇女放足来施加压力。① 反缠足的压力在全民族抗战时期（1937—1945年）只会增大。由于中国东部人的迁移，民国政府迁都到了重庆，再加上许多大学和中国军事机构都迁往昆明，当地同外部世界的接触大为增加。战争也将美国飞行员带来昆明给中国提供军援。就像费氏那样，随着许多政府公务员和现代知识分子蜂拥来到昆明及其周边地区，那时城里文化上的反缠足力量势必骤增。在禄村，像费氏及其当传教士的姨母这样的外来访客极少，人们当然不记得有人宣讲过反缠足事宜。② 但是巩固这一变化的最重要因素之一是农作和像搬运这样的繁重劳动增大了对女性劳力的

---

① 《禄丰县志》上记录了当地反缠足政策的唯一一年是1923年。那段话可译为："境内原4县执行省府'12岁以下女子未缠足者再不准缠足，缠足者应立即解放'的规定。严禁女子缠足。"（禄丰县志编委会1991：17）。该《县志》并未记录那年或随后一些年在执行上的困难或成功。

② 费氏被介绍到禄村来得到了他姨母的帮忙，后者作为一个基督教传教士在那里待了一年。他还得到了燕京大学（Yanjing University）一个同班同学的帮助，后者就是禄村人。

需求，因为 1939 年禄村有许多身强力壮的男子都被抓了壮丁（费
孝通和张之毅 1945）。

表 3.3 显示，1921—1930 年出生的女孩子见证了这一转
变。1935 年以后出生的女孩完全变成了天足。假定作出这
种决定晚了 5 年时间，那么，我们可以将禄村发生这一转变的
时间确定为大约 1925—1935 年。到 1938 年费氏进行研究之
时，大多数 8—12 岁的女童已不再裹脚了。在当地父母作出
什么对其女儿最有利的决定时，这必然是个严肃讨论的主题，
51 但费氏并没有提到这一点。禄村发生这一变化比定县晚了几
乎 20 年。

表 3.3　禄村缠足的消亡

出生年份	缠足年份	总人数	缠足的百分比[a]
1916—1920	1921—1925	8	75
1921—1925	1926—1930	12	50
1926—1930	1931—1935	9	11
1931—1935	1936—1940	17	12
1936—1940	1941—1945	8	0
	合计	54	

资料来源：1996 年对禄村中心可找到的所有老年妇女进行了访谈，但不
包括听不见或记性不好的那些妇女。

a. 这些妇女中的多数人只是暂时裹了脚；她们的脚裹了几天、几个月或
者几年就放了，因而没有遭受永久性或极度的损伤。

1930 年以后出生的多数禄村妇女都不再裹脚了。1915—
1930 年间出生的许多人实际上只是在这个过程终结之前有过短
暂的裹脚经历。有些妇女说，她们的脚只裹了几天或几个月时间
就放了。这个人群中的其他人最多裹过 12 年，到她们 20 岁时开

始放足。到那时，在某些情况下，她们的脚还能够变平。她们谈
到放足的原因时通常提到社会的态度已发生了转变。正如我们
在下文将看到的，某些妇女谈得更具体些。有一个人讲，她爸在
市场上听说当局正在将所有进城妇女的裹脚布剪掉。其他人则
提到，城门边的巡逻队强行给妇女放足。在第六章中将出现的高
女士回忆说：

> 我妈小的时候有人给她裹脚，但她自己很怕疼，她说裹
> 脚很痛。于是，别人就把她的脚给放了。所以，我妈不是小
> 脚。我们也没有裹脚。我还记得烧裹脚布的时候。那是解
> 放前我刚12岁的时候［1938—1939年］。我们去市场时，在
> 进城的一小截路上，可以看见大西门桥那里有人在烧裹脚的
> 东西。那些人被叫作"长臂队"。

被调查的老年妇女到她们放足时都不到20岁。不清楚其脚
已永久性变形的那些老年妇女在20世纪30年代是否也被要求
拿掉其裹脚布。多数幸存的老年妇女在她们的脚遭到永久性损
伤之前就已放足的这个事实，并不意味着"早放开"是这个地区的
一个习俗。在我的小样本中，除了一个妇女外，其他人都是婚前
就放足的。她们裹脚的平均年龄大约是6或7岁。因为样本量
较小，我不能确定19世纪出生的禄村妇女在追求"三寸金莲"的
理想中是否普遍都把脚裹得极紧，但一些人的确是这样做的。一
个停止裹脚的妇女（她嫁给了一个彝族男子）说，她的脚只裹了很
短一段时间，为的是使脚变平变直。她说那时并没有"三寸金莲"
（小脚的一种隐语）①那么严格的标准。20世纪出生的不同妇女

---

① "三寸金莲"指的是裹脚的最极端形式，故意通过折断脚中心的骨头使脚变得只有
　 3寸长。

描述了与天足形成鲜明对照的这种缠法。她们暗示缠足是仪态整洁的一个标志，而不只是为了漂亮。

像帕帕内克一样，葛希芝赞同缠足在女孩子的社会化过程中起了重要的作用。她也认为它具有重要的象征性意义。[1] 但葛希芝特别强调的是中国年轻女子被社会化去接受并从事特殊类型的工作生活（work lives）。不了解导致妇女工作骤变的经济环境，通常采用的心理与文化解释很易于被粘贴到我们知识的空白空间当中，从而掩盖了我们的无知。为什么屈从、牺牲和使人痛苦的心理在某些地方和某些人群中采取了这种特殊形式，而在其他地方或人群中则不然？为什么缠足持续了几个世纪而后又突然终止了？这些问题仍没有得到回答。妇女缺乏经济价值这个迷思，不仅在中国而且在西方审视妇女的传统中都不曾受到挑战，仿佛婚姻将妇女同经济的世界分割开来了。

禄村老年妇女对缠足的回忆

葛希芝把缠足描写成一种"缺乏文化内涵的习俗"。这么说吧，尽管她尽可能去搜寻了，但在她的访谈及其同老年妇女的讨论中，几乎没能发现同该习俗有关的仪式、歌曲、俗语或巫术的证据。[2] 我本人也有类似的经历。许多妇女仅提到"大脚丫头没人娶"等说法。然而，下面的各种陈述可以对处于转变中的这代人

---

① 伊沛霞著作(1990:221)中也有关于缠足社会化的解释。

② 高彦颐(1994)似乎并不赞同这一观点。她对17世纪精英阶层妇女裹脚的历史叙述中包含了特殊仪式、准备工作以及向裹脚女神的祈祷。葛希芝在寻找19世纪末20世纪初的类似做法上迄今为止不甚成功，但一些作者的确描述过向观音祈祷以及赠送用来吃的特别软的饺子等（比喻使脚骨柔软）。

的经历提供更深刻的认识。

经济方面

妇女很少谈及缠足的经济影响。这或许是因为她们被抚养长大要做的事情对于所有熟人来说总是不言自明的;她们没觉得有必要解释特殊的工作类型以及她们能挣多少钱。一个妇女引用了这样一句谚语:

> #5 [76 岁,1920 年生于禄村]:大脚挣 5 斗(150 公斤),出嫁赔 5 斗:为何还要把她嫁出去?①

这一谚语意味着,一个大脚女儿嫁出去是没有什么净收益的;作为彩礼得到的谷物数正好同陪嫁的嫁妆一样多。相反,这可能表明,将裹脚的女儿嫁出去的父母是能获得净增益的。但这可能也暗示着,不像裹脚妇女,一个大脚女可以通过她自己的劳动来赚取粮食收入。假如这样的话,那么,人们就没有很大的动机把一个正在劳动的女儿早早嫁出去,或嫁给家外的某个人了。② 禄村老年妇女大多数都没有裹脚,她们的平均婚龄为 19 岁左右(岁数并不是特别小),恐怕就解释了这一观点。

> #49 [80 岁,1916 年生于禄村,1923 年 7 岁时缠足,1934 年 18 岁结婚,1936 年 20 岁放足]:生活最困难的家庭

---

① 脚大翻过来是 5 斗,翻过去是 5 斗,咋个嫁? 这也可以被表述为:"大脚得到 5 斗聘金,又转成了 5 斗作为嫁妆,为什么还要把她嫁出去呢?"禄丰的一斗相当于 35 升,约 30 公斤糙米。5 斗是 150 公斤,约 330 磅。假如每天消费一磅,传统上以彩礼支付并以嫁妆回赠的这一稻谷数量大约足够新娘吃一年的。这类似于世界其他地方传统的婚姻偿付(宝森 1984,1988)。

② 当然,提到这句谚语的那个妇女,她父亲是"倒插门"的。正如我们在第七章中将看到的,禄村的人赘婚当前并且一直以来都相当普遍。

并不把脚裹得非常小,她们裹脚只是为了把脚裹成顺脚(这种脚因其呈狭窄管状的样子而被叫作"黄瓜脚")。

禄村这个妇女的叙述很独特,她婚后就不再裹脚了。葛希芝也谈到过其他地方存在的这一现象。作为一种折中办法,裹脚主要是为了确保嫁得出去,但由于已婚妇女承担了较重的劳动负担,于是就放开了。这不可能是禄村的既定模式,因为大多数放足的妇女都说这是由于社会变迁,而不是婚姻状况的变化引起的。

在缠足发生转变之前,抗争的女孩子几乎得不到给其裹脚的母亲们的同情。假如她们胆敢把裹脚布拿掉,女孩是会挨打的。

♯28[71 岁,1925 年生于黑井]:当她们给我裹脚时,我的脚很痛,我都哭了。当我想放开脚时,我妈就拿起鞋子揍我。所以,我没有拿掉它们。

♯49[80 岁,1916 年生于禄村]:劳动和爬墙都很痛,但我不敢放掉。假如我解开,我妈会打我的。

一些老年妇女解释了父母早逝如何导致无人足够关心给她们裹脚的事情。这些妇女将她们没有裹脚的原因放在其孩提时代不幸的情境之下,作为被忽视的一种表现。[①]

♯7[77 岁,1919 年生于小鲁,1938 年结婚]:我养母没有帮我裹脚;她甚至没有给过我一双鞋子穿。只有当我出门做客时,他们才让我穿上鞋子。

♯12[74 岁,1922 年生于南雄(Nanxiong)]:我 2 岁时

---

① 克罗尔(1995:21)引述了谢冰莹传记中一个母亲所说的话:"不会有任何人见过这么一个女孩子的叫喊:'她母亲必定在这个女孩小的时候就死了!'"

我爸就没了,我妈改嫁走了。我奶奶极坏,她不给我足够吃的或穿的。因为我没爹没娘,没有人给我裹脚。

少数民族与天足

嫁给一个彝族男子的那个汉族妇女解释说,彝族不裹脚。另一个其母亲是彝族,自己在苗族地区长大的半彝族妇女强调,不是族群而是地形与贫困导致了那个地区的人们没有裹脚。

♯35［79岁,1917年生于禄村］:当他们给我裹脚时,他们并没有把我的脚裹得很小,他们只想把脚缠得更细点,变成顺脚("顺"也意味着"整齐")。那时社会上还很时兴裹脚。我后来放了脚。我丈夫是彝族,不是汉族,他家里的人都不裹脚。

♯40［62岁,1934年生于关子］:我妈是彝族。她生活在附近都是苗族(一个不同的族群)的山区。因为那里是山区,极其贫困,所以她们没有裹脚……当我还是女孩子时,我娘家村没有一个妇女裹脚的。那周围只有苗族,她们并不裹脚。

这些陈述表明,在云南,崎岖不平的地貌、少数民族文化、贫困同不裹脚都是互为关联的。脚裹得不是很小的汉族妇女,嫁给一个彝族男子不会对她构成什么风险,她不会因这个"缺陷"而遭到她彝族街坊邻里的非议。

缠足与放足:禄村及周边地区变化的时间

嫁入禄村的妇女包括同一个镇内其他行政村的一些人。有

些人可能比禄村妇女略早点就开始摆脱了裹脚,即大约在
1924—1928年。

♯11[78岁,1918年生于中村,距离禄村约有10公里]:我妹妹和我都没有裹脚,只有我姐姐裹了脚。

♯19[75岁,1921年生于同一个县的菜园村]:我妈和她4个姐妹都裹脚了。在我丈夫家,丈夫的奶奶、外婆和妈妈都裹过脚。我奶奶的脚是"半坡脚",这意味着其他人的脚会更小。

♯21[73岁,1923年生于同一个县的川街村]:我父母只给我缠了几天脚就给放了。

在禄丰集镇及附近的各村,1930年以前缠足就开始减少了(见表3.3)。

♯18[75岁,1921年生于禄丰镇]:当他们开始给我裹脚时,只给我裹了3天。我妈拿着针给我缝上了。我的脚痛得要死。她说:"大脚的丫头没人娶"。但他们后来放了我的脚,没有再裹了。

♯58[75岁,1921年生于禄丰城外不远处的一个村]:我8岁裹脚,但没有裹成。大约3个月之后就放了[1929年]。禄丰城里的4个大门口都有人在那里把小脚妇女的裹脚布扯掉。他们也剪男人的辫子。他们是头戴有徽章大帽子的像警察似的政府官员。[1]

---

[1] 她实际上不太可能目睹剪男人辫子的事情。这可能仅是基于她听到过的事情对早些时候所作的一个类推。政府官员要求男人们放弃表明汉族屈从于1912年终结的大清王朝的发型。不清楚这一象征在云南是立即被根除了,还是过了约10年才慢慢消失的。这个妇女12岁时被她奶奶当**童养媳**卖了。她很机智而聪敏,是提出了不给妇女缠足的非套话性原因的少数妇女之一,她说:"假如你有大脚,那么遇到紧急情况时你就可以跑"。

女儿们的反击

在下面这个不寻常的例子中，给女儿裹脚的这个母亲也犹豫不决，她实际上还征求她女儿自己的意见。大约那时，即1930年左右，民国政府就施加了停止缠足的强大压力。

♯9[74岁，1922年生于禄村]：我妈有"三寸金莲"。不管她想干什么，她的脚都太小了，很不方便。我们家很穷，我妈问我："我该不该给你裹脚呢？"我说："别裹我的脚了，如果我的脚被裹小了，我将怎么干得动活呢？"所以，她没有给我裹脚。

在某些情况下，是父亲提出了反对给女儿裹脚的主张。

♯17[61岁，1935年生于鲁西，距禄村40公里，属于同一个县]：我妈是个老脑筋。有一天她决定给我裹脚。我哭着说："痛死我啦！如今裹脚不再有好处，你为什么还要裹我的脚？"于是，我只坐着不干任何事情。当我爸回家时我就告诉他："妈要给我裹脚！"我爸爸对她说："现在的这代年轻媳妇裹脚没什么好处……都不让裹脚了。"所以，她就不再给我裹脚了。

1930年以后生于禄村的妇女就不裹脚了。这一习俗很快就灭绝了，就像华北10年前的情形。在禄丰县，集镇上的执法行动加速了这一过程，影响到了像禄村这样的周边各村。滇西的其他地方，像武定、南雄和前面提到过的泸西等地，也都在同期或稍晚点放弃了缠足。

♯50[64岁，1932年生于武定]：我妈家是罗茨的。罗茨所有妇女都把脚裹得非常小，但是当我还是个女孩子时，小姑娘们就不再裹脚了。

♯53［65 岁，1931 年生于南雄］：我 6 岁［1937 年］裹脚，裹了约半年时间，他们就把我的脚放了。

禄村 15 个裹过脚的幸存妇女，即便是临时裹脚的，几乎全对此表示不悦，但只有两人声称她们事实上进行过抗争。所有人都说，裹脚的主要原因是担心她们不能嫁出去，但约有一半也说，裹脚被认为很好看。有一人讲裹了脚她就不能跑掉了。受访的多数妇女在她们的脚永久性变形之前都短暂地放过一阵脚。几乎所有个案（15 个妇女中的 13 人）在给出放足的原因时都强调"社会上反对缠足"。这意味着一旦观念发生了转变，而且执行变得严厉之后，她们的父母并没有抵制这个潮流，而是回应了更大的社会变迁。4 个妇女还提到疼痛，3 人提到家里需要她们劳动。

经历过向放足转变的妇女们那时还都是儿童。她们对该习俗为何发生转变的原因并没有深刻的认识；她们既未上过学，也没有向其父母询问过社会与经济环境发生了什么变化。许多人说她们在孩提时代根本没有质疑过父母作出的决定。她们仅仅觉察到，放足是由更大的社会力量引起的，而不是因为她们自身的疼痛或抵抗。一些人感到这同需要妇女劳作有关。

云南各地给妇女放脚的时间各不相同。禄村停止裹脚比华北定县要晚，但云南的陆良和通海县就更晚了。这两个汉族地区位于省会昆明的东边和南边。那里不像禄村，晚全 1996 年，人们仍然可见许多蹒跚而行的小脚老太太。这些妇女生于 20 世纪 20 年代末和 30 年代。当禄村的姑娘们放足时，她们还裹着脚。这不是因为这些村和镇比滇西的那些地方更与世隔绝。通过回顾长途贸易及其同缠足消亡的关系之后,我将回溯 20 世纪初禄村妇女工作的复杂性,因为这同缠足是关联的。

破译禄村缠足史之谜:云南 19 世纪棉纺织技术与贸易的变迁

描述 19 世纪末云南贸易模式的历史资料,可以使人们更容易理解不断变化的纺织技术与纺织市场对妇女工作的影响。云南省崎岖不平的多山地形,致使交通较为困难,这里呈现了极其多样化的自然与人文环境。即便在那些文化上看似整齐划一的汉族村落,人们也会发现当地经济和性别劳动分工是大为不同的,这主要是因为其自然环境以及距商道的距离不一样。对不同村落的比较揭示了经济变迁同缠足之间的关联。

像中国其他地方一样,19 世纪末云南的家庭经济是不断变动的。这个世纪见证了作为经济作物的鸦片种植的增长以及随后一些年跨地区贸易的扩展。到 19 世纪末,轮船运输降低了诸如棉花等洋货的价格,从而使工厂生产的机纺纱同家庭纺纱出现了竞争。

19 世纪末 20 世纪初来云南的英、法、德等国的探险者、商人、旅行者及传教士的报告皆表明,云南受到了由轮船、铁路及汽车等交通改进而引发的许多经济与文化新影响。①

19 世纪末,英国探险家亨利·戴维斯(Henry R. Davies)考察

---

① 这些出自 1866—1873 年法国探险队撰写的最早报告(奥斯本[Osborne]1996)。寻找湄公河源头的探险者,通过云南进入中国。当探险队挨近同缅甸接壤的云南边界时,他们惊异地发现:"在地球上这么一个明显与世隔绝的角落里,也有可能买到用当地采购商喜欢的颜色印制的英国棉制品,而且带有佛教徽章。不仅如此,加尼尔(Garnier)还以勉强赞许的口吻记载道,这些布的长度和宽度同当地纺织者的标准产品如出一辙"(1996:118)。

了云南的经济状况，并就将印度和中国连接起来的滇缅铁路的可行性提出了建议。他报告说，云南几乎不种棉花，全体汉族人口完全依赖进口的原棉、棉纱和棉布（戴维斯 1909）。要确定从进口原棉转向进口棉纱与棉布的确切时间是很困难的，但我猜测云南中西部村落在 1900 年以前就开始了。① 大多数本地少数民族并未像汉族人那样迅速开始依赖进口布料。进入 20 世纪之后，非汉族的族群还保留了手织其他当地纤维的传统，并缝制式样和颜色独特的服装，这还成为有关云南少数民族的许多消遣书的主题。②

---

① 某些汉族社区对买卖布料的依赖或许开始得还要早，即始于他们迁来之时，特别是当他们在其他营利性活动如耕作和筑路上需要大量女劳力之时。这种依赖并不适用于在高地生活的多数原居民，后者较少融入区域间的贸易，仍保持使用大麻等当地纤维来制作土布和梭织衣服。

② 1911 年，葛维汉（David Crockett Graham）及其妻子作为传教士来中国旅行，在 1948 年之前，他们在四川度过了其大部分时光。关于云南少数民族，他写道："中国西部原居民的**服饰**是很多样化的……［彝族］男人通常穿厚厚的毡制斗篷，睡觉时还可以用来盖。许多羌族男女穿着**没有上色的白色大麻衣服**。壮族男人穿得很像汉族人，但妇女去市场和遇到需要穿盛装的场合时，往往穿着绣花衣服，配上短裙子"（葛维汉 1961:23）。在描写云南汉人，或一般的中国人时，葛维汉写道：

20 世纪初，**中国妇女穿的是裤子，她们多数人都裹了脚**。男人穿着带有长长

81 下摆的类似于礼服的长袍。这些和其他衣服大部分都是由**蓝棉布**做成的。妇女一般戴顶部敞开、绣得很漂亮的帽子。男人戴无檐便帽。男子和妇女常用蓝色或白色棉布缠在头上。劳工和农夫一般穿草鞋，男男女女有时穿**厚底棉鞋**。在清朝时期，男女官员在节日场合穿着**绣**得很漂亮的对襟马褂……还戴着精心装饰的帽子。这类物品的大部分在民国建立之后就被抛弃了（葛维汉 1961:23—24，斜体为作者所加）。

埃里克·木克尔（Erik Mueggler）近来描述了 19—20 世纪云南楚雄彝族自治州永仁县彝族村民大麻生产与价格的历史。他提到："只是到了 19 世纪 90 年代，厂纱才开始从印度流入该省，一些农民于是开始织棉布（Chao 1977:181）……在1896—1912 年间，彝族人显然仍发现当地种植和纺织的大麻制品在价钱上竞争得过棉质品……这些山区居民穿着暗褐色的大麻衣服，表明了他们的贫穷和落后，这使他们成为穿棉质物的低地居民嘲讽的对象"（木克尔 1998:984—985）。

到 1900 年，在汉族人中，从印度孟买和英国曼切斯特进口的机纺纱取代了本地的棉纱。① 虽然纺纱大体上从云南消失了，但手工织布机却继续存在，在专业化的纺织中心可能还有所扩展。专业化的纺织者用机纺纱做手织布，然后卖到像禄村这样分散的地方市场。戴维斯提到，滇南的新兴州［正好在通海北边］是一个"主要的纺织中心"，云南东部的曲靖用从香港地区和越南进口的印度纱来织布（戴维斯 1909：162，318）。他宣称，最早利用新交通路线进口便宜棉纱的地区，是专门致力于并扩展了商业化手织布的那些地区。

据戴维斯估计，云南和四川省几乎"完全依赖外来的棉花"（1909：318）。在描述云南进口的情况时，他写道：

> 迄今为止棉花是最为重要的。云南所有人都穿棉布衣裳，然而实际上该省却不种植任何棉花。所以，在中国这一地区，全部衣服都必须靠进口。买来的有原棉，也有棉纱和棉布，但大部分还是棉纱，它们在该省被织成布……进口的棉布对于较贫困阶层来说往往太贵了，主要是较富裕的那些人穿得较多（1909：318）。

在描述了他在滇南思茅观察到的棉花贸易后，他写道：

> 这一买卖的规模当然很大。主要的产棉区位于华人聚居的掸邦（Shan State）……在英属掸邦的景栋（Kengtung）［现在都在缅甸］……当所有人都穿上棉布衣物时，这一商品

_58_

---

① 迄今为止，我尚未发现任何证据可以表明进口原棉是在非专业化的村落销售（一般在家里纺织），还是在云南专业化的纺织城先纺织，而后发送到该省各地汉族社区去出售。克雷格·迪特里希（1972）分析过中国清代从家庭自给自足到地区专业化棉布制造的多元系统，但他的材料只涉及中国沿海诸省份，压根没有提到云南的情况。

> 就成了该省最大、最必要的买卖之一……曼切斯特和印度的
> 许多棉纱和一些棉布也从长江、八莫[缅甸境内的一个城镇]
> 以及蒙自(挨近越南东京湾边境的一个通商口岸)进入该省。
> 但经由八莫来自缅甸和经思茅来自掸邦的原棉仍有相当多
> 的贸易。洋纱更胜一筹的便利性使其越来越受欢迎。
> (1909:97，旧拼法转成了汉语拼音)

采用机织棉纱是相对晚近的事情，它是伴随给东南亚各国和中国腹地带来轮船和铁路的交通革命而来，商队将终点站的货物运往内地的市场。因此，正如戴维斯所描述的，棉纱和一些棉布是通过轮船从孟买运到缅甸，再经陆路由马帮商队运抵云南。另一条线路是用轮船从香港运到越南，再经陆路由马帮商队运往滇西，或者通过新开通的法国火车运到云南东部。不断发生变化的贸易模式，特别是轮船和铁路所带来的更便宜而快捷的交通，使得大量装运的工厂制造的产品对国产产品构成了竞争，并在19世纪后半期开始取而代之。

从消费本地原棉到进口机纺棉这一变化，是纺织与交通领域工业革命的第一阶段。它对家庭纺织生产显然造成了非同寻常的影响。当一种性别的主要就业渠道被淘汰之后，很难想象任何社会性别制度还能维持静止的状态。手纺很显然敌不过机纺。结果，妇女技能与劳动的价值必然大为下降。家庭必须彻底重新考虑如何配置他们可以支配的家庭劳动力。经济生存和寻求繁荣的基本问题必然导致人们重新考虑如何看待女儿和使其成为劳动力的方式。这就削弱了给女儿裹脚以便使她在审美和经济上更具吸引力的旧文化模式。

59　　妇女对于织布和制衣贡献的下降和鸦片生产的增加，都是

19 世纪云南农村经济的主要趋势。① 由于妇女经济活动的变化涉及家内看不见的工作,并被阻隔在外人的视线之外,其重要性因而通常被低估了。当代观察者可能会评论说,妇女对家庭收入只作出了微不足道的贡献并相信一直都是这样,女人工作只是为了补充性的"零花钱",而不是家里的"养家糊口者"(见费孝通和张之毅 1945:244)。但是,在开始依赖进口棉纱和进口棉布做衣服的地区,妇女的商业性纺织被置换,这必然造成相当多女性失业及其家庭陷入困难。正如费氏(1939,1983)揭示的,20 世纪 30 年代在东部沿海的江苏开弦弓村,女性在纺织业(那里是丝织业)中失去了就业机会,会使家庭的年收入减少高达一半,并引起债务的螺旋式上升。

　　清人董宏度创作的一首诗,捕捉到了其他环境下纺织对于家庭经济的重要意义。埃尔文在其书中引用了这首诗,诗名为《织女叹》(1972:160)。

> 饥亦织,
>
> 冻亦织,
>
> 一梭一梭复一梭,
>
> 日短天寒难成匹。
>
> 豪户征租吏征粮,
>
> 两两叩门如火急……
>
> 织妇宛转诉可怜,
>
> 自来君家已十年,
>
> 嫁衣虽有岂堪者,

---

① 班凯乐(1996)、弗兰克(1925)、葛瑞峰(1998:176 注 46)及布拉莫尔(Bramall 1989:16)等都讨论过 19 世纪云南鸦片种植的情况。

布裤百结褐服穿。

无朝无夜俭且辛，

寸丝寸缕不上身……

犹胜邻家贱且穷，

布机卖却卖儿童……

禄村纺织活动消亡的时间当然只是推测的。该地区早些时期有可能利用缠足妇女从事过这些活动，或用进口纱来织布或以大麻或其他纤维织布。然而，伴随 19 世纪鸦片种植的兴盛，禄村放弃这种手工活可能还要更早一些。假如种鸦片足够赢利的话，缠足妇女就可能会从某种纺或织的劳动中被转移到鸦片田里去劳动。稻谷和鸦片生产都有大量适合妇女干的活计，即强调手巧而不是行走。插秧和除草是单调乏味的劳动，但却是田间真正的手工劳动。同样，将罂粟剥出荚需要细心谨慎。裹了脚的妻子和女儿可以将其劳动转移到这些活动中而不会面临很大劣势：她们的价值在于其手而不是她们的脚或背。与此同时，纳鞋或做衣服仍是女性为家人干的活。假如作为雇工从事这些工作，她们还可以挣些收入。这些是我们基于被调查者的回忆而看到的 20 世纪初图景。

20 世纪初缠足与禄村妇女的劳动

因为裹了脚的妇女不能干任何农活，最贫困家庭的那些人是不给他们的女儿裹脚的……但我要说的是，即便侯华（Houhua）是一个非常贫困的村落，这里约 80％的妇女都裹了脚。（西博尔特 1996:21）

在关于农业劳动力的早先讨论中，我强调了这样一个事实:即便在非常富有的家庭,妇女和女孩也经常下田劳动……裹了脚的弱势性别应在泥地里劳作而男人却整天无所事事,这似乎是很不公平的。(费孝通和张之毅 1945:111)

上面的第一段陈述是河南省的一个村领导回忆 20 世纪 30—40 年代时讲的。他含蓄地表明,80%的村妇都不干任何农活。描述云南禄村情形的第二段话,则提出了相反的观点,甚至涉及在潮湿的稻田中行走的工作。诸如甘博有关定县的报告则揭示,缠足和女性参与农田劳动都有较高的比率。这些观察证实了农田劳动同缠足之间的复杂关系。在经济、社会、文化发生迅速变化的时代,这种关系可能不是非常稳定。在这里,我试图重构禄村以及某种程度上云南省所发生的事情,我所考虑的不仅仅是妇女的农活,还有她们的手工劳动。

农田劳动

在滇西的村落中,裹脚并没有阻止妇女参加大田劳动,尽管这对其生产率的影响不得而知。费氏描述了妇女参与各类重要 *61* 的农活,但没有透露缠足是否妨碍她们生产效率的任何信息;她们插秧、种豆,给水稻和蚕豆除草,并进行收割。她们不仅仅是"帮手",而且也是家庭劳动力不可分割的组成部分。[1]

我的老年妇女子样本中的那些人都来自种稻村。她们异口同声地表示,裹了脚的妇女能够并且的确在潮湿的稻田里劳动,她们也在旱地种菜。一些人描述了她们如何多带一双布鞋和裹

---

[1] 不清楚缠足的妇女能否在马帮商队沿途的各站点从事运输木炭和食盐的挑重工作(即便是慢慢地)。这是贫困男女农闲时节的一项经济选择。

脚物到灌满水的稻田里去,以便走回家之前可以换一下她们的裹脚物。不像不裹脚的妇女,后者能赤脚走进灌溉的稻田里,缠足的妇女在走入水里和深泥中时需要裹脚布的支撑。这显然很不方便,但还是可以对付的。

鸦片

除了参与像水稻和蚕豆等主要农作物的生产外,许多妇女年轻时也参加收割罂粟,尽管这项劳动每年一般只有一个月左右的时间。在费氏搞调查时种鸦片是非法的,但此前没有多少年,这已成了禄村和周边村落输送出去的一种主要经济作物。费氏提到:"由于禄村在种罂粟变成非法之前出产特别优质的鸦片,抽鸦片烟不需要花什么钱,所以,禄村有许多老烟枪。"村里的老年人还记得禄村有许多开着鲜艳罂粟花的田野,但费氏在他做研究期间显然不曾见到过。正如费孝通和张之毅提到的,滇西的这个地方曾是鸦片文化的中心,鸦片走私在禁烟之后仍在持续(费孝通和张之毅,1945:103,280)。

搬运

除了在田间劳动,多数受访的老年妇女(接近80%)都认为,裹了脚的妇女能够并确实搬运过重物,[①]除了一人外,所有人都坚决认为,裹脚妇女要运水。所有人都承认她们步行去市场。回忆那个时期,禄村妇女都明确表示,缠足并没有妨碍妇女履行大部分重要的农田和家庭责任,虽然这不可能使她们的劳动更轻松些。然而,当她们行走或背负重物时,妇女行走的速度和距离必

---

① 完成了1996年那份较长访谈表的15个妇女回答了其中大部分问题。

定会受到影响，更不用提她们遭受的疼痛。[①]裹脚无疑使她们的
步态更缓慢，也更漫长，但这并没有使禄村妇女免于为家里挑水
和拾柴。最有可能的情形是，社会性别、妇女行走"在路上"的危
险性以及她们缓慢的步伐，阻碍了她们成为村庄之间的搬运工，
也有碍于她们涉足云南各地运输老盐和纺织品的马帮驿运。但
禄村许多妇女包括一些裹了脚的妇女偶尔也当背夫。[②]

　　在 20 世纪初的禄村，"家务"的概念是较宽泛的；妇女的日常
家庭杂务包括做饭，洗衣服，照看孩子，为家人缝制和修补衣裳与
鞋子，挑水，拾柴，养猪及其他庭院牲畜，需要时还要到水稻、蚕豆
及蔬菜（与鸦片）的田里去劳动。此外，妇女通常还要同别人换
工，有时还外出受雇为别的农家干活。她们显然把户外劳动同家
内工作结合了起来。她们可以并且的确迈出了庭院和家门口的
活动范围，到远至家庭农田和集镇等一些地方去。

纺织品

　　20 世纪初的禄村妇女大量参与农田劳动，这同有关缠足含
义的通常假设是相左的。但是，田间劳动并不意味着妇女同中国
传统上囿于家中的女性纺织劳动是完全脱节的。像男人一样，农

---

① 在涉及河南北部的一本传记中，一个老年村民回忆了他自己同他裹了脚的姐妹们
　　在步行速度上的差异："我姐妹们行走很困难。我姐姐去 3 里路台平村要花一个
　　多小时时间……而我走 20 分钟就到了"（西博尔特 1996：21）。在描述另一观点
　　时，利维援引了清末穿过了河南和山西的一个旅行者的一段话，那个人"注意到那
　　里甚至是最底层的妇女，如乞丐和挑水者，也都有一双像栗子似的整齐小脚"（利维
　　1991[1966]：54）。
② 尽管她们谈到了裹脚妇女在 20 世纪初当搬运工运输货物的情况，但老年妇女的回
　　忆不足以确定在 19 世纪缠足流行之际，禄村汉族妇女同期从事搬运工作是否很普
　　遍。正如我随后要讨论的，只有当各类纺织品的手工活衰落之后，贫困家庭的汉族
　　妇女才可能转向靠搬运挣点钱。

妇并没有只专门致力于一项经济活动。在她们可以购买"现成"衣服之前的那些日子里(如今她们越来越多依靠购买成衣了),她们需要花相当大的努力来为家人提供衣服。那项工作的性质究竟如何?它的耗时性和必要性又如何?自己做可以带来或节省多少收入?养家糊口的工作分配发生了怎样的变化?

禄村老年妇女说,当她们年轻时,妇女从事的重要经济活动都同使行走降至最低限度的一种"需要久坐"或家内的生活方式实际上是兼容的。这些活动以做衣服为中心,但不包括纺或织等典型的女性工作。① 更确切地讲,禄村大多数妇女都致力于手工刺绣和缝制衣服,特别是做布鞋。2/3 以上妇女说做过刺绣,近 80％为家人做过布鞋。鉴于没有纺纱和织布活动(我将在下面一部分讨论),缝纫和刺绣有多重要呢?尽管期望这些妇女对种稻作出贡献,家庭缝纫和刺绣的价值足以证明缠足的合理性吗?

63   缝衣纳鞋与刺绣

家庭缝纫和刺绣是重要经济活动的观念,起初似乎是被怀疑的。尽管这些活动对家庭可能很有用处,但它们能否创造可销售的商品并挣取收入?经济史家并没有把缝纫和刺绣当作像种粮或甚至像纺织那样值得同等关注的有重大意义的活动。对于现代人来说,"缝纫"和"刺绣"这些术语本身表明的是修饰而不是经济活动——是妇女的消遣而不是创造利润的工作。这源于其产品不是以获利为目的这一假设。

这种观点需要在当地情境下予以探讨。经济人类学家长期

---

① 我 1996 年就老年妇女在**其娘家村**工作的经历做了 56 个访谈,其结果显示,39 人做过刺绣,45 人做过布鞋,有几个人还编过草鞋。

以来强调当地食物与经济作物的生产,而忽视了区域和全球贸易中作为一种收入来源和一种价值储存的本地产纺织品的历史意义。穿暖了有利于健康;昂贵的服饰则表明了富庶。布匹一向是人们看重并进行交换的某种东西。它推动了横跨大陆的货物流动,这里说的是中国历史上欧亚之间有名的丝绸之路。当庄稼没有收成时,出售纺织品可以为家里提供另一种收入来源,并使家人免于陷入困境。在19世纪的中国,自制纺织品的生产和交易仍是前工业化时期家庭经济的一个重要组成部分,但工业纺织品正构成剧烈的竞争。

白馥兰(Francesca Bray)总结过刺绣具有不同含义的历史情境。她注意到,绣花衣服在明末成了时尚,那时"精英妇女很少涉足家用细布的生产"。贫困妇女可以受雇成为刺绣者,而中上层妇女"假如必要的话,可以通过她们的刺绣技能来挣钱"(白馥兰,1997:267)。她发现了这样的情况:

> 对于像张履祥这样写过如何通过种地过上体面生活的平均地权论者来讲,刺绣是使妇女不务正业的一种无聊之举:妇女应织布,而不是搞装饰。对于富裕家庭,这是他们能给其妇女提供休闲的象征:这使她们同手指粗糙的农妇区分开来……因为精美的刺绣品还没有任何真正商业化的市场,它是工作又不是工作,这是"清朝家庭生活的特征"(268)。

白馥兰探讨了一种给实用物品增添象征性价值之技能的意义。这是装点富人生活的一种文化生产,并成为某些妇女挣取收入的一种手段。当刺绣成为一种普遍化的地位象征时,较不富裕的家庭无疑也试图模仿,各种质量和价格等级的刺绣品因而恰好反映了阶级差异。①

在禄村，大多数女孩在其娘家并在婚后都要学会缝衣做鞋和绣花。多数妇女谈到了做布鞋，有些人做鞋是为了卖。她们也宣称，她们年轻时，即革命以前，妇女靠纺织劳动可以独立养活她们自己甚至其子女，尽管这很难，并且比较罕见。

禄村一些老年妇女仍记得她们缝制或刺绣的产品卖出去时别人支付给她们的工钱，但鉴于产品与时间的不同，这些价钱只能给出近似的价值概念。某些人回忆得到的是现金（20 世纪 30 年代出现了通货膨胀，因没有兑换率的信息，她们提供的数字不是非常有用）。其他人则说付给的是稻米和蚕豆。有时，她们谈到的现金或谷物价钱同在农田劳动中得到的工钱是可以作对比的，但我们不知道小时数是否具有可比性，或者说，下田劳动得到的工钱是不是在农忙季节高而在农闲时较低。甚至当我们试图比较做一双鞋所花费的时间时，也存在着令人费解的差异，有些人声称两天做一双，其他人则说一天两双。这可能是由于技能、质地（平面还是绣花）或用料（棉布还是稻草）的不同造成的。

访谈和生活史表明，至少一些妇女通过做鞋和绣花养活她们自己及其子女。令人遗憾的是，老年妇女并没有明确把做缝衣同绣花区分开来，所以，很难知道这两种技能是否有不同的市场。

---

① 有别于欧洲传统中仅从文化而不是经济角度审视刺绣的倾向，罗兹斯卡·帕克（Rozsika Parker）从女性行为的角度探究了英格兰的刺绣史，并且揭示 19 世纪纺织品的工业化持续改变了从事针线活的女劳工的就业：

工业化最初鼓励手工刺绣……不仅刺绣品的市场扩展了，平纹细布与网眼花边的机械化生产还为在白布上刺绣创造了崭新而丰富的材料……用这种新技术来刺绣可以不要绣框，刺绣者因而能在家里干。成千上万妇女被雇来刺绣，特别是在苏格兰、爱尔兰、诺丁汉、德比及莱斯特附近……到 1857 年，苏格兰估计有 80 000 个妇女在家里用平纹细布进行刺绣，爱尔兰大约有 400 000 人……到 19 世纪 80 年代，刺绣的机器得到了改进，刺绣不再广泛通过手工来完成了（1989：174—178）。

在当代人的生活中，除了少数物品如鞋子、婴儿的布背带、枕套及被面，革命时代简朴的中性服装样式，湮没了革命前人们审美的多数痕迹。

对布鞋和衣服的需求非常广泛。富裕人家并不总是自己缝衣或做鞋，鉴于布鞋磨损得较快，贫困家庭假如要让家庭所有成员都有鞋穿，就不得不需要妇女投入相当多的劳动时间。各个家庭或让自己家的妇女做鞋，或雇人做鞋，或者从鞋匠那里买鞋。鞋匠通常是又做布鞋又编草鞋的妇女，因为做鞋子属于纺织与针线活的女性领域。在 20 世纪 90 年代，禄村妇女仍在空闲时间做鞋，她们的手工艺被穿鞋子的脚所遮盖了，结实的鞋底由一层层棉布缝合在一起，有的还有五颜六色的图案。因为妇女传统上负责为家人提供鞋类，如今在中国农村集市上，修鞋的妇女通常还修补各类鞋子。这同欧洲的制鞋传统正好相反。在欧洲，鞋是由皮革做的，制鞋演变成了一项男性专长。

照片 3.3 禄村妇女在主街上一边看小孩一边做鞋和编织 *65*

鞋　子

从 20 世纪 30 年代直至 80 年代,禄村妇女负责为家人做布鞋,甚至进入 90 年代之后一些人还在做,尽管市场上已充斥着塑料鞋和皮鞋。当费氏列举 5 户的年度开销时,他把鞋子列入了衣服的预算当中。[①] 户 A 有 6 口人,买了一双鞋,但用买来的布另外做了 14 双鞋。户 B 和户 C 所有鞋子都是用买的布做成的。有 3 口人的户 D 和只有 2 口人的户 E 最穷,他们只买旧衣服穿,**还买草鞋:每户有 70 双**。穷人穿的手编草鞋(如今很少能见到)比较便宜,一双一分钱,但假如数量准确的话,这种鞋或许只能穿10—15 天(费孝通和张之毅,1990:122—123)。布鞋仍是 1949 年革命之后的主要鞋类。鞋面和鞋底都是用棉布做的。一层层缝在一起,并且缝得很紧。布鞋穿的时间不长,尽管它们明显能比草鞋穿更长时间。[②] 正常穿或许能将就几个月,但要是穿得过度的话,比如搬运工沿着鹅卵石道或山路跋涉,他们的鞋子就会磨损得很快。离开家在建筑工地或矿山从事季节性劳动的男子,必然不仅需要额外的衣裳,而且需要更多的鞋子。要使四五口之家有鞋穿,有衣穿并有饭吃,就需要妇女付出许多劳动。

做鞋与搞运输:妇女不断变化的工作条件

　　#43[80 岁,1916 年生于黑京(Heijing),这是一个产盐之地]:我 6 岁裹脚,不久就放了,15 岁结婚。我做鞋子卖。

[①]《乡土中国》中文版(1990)对鞋子的种类作了格外详尽的描述。
[②] 达文写道:"衣服通常是在家里做的,做衣服的布和线有时也如此。妇女费两三天工夫做好的布鞋只能穿五六个月"(1975:251)。

我爸是一个裁缝，别人雇他做衣服。我们没有自己的房子，在家里按要求为别人做鞋。我们没有一点地，只有一个小店铺和我们租来做衣服的房子。我们一个月大约挣30元。一双鞋卖3元，一升米的价钱是1.2元。30升米够我们吃一个月的。

在我丈夫家里，我还背过盐巴。我背50斤（1斤等于1.1磅）盐来回一趟要花两天时间，能挣1.5元。背老盐是有风险的。政府不让我们卖盐（政府垄断了食盐）。要是我们被缉私队抓到的话，他们就会把盐巴倒掉，那样你就会失去你的本钱。

这个在黑京长大后来到禄村的妇女说，黑京妇女又背盐，又做衣裳。在评论裹脚妇女的劳动能力时，她说："即使是裹了脚的妇女仍可以背盐。"

过度劳累的母亲势必减少给其孩子做衣服和鞋子。在20世纪前半叶当女佣人的妇女在描述其艰难生活时，她们不仅提到吃得很差和挨饿，还谈到没有衣服和鞋子穿。童年时期就成了孤儿的妇女在描述其早年生活时，不但抱怨没有母亲给她们裹脚，而且也提到缺少衣服和鞋子——这些都是母亲应给其子女提供的东西。除了不停地为家人做鞋外，每个妇女都必须懂得如何为家人缝补衣裳。虽然她们购买棉布，但多数家庭却买不起现成的衣服，只有富人才买丝绸。中国农村是一个分层的社会，较富裕家庭得到了更多更好的纺织品作为其发家致富的象征。他们可能雇其他家庭的妇女来做鞋，并给他们的鞋子和外衣绣上优美的图案。

擅长刺绣或表现出异常艺术才能的妇女，或许会发现她的手工制品销路很好,可以通过私下定约出售或拿到市场上去卖。接受访谈的 65 个老年妇女中有 10 人谈到她们婚前绣东西卖。此外,其他妇女在婚后也卖鞋子和刺绣物。一些人还记得她们挣了多少钱。缝补、做鞋和刺绣常常作为禄村贫困、单身和守寡妇女的谋生之道而被提起。虽然我对于禄丰鞋类市场缺乏详尽的数据,但关于 1939 年蒙自(云南南部)市场的描述表明,绣花鞋买卖的规模可能还是较大的。

> 这是蒙自的赶集日。到处都是人群⋯⋯鞋商带来了一盘盘有淡蓝色和浅粉色*刺绣的微型拖鞋*,上面还装饰了绣出来的玫瑰花结。拖鞋小得令人难以置信。它们很少超过一个食指长。老年妇女裹着的脚依然到处可见,因为云南是个墨守古老习俗的偏远省份。(史密斯[Smith]1940:140,斜体为作者所加)

不存在纺纱与织布

在我 56 位老年妇女的整个样本中,没有人谈到在其童年时有人教她们纺纱或织布,也没有人在婚后从事这项工作。这些禄村妇女的娘家村完全没有家庭纺纱或织布是惹人注目的,因为这在云南其他地方仍很兴盛。甚至到了 20 世纪初,在这个被称为落后省份的地方,禄村人用的布料还是从市场获得的,而不是在家里生产的。虽然云南许多地方的非汉族妇女用当地出产的纤维如大麻等做布,但汉族人却穿棉制品。据高女士(62 岁,1927 年生于通海)说:

> 我们自己并不知道怎么织布。在我们家里,我们从市场买布,回到家里缝成衣服。只有少数民族可能还在织布。她们生活在山里放羊牧马。他们从山顶采"小火草"。捣碎后

拿回家纺线织布。她们织成彩色的布,但通常是不卖的。汉族人都买他们的布……我们穿裤子,少数民族穿裙子。我不知道我们的布是从哪里来的。在我们村,我们都穿棉布衣物,只有少数地主才能穿丝绸……只有少数地主才买得起。我们以前的地主虽然是个地主,但同革命后出生的这些孩子相比还是不一样的。他是个穷地主。在城里,大老板、资本家都穿丝绸衣服。那时在城里没有任何真正的工厂。

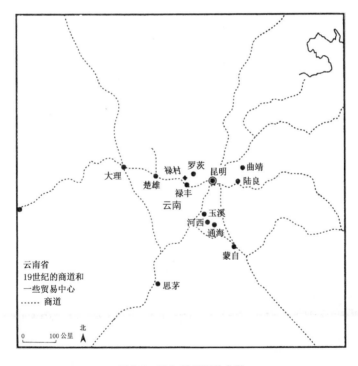

图 3.1 云南 19 世纪的商道 *68*

在这段话中,高女士揭示了不同的布料——"火草"、棉布或丝绸——连同衣服式样如何表明了群族、社会性别及阶级身份。①

---

① 有关云南彝族妇女大麻纺织的详情,参见木克尔(1998)。

正如亨利·戴维斯的报告指出的，随着食盐、木材和木炭（及以前的鸦片）由马帮商队从山里运下来经过禄村运抵城里，必然会有棉花与棉布的逆向交易使这些汉族村民有衣服穿。实际上，费孝通和张之毅提到："村街上所卖的最重要的商品，是夷人挑来的柴火以及城里来的商贩出售的主要供家里消费的衣服和洋货"（1945：47）。令人感兴趣的是，禄村的许多汉族妇女都说背柴是她们的任务之一。

1916—1940年间生于禄村及其通婚社区网络中的妇女，她们在成长过程中都没有学过纺纱和织布。这不符合传统汉族家庭"男耕女织"的惯例。她们的生活方式有赖于市场给他们提供衣服。禄村可能已度过了纺织革命的早期阶段，通过从专业化纺织城镇购进厂纺纱和手织布，商业已置换了手纺纱和当地手工织布。禄村的家庭都买布，但只有富人才买得起机织布。在1949年以前，工厂生产的一些布匹可能来自上海。到20世纪30年代末，昆明建起了几个大纺织厂（田汝康1944）。这必然加速了残存的手纺中心里家庭纺织生产的消亡。直到共产党革命之后，云南多数人才开始获得工厂生产的纺织品。

费氏和老年妇女谈到的20世纪30年代禄村纺织生产的状况，同戴维斯观察到的世纪转换之际的变化与专业化是一致的。禄村没有任何妇女擅长纺纱或织布，幸存下来的妇女们不记得在她们娘家见过这些活动或见过扔在角落或后屋里的废弃旧织机。她们从市场购买棉布，并在家里做衣服和鞋子。多数老年妇女记得购买过并用过手纺的"粗"布给自己做衣服。同织机生产的更精细、更平滑的布相比，这种结实的土布开始变得不那么盛行了，自然也不如少数富人穿的丝绸长袍有名（费孝通和张之毅1945）。

更大的经济:云南的棉布市场

禄村多数妇女并不能准确知道她们在市场上买来的棉布的原产地在哪里,她们也不曾到过这些地方。她们通常能叫出昆明市南边约100公里处的一些城镇的名字:最普遍提到的是河西,①其次是玉溪和新兴[见图3.1,又见班凯乐(Benedict 1996:33)]。有一个妇女提到了罗茨(这个妇女的家乡在昆明北边的铁路旁,那里的妇女都裹脚,并因织布而扬名)。有一个妇女提到上海——中国工厂制造纺织品的一个遥远而著名的产地。妇女购买的布主要是手织的,但她们并不知道纱线是机纺还是手纺的。亨利·戴维斯对洋纱最初到来时的描述表明,这里已有机织纱了。

假如便宜的优质厂纱抵达某些地区,那么,专业化纺织家庭的生产率可能暂时会有所提高(就像定县发生的情形),因为他们不再面临由手纺造成的生产瓶颈。这将鼓励坐落在靠近棉纱供应线上的少数纺织中心的纺织者为更大的地盘展开竞争,并取代其他地区自给自足的纺织。正如戴维斯业已指出的,滇南靠近诸如思茅这样的主要贸易中心的社区,在获取经法国铁路从越南运抵云南的进口机织纱方面是颇具优势的。

在20世纪30年代,由于完全依赖外来的布料(加上刚丧失了罂粟种植),禄村显然已融入了更广泛的贸易体系之中。费氏将禄村描述为在很大程度上自给自足的农业经济(第一章作过描述),禄村受到了他所强调的土地和粮食生产的影响,因而没有充

———————

① 滇中流传的一首传统押韵民谣,盛赞来自4个地方的特产,其中之一就是纺织中心河西,而新兴则以勤劳的纺织女而扬名:"通海的酱油,禄丰的醋,新兴的姑娘,河西的布。"

分重视长途马帮商贸的重要性，特别是后者对衣服和家庭经济的影响。[1] 张之毅在《乡土中国》描述第三个村时进一步阐明了靠近玉溪的玉村经济的复杂转变过程。他写道：

> 纺织业在玉村和整个地区都很重要。禄村和易村不织布，主要从这个地区[玉溪]买布。这项工作只限于妇女，没有男人织布的。在玉村，157 户中有 112 户从事织布活动。木质机器的劈啪声在整个村里从早到晚都能听见（费孝通和张之毅 1945：239）。

玉村已不再能找到了。1990 年当费氏返回玉溪时，该地区被城市的扩张所吞没以至于无法确认了。玉溪现在是以其烟草业而扬名的一个繁华城市。在我 1988 和 1999 年之间游览通海（玉溪县的一个集镇）时，我注意到，不像在禄村，这里有较高比例的老年妇女仍紧紧地绑着脚。这同我下面的理论是吻合的，即坐落于更有机会获得进口机纺纱地区的纺织中心，保留裹脚的时间会比像禄村这样的地区更长久，后者较早就放弃了纺织。[2]

张氏描述了 1940 年玉村的纺织经济：

> 家里的女孩子们非常小的时候就从其母亲或年纪大点的其他妇女那里学怎么织布。每个女孩结婚时传统上都会有一台织布机作为她陪嫁的嫁妆。虽然几乎所有人都知道如何织布……但有钱人却很少为之费心……在村里 201 个

---

[1] 费氏和张氏都提到："从前，鸦片和棉花是紧密相连的，因为棉布卖给西部边陲内陆的人们，他们唯一可以交换的物品就是鸦片。所以，鸦片和棉花成为区域间贸易的一个交易平衡物"（1945：288）。

[2] 根据张氏的观点，玉村有大大小小许多棉商："该地区最重要的大宗买卖是卖棉布。其历史并不久，大约只是在 35 年前[1900 前后]开始的……玉村最重要的行业是纺织业，这是这里的传统行业……大约在 1910 年引进了现代机织棉纱，该行业的性质于是发生了变化。"张氏估计"每户每年生产 200 匹布"（费孝通和张之毅 1945：285—286）。

成年妇女中总共有 151 人在织机旁劳作。这包括一些年仅 12 岁的女童……但大部分织布者皆为中年人。（费孝通和张之毅 1945:240—241）

假如一个妇女生产的布匹多于她自己家需要的,她可能会在一个赶集日的上午把布拿到其中一个干货店去换成纱……这些店购买的布主要用于输出,因为这个地区的人们一般不买这类布。不同家庭织出来的布并不是很标准化的,在大小和质量上多少有些不同。城里人不可能买的,只能卖给乡下农民。随着更好的机织布流行起来,家织土布的市场就萎缩了。（费孝通和张之毅 1945:241—242）

一个妇女劳动一整天可以织两块布。她那时的实际工钱是 7 角国币,这还不够支付她的饭钱。假如妇女将其全部时间都投入这项工作,那么,她所挣的[收入]也不够维持生活的。

织布者从该行业得到的利润较低。目前的这种情况正变得越来越糟糕。人们喜欢谈论从前的日子。他们告诉我们 30 年前[约 1910 年],即机织洋纱进来之前,该地区的纺织者自己种棉花、自己纺纱织布。她们比现在得到的收入多得多。自那时以来,一切都在持续恶化。一方面,厂纱完全取代了土纱,所以,纺纱被彻底消灭了……另一方面,厂织布涌入了内陆市场。它们在质量上更好,在价格上也不比土织布贵得太多。为了同厂织布竞争,土布只好降价……织布者两边受挤压。她们唯一能做的事情是调整她们自己的工钱。（费孝通和张之毅 1945:243）

根据张氏的观点,在农忙季节,妇女从事纺织劳动挣得的收入还不到农田劳动所得的 40%。[1]

禄村纺织所走的是两种可能的道路之一。一种可能性是,禄村在 19 世纪末(或更早)就从其家纺手织布转向了购买机纺纱的手织布;第二种转变是从 19 世纪末到 1950 年从购买机纺纱手织布转为机纺纱机织布。另一种可能性是,禄村是一个农业和商业性社区,自它在明代(1368—1644 年)创建以来就一直从其他专业化纺织中心购进手织布。[2] 迄今为止,我尚未发现任何信息可以澄清禄村汉族妇女中早先(比如说 1850 年以前)纺纱和织布活动的存在或缺乏,这同它 20 世纪初的缠足习俗是对应的。在禄村,汉族妇女在纺织方面的工作只限于缝衣、做鞋,并在上面绣花,尽管她们当然还从事其他许多手艺活,比如做布袋和编篮子。然而,从 20 世纪 50 年代开始,工厂制造的布匹完全取代了手织布,并由国家控制其分配和实行定量供应。到那时,国家控制了战时在昆明创办的两大主要纺织厂。[3] 手织布在汉族地区最终失去了它残余的市场。像云南东部陆良那样坚持纺织到最后的地方,也只有少数妇女继续进行织布。具有讽刺意味的是,在我 1996 年访问的其中一个村庄,我发现那里最后

---

① 张氏估计,织布的收入相当于每天约 70 分的工钱。与此相比,在农忙时节,当地农业每天能给妇女 0.7—1 元钱,另加上食物一天值 1 元钱,总值为 1.7—2 元钱。手工织布所得还不及下田劳动所挣的 40%。由于面临不断衰弱的市场,只有当妇女缺乏任何其他工作时才会不得已而为之。

② 禄村一个老地户的家谱可追溯 20 代,包含一个在明朝做官的官员,这证明了汉族在这里漫长的定居历史。清朝建立后仍效忠明代的这个知名官员,是 20 代中的第 7 代成员。正如华若碧(1985)指出的,族谱中通常包括了相当多虚构的成分和事后辩解。但在该地区,人们普遍公认,某些家庭是该官员的后裔。

③ 参见田汝康(1944)和利明(Leeming,1985:166)。两者同我 1996 年的田野笔记是吻合的。

残留的手织品竟然是老年妇女仍用来绑其小脚的长长薄薄的捆绑棉布。

从现代的观点来看,裹脚——使脚变畸形——从经济上讲可能似乎从来就不合乎情理,但从父母的角度而言,它可能给其女儿们带来经济上的优势。正如前文讨论过的,假如他们的女儿有裹过的小脚,人们从中将得知,她已学会了耐心和顺从,并具有娴熟的家庭(纺织)技能。缠足可能在婚姻市场上传递出儿媳妇为纺织工作准备就绪的信号:她不是"懒惰的",不会从这种乏味的手工活中逃离。而且,当我们考虑某些农村地区有关身体方面的生活质量时,缠足的残忍性同 20 世纪以前教导人们顺服地劳作的其他方式似乎是一致的。

例如,尼科尔·史密斯(Nicol Smith)描写过 1939 年被迫在云南锡矿中劳动的瘦骨嶙峋的男孩们。他们的皮肤因锡尘中的五氧化二砷而变成绿色的了(1940:160—161)。

> 个旧(Gejiu)地区锡矿中的劳工人数从 5—10 万不等……矿工们死得很快。必须从云南和贵州其他地区源源不断地招收新矿工来取代他们……他们中足足有 50%,或许 60% 是 **8—12 岁** 的男童……雇佣男孩子特别是小个子的男童存在着极好的理由。锡矿矿井和隧道非常狭窄,只有儿童不弯腰能挤得过去……矿上的死亡率估计为 **每年 30%**。
> (史密斯 1940:161—163)

据史密斯的报告,逃跑者会遭到枪击。哈里·弗兰克(Harry Frank)同样描述了 20 世纪 20 年代初云南苦力、男人、男童甚至裹脚妇女的悲惨境况(1925)。

在禄村,家庭在大田劳动和纺织活动方面对女性劳动力的需求,必然导致对缠足这种极端形式的矛盾心理。裹脚是在女儿达到青春期之前作出的不可改变的一项"职业选择"。女孩们为两种截然不同的工作——纺织和农活——作好身体准备。这两者的不相容性表明，可能有一段时间女儿主要致力于一种或另一种工作。假如我们放弃20世纪30年代禄村存在一种稳定的传统中国文化的假设，那么，将缠足同农活及搬运结合起来就变得更易于理解了。

我相信，19世纪末20世纪初滇西的父母必然已注意到，家庭纺织生产正在走向衰弱，纺织品的价格在下降。然而，她们最初并没有任何信息来预测妇女手工劳动市场的复兴或崩溃。他们不情愿地放弃了给女儿裹脚，或许已分阶段地对这种始料不及的工业挑战作出了回应，先是放松了裹脚，继而对女儿进行了更多的农活训练。鸦片生产中的新工作可能也提供了替代性办法，来减少越来越多女性纺织生产者失业带来的损失。选择可以从事纺织工作的跛脚之女，还是选择可以从事大田劳动的脚步稳当的女儿，在20世纪初夹在这两种权衡之间的禄村父母们，可能选择半蹒跚的女儿，她们的脚被重塑过但没有折断，即所谓的"黄瓜脚"，它看上去比自然脚"更顺眼"。这可能是通向完全接受放足的一个过渡阶段。

总　结

裹脚曾使妇女为在家里生产纺织品或手工艺品这一生命中预期的劳动作好了准备。社会上显然仍存在着裹了脚的妇女可以不干任何农活的强大传统观念。然而，在商业与技术革命的压力之下，家庭纺织生产者在地区和当地纺织市场可能不再具有竞争力了。妇女失去了其在户内创收的能力。在沉重的经济压力之下，无可挽回地裹了脚的妇女可能也不得不走出家门下田劳动,而男性可能不得不增加迁移以寻求新的家庭收入来源。根据这种解释,裹脚曾使妇女为男耕女织的传统社会性别制度作好了准备。但这并没有使妇女为革命性变革有所准备;一旦家庭纺织生产变得无利可图之后,这未能保护妇女免于需要下田劳动或从事其他非家庭的劳动。于是,我们可能会看到像表3.4中追溯的变化序列,因为工业革命创造了纺纱、织布及制衣厂,降低了纺织品生产的成本,而交通革命则降低了将这些大量生产的货物运抵城镇乃至农村小市场的代价。家庭纺织生产者最初只是间接受到供应城市市场的商人们压价和失去销路的打击,继而受到在当地村镇市场直接丧失销路的打击。

表 3.4 技术变革对社会性别化工作的影响同缠足的关系

时期	技术	男性	妇女	市场收入
A	手工纺与织;骡车商队,人力搬运,船只	犁地,大部分农田劳动,当地建筑,运输	纺纱,织布,缝纫,绣花;加工农产品	在地区市场卖谷物、棉纱、纺织品及衣服
			与缠足的兼容性	
B	工厂纺纱;轮船,火车运输	犁地,农田劳动,当地建筑,运输	织布或缝纫与绣花;纺纱者失业;帮助种地和加工农产品	卖谷物和织布;丧失了棉纱市场的收入;一些城镇因新的棉纱供应而增加织布,一些村则不再织布
			纺织中心仍裹脚,别处改变或停止了	
C	工厂纺织;轮船,火车,公共汽车	犁地,农田劳动,建筑;流动劳工——从事运输、建筑、采矿	缝纫和绣花,农活增多;经济作物;当地工资劳动;当佣人和搬运工	卖谷物、经济作物包括鸦片及劳动力;失去土布市场;有限的缝纫和刺绣需求

续表

时期	技术	男性	妇女	市场收入
			缠足停止	
D	厂制服装；飞机，火车，公共汽车，私家拖拉机及小轿车	犁地，农田劳动，城镇工作或流动劳工——从事运输、建筑、采矿	农田劳动，经济作物增多；寻求工厂和城镇工作及家庭就业机会	卖谷物、经济作物及劳力；所有布料都靠购买，购买现成的服装和鞋子
			缠足终结	

表 3.4 以简表形式再现了变化过程。时期 A 到 D 表明的是相对时间，其日期取决于现代交通到达中国不同地方当地市场的时间。在机织纱到达当地市场之前的时期 A，女性缠足同妇女工作是相容的。在纺织中心，缠足同时期 B 的工作仍能共存。那时机纺纱线开始到达市场，但机织布依然很贵。伴随便宜纱供应的扩展，位于较好交通线上的那些人那时可能停止了纺纱，但扩大了面向当地市场的织布，这对于其他地区远未得到纱供应的妇女构成了竞争。在时期 C，妇女在纺纱和织布的市场上都输给了纺织厂，只剩下有限的缝纫和刺绣的当地市场，这些是多数妇女能在家里完成的；农村妇女不得不适应需要定期走出家门到田里或去市场工作。[①] 在时期 D，工厂制造的线、布、衣服和鞋子都已取代了几乎所有家庭

---

① 孔迈隆曾提到，在北京南边约 90 公里处的河北省杨满沙，缠足一度在该地区几乎很普遍，但在 1930 年之前不久就很快消失了，部分原因在于其对政府行动作出了反应。自 1927 年末起，"约有 2 年时间，来自县政府的女检查员对刚给孩子裹了脚的各户一家之主处以罚款。"在革命性的集体化以前，这个地区的妇女在家里从事诸如榨油和服装织造等家庭商业活动，以补充农田劳动之不足，集体化之后这两项活动被政府禁止了（孔迈隆 1999：82—83）。这表明杨满沙可能处于裹脚正在衰退的阶段 C，在家庭织布完全终止之前，政府的干预加速了这一进程。

自制的纺织品。除了种地外，家里几乎没有什么有利可图的工作了。这一系列革命性变化是交通变革的结果，也是工业纺织技术的产物。只有当便宜的轮船和铁路运输降低了运输的成本之后，工厂制造的较便宜的产品才能同偏远农村地区的当地生产者展开竞争。1949 年以后，政府对市场的控制给经济变迁增添了另一个维度。

对禄村来讲，我估计时期 A 始于 1700 年前后（或更早），到 1800—1850 年结束，纺织转变的部分原因是纱和布的进口，但可能也由于此前鸦片价格的上涨。时期 B 大约是 1850 到 1900 年，禄村跌入了完全放弃纺织的那类村落；而其他地区则专门从事织布。时期 C 是 1900—1930 年，禄村妇女增加了搬运、筑路、种稻方面的季节性劳动，并有限地干点缝纫和刺绣的活计；而男性则更多地参与搬运、采矿及筑路劳动（在没有被征兵时）。时期 D 对禄村来说是 1930 年迄今。云南农村汉族地区在这个时期总的来说从依靠市场转为国家定量配给，随后回到了从市场购买工厂制造的布料。直到革命前还坚持手工织布的专业化社区，其手工纺织到 20 世纪 50 年代最终停止了，那时国家关闭了卖家织布的农民市场，人们获得了国营厂生产的机织布。

缠足：沧海巨变中一个"小小"的标志

缠足及其消亡，表明了妇女不断变化的经济、社会、教育、审美及性状况的许多方面，并揭示了以往一个半世纪席卷中国文明的各种变化的广泛性和密切相关性（见表 3.5）。

表 3.5　云南省人口、贸易和交通变迁年表

1723 年	日本停止向中国输出铜。清政府支持云南铜矿业。
1729 年	修筑从云南呈贡到广西田阳的公路,促进了经由南宁到广东的贸易,使昆明到南宁间的旅行时间缩短了一半(班凯乐 1996:51)。
1750—1800 年	从四川、江西和湖南迁移来的矿工达到 30 多万(班凯乐 1996:26;李中清[Lee] 1982)。
1775 年	登记的人口有 300 万。
1800 年	登记的人口为 450 万(班凯乐 1996:37;李中清 1982:722—723)。 矿业衰退:该省经济不景气,约 1/4 铜矿被关闭。 作为"云南主要经济作物"的鸦片贸易增长了(班凯乐 1996:35)。
19 世纪 20 年代	云南鸦片在国内市场得到了发展。
1850 年	登记的人口有 740 万(班凯乐 1996:39)。 云南鸦片的交易在广西和广东(珠江三角洲)也很广泛。云南东部的鸦片经百色(Bose)下到右江和西江;滇西的鸦片沿红河而下,然后用平底帆船运到越南的东京(班凯乐 1996:53)。经百色的话,广州到昆明约需要 52 天时间。
1856—1873 年	1854 年楚雄地区汉回采矿者之间的争斗引发了回民起义(班凯乐 1996:39)。
1879 年	广州同北海(广东西部)之间的轮船服务开通了。
1884 年	登记的人口有 300 万;战争(回民起义)、流行病(鼠疫)及打仗导致了人口急剧下降(班凯乐 1996:39)。
1889 年	国外人经营的轮船定期往返于广州和北海(广东西部)之间,缩短了云南同广州之间的旅行时间。 (经由缅甸、香港和上海—长江路线来自孟买和英国的)进口纱运抵云南。 云南东部和南部纺织中心(新兴和曲靖)的手工织布增加了。它们是云南最早靠轮船—铁路获得进口棉纱的地方(戴维斯 1909)。
1895—1899 年	越南东京至昆明的铁路段开通,或许还通达蒙自或思茅(戴维斯 1909;给我的印象是,到戴维斯旅行时铁路已建成)。

续表

始于 1900 年	禄村没有任何纺纱或织布活动。它最初并不处于南边来的陆路马帮商队的贸易线上。禄村人从云南纺织中心购买手织布。玉村购进机纺线，输出布，也购进鸦片；布商很多（费孝通和张之毅 1945：285）。 禄村专门致力于输出鸦片（费孝通和张之毅 1945；宝森的受访者）。
1910 年	东京—昆明铁路竣工（鲍大可[Barnett]1993：491）。
1920—1930 年	禄村停止了裹脚（宝森 1998）。
1930 年	内维尔·布拉德利（Neville Bradley）博士乘坐公共汽车从昆明经过新铺过的泥路来到安宁（位于昆明西边 40 千米）；骡车马帮商队自那里在滇缅公路上西行（布拉德利 1945：3）。
20 世纪 30 年代	卜凯的调查（1937b）覆盖了宜良、楚雄和玉溪等代表云南主要的不同区域：东部、南部和西部。所有这些地方都以稻米为主食。棉花是服饰的主要原料。卜凯的云南植棉图显示，大抵只有在玉溪或通海南部到思茅之间有点棉花。棉花估计只占农作物的约 10%，所以，几乎没有市场。
1938 年	玉溪（费孝通和张之毅）和陆良（宝森田野笔记）的手工织布仍在继续。
20 世纪 50 年代	陆良停止缠足，棉纺织活动也停止了。政府纺织厂为云南各地供应布匹；陆良的土布不允许在市场上出售（宝森田野笔记）。

　　到 19 世纪末，随着工业生产的扩展以及动摇了早先工作模式的交通上的变化，禄村妇女的工作越来越要求她们能赶得上庭院之外不断加速的生活步伐。这意味着对几乎所有家庭来说，妇女的价值降低了，除非她们能够行走并能使她们自己从一个工作场所转到另一个工作场所。由于不同阶级和地区不断变化的环境，这一变化与其说意味着"手工"（狭隘的手工劳动）活的终结，毋宁说是"手工"活扩展到包括用背、脚、肩及脑袋。纺织革命轻微地有时是猛烈地将所有各类妇女——纺纱者、织布者、缝补者、

⁷⁶

绣花者——一个个都从家里推出来。在家里由巧手生产的大量纺织品在通过轮船、火车及卡车运来的堆积如山的那些厂造纱、布、服装及鞋子面前相形见绌。每个裹了脚的生产者都会发现她不仅是一个一个地，而且也是成千上万地被击败了，就像美国传奇人物约翰·亨利被机器击溃一样。

人类学家孔迈隆曾告诉我，台湾的客家男人曾炫耀在战斗中击败并逮住缠足的汉族妇女有多么容易，而有天足的客家妇女则可以跑掉或进行反击。同样，一个缠足的妇女在户外竞争激烈的经济活动中可能不易于保护自己。在禄村，当家中的男人们外出从事采矿、建筑或长途买卖时，妇女们就需要能够走出去到农田种地，除草，把庄稼和柴火背运回家或挑到市场上去卖。她们需要为了饲养卖钱的猪而背饲料，或在山道上靠运货来挣钱。家庭权威的界线并未因这一变化而打破，但它们的确是放松了。20世纪40年代开始在昆明纺织厂工作的青年妇女，确实开始对家庭权威发起了挑战（田汝康1944）。

甚至到今天，禄村妇女的社会化仍要求她们顺从并帮助婆婆，但作出贡献的方式越来越要求她在庭院经济之外挣取收入。当工作场所转向工厂和集镇之后，非家庭的雇主和权威人士开始对婆婆的控制构成威胁，尽管后者看中的也是年轻女子的驯服精神。他们也需要妇女有毅力和灵活性来完成各种不同的工作，并不是所有工作都需要久坐的。

在家庭纺织业消亡之前，禄村妇女的教育和社会化强调忙碌的手和静止的脚。正如我们在下面将看到的，自20世纪30年代特别是共产党革命以来，父母为了使女儿在日益城市化的知识世界里从业已作了准备，即便她们仍是农民。小脚曾使女子对城市精英具有吸引力，但到20世纪，吸引力的标准转变了许多次。其标准有时包括教育、能讲标准的普通话、时尚的服饰等。另一些时候则强调政治热情和革命的阶级背景(何力毅 1993;张邦梅 1996;韩起澜和贺萧 1988;黄明珍[Wong]1996)。在 20 世纪 90 年代,女性美的标准越来越向全球消费文化中的时尚靠拢了。时装设计师和整形外科医生随时准备投身于从普通女性身体上创造女性美的事业。

在整个 20 世纪,禄村和中国其他村落不断变化的女性美 78 的标准,也适应了不断变化的经济环境。女性美已从终身屈从、顺从及牺牲的身体象征,转向了服饰和发型上迅速变化的时尚。这些表面的变化使劳动的身体更有弹性地适应迅速变化的世界。婆婆和丈夫面对这种新现实也已调整了他们对美的见解。

　　我很感谢葛希芝激励我去探寻一个我心存已久,但尚未找到验证方法的念头。她给我寄来了空白的访谈表格以及她本人有关缠足的著述,从而引导我去获取更多系统化的信息,这有助于解开更多有关这一习俗的国家谜团。

第四章　农地制、农作和就业中的社会性别

虽然人们普遍讲农田是属于家族群体的,但这只是在该群体有权享受其农产品的意义上才是正确的⋯⋯父系世袭的掌权者将女性排除在拥有土地的特权之外。妇女从来没有带着田产陪嫁到夫家的,儿子继承父亲的财产是那么绝对,以至于为幼年儿子代管的寡妇也被禁止对那个财产进行任何处置。(费孝通和张之毅 1945:66)

租出去的 140 工[①]土地的大部分都离村子那么远,以至于其所有者都不能直接去管理。另有几块是属于寡妇的,就像赵保长嫂子的情况,因她家里没有成年男性,所以她把田租给了她外甥。(费孝通和张之毅 1945:76)

农地制度

把拥有土地描写成属于男性专有的,是费氏对禄村进行理论

---

① 140 工是 53 亩,几乎为 9 英亩(或 3.5 公顷)。按常规,1 亩＝1/6 亩或 0.67 公顷。当地人讲的"工"既指土地数量(一天能干完的活),又指劳动量(一天的劳动)。费氏把 1 亩当 2.6 工。如今采用的转换是 1 亩＝2.5 工。当采用费氏的算法转换成亩时稍有些出入。我采用 1 工＝0.38 亩,以便同费氏文本的转换标准保持一致,但涉及 90 年代时我采用现时的标准。

分析的一个重要因素。拥有土地不仅将富裕户同贫困户区分开来，而且也将一户之内的男女区分开来了。这是中国父权制话语的一个组成部分。阅读中国历史的任何人都会反反复复被断然告知，妇女不能拥有自己的田产。然而，阅读特定家庭记述的任何人又会一而再再而三地发现，替代性选择是存在的，绝对化的断言太简单化了。这种见解确实描述了所发生的多数情形，但这却掩盖了人们作出让步，逃避或操纵土地占有规则的许多方面。正如本章开篇费氏著作的引文所表明的，就农地制而言，禄村实行的是父权制和父系继承，但在日常生活中总是存在着各种替代性方法、变异及例外。

同 1938 年相比，20 世纪 90 年代的土地占有模式如何呢？⁸⁶ 我将揭示农地制以及社会性别与农地制之间的关系在革命政府领导下是如何发生变化的。20 世纪 30 年代费孝通和许多农业经济学家所关切的问题，是土地占有不平等和离地地主土地所有制的问题。到了 90 年代，经济学家则在讨论私有化的好处以及如何处理农业中的剩余劳动力。在采用什么样的制度可以降低农村贫困程度，并支撑农业丰产来养活这个国家的问题上，这两个时期面临着共同的问题。在这两个时期，农业问题以及人们提出的解决农业问题的办法，对男女两性有着不同的影响，但这些方面不能脱离社会、经济及政治生活的其他方面。

在 20 世纪 30 年代发生世界性经济萧条期间，中国农业部门也陷入了危机。许多农民因商品价格的下跌和纺织品市场的丧失而变贫困了。当贫困家庭遭受打击并将其土地卖给更大的有时是离地的土地所有者时，土地所有权似乎逐渐变得更加不平等了。社会科学家、改革者和革命家都注意到了不平等的土地分配问题，他们开始把无地当作驱使贫苦农民涌向城市的力量，并将离地地主所有制当作管理粮食生产的一种低效方法。[①]

土改是共产党议事日程中的关键所在。自 1949 年以来，中国已经历了 3 次土改。20 世纪 50 年代初的土改把土地重新分配给农民。50 年代中叶开始了集体化，到"大跃进"期间发展到了其最极端的形式，并持续到 1976 年毛泽东去世。第三次改革肇始于 1978 年中国开始实行包产到户的家庭责任制。自那时起，中国一直在它从前的财产管理完全集体制与允许农民买卖土地的私有财产制之间维持平衡。[②] 私有化的倡导者主张，这能使农民提高其效率，并将剩余劳动力从农田劳动中释放出来。其他人则担心私有化会将人们带回到"旧社会"（指的是革命前的中国）的困苦之中。有关中国最适宜的农地制形式的辩论，因而跨越了整个 20 世纪。因改革时期经济迅速发展的驱动，伴随中国从农村到城市流动的加速，这个问题远未得到解决。

20 世纪 30 年代"旧社会"的农地制

禄村 1938 年的农地制是建立在私人家庭与社团所有权以及父系继承之上的，土地方面的市场很有限。1933 年的官方土地清丈显示，禄村管辖下的土地有 594 亩（约 100 英亩，即 40 公顷）。在那个年代，农民不限于在单个村庄种地，也有外来者在禄村拥有并耕种土地的，就像禄村居民在其他村拥有并出租土地一样。禄村居民总共有 927 亩地，大约 75％属于私人所有，25％归各种寺庙、宗族及慈善团体所拥有。[③] 这些团体以优惠价将土地

87

---

① 毛泽东（1990）、费孝通和张之毅（1945）、向景云（1940）及卜凯（1937 a；1937 b；1957）都研究过 20 世纪 30 年代中国的农地制。

② 卡特等（1996；23—24）分析过中国的土地和农业改革。

③ 690 亩是私人拥有的，237 亩是团体所有田（费孝通和张之毅 1945；54）。

租给其成员或亲属(费孝通和张之毅 1945:77)。除了他们自己所有的,禄村居民还另外租种了一些土地,耕种总面积达到了1080亩。① 他们耕种的土地中至少有 45%(约占他们拥有土地的 35%)位于村外。这暗示禄村同邻村之间存在着有趣的关系,也表明了土地租赁市场的存在。②

在 20 世纪 30 年代,各户拥有的土地数量各不相同,有的地主靠雇工管理农田,小土地所有者则将家庭劳力同雇工结合起来,还有就是当佃农和雇工的无地户。费氏注意到,禄村妇女可以是农田劳动者但不是所有者。他写道:

> 前面讲到的地主往往自己脱离劳动的说法似乎同下面的事实是相矛盾的,即所有家庭甚至是有大地产的那些家庭中的妇女照样要下田劳动……然而,这一情形并不否认那些无地者都是农田劳动者的一般性结论,**因为妇女不被认为是土地所有者**。(费孝通和张之毅 1945:66 斜体为作者所加)

> 与外边不同,家庭实际上是其公有财产的所有者,但假如从内部研究这一情形,我们就会发现,个人的财产权远未被淹没。从这种观点来看,土地很显然是属于男人的。(110)

费氏显然意识到,尽管有公有财产,户内的权力差异类似于不同阶层的各户之间的差异,男性的家庭财产权是得到正式承认

---

① 耕地的总面积 2800 工,每亩是 2.6 工。
② 我对老年妇女的调查显示,1949 年以前家庭拥有和出租农田的方法很复杂。对访谈来说这仍是一个棘手的主题。然而,在土改期间,土地占有的信息是划分和惩罚地主和富农的依据。还记得那种经历的大多数老年人都说,他们租地种,但否认收过地租。

的，而妇女的权利则是遭到否认的。只有男人可以合法地继承土地。① 妇女的权利依据具体情形而定，她们只能代他人保管土地。本章开头费氏引语中所提到的那位寡妇，显然对于从她丈夫那里继承来的土地是拥有权利的，她像男性地主一样把地租给外甥种而不是由她自己亲自耕种。另外一例中的一个寡妇，她丈夫给她及其儿子留下了 11.5 亩农田。她体现了"传统美德，辛勤劳作，通过精心管理和节俭，等到她儿子成人时，她已将**其田产增扩**到 13.8 亩"（费孝通和张之毅 1945：117，单位换成了亩，斜体为作者所加）。

88 即便对于男性，土地一般也属于嵌套型的权利，也就是说个人权利受到团体权利的限制。男人不可以轻易将土地卖到父系家族之外。通过私有渠道和中介卖地是可能的，但宗族成员享有优先购买权。费氏写道："只有在同族人买不起地，或不能借钱给他将他从财政困难中解救出来时，个人才能把地卖给外人。在这种情况下，买主必须有卖者宗族几乎所有成员的签押。假如未经许可进行交易的话，这种买卖契约按习惯法和正式法律都是无效的"（126）。鉴于这些限制，1938 年各户拥有的土地中卖掉的只占 2.5％就不足为怪了。在《乡土中国》的结论中，费孝通和张之毅强调过土地买卖的各种障碍，并声称"实际上整个中国都没有农地的自由市场"（127，294）。

村内土地数目同村民拥有与实际耕种的数量并不十分"相符"，这表明了农作和土地交易的流动性。土地方面显然存在活

---

① 许多作者直截了当地宣称，妇女在中国革命前没有继承权（波特夫妇 1990：19）。然而，人们也记录过女性继承的个案，富裕人家的女儿有时也继承土地（刘德伟，个人交谈），而寡妇则继承了对其已故丈夫土地的控制权，甚至将土地卖掉（何力毅 1993：26）。

跃的租佃市场，尽管它并不完善，因为信息是通过私有渠道传播的，而且亲属可以要求并享有特殊待遇。同来自周边地区嫁入禄村的妇女的关系，很可能促进了跨越村界的土地租佃、抵押及转让。族人靠亲属关系而获利，并通过防止把田地卖给外人来维持团结。婚姻关系的地理状况（见第七章）支持了这一解释。

费氏报告，尽管新法律给予了女性同男性一样的平等继承权，但在农村地区没有人理会这一点（费孝通和张之毅 1945：112）。他相信，双方的继承权会使土地更加分散，还会导致各户把它们在其他村的更遥远的地块租出去。他推断这是不明智的，因为只有当所有者亲自耕种土地时才会有最高生产率。具有讽刺意味的是，按照这一逻辑，父系继承制在促使男人耕种他们**自己的**土地方面也不是非常有效的。费氏提到拥有土地的男性脱离劳动，把农活留给了妇女，禄村几乎 35％ 的耕地都租出去了。正如他们的租佃模式所揭示的，尽管存在着父系继承制，禄村农民显然还跨越村界租种并转让农田。巩固土地所有权显然不是他们唯一关心的事情。把不同地方的地块租出去来实现多样化，可能确实是人们一直所采取的一个普遍化的家庭策略。

费氏把 1938 年的禄村恰当地描写成一个小土地所有者的社区，他注意到它的两极分化不如他以前在中国东部研究过的那个村子那么大。拥有田产的最富裕之家仅有约 25 亩地，只相当于1.6 公顷，31％ 的家庭没有土地，靠租地和出卖劳动力为生（54）。富裕户和无地户都租地，只有 15％ 的家庭不管理任何土地（76—77）。虽然土地使用不像土地占有那样分布不均，费氏相信，不平等的土地所有权导致了财富上的不平等。在禄村，正如在中国大部分地区，财富的分布是非常不平等的（见第六章）。

中国历史学家注意到，富裕家庭通常比贫困家庭拥有更多成员,因为他们死于饥饿或疾病的孩子更少些,也由于他们往往推迟分家以保持土地的完整性。费氏的证据也表明,富庶之家供养的家庭成员或许是贫困家庭的 2 倍。尽管他对各户土地分布的比较揭示,多达 2/3 的家庭落入无地和少地的范畴,但考虑到家庭规模不同,估计表明,一半人口可能属于中等或富裕的那一类(见表 4.1)。费氏对禄村个人和家庭的非正式描述表明,除了阶级差异,年龄差异和处于生命周期不同阶段也同土地占有相关。中国农村的年轻家庭通常很少有地,但他们可以干体力活、租地种,或者最终从老年亲属那里继承或购置田产。相形之下,中老年人则更有可能已积累起土地,但他们却缺乏干重体力活的能力。[1]

表 4.1　禄村 1938 年各户土地拥有的分布情况

财富类型	农田大小(亩)	家庭所占的百分比(总户数为 122 户)	估计占人口的百分比[a](总人数是 694 人)
赤贫	0	31	23
贫穷	1—6	35	26
中等	7—16	26	39
富裕	17—26	8	12
合计		100	100

　　资料来源:根据费孝通和张之毅(1945:54)改编,但用 1 亩等于 2.5 工,即 1/6 英亩或 0.67 公顷的现时比率从工转成了亩。

　　a. 这一估计是根据费孝通和张之毅(1945:85ff)及钱成润等人(1995)的研究,假定贫穷和无地户有 3 个家庭成员,中等和富裕户有 6 口人来计算。

土改的赢家和输家

　　1951 年的土改,通过将占有土地的富裕户的土地充公,并将

①葛苏珊(1985)分析过台湾人口变动、家庭周期及阶级不平等的问题。

其重新分给无地少地的贫困者,从而消除了各户之间土地占有的不平等。[1] 在整个中国,受过培训的土改队成员负责给各家划定阶级成分。靠租金、利息或雇工获取其大部分收入的那些人被定为地主和富农。雇了农田劳工而自己几乎或根本不种地的那些人被视为剥削者,贫困阶层出身的人们被教导去轻视前者(波特夫妇 1990:32)。在禄村,22%的家庭(占人口 24%)被划成了地主和富农,中农的比例为 36%(占人口 50%),剩余的各户(占人口 27%)被划为贫雇农,后者是重新分地的主要受益者(钱成润等 1995:52)。

在评估土改时,许多分析家往往跟着官方话语走,从而以阶级不平等为着眼点。他们很少注意到,年长者尤其是寡妇往往拥有(即便只是代管)多于她们本人耕种得了的土地,因而会将其土地租出去或雇劳工来为她们耕种。假如体力日渐不支的寡妇和鳏夫雇人耕种的话,他们就有可能被划为地主。应用这种阶级标签,最有可能没收在本章开篇费氏提到的那位寡妇的土地,并将她定为地主。这在波特夫妇对广东土改的描述中表现得很明显:

> 一个寡妇……有 10 多亩地和一亩鱼池,加上一群她养起来卖的鹅。她在一个儿子和一个雇工的帮助下经营这一家产,她丈夫正好在土改前去世了。尽管她不曾压迫过任何人,也不是村里遭人记恨的一个人物,但她符合地主的标准,因而被定为地主。她独自留下来面对村民,有人命令她把大量粮食交给贫协,以便分给贫穷无地的农民。她自己没有足够的钱买那么多粮食,她丈夫的亲属和朋友拒绝借给她需要的那么

90

---

[1] 钱成润等描述过禄村土改的变化(1995:52—55)。

多钱。（波特夫妇 1990:51）

在集体化时期,阶级成分是代代相传的。这些成分影响到政治态度及各户得到的特殊待遇或受到的惩罚。尽管阶级的帽子到 20 世纪 70 年代被正式摘掉了,但即使到了 90 年代,它们仍是禄村人记忆中有影响力的东西。嫉妒其邻居发了财或取得成功的年长者,仍不友好地低声谈论他们怨恨的那些人的地主成分,而贫寒或无地家庭的那些人仍谈论其卑微的出身。这些态度可以从第六章关于富裕与贫困的一些个案中看到。

20 世纪 50 年代,土地集体化的政策免除了各户（及其家长）的管理权,并要求所有男女村民都参加集体劳动。在集体里,他们听从安排种植各种庄稼,挣取工分,并分享集体的粮食产出,到年底工分被折成现金。集体耕种持续到 80 年代初启动的经济改革。后者恢复了家庭管理农作,划分了集体的土地,并把地块承包给各户。土地承包合同要求向国家交售定购粮;剩余的部分则可以在自由市场出售。土地仍归村里（原文是生产队——译者）所有,并由村里（原文是生产队——译者))控制。把土地承包给各户（这被称为"家庭承包责任制"）的这一制度至今仍有效。

20 世纪 90 年代的农地制:差异和连续性

在 20 世纪 90 年代,村领导按人口在不同队或小组的各户之间分配可耕地。少数有正式非农职业的人以及数目不定的流动劳工不参加分地。不管他们在别处可能拥有的土地权利如何,这些非登记在册的居住者在禄村是没有土地的。以在册居民为重心排除了有人无地的情形。在评估变化时,我们应记住这一点。

在 20 世纪 90 年代,大禄村控制的农田比 1938 年时大了 4

倍多。大禄村的中心各队现在有 1565 亩耕地,各个小村庄有 1318 亩。①在 1952 年土改之后,村民的土地占有得到了巩固,并被限制在各个离散的村界范围之内。尽管地盘和行政单位的变化妨碍了我们如今对相同村庄之间的划分进行直接比较,但是我们仍可比较这一时期人均土地的分配和不平等的程度。

人均土地的减少

1938 年,人均拥有的土地数是 1.3 亩,而所耕种的是 1.6 亩。1992 年,大禄村报告有 2983 人,2883 亩可耕地,人均刚好不到 1 亩。② 在过去 50 年,每人可耕地的数量下降了约 40%(表4.2)。然而,人口增长被生产率的提高所抵消。例如,1938 年,只有 70% 的土地是两熟地,而如今大禄村所有土地实际上都是两熟的。

92

表 4.2 人均土地的变化(1938—1992 年)

	1938 年禄村	1992 年大禄村
人口	694	2983
耕种的土地/每人(亩)	1.6	1,0

资料来源:费孝通和张之毅(1945);禄村记录(1992)。

所有权的层次:碎片化与公平性

包产到户之后,土地所有权的一个"层面"是村里负责分配土

---

① 这些数据来自 1992 年的秋收(主要是水稻)。耕种总面积比冬季作物(主要是小麦)略少一点,但村里报告的历年播种面积变动极少。村里的农田不可能扩大了,因为不存在什么土地市场,但假如允许村里用庄稼地搞建筑的话,耕地还会缩减的。

② 在使用费氏的数据时,我转成了有利于比较的单位。要表明每种情况下如何进行这些计算将是冗长乏味的,所以,我省去了这一信息,除非它涉及异乎寻常的假设。参见"度量衡"部分以及所采用的中国度量衡定义的术语表。

地的各队，但农田管理则由承包耕地的各户负责。①农户可以被看作是土地租用者，因为他们没有买卖这种土地的权利，因为村本身在某种意义上是集体所有者和收租者。村民按要求向国家交售定购的农产品，国家与市场价之间的差价实际上是租金或税收的一种形式。在这个方面，这同禄村革命前族产的管理方式是有连续性的。族田被优先租给本族成员，私有土地在某种程度上甚至也被看作是族田，因为本族成员有优先购买权，并具有废止将土地卖给外人的权利。

由于土地质量不同，村里各队将质量不同的土地分割成条条块块，给每户都分些每一种类型的地块。② 1990 年一个小村庄的分地记录显示，每户平均有 9.5 块不相连的地块，平均大小只有 0.5 亩。③ 多达 16 户(共 57 户)有 11—16 块分散的地块。土地碎化达到了惊人的程度，这在中国农村并非不寻常的现象(卡特等 1996:21)。

20 世纪 90 年代执行的这一政策旨在公平地分配队里的土地，但它并未消除各队之间的不平等。在禄村，人均分到的土地从 0.7—1.3 亩不等(见表 4.3)。属于不同队的土地在质量、是否可以灌溉和靠近公路、是丘陵还是平地、能否晒到太阳和吹到风等方面，都是各不相同的。然而，在各队内部，这一政策的确消除了因年龄、性别和代际造成的不平等，即同儒家家庭学说相连

---

① "层"这个术语突出了同革命前时期土地制度的连贯性，那时"底土层"这层属于一组所有者，他们通常是绅士，要向政府纳税。而另一层"表土层"的权利从某种意义上讲是由农民拥有的，他们交地租可以抵押其耕种权，但他们不能轻易卖掉土地或从土地上被驱逐。

② 又见恩迪科特(1989:137)和朱玲(1991:44,122)。

③ 河南一些村的家庭一般有 5 块或更多单独的地块(宝森 1992)，堪比河南 20 世纪 30 年代的碎化程度(卜凯 1937 a)。在云南，每个户主占有的土地比今天要大，但产量要低得多。

的 3 项等级制原则。每户的男女老少成员都得到同等数量的土
地。土地不再被看作是一队之内在册成员经济不平等的基础。
证明农户和队里合法成员身份的户口,确保了每个人从队里土地
的总供给中平等得到一份庄稼地。各户因其成员数不同,拥有的
土地数量也不一样。有更多在册人口的家庭也就得到了更多土
地,但似乎没有人认为这是不公平的。

93

表 4.3　禄村 1992 年的人均土地

队	人口[a]	人均亩数
1	168	1.1
2	158	1.0
3	184	0.9
4	182	0.8
5	145	1.1
6	128	0.9
7	255	1.0
8	452	0.9
9	237	0.7
10	105	1.3
11	138	1.0
12	132	1.1
13	141	1.4
14	298	1.1
15	260	0.8

资料来源:1992 年村里的年度报告。
a. 包括 50 个有非农户口的个人,不像其他家庭成员,他们分不到土地。

承包期限、不确定性和土地重新分配①

中国改革时期规定的承包期限是不确定的,尽管许多人声称
情况正好相反。不同的新闻记者和学者声称,全国各地的家庭责
任制规定了 15 年、20 年或 30 年的长期承包权(威廉[Wilhelm]
1992),这些较长的期限降低了农户"对其获准多久独占性使用其
土地的疑虑"(史密斯[Smith] 1990:83)。一些人引用官方和非
官方公告说明承包有效期长达 50 年(恩迪科特 1989;白思鼎
[Bernstein] 1992;帕特曼[Putterman]1985),其他人则宣称"当
前的承包为 30 年"(卡特等 1996:10)。

各种农村访谈和村落田野调查对承包期限给出了不同的甚
至更模糊的印象。承包合同的期限和义务在不同地区大为不同,
甚至在一省之内也不一样,但每隔 5 年重分一次土地是相当普遍
的。② 在禄村及云南其他地方,20 世纪 90 年代的村干部宣称,土
地分配的期限是不确定的。他们不能说不会再重调了,但他们并
不确切知道何时重分。他们相信是由县政府作出这一决定的。
当然,云南某些县在 1990 年选择了不重分土地,那些地区的村民
们抱怨说,人口变动导致了农户一级日益加剧的不平等。禄村自
1981 年最初分地以来,共重分过 3 次(1986 年、1990 年和 1995
年)。农民们希望按先例每隔 5 年调整一次。人均土地数量的变

---

① 这部分利用了宝森(1991)的材料。
② 恩迪科特(1989:167)、贺康玲(Hartford 1985:37)、朱爱岚(1994:24)、波特夫妇
(1990)、黄宗智(1990:197)及卡特等(1996:24)都报告过各地不同的实践。在我对
河南和云南的研究中,村民们普遍说合同期是 5 年。1990 年重分了土地(宝森
1992),禄村 1995 年又分了一次地。2001 年 7 月,我得知禄村的政策已有所改变。
到 2000 年,假如村里维持 5 年一循环的话,那年该重新分地了,但那年没有这样
做。有个村民说土地使用现在被固定为"30 年"。

化在总体水平上几乎无法察觉到,然而,在户一级,随着家庭在册成员的增减,他们在其土地分配上经历了具有重大意义的转变。

重新分地涉及重新计算总人口及每个队每户的人数,只有这样才知道每个人将分到多少地。正如上面提到的,在禄村,不论年龄和性别,这些计算平等地对待所有人。然而,全国各地的情况并非都如此。人类学家朱爱岚(1994:27)和西蒙(1994)报告过中国北方和东部村落不同的分配原则,在那里,妇女分到的土地有时比男性要少。①

1990年全国人口普查更新了户口登记资料,为村干部重新分地提供了一个便利的机会。那年7月,村领导开始重分工作时,我正好在禄村。他们召集每队村民开会,并决定了哪些户因成员离开要减地、哪些户增添了新成员要增地。1991年当我返回时,这一调整已完成,显然进行得很顺利。尽管土地重分涉及变化,但并不需要全部重分,只需根据家庭成员的增减来增加或减去地块。一个小村庄的村民们回忆说,1981年落实包产到户第一次划分了集体土地之后,各家分到的土地同1951年土改后分给他们的土地是一样多的。这表明尽管政策不断发生变化,某些村保持了相当大的连续性。然而,各户在重分时面临着失去喜爱之地的风险,人们自然希望保留或得到更好的地块。

对农村土地占有的经济分析,通常是个"社会性别盲点"(gender blind)——这并不是从得出无偏见的数据这个意义上讲的,而是指依赖数据的方式使有重大意义的社会性别差异隐而不

---

① 据朱爱岚报告,槐里1984年分地部分是按人头,部分按年龄和性别。18—50岁男人分到1亩地,而18—45岁的妇女只分到半亩,这些年龄段之外的人得不到土地。西蒙(1994)描述了浙江一个村,那里女儿们得到的土地只有儿子的一半,其理由是儿子将来要娶媳妇。

见了。人口普查提供了诸如村、户或个人这样不分性别的单位，但人们并没有关注费氏在本章开篇提出的具有政治敏感性的问题：土地也属于妇女吗？抑或妇女只属于各户？妇女和男人能够获得的土地权利有什么不同之处？当我们试图把社会性别因素考虑进去时，除了重申父系继承制的抽象原则外，很少有现成的信息。这揭示了学者和官方解释该制度的方法。这种信息并没有告诉我们村民们实际上是怎么做的。

⁹⁵ ### 土地权利与村里社会性别政策

1990 年 7 月，当禄村开始重新分地时，村领导刚决定执行一项不让女婿"婚入"而得到土地的政策。[1] 按父系制原则，当儿子娶妻并生子之后（最多两个孩子），家里的土地随之增加，而家里有人去世，女儿出嫁或家庭成员在别处工作有了户口之后都要减去土地。父系制惯常做法的例外，只出现在家中没儿子继承的情形下，后来村里又规定一个女儿而不是两个的可以招女婿并将其丈夫带入村里。

谁受益于这一制度呢？按照这些规则，有已婚儿子的家庭结果得到了更多土地，而有女儿迁出以及没有或只有一个儿子的那些家庭得到的土地更少。[2] 鉴于两个孩子的限额，并且在土地是比额外劳动力更为重要得多（稀缺）的投入物的农业体系之中，生女儿的抑制作用就变得很强大了。禄村领导向我保证，没有儿子的家庭可以将姑爷招进来，但他们的政策并不允许有**两个女儿**的

---

① 这同河南一个村干部对继承权原则的解释本质上是相同的。这是正规汉文化的组成部分，但它不适用于我所研究的有同样人口密度的云南村落。

② 达文揭示，某些省份执行的计划生育条例奖励给独生子女家庭的土地"同正常情况下给两个孩子的土地一样多，而在土地短缺的地方则同给 1.5 个孩子的地一样多"（达文 1985:49）。然而她强调，省里的条例和所承诺的福利很多样化。我在河南和云南研究的各个村并未发现这种土地福利。

家庭招**两个**女婿进来，也不允许有一儿一女的家庭既娶进一个儿媳妇又招进一个女婿。可见，当地人阐释的父系制偏见有利于有两个儿子的村民，尽管国家法律规定了平等的继承权。

当我问到阻止入赘婚的这一政策是否侵犯了男女平等的宪法原则时，村干部（有些谨慎地）承认的确如此，但他们解释说，因为他们村具有有利的地理位置，许多姑娘不肯离开。假如儿女都留下来并带进配偶的话，他们担心人口会增长得太快，村民们得到的人均土地就会更少了。当我提到他们是否可以只规定，不管哪个性别只有一个孩子可以继承，从而既使人口保持较低水平又消除了性别歧视时，他们承认我说的是对的，但他们没有作出更多反应。现行政策毕竟允许各家生两个孩子。屋里有好几个干部都有女儿或侄女，后者将受益于留在村里并带进丈夫，我的提议对他们是有利的。然而，作为领导，他们必须考虑到全体居民的利益以及被认为是合法的东西。使当地阻力降到最低限度的办法，可能是维系传统上得到认可的男性继承制的儒家原则。我的结论是，当地干部能够弹性解读政策（有些人可能把这看作是任意行使的权力），并非总能很好地维护妇女的土地权利。然而，在我随后的调查中，我发现了另一种解决办法。有人告诉我，有个村干部的女儿结婚后将女婿招了进来，婚入男子的村民资格可以通过交费来获得。这表明土地权利方面非常有限的市场非正规地发展起来了。

1998 年，村领导宣称村里有关"迁入"的规定得到了进一步发展。① 总的来说，当从夫居家庭将儿媳妇娶进来时，他们不需要给官方机构交任何费用。**没有**儿子（或儿子因得到城市户口而"外迁"）的家庭可以招进一个女婿，但必须给他上户口；假如女婿

---

① 1998 年 8 月，朱霞在同村干部交谈之后报告了这一信息。

属于"吃农业粮"的那一类，则只需交付较低的费用。假如儿子的户口也在村里，一户要招进女婿时，他们必须交 5000—40000 元人民币的一大笔钱来解决户口问题。假如儿子是城里户口，他娶了一个妇女要住到村里，并且是"吃农业粮的"，那么这家必须交500 元的落户费。一旦上了户口，这个人就被看作是村民了，享有与其他村民一样的待遇，包括参与土地分配的权利。

有个干部唯一的儿子获得了城市户口，所以，这个家试图劝其最小的女儿招进女婿。就家庭成员来说，女婿是属于妻子家的，但不清楚他是否将取代儿子成为继承人，也不清楚他是不是"不吃村粮"的女婿，因而无需交费。鉴于上户口的交费似乎是任意决定的，有必要对特定规定随时间流逝而出现的变化进行详尽的研究，以便确定以女婿代替儿子的家庭是否要为这一特殊待遇交更多钱。

队里的土地记录和家庭权利的非正规性

我研究了队领导记录各户土地拥有情况的一些记录簿。抱着西方人对细致入微记录财产所有权和契约的期待，我对队领导记录家庭土地的随意方式感到非常吃惊，他们是家庭土地承包权的实际记录者。队长的唯一记录通常是手写的，记在小小的纸质笔记本上。例如，三组 1985 年 6 月 30 日的分地记录由村会计保管，记录在一个破旧的 10 乘 14 厘米的小笔记本上。用墨水写的已不易辨认字迹的记录显示了户主的名字、户中人数、地块的名称、①地块面积、具体地块的生产率或税率以及总的税额估计。队成员缺乏阐明哪块地属于他们的书面文件。他们只有红塑料

---

① 地块的名称就是笔记本上记录的关于一块地的全部内容，除了总的表面积外，没有任何关于尺寸的数字。所记录的名字包括大麻梨村、二石桥、大水门、大井边、油屋、中河及村尾等等。

皮的小册子记录了他们每年纳税的数量和种类。

我对这一做法的评论并不是要贬低这些社区队领导们的努力或诚意，而是为了唤起对保护家庭土地权利缺乏正规的法律基础的关注，以防这些小册子遗失、被篡改或滥用造成的后果。除了户口簿外，各户缺乏在更高管理机构面前证明其土地权利合法性的文件。中国经济学家朱玲(Zhu Ling)曾坦率地评论说，中国"管理土地流动的地籍制"是不存在的(1991:156)。换言之，目前不存在记录家庭土地权利和土地交易的任何正规制度。家庭和个人的权利在很大程度上取决于社区的态度及其领导的个人权威。相反，属于行政村和各队的土地则在县办公室带有官方印戳的多卷本卷宗里有正式的登记，而农民则几乎没有表明他们对特定地块享有权利的书面证明。

妇女的权利

集体化给了妇女在村里的正规地位。在村里有户口的男女成员都有资格从集体获得生计，同时被要求为集体劳动。确立了家庭承包责任制的经济改革，使妇女们作为村里登记在册的成员有权获得一定数量按人口分配到户的土地。在20世纪90年代，只要妇女是一个在社区有户口的成员（不管出生在那里还是婚入的），她都有权获得一份土地。这并不意味着她或户中任何其他人可以进行土地交易（买或卖），但这一政策清楚地规定了妇女作为女儿或妻子被融入村里，有权获得土地维持其生计。费氏在20世纪30年代坚持认为，妇女不能凭自己的名义拥有自己的土地，作为寡妇也只是为其儿子代管而已。当前的状况同过去存在着连续性，但也有了一些变化。如今，土地仍由村里（原文是村政府—译者）控制，村里按合同把地分给各户，就像过去被托管的族产和庙产一样。所不同的是，如今在许多定期重分土地的村子里，妇女的存在，不管是作为姐妹、母亲、妻子还是女儿，都使其家庭有权得到额外的土地分配。

这一简单易行的政策或许增强了妇女婚前和婚后对她们家庭有所贡献的价值感。以更大分配单位的付出为前提，妇女给私人家庭带来了额外的土地，而当她们离开时，其娘家就失去属于她个人的那一份，并归还给集体。然而，由于不同地方的村政策之间缺乏整合，这对妇女构成了某些威胁，因为她们结婚时一般都是要迁移的。一个妇女这样描述了她家土地状况的变化：

> 当我们分家时，也把分给每家的地分了。家里最初有15工(6亩)稻田。现在有3家人，总共12工(4.8亩)。一个女儿出嫁了，所以我们减少了3工稻田。现在我有两工田，只是一个人的，我自己种着。我丈夫把他的田给我们大儿子种，到年底儿子给他提供粮食。我女儿嫁给了安宁(靠近昆明，是她母亲的家乡)的一个工人，但她的户口还没有转过去，所以，她和她儿子都成了"黑人"和"黑户"。[＃4—1996年访谈]

"黑"这个字在这里是指地下经济和在居住处没有正式户口的人们。换言之，她女儿没有正式分享她丈夫的非农户口，但她已失去了在其娘家社区的成员资格，她在娘家村那份地分给另一户了。从某种观点来看，这个女儿是"高攀"了。她丈夫是个工人，又住在更靠近省城的一个较大的工业城市，这一切被认为是非常理想的，但移居出去使这个女儿作为个人被剥夺了土地使用权。在第七章，我将回到结婚与户口这个主题。

农作中的社会性别劳动分工

两性之间存在着非常明确的劳动分工。总的来说,男人干需要消耗更多体力的重活。(费孝通和张之毅 1945:30)

男人的工作:男人插秧……在日本和整个东南亚,插秧是妇女的工作,而在中国,妇女几乎不参与农作。(从16世纪流传下来的一幅画的文字说明,白馥兰 1997:35)

在每一个人类社会中,工作(或不工作)是建构角色与等级的一个根本因素;这对于社会性别就像对阶级一样是适用的。那么,研究晚清的经济史学家和研究社会性别的女权主义者为何都忽视了妇女的工作呢?(白馥兰 1997:177)

前两段引文代表了对中国农村性别劳动分工的两种典型看法。一种观点认为男人干重活,而妇女干轻活。另一种则认为妇女几乎不干任何农活。这两种见解都没有充分注意到妇女所从事的工作,或者说妇女为家庭扛起的"重担",不论是以公斤数还是从财政角度来衡量。

为了评估禄村社会性别劳动分工的变化和连续性,我从费氏的分析开始,并以费氏做研究时在那里生活的禄村老年妇女提供的信息作为补充。事实上,人们很少有机会获得中国革命之前特定场景下有关农村妇女工作的**任何**详尽而实质性的基线资料。60年岁月的流逝使我们可以对社会性别制度的各个方面作一个评估。由于几十年政策与实践上的革命性变化,它们已成为最具弹性而且抗拒变化的方面。我采用的方法有别于通常以1949年为着眼点的研究。基于数十年动荡岁月里的革命有没有为妇女带来什么进步的辩论，覆盖了较长时段的比较数据，使我们得以从不那么政治化的视野来评估变化。20世纪初以降，禄村社会与经济组织始终存在着惊人的连续性。除了学校教育和保健的改善外，对妇女来说，最具有意义的变化可能是不断扩展的市场及技术传播所带来的结果。这种变化在集体化时期出现了逆转或趋于缓慢，而到了20世纪90年代变化又加速了。它们影响到妇女的生活，并导致了不同的劳动和致富形式。

1938年的禄村农妇：遥望历史

有关中国革命前社会性别问题的传统观点一直认为，中国大部分农村妇女几乎或根本不从事大田劳动。这一观点认为，妇女是家庭依附者，受制于留在家中和庭院里的传统价值观的禁锢。她们因而保持了良家妇女的贞节和名声，但为此付出了在经济上成为其丈夫依附者的代价。[①] 对官方历史和官方话语持怀疑态度的中国历史学家和人类学家，逐渐开始质疑这些定论，他们开始寻求不同时代和地方男女工作的更完整信息。我们在第三章中得知，从历史上讲，中国许多地方的妇女都在家里生产有价值的纺织品。在本书中，我要勾勒一下她们是如何对禄村的农业生产作出贡献的，并表明她们过去是，现在仍是农业劳动力不可分割的组成部分。

---

① 革命通过将妇女带到家庭城堡之外参加生产劳动而解放了她们。从此以后，她们不再仅仅因其生育价值和象征性能力而受到重视，她们成为社会上不可分割的平等组成部分。这一理论分为两个阶段。第一阶段为20世纪70年代，评论家开始指出，使妇女加入农业劳动力不一定会减轻性别歧视，特别是在从夫居的亲属群体在很大程度上仍完好无损的情况下（戴玛瑙 1975；约翰逊 1983；斯泰西 1983；卢蕙馨 1985）。第二阶段，到了20世纪90年代，不同学者揭示了对革命前时期妇女工作的误解。例如，葛希芝（1996）指出，不管妇女是否被束缚在家中，她们在中国农村经济中总是扮演了重要的角色。

费氏在描述农作中的劳动分工时,把家庭单位当作好像完全是由男人管理的。这是不足为怪的,因为他的研究方法受到当时农村社会中存在的文化与社会性别束缚的影响。性别隔离的社会规范并不鼓励一个外来男子去同村妇进行直接交谈。费氏主要靠两个男性地主获得他的许多信息,因为他们"雇了别人来给他们种地……必然知道种地各个阶段需要多少劳动力"(费孝通和张之毅 1945:32)。在割稻期间通过对约 100 户的访谈,他后来核实了一天所完成的工作量和劳动者人数的信息。他并未谈及这些访谈有没有包括妇女,但他提到了没同妇女讨论过她们对农作或农田管理的观点。

费氏详尽评估了耕种一个单位土地(两熟,种稻之后种蚕豆)所需的男女劳动人数,在总结其结论时,某些令人惊愕的发现呈现出来了。每亩需要的 52 个劳动日中,29 个是妇女提供的,23个是男性提供的(1945:33)。假如乘以禄村每户耕种的平均土地数(8.8 亩自有和租来的土地),那么,妇女每年在种地上投入的劳动大约是 255 个劳动日,而男性为 202 个劳动日。按照这些标准,妇女显然被期望比男性提供更多农田劳动。

假如每户完全由一男一女来做的话,那么,这种安排将需要人们投入几乎是全日制的劳动,但农业劳动的季节性进度有农忙也有农闲,仅靠一家劳动力的供应就会导致人数太少了,以至于不能尽快把活都干完,或者是没有足够的农活需要全家人都去干。禄村农民传统上通过同邻居换工,或者从他们本村和其他村雇佣劳动力来解决这个问题。插秧和收割期间被招来的外来劳工,一般都完成与其性别相关的任务。

费氏的分析表明,1938 年的禄村妇女主要是农民,她们是农田劳动的中坚力量,在两种主要作物的种植上通常比男性承担了更多农活(见表 4.4)。她们还种植供家庭消费的各种辅助性作物和蔬菜。然而,当费氏写到农田管理者时,他指的通常是男人。

表 4.4　禄村 1939 年种植一亩稻谷和蚕豆的性别劳动分工

男性	天数	女性	天数
播谷(手)	1.2	播谷(手)	1.2
翻土(锄头)	10.0	割豆打豆(镰刀和链杆)	7.5
浇地,修补提坝	1.7		
施肥	1.2	施肥	1.2
平整田面	1.7		
犁地	0.7		
运秧(扁担)	2.5	插秧(手)	2.5
		除草三遍(手)	11.0
掼谷(谷床)	2.5	收割(镰刀)	2.5
挖蚕豆沟(锄头)	1.2	播种蚕豆(手和木椿)	2.5
挑稻草(扁担)	0.7	挑稻草(扁担)	0.7
合计	23.4	合计	29.1
劳动日×5.7 (每户拥有的平均亩数) 每年男性的年劳动日	133	每年妇女的年劳动日	166
劳动日×8.8 (每户耕种的平均亩数) 每年男性的年劳动日	206	每年妇女的年劳动日	256

资料来源:费孝通和张之毅(1945:22)。

注释:我 1990 年和 1996 年的调查数据一致显示,插 1 亩稻田所需的劳动量是费氏估计数的 2 倍,每亩约需要五六天时间而不是两天半时间,而拔秧和运秧所花费的时间是费氏所估计的 3 倍。因为拔苗和插秧的手工技术似乎不曾发生过什么变化,费氏或许低估了稻谷生产中女性投入的劳动量。

而且,每当写到男人时,费氏都提到了财富、年龄、受教育程度及社会地位上的差异,但他通常将妇女归入单独的一个类别:她们都干农活——甚至是在富裕人家的——她们也缺乏男人享有的休闲。他偶尔也一笔带过触及一些例外的情形,比如他写到陪"张大舅的老婆"去一个邻村:"她在那里试图安排一些四川劳工来收割地里的庄稼"(费孝通和张之毅 1945:68)。

虽然费氏很少将妇女描述为个体能动者(agent),但他对稻谷和蚕豆这两种主要作物中性别劳动分工的仔细研究,应有助于修正妇女对农作的贡献微不足道的普遍化观点。

> 在插秧期间,男人拔秧并挑到田里去让妇女插。收稻时,妇女负责收割,打捆,并将稻谷运到谷床边。男人掼谷,并把打好的谷子挑到谷仓里去。同种蚕豆有关的任务主要是妇女的事情。种豆时,男人开豆沟,妇女点豆种,但妇女要完成同收割有关的所有任务,包括割豆、打豆,而男子这时则开始挖田预备插秧(费孝通和张之毅 1945:30)。

尽管有这些证据,多数人类学家都认可卜凯的广泛调查(1957)所得出的给人较深刻印象的定量证据。后者认为在中国南方种稻区妇女对农作只贡献了少量劳动,而在北方,妇女则似乎没有作出什么贡献。[1] 费氏对作物生产周期中家庭劳力配置的详尽分析表明,卜凯的调查严重低估了妇女承担的农业劳动量,至少就许多南方省份而言的确如此。

---

[1] 例如,参见达文(1975)、卢蕙馨(1985)、波特夫妇(1990)及杰华(1997)。即便她们没有特别引述卜凯的研究,许多作者也重复了他的调查中得出的一般性结论。周晓提到:"尽管 1949 年以前种稻区的大多数妇女都在田间劳动,但那时北方在田里劳动的妇女极少"(周晓 1996:27)。波特夫妇在描述解放前"旧的'封建'秩序"时,只谈到"较贫困的妇女在田里干活,但不如革命后干那么多。她们大部分时间都在家里照看孩子、料理家务、养猪、养鸡、编竹虾篓以赚取额外的现金收入"(波特夫妇 1990:33)。奇怪的是,她们都没有提到革命前稻田里的农活是如何完成的。

关于革命前时期,男性是农夫的刻板定型观念是那么根深蒂固,以至于学者们甚至都没有考虑过妇女有可能比男性承担了**更多农活**。像费孝通一样,毛泽东 1930 年在一个村里呆过一些时间,在其《寻乌调查》报告中,他也注意到了湖南妇女对田间劳作作出的巨大贡献(1990:212)。在那个地方,妇女承担的一些特定任务类似于禄村妇女从事的那些劳动。像毛泽东和费孝通那样的民族志叙述,连同他们以村为基础对妇女的定量和质性观察,都有助于我们进行重新评估。①

卜凯的遗产:重新解释 1939 年妇女的农业劳动

当我们回顾费氏有关农户的系统数据和丰富多彩的细节时,禄村可以提供许多可回放过去的镜头。对社会性别具有敏感性的当代经济人类学家会如何重新诠释费氏 20 世纪初的叙述呢?在此,我对 1938 年禄村的家庭农作提出了 4 个修正了的观点。

首先,我们需要更加关注女性发挥能动性的潜力。费氏把中国农场想象成由已婚男子掌管的家庭单位,他们被当作农场管理者和一家之主(假如说不是总被当作农田所有者)。虽然费氏当然意识到了妇女的农田劳动,但他有关农民和决策者是成年男性的假设,限制了他评估 30 年代禄村各种变化的能力。他并没有探究妇女的行为和态度,这些妇女当时正面临着家庭、市场及更广阔的政治经济领域存在的各种经济选择、限制性因素或强制性力量。一个现代的观察者可能不会对男性握有更大控制权的描述提出异议,但多少会怀疑费氏将妇女呈现为被动的、从事体力

---

① 近来,葛希芝关于 20 世纪初妇女的创新性研究(1996)注意到了中国其他地方的这一问题。

劳动的家庭劳动者,而她们本身不是农田管理者和能动者。例如,他写道:"保长让他已婚女儿从她家里过来帮忙收割,后来又派他妻子去女儿家偿还"(1945:65)。他得自于同其男性被调查者对话的这种陈述,忽略了母女之间出于其**自身**情感主动保持的互惠性换工的可能性。费氏还宣称:"控制了其自家女性劳力的农田所有者,可以雇更少劳工因而获得更大的利润"(74)。这一推断性观点中被遗漏的,是对户中年长和年幼妇女以及夫妻之间关系的关注。我们在下文将看到,妇女在财务上似乎并不只是惟命是从的。

重新评估的第二点是妇女作为农民的重要性。20世纪30年代的禄村是"农业女性化"的一个早先例证吗?这一表述现在被普遍用来描述发展中国家的这一进程,即男性背井离乡寻求非农工作,而将妇女留下来负责较无生产率、回报又较差的农业部门。[1] 费氏的分析肯定有助于支持将妇女视为主要农业劳动者的重新解释。妇女在两项主要作物的生产上比男人投入了更多劳动(更不用提蔬菜种植了)。费氏估计1/3家庭的男人脱离了农田劳动,而妇女依然活跃,甚至抵消了男性的缺席(费孝通和张之毅1945:65,74)。换言之,禄村的农业劳动力在20世纪30年代看起来已有点"女性化"了。这仅是对抗日战争作出的反应吗?这是该地区历史上的农业模式,还是在20世纪后半叶变得愈加明显的经济转型的肇始?同卜凯调查和官方话语有出入的有

---

[1] 博塞鲁普是最先描述这一过程的作者之一(1970)。史蒂文·巴特勒(Steven Butler)对改革之初河北省大河公社的研究中描述了这一点。"大多数农民继续把农业当作一个无出路的职业。礼赞农田劳动力德行的宣传进行了30年似乎都未曾改变这一观点。男人逐渐朝非农转移了,大河妇女现在承担了所有农田劳动的80%"(巴特勒1985:111)。

限民族志资料表明,妇女在云南稻作区是重要的农业劳动者。她们在其他区域的重要性或许也被低估了。妨碍费氏描述禄村妇女的文化局限性,对于在全国各地为卜凯进行调查的男性来说或许更大了,因为他们都是被雇来的助手,而不是受过训练的社会科学家。这些调查长久以来因各种方法论上的偏见而遭到诟病,所以,发现它们一致低估妇女的农业劳动应不足为怪。

第三种重新解释将更加强调妇女在户外的劳动,特别是女性换工和雇佣女劳工的活动。费氏写道:

> 当农家自己田里没有什么事可做时,他可能会到别人的田里去当帮工。农民可能会雇工和自己出去当雇工,或者同其邻居换工。1939 年掼谷期间所做的清点表明,田里一半是换工而不是挣工钱的。之所以换工可能只是因为各家错开了种植日期,庄稼因而并不是同时达到同样的生长阶段的。假如不换工的话,所有农田的忙闲就会挤到一起。(费孝通和张之毅 1945:36)

费氏在插秧时并不在禄村。[1] 或许正是这个缘故,他低估了插秧所耗费的时间,而且几乎没有注意到各户妇女之间的换工制。妇女在彼此的田里劳动,并成群受雇到其他村去插秧。因为繁忙的插秧季节对女性劳力的需求很高,禄村的农民常常需要同邻村换工或从那里雇工。有时就在村口就可雇到人,但有时需事先同其他村的人约好。这种雇工最有可能是由已婚妇女同其娘

---

① 费氏的研究是在秋季进行的,时间是 1938 年 11 月 15 日至 12 月 23 日和 1939 年 8 月至 10 月 15 日(欧达伟 1981:80),而插秧是在春季。

家村之间的亲属纽带促成的。在上文费氏描述保长的已婚女儿 ¹⁰⁴同其妻子换工的逸事中当然就隐含了这一点。这也得到了当代换工模式的支持。不同村落相关妇女之间的当代换工现象仍司空见惯。一个 37 岁的已婚妇女同住在离禄村只有 1 公里的另一个村的姐姐换工。她的娘家就位于向北步行 2 个钟头路程的地方。在禄村本村结婚的另一个妇女同她姐姐及其儿媳妇换工。一个 54 岁的妇女解释说,她儿媳妇出生在一个较远的村落,儿媳妇让她的姐妹们来帮忙插秧和收割,她本人也回去帮姐妹们干活。

最后,我的重新评估提议更多地注意禄村农田经济的复杂性,特别是庭院作物和养猪的作用。费氏将其大部分经济分析放在主食作物即稻谷和蚕豆上。这些作物政府行政管理人员最感兴趣,因为它们可以被晒干、储存、运输并被用于支付工钱或者税收,还可以用于供养军队。但要理解家庭经济如何分配其劳力并维持生计,则需要承认家庭种植和收获的多种易坏的蔬菜作物,那是他们日常饮食的组成部分。这些方面在费氏对生活水平的描述中浮现了出来,他谈到了富裕户的菜园和人畜分开的猪圈,并提到富裕人家的饮食中包括"他们自家院子里种的丰富的蔬菜和他们自己酿造的酒"以及"他们自己屠宰或从市场上购买的猪肉"(费孝通和张之毅 1945:91)。

料理菜园和喂猪是劳动密集型的任务,这是农妇日常工作的一部分,甚至在插秧或收割的农忙季节也是需要关注的。它们也能成为现金收入的一个来源,妇女一年中时常拿到市场上去少量出售,比起收割时堆叠在一起的大袋谷物自然不那么显眼。在费氏的叙述中,这些形式的劳动与收入消隐在妇女屋里和庭院中完成的活计之中,同做饭、缝衣、洗衣难解难分。然而,蔬菜和肉类的重要性是可以从家庭预算中推算出来的。肉和蔬菜(家里种和购买的)在全部食物消费中占了 10%—30%。

费氏也承认,牲畜可能是一种辅助性的收入来源——"几乎每家都有两三头猪"——然而,他对养猪收入的估计是建立在购买饲料之上的,他得出了养猪成本高于卖猪价钱的结论(49—50)。但实际上,农民很少购买猪饲料。相反,他们靠自己种植或割取(并煮熟)的猪食,所以,成本是不会超过收入的,卖价中的许多其实是对劳动投入的回报。这个方面的农活主要是妇女完成的。在 20 世纪 90 年代,这依然主要是妇女的劳作领域(宝森2000)。

这 4 个方面的重新解释——涉及妇女作为能动者,她们作为农民的重要性,她们参与换工和雇工以及在蔬菜和养猪上的作用——仅仅是更完整地理解革命前时期农业劳动中性别劳动分工的几个可能途径。

将妇女置于革命前时期更明晰的焦点之下,我们不应忘记禄村各户之间存在显著的社会与经济不平等。费氏着眼于将拥有土地当作那种不平等的一个重要原因,并揭示了贫富家庭之间生活水平上的差异。有个生于 1918 年的老年妇女是这样回忆解放前的日子的:

> 解放前的生活很苦。城里的一个地主把地租给我们种。我们每年交完地租之后剩下的就不多了。我们只能喝南瓜汤,猪也养不起。我们几乎从来没有吃过肉,也没有衣服穿。生完孩子之后你不能[按习俗要求的那样]休息一个月,马上就得下地干活。我结婚前后总在田里干活,父母管着我们。我婆婆很坏,她不让我外出找任何人。我丈夫在外头赶马车

运盐。从年轻时起,他总是非常勤快。虽然我们结婚前从来没有见过面,他对我很好。我们从来没有打过架。解放前,国民党把许多男人抓去当兵。我丈夫当了3年兵才回家。(♯27—1990)

妇女干多少和干什么农活,她们能否养得起猪并种菜,能否负担得起产后坐月子,都受到家庭财富以及因男性征兵或外出劳动而导致的男人在身边抑或缺席的深刻影响。

农活劳动分工与技术的变化

自1938年以来,种植稻谷和蚕豆的技术已有所变化。这些变化包括采用生长期更短的种子新品种、化肥(同有机肥交替使用)、灌溉用的电水泵、拖拉机(在地块大小和位置允许的情况下使用)、塑料薄膜(使稻秧保暖并缩短其生长期)、除草剂与杀虫喷雾剂(减少野草和虫害)以及抓住有利时机将一些稻谷撒在铺好的路面上让来往车辆碾压脱粒(主要是住在靠近公路边的那些人)。

我请几个有经验的农妇根据农活的主要类型和劳动分工,概 *106* 述了禄村当前农业的日程安排。表4.5作了总结。我们可以将这个表同表4.4中1939年的情况作个比较。后者按性别勾勒了稻谷和蚕豆种植中的主要任务。这些表格加在一起揭示了禄村以往60年农业劳动分工相对缓慢的变化步伐。尽管有约25年(1957—1982年)集体耕作的历史(那时按共产主义原则分配工作),男性和妇女并没有骤然改变他们划分农活的方式。

表 4.5 禄村农作日历与基本任务(1938 和 1996 年)
(M＝男性;F＝妇女)

日期	任务	1938	1996
2 月 20 日— 3 月 10 日	收割:		
	油菜籽		M 或 F
	蚕豆	F	M 或 F
	小麦		M 或 F
	喂猪的大麦		M 或 F
	豆与稻谷的搬运与脱粒	F	F
3 月 1 日— 4 月 15 日	犁地(雇工,用拖拉机或水 牛犁两遍,平两遍)	M	M
	用锄头(翻土)并晾晒	M 或 F	M 或 F
	播稻种(1996 年通常 6 个人一起干)	M 或 F	M 或 F
	1 人喷农药		
	1 人播种		
	1 人盖上土		
	1 人用油菜籽当覆盖物盖上		
	2 人铺上塑料薄膜		
	浇地(队长安排两三个人为每户干)		M(小组)
	修堤坝(队里协调或雇人)		M(不详?)
	拔秧和运秧	M	M 和 F
	插秧 (换工、雇工,每亩 5 人)	F	F
4 月 20 日	施肥(1996 年用的是化肥)	M 或 F	M 或 F
	除草(1938 年)或 喷农药(1996 年)	F	M 或 F
5—6 月	农闲,水田按需干活 除草(1938 年)或 喷农药(1996 年)	F	M 或 F

续表

日期	任务	1938	1996
7月15日— 8月15日	割稻(妇女用镰刀)， 男人运谷、打谷	M和F	M和F
	约12个劳力(雇工或换工) 1—3天 耙田、清理、晾晒、碾谷(2—3天， 家人一起干)ᵃ	M和F	M和F
8月15日— 9月15日	种油菜籽		M或F
	锄豆田	M	M或F
	种蚕豆	F	F
8月20日 或更晚	堆稻草	M或F	M或F
9月15— 9月30日	种麦		M或F
9月30— 2月20日	农闲		

资料来源：1996年的资料是禄村两个年长的农妇提供的；1938年的见费孝通和张之毅(1945：22，表1)和前面的表4.4。

注释：大部分任务中的性别劳动分工是弹性的。男人犁地，妇女插秧，种豆及打豆是按性别划分的主要活动。被调查者提供的信息同调查数据是一致的。

a. 1999年的参与观察者发现了一项费力的而以前不曾注意的任务。它因下雨(因而需要反复将稻谷耙在一起并盖起来)和缺少晒谷的场院空间而变得更难了。

依然是男性领域的农活包括稻田犁地(通常由雇来的男人用拖拉机来犁，假如地块太小的话则用牲口拉犁来完成)、锄蚕豆田以及用打谷机打谷。对妇女来说，连续性主要体现在手工插秧和用镰刀割稻上，还有就是用手工操作的工具来播种、收割和打豆。鉴于每家分到许多小地块以及多数活计的非机械化性质，农作依然占用了相当多劳力，但有了新技术，它已变得更容易和更可靠了。其中，时间大为缩短了的包括从前由妇女负责的耗时费力的稻谷除草，这项工作已被更快但有害的背包罐的喷洒所取代了。这项工作男女都可以干。据我的观察，这活更通常是由妇女来完成的，但在我的调查中，人们所报告的男女喷洒的时间是相同的。像施肥和运稻草等任务，仍然是男性和妇女都干的活计。

妇女与犁地

正如前面看到的，费氏是根据男人劳动的吃重程度来解释劳动分工的。许多观察者已指出，从世界范围来看，犁地一般都是男人负责的（博塞鲁普 1970）。有些人解释说犁地对妇女来说太繁重了（麦克拉克伦［Maclachlan］1983）。据称唯有男人能操纵犁，男性垄断农作和农田所有权因而被证明是正当的。同农田管理相反，禄村男人显然并没有垄断农田劳动，那么，犁地是不是由他们包揽的呢？

费氏注意到了工具使用上的社会性别差异："男人最重要的工具是锄头，妇女的工具是镰刀和链杆（用于打豆的），这是当地最有特色的现象"（费孝通和张之毅 1945 30—31）。令人惊讶的是，他并没有提到犁地，尽管他在描述劳动分工时显然认为这是男人的工作。这可能是因为费氏在犁地季节实际上并不在村里，所以对于犁地作为一项男人活计的重要性并没有特别深的印象。或者说，这可能是因为犁地虽是男性气质的一个象征，但它并不是同**所有**男人有关的一项普遍化活动。犁地的确是男人的工作，但只是拥有耕畜的男人才犁地。只有 16％的家庭拥有水牛，所以，大多数农民都雇一个有牲畜的男人来为他们耕地（72）。假如不雇耕畜来犁地的话，村民们仍能备耕，但必须靠锄头来完成，这将是更为费劲的一个过程,会限制他们及时备耕待种的土地数量。

至于因妇女体力上的弱势而假定她们不能犁地的解释,我总是心存疑问,因为北美历史上曾有过边疆妇女犁地的有案可稽的例证。在云南另一个村,我曾有过一次机会去尝试扶牛犁杖,结果发现,其挑战与其说是力气(牲畜提供了畜力)的问题,毋宁说需要有使犁沟的深度均匀并使牲口正确执行的技能——就像一个无经验的骑手驾驭一匹马时面临的困难是一样的。这两种技能的获得似乎只是实践的问题。在记录禄村一个老年妇女的生活史时,发现她年轻之时在革命前时期曾犁过地,我对此并不感到吃惊。她还是个女孩子时,当男人去吃午饭时,她通过练习就学会了。后来在"大跃进"期间,当许多男人被村里派去参加一个大型建筑项目的工作时,她曾被叫去扶犁杖。另一个妇女则谈到了她在集体化时期当村领导(或干部)时犁地和农作的经历。

> 妇女:(1971年我当队长时)我也去田里犁地。那会犁一天地有20分,插秧是18分。
>
> 宝森:假如允许你自己选择犁地或插秧的话,你更愿意干哪样?
>
> 妇女:我还是宁愿插秧的。有一句老话说:"妇女摸犁,庄稼耕牛就倒了霉"。在集体的生产队时,村里过去有4个妇女会扶犁杖。妇女和男人干同样的工作。每天早上7点,她们就必须下田劳动。回到家里后,妇女还得做饭、喂猪、照料孩子,而男人一般只是休息和抽烟。

就像在传统时代,在集体化时期的妇女不得不完成所有非机

械化家务劳动的情境下，当发现甚至是强壮的妇女也并不热心将
犁地当作一项永久性的责任时，我并不感到十分吃惊。在这种情
形下，警告妇女倘若碰了犁就会毁掉庄稼的老话，可能被妇女用
来推掉更大的劳动要求，男人也可能据此声称男人更胜一筹，因
而理应得到更高的报酬。

如今，技术方面的传统性别分工依然十分明显，少数男人受
雇为多数人犁地，他们通常用拖拉机而不是水牛来完成。尽管印
有女拖拉机手画像的中国纸币已发行很久了，在禄村就像在别的
地方，开拖拉机成了一项男性专长。拖拉机不仅被用于耕地，而
且用于搞运输。开拖拉机当然比人们仍从田里用其背背或用扁
担挑重物"更轻松"。拖拉机易于操作，只需要少量培训——但直
到最近，它们仍然稀少，并且是比较昂贵的工具。除了传统的劳
动分工，获得和拥有生产资本的习惯权利，对于理解妇女获得某
种类型的技术可能是同样重要的。

当提到简陋的锄头——一种生产率低得多的工具时，我并未
发现类似于费氏观察到的同男性性别相关的任何东西。人们常
看到禄村妇女拿着锄头同男人一起在田里劳动，整个云南通常也
如此。她们掘土、平地、筑堤插秧、为种豆备耕并在菜园里锄地。
禄村妇女在 1938 年可能也是使用锄头劳动的，但费氏有时主要
依靠其男性被调查者提供的一般性陈述而不是他自己的观察。
在繁忙的种稻高峰季节，人们可以看到一群群男人和一家子的男
女用锄头挖地备耕。当只有男人在挖地时，妇女往往忙于其他更
急迫的任务。当男人备耕时，准确地讲妇女正忙于收豆、打豆并
在不同的田里插秧。因此，在农忙季节急迫任务的复杂安排中，
劳动分工与其说是基于"自然的"能力，不如说是依据了划分劳动
的社会习俗。虽然男女两性在家里通常一起劳动，但社会习俗通

常要求更大的劳动群组一起劳作时,两性分开来干活。

表4.6 显示了不同年份播种主要作物的土地数量。我在1990 年对86 个农户的调查发现,每户花在插秧、水稻、蚕豆、小麦和油菜(80％以上家庭都种了)上的平均农田劳动量,妇女一年总计约70 天,男人为57 天。这大大低于1938 年对每户农活的估计(见表 4.4),这或许是源于技术变化和人均土地的减少。1990 年各户平均耕种的稻田为4.5 亩,比1938 年平均8.8 亩低得多。即便如此,女性农田劳动仍占总劳动量的55％。

表4.6　大禄村的庄稼(1986 和1992 年) *110*

农作物	1986 年		1992 年	
	面积(亩)	产量/亩(公斤)	面积(亩)	产量/亩(公斤)
水稻	2514	466	2522	569
山药	105	45		
玉米	6	74		
小麦	719	324	764	341
蚕豆	1211	76	1118	147
大麦	147	86	62	198
油菜	272	91	385	155
蔬菜	133	不详	135	不详
烟草	21	125		
蔗糖	10	495		

资料来源:村年度报告。水稻是秋季收割的,小麦、蚕豆、大麦和油菜是春季收割的。

就像在中国其他地方,从1938 年到20 世纪90 年代之间,禄村在社会组织上发生了根本性的变化。然而,寻找这个时期对社会性别劳动分工任何长期影响的踪迹都是很难的。有关集体农作时期(约 1957—1982 年)的记载几乎没有。在整个中国,这个时期出现了使农村社会发生革命性转变的大量努力。这主要是通过控制生产使之脱离家庭,并通过按平等原则分配工作和付酬来消除阶级与社会性别的不平等。从理论上讲,这些激进的平等主义运动应已颠覆了对妇女的古老父权制偏见,并消除了劳动模式中的社会性别差异。然而,时至今日,农田劳动中的社会性别模式却显示了更多的连续性而不是激进的转变。

要重构地方一级在改变社会性别关系上确切做了些什么并非易事。村官员们说,他们没有任何关于这个时期的档案。"文革"期间几乎不作什么记录。更早一些年的记录到那时或许已被毁掉了,村干部手头只有非正式的记录。总的来说,村干部仍对村民同外人谈事很提防。干部们总能历数哪场运动紧接着哪场运动,但根据我以往的经验,这些叙述都是标准化的,遵循了官方说法。假如要求村领导详尽讨论像"大跃进"和"文革"那些时期的事情,他们就会感到很不自在。在那些日子里,全中国人民都经历了严重的困难。我相信,这是因为没有人喜欢被迫说谎。在此后几章,我将呈现一些村民在集体制下的个人生活经历。但甚至到了 90 年代末,当我们间接谈及"大跃进"后的困难时期时,对过去记忆犹新的一个老年妇女还低声对我的中国助手说,她认为她们不宜谈论这个问题。

集体时期付给村民的是工分而不是现金。通过询问各个队长,他们个人是否还保留了集体化时期的工分记录,我获得了 80年代初集体解体之前如何分配工分的一个实例。一本手写的小笔记本上记录了禄村中心一个队 1980—1981 年的人名和工分情况。这个本子显示,妇女在那年提供了大部分农田劳动力,维持了革命前时期就存在的现象(见表 4.7)。

111

表 4.7 生产队按性别分列的劳动工分（34 户，1980—1981 年）

	人数	平均工分/每人	日工分值	挣得的工分	工分（百分比）
男性	37	3735	12/每天	138206	47
妇女	51	3106	10/每天	158384	53
合计	88	3370		296590	100
肥料工分[a]				13385	

资料来源：前生产队长保存的队记录。工分值来源于被调查者的陈述，它同每年 320 个劳动日是吻合的。

a. 肥料工分是给为集体提供了肥料的各户的。这种肥料来源于家里的猪圈，从某种意义上讲是养猪的副产品。妇女通常负责庭院养猪，因而为该户挣得了这种工分。

1938 年，费氏的被调查者告诉他，禄村妇女干一天农活得到的现金收入通常只有男人的一半（费孝通和张之毅 1945）。尽管费氏将这个标准当作固定不变的，但生活史却揭示了更大的变异，不过一般而言，妇女的报酬总是少于男人的。1980 年，妇女所得仍比男人少，这并不是因为她们劳动的天数或小时数更少，而是因为妇女一般被安排去从事工分值较低的劳动。有时当采用计件方式计酬时（如插秧），妇女和男性所得是按业绩而不是依据付酬等级。

在这个队里，妇女作为一个集体挣得了 53% 的工分，并提供了大部分农田劳动力。然而，那年男人平均每人挣到的工分比妇女多 629 分。平均而言，妇女只挣得男人工分的 83%，这直接反映了歧视性的付酬标准：总的来说，妇女每天只挣 10 分，而男人挣 12 分。

112

工分不平等的这一记录，让人回想起了中国其他村落报告的类似的不平等情形。[①] 集体化期间不同时代给予工分的原则是

---

① 达文（1976）、戴玛瑙（1975）、朱爱岚（1994）、波特夫妇（1990）、斯泰西（1983）、西博尔特（1996）及卢蕙馨（1985）都提到了工分不平等的例子。

不断变化的，但同酬只是例外的情形。有时候，工分等级受到国家政治的影响，被评为优秀共产党员的那些人得到了较高的酬劳等级，而"坏分子"得到的则较差。总的来说，付酬原则受传统政治观念的影响，所以，男人被定为优质劳动力，从而比妇女享有更高的等级。还有就是安排男人去从事被标明为更为艰难的工作，男人因此也可得到更高的等级。对于一些特殊类型的工作，工分偶尔是按产出来支付的，也就是说是计件付酬。在这种情况下，妇女有时比男人挣得还多。一个女党员描述了"大跃进"之初的情形：

> 1958 年，村民们选我当会计。① 我不得不管起队里的钱、工分及其分配。那时，工分是按政治思想正不正确以及劳动能力来定的。不管男的还是女的，每个人都可挣到最高工分，即每天 12 分。插秧每工得 20 分。拔 100 捆秧苗，你可以挣 5 分。我年轻时每天能拔 800 捆，挣 40 分。

20 世纪 90 年代妇女的农田劳动

尽管历经了 60 年的变迁，禄村农作中社会性别劳动分工的变化还不是革命性的。我的经济调查② 显示，妇女仍比男人更偏重于农作。种稻和种豆上的劳动分工和劳动日程安排，好像还能从费氏的文本中重新复制出来（见表 4.6）。这并不是由于农作不曾发生变化。正如我简短讨论过的，技术改进的确减轻了劳动量，并提高了生产率，但特定农田任务的基本责任自费氏调查以

---

① 那时的选举是用举手来表决的，并没有实行无记名投票。
② 1990 年，我就社会性别、职业与经济活动问题对大禄村 86 户的随机抽样样本进行了广泛调查。

来变化甚微。在改变了中国政治组织的那场革命的前后妇女从事了大量农田劳动。革命大力宣传工作给妇女带来解放与平等的观念。其结果是,有关妇女工作的官方言语改变了,而工作内容的变化却微乎其微。特别是,水稻和蚕豆在插秧和收割时仍需要大量体力劳动。

照片 4.1 拿着镰刀割稻的一个禄村妇女

如今就像过去一样,在插秧中广泛使用由家工、换工和雇工构成的女性劳动群体。多数妇女都对她们做了并得到了多少工作有清晰的记忆。事实上,一个妇女还向我出示了仔细记录着以往 5 年如何换工的一个笔记本。年轻妇女在插秧的

113 换工或雇工方面特别活跃，上了年纪的妇女通常负责拔秧、捆秧或留在家里为劳动者做饭。除了日工钱外，农民还要为劳动者做饭作为报酬的一部分。一大帮人能在一天之内完成一块田的插秧任务，所有秧苗因而可以同时生长和成熟起来。通过换工，每户可以迅速完成其田里的活计，但得到过帮助的男性和妇女还得出去到他们换工伙伴的田里去劳动。插秧高峰持续约 2 周时间。稻谷收割也要求一帮人快速完成。正像过去一样，这个村的这些劳动群组里含有人数大致相当的拿着镰刀的妇女和从事掼谷的男人。

114　　　　　照片 4.2　禄村的稻谷收割。男人们在田里用打谷机打谷

152

种菜和养猪

种菜和养猪为家人的营养和现金收入提供了一个至关重要的补充。不像谷物生产在劳力需求上有显著的波峰和波谷，对于多数家庭来说，种菜和养猪的劳动是家常便饭。这一工作多少可以同做饭相结合，所以，其似乎是同家务劳动"融合"到一起的。但这显然不只是家务劳动的"延伸"。它也是提供了生计和现金收入的家庭农田生产不可分割的组成部分。

为了表明这一工作的性质，我在此呈上我同吴女士一起度过的 6 月份一个上午的田野笔记摘录。她是一个 40 出头的农民。这些笔记只涵盖了几个小时。虽提供了某些其他观察，这些摘录也能使我们意识到使多数妇女忙碌不堪的各种活动。

照片 4.3　一个禄村妇女为正给她割稻的劳动者送开水　　*115*

153

照片 4.4　有一户 1999 年第一次雇来了机械化的稻谷收割机。这个大型车辆不能做到在小块地的转角处操作而又不将稻谷压倒。为了避免损失，主人不得不靠手工来割边上的稻谷

禄村妇女一个上午的劳动①

9 点 20 分　我来到吴家时，门锁着，当我走到门口时，吴女士正好从通向田里的小道上回来。她向我打招呼，打开门让我坐下。她要去菜园浇水。她从厕所里挑出来了装有人粪尿的桶。我问她我能否随她去看看她的菜园子。她笑着答应了。吴女士讲，浇水只需要约半个小时时间。

9 点 40 分　吴女士用扁担挑起了两桶粪便，从家里出发去田里。每桶约重 30 公斤，所以，她肩上挑着大约 120 磅重的液体粪便。她沿小道快速走上了主街，随后沿着一条肮脏的小路到了她的菜地。

---

① 1991 年 6 月 5 日的田野笔记。

她挑的桶是结实的老式木桶,有链条连在扁担上。我短暂尝试了一下把桶挑起来,结果发现,要走得平稳又不把里面的东西撒出来(我当然不想撒出来),是需要高超技巧和力气的。吴女士浇的那片地,形状并不规则,她说有 1 分(1/10亩)。这块地大约 15 步×15 步,中间有两个大坟堆。我问她埋在那里的是谁,她回答说是"老祖祖"(老祖宗)。她迅速将粪便舀到地里。她在一块地上种了各种蔬菜,另一块地上刚种上了白薯。这种庄稼的叶子随后还有其根部可以用来喂猪。将挑来的两桶浇完之后,她把桶挑到邻近属于别人家的有水稻田里往桶里灌了水。然后挑着水去浇了刚种上白薯块茎的干土堆。

9点50分　　她挑来了第三担浇茎块的水。幸好那天是阴天。我坐在坟堆的后头,并转到前面看了看。两个土堆的其中一个实际上含有两个墓穴——一个男的,一个女的。男的墓碑上刻有两条龙,女的有两条凤。上面有碑文,但我看不懂。女的那个坟墓更新一点。问了几个问题后我意识到,我应知道这是曹家,即她丈夫祖先的坟墓。属于此家的另一处简陋的坟墓紧挨着吴女士的院子,也是姓曹的。她说这是他们奶奶的坟。吴女士那时种的那块地是集体分配的,有私家坟墓作标志证明了这块地是归曹家所有的。我后来得知,在 60 年代初重分菜地时,也就是在改革允许重分稻田之前很久,许多家庭认领了各户最初拥有的同一个地方的地块。我对坟墓的兴趣并未引起吴女士的许多反应。她在这块菜地上绕着坟墓劳作,它们毕竟每天都在那里存在着,南瓜就在坟头后的岩石堆上长着。但当我指着墓碑前小小的祭台问,他们是否在清明节(纪念死者的节日)烧香时,她笑着说:"是啊,我们还给他们供点吃的"。

10点整 她浇完第四担水,开始挑第五担。我坐在坟堆边记笔记,幸好那天是阴天,虫子在咬我的脚。

117 10点10分 我们来到了道路另一侧的另外3分菜地。吴女士摘了一些中午吃的像芹菜似的蔬菜、卷心菜及一些青椒。茄子还没有熟。这里还种了西红柿。她花了约10分钟时间摘菜。随后我们走回了主道,到她家时是上午10点15分。

10点15分 吴女士给炉子添加了燃料,随后穿过院子把扁担挂了起来,并拿出了一个浅绿色的塑料篮子要去摘更多菜做午饭。我们从屋后的小路走出去,路过了其中一个猪圈和厕所,走出一个泥墙的后门,来到了另一块菜地。这里约有1分地。她捡起了地上放着的稻草,盖在一些蔬菜上,免得它们遭到烈日的烘烤。她随后走进那片菜地摘了一些南京豆,那是一种大豆子。她又摘了一些喂猪的白薯藤。

10点20分 她还在摘菜。南京豆在三根棍子绑在一起的大篱笆桩上生长着,共有约13个这种"圆锥形帐篷"的构架。豆子中间种了玉米,一些豆子已老得不能吃了,只能让它们干透留下来以后当种子用。不久我们就回去了,她立即走过去又添了些火。

10点30分　吴女士从建在外头的水泥新楼梯上到了二楼,我随她上去了。在台阶的顶部有一个鸡笼,里头有几只鸡。二层是个大贮藏室。房间前头的地面上放了一张床。她儿子周末回家时就睡在那里。房间后头的水泥地上是一堆土豆,在分隔物附近放着一个装有两种糠的大容器:豆糠和米糠。她从每一类糠中铲了一些放入了一个柳条篮子里,又拿了点玉米面就下了楼,并将这些东西添加到大锅里,那里正煮着白薯藤。随后,她穿过院子到一个猪圈旁的煤箱中取了一些煤。她用铲把煤铲到火里。她又从水槽里舀了点水加到锅中,并用一个长柄大勺进行搅拌。

10点35分　吴女士蹲坐在厨房炉子前的凳子上。在她身后的角落里堆放着烧火用的稻草。那时她小女儿正在学校念初二。吴女士的丈夫去楚雄参加一个会议,并将在那里过夜。她大女儿在禄丰税务机关工作,下班后要回家吃午饭。

10点40分　吴女士蹲坐在门厅处的方桌前清理四季豆,并将它们放进一个水桶里。院子里有一些鸡在四处乱转。吴女士在院子对过的猪圈里养了两头不大不小的猪,在厕所旁的那个猪圈里还有两头小猪。

10点45分　吴女士回来添了火,搅拌了一下猪食,然后开始

118

把猪食舀进桶里。我注意到，尽管在干农活，她却穿得很整洁。她穿着布面的鞋子、黑裤子，汗衫的外头是一件白色的长袖上衣，还围着小小的印花蓝围裙。她的头发整齐地别在脑后。

10点50分　她将猪食桶提到猪圈旁冷却，并用水龙头里的水清扫炉灶。她快速将锅里的东西弄到炉灶上头，发出吱吱之声，那里有个可以使水流到底下水桶里的小排水沟。她又将水桶里的东西倒入院子对过的水槽里。

10点55分　锅里干净的水开始沸腾了。她开始清扫厨房的地面和院子。

11点　　她又添加了燃料，并回来清理豆子。我们讨论了她儿子的婚姻选择。她提到儿子在铁路上有户口，他在另外一个县城工作。她认为他或许只得在那里找媳妇了，因为要把妻子的户口迁到那个地方非常困难。我逗她说想孙子了。她儿子才22岁，想过几年再结婚。在铁路上工作很难找到老婆，因为那种单位妇女不多。我问她："假如他在另一个县城结婚和生活的话，儿媳妇还来婆家生孩子吗？她是否应该来这里？"吴女士回答："假如她愿意的话，她就来，要是她需要我，我可以去那里帮她。但假如她自己的母亲在那里，或许她母亲可以帮忙，或许她宁愿要她自己的母亲。"这听上去似乎不像我在北方听到过的描述，北方妇女被期望在其婆家生孩子。正如我们在第七章将看到的，时间将检验这种态度。

11 点 10 分　吴女士在一个水盆里洗蒸笼。

11 点 20 分　她洗了装米的容器。米饭在锅里煮着。隔壁屋的一
　　　　　　个老妇人过来待了一会。[那栋房子属于吴女士丈
　　　　　　夫的小叔子,这个老妇人是爷爷的第二个老婆]。

11 点 25 分　吴女士将米取出来,用干净水把锅洗了好几遍。
　　　　　　水很热,马上就开了。她用小刷子将水扫出来。 119
　　　　　　她随后加了更多干净水,将煮过的米倒入锅中
　　　　　　的一个竹蒸笼里,盖上盖又蒸了起来。

11 点 35 分　她洗了芹菜,添了火,并加了更多煤灰。太阳出
　　　　　　来了。她穿过院子将几盆脏水倒掉。她煮的米
　　　　　　饭多得够晚饭吃的,但她晚上还要重蒸。

11 点 40 分　她开始把菜叶切成小片,并洗了锅。

11 点 45 分　她切了一条英式长黄瓜当午餐的菜,并同我聊起
　　　　　　了当一个计划生育干部的难处。

11 点 50 分　她切了更多菜,并将一碗剩饭加到正煮着的米
　　　　　　饭上面,并继续添了火。

12 点　　　她静悄悄地切菜。

12 点 10 分　她炒了蔬菜和辣椒。

12 点 15 分　我们开始吃午饭。一起吃饭的还有下班回家吃
　　　　　　午饭的吴女士女儿和我的助手。我们吃了 4 道
　　　　　　绿色蔬菜和 3 碗米饭。①

12 点 35 分　我们吃饭时,一个男人进来商量共用一车煤的
　　　　　　事情。这个男子是吴女士的妹夫。

---

① 这一天,我助手和我同吴女士一起吃饭,饭菜及数量同她丈夫平常回家吃中饭是一
样的,因此,这是一项很平常的工作。

12点40分　因米汤很有营养价值,她给我们喝了一些,并将剩余的米汤加到猪食中。随后开始打扫。

12点45分　吴女士开始喂猪。她蹲在猪圈的门边。她将猪食倒入槽中喂它们,等了一会又往槽里添加了一些。她随后关上了猪圈的门。她女儿开始刷碗。她穿着高跟鞋和脚踝处有拉链、臀部有彩色刺绣的蓝色新牛仔裤。

12点50分　吴女士又喂了挨着厕所的猪圈里的小猪。她将之前没吃完的猪食倒了出来,将猪圈的垃圾扫入了厕所旁边的一个槽子里,并回到厨房取了一盆水将它冲下去。当她女儿洗碗时,吴女士走回到猪栏。天开始下雨了。她女儿在读报。吴女士进去洗了脚,并换上了更好的鞋子准备进城去办点事。

这一描述表明了给菜园施肥和浇水如何同清扫厕所和添火结合起来,照料菜园子并摘取家人吃的菜如何同料理和摘取猪饲料相结合,煮猪食之后如何紧接着为家人做饭,吃饭之后如何紧跟着喂猪,庭院里如何有猪和鸡的围栏,卧室又如何用来储藏粮食和米糠。蔬菜种下之后要锄地,用桩子支撑,除草及摘取。随着猪长大,会吃得更多,要么卖掉或杀掉,这些任务构成了不断变化的复杂日常事务。一个好农夫会将料理菜园、喂猪和喂饱家人的工作以有效利用时间、空间和资源的方式结合起来,并进行遗弃物的大量回收利用:谷糠、豆糠、白薯茎、残羹剩菜,连同米汤和家里废弃物用来喂猪,而猪粪则放到田里。影响这一循环利用的主要技术革新是在院子里安装了自来水设施。大多数其他工具,比如同扁担相连的水桶、锄头、大锅、柴薪都还是传统的。因树木稀少，禄村中心的人们做饭时多半都以煤取代了柴，煤是可以用卡车运到家里的。

　根据我 1990 年的调查，每户平均种了约 0.4 亩菜地，并养 2—5 头猪。除了一户，所有家庭都说养了猪。[①] 菜地主要是由妇女，有时由不干田里活的老年男子料理的。养猪的主要劳动包括割取和准备（主要包括切和煮）猪饲料。80％以上的家庭只有妇女割饲料和喂猪。在剩下的家庭中，这些任务约有一半是男人完成的，另一半由男女分摊。割猪饲料和煮猪食每天平均要花 3.4 小时，如前所述，它们可以同其他活计结合起来干。清扫猪圈不是经常性的，所花费的时间较少，男女承担的任务大致相当，但各户之间显示了更多差异。每年通常需要花两三天时间，每两周最多半天时间。很显然，猪需要每天都吃东西，但一些家庭比另一些清扫得更为严格。

　在禄村，养猪完全是在家里完成的，在院子里有猪圈或在附近有棚。虽然没有限制各户养猪数目的任何规定，但迄今没有一户专门致力于大规模养猪。假如家里有两头能产大窝小猪的老母猪，小猪可能暂时会养到多达 25 头，但当小猪断奶之后，农民会将大多数卖掉，使其总数降为 7 头或更少。养猪规模小或许是由于缺少空间和当地饲料，又或许是因为当地市场较小。没有人是雇人养猪的。养猪创造了满足生计和现金需求的收入，这同小块地的分配是一致的，人们以劳动密集型方式在小圈里饲养。

[①] 这基于 83 户的情况（有 3 户在这一问题上的信息不完整）。1986 年的禄村记录报告，菜园有 126 亩。

1988 年的村记录显示,693 户总共自食或卖掉了 1091 头猪,其中 97 头是卖给国家的,441 头是在市场上销售的。563 头(占51%)是自己宰杀和消费的,还剩下了 592 头母猪和猪崽。这表明,大多数家庭(80% 以上)每年消费一整头自己家里养的猪,约 75%也卖一头猪。这些数字同我的调查结果是吻合的。

农民身份:作为劳动力登记的户籍

同革命前时期有关劳动力的观点不同,如今官方的劳动力报告是将妇女计算在内的。自 50 年代集体化以来,妇女作为农民的行政地位已变得明确化和正规化了。她们的工作不再被当作家庭劳动而被遮蔽或忽视了。在革命的议事日程中,当妇女参加集体农作时,村干部开始将妇女算作劳动力的组成部分。这种计算惯例延续到了改革时期回归家庭耕作之后。这一身份存在一定歧义,因为在中国,农民这个术语也指居住身份,带有阶级与种姓的属性,连同某些权利和义务(宝森 1995b,波特夫妇 1990,周晓[Zhou] 1996)。20 世纪初,妇女尚未明确被认为是农民,但如今在完成村里定购粮时,她们无疑是被考虑和计算进去的。在集体化时期,男女都被要求在集体的管理之下劳动。而今多数农村妇女和男性仍被登记和计算为农民,但农民的身份同她们的实际职业却未必是对应的。

禄村的妇女和男人,就像中国其他村民一样,通常按照政府户籍体系的分类来报告其职业。这意味着他们首先按农民和非农身份来描述其职业。[1] 然而,个人的户籍并不能描述实际的劳

---

[1] 农民一般只能将其户口迁到其他村庄(就像他们结婚时那样),但不能迁入城市。许多人类学家把**农民**翻译为"peasant",这传达了从属性的固定地位而不是创业型农作的含义。在 1949—1976 年,中国的农业劳动者比改革时期被更严格地限定在"农民"的身份当中(宝森 1995;孔迈隆 1993)。

动分工。在一个特定的村里拥有户口的农民,有权(作为一项与生俱来的权利)承包一份村里的农地和资源,为此,他们也有义务以非市场价向国家交售定购粮。相反,非农民包括在国营企业就业的正式工人、官员和公办教师。假如他们在村里有房屋,特别是,倘若他们的配偶或子女仍是农民,尽管他们可能实际上就住在村里,甚至到了 20 世纪 90 年代,他们仍有权得到政府的住房及其他福利津贴。我 1990 年的调查显示,在 18 岁及以上的村民中,92%的男性和 97%的妇女被登记为农民。拥有令人垂涎的非农身份的男性比妇女要多(男性占 8%,妇女为 3%)。至少在集体化时期,非农身份提供了"铁饭碗"似的职业保障的特权和福利。[1] 第七章将探究户籍与继承权的复杂性。

农田劳动的衰落:男人首当其冲

禄村有**农民**身份的一些男性和妇女兼做其他职业,有时还继续帮着干农活。1990 年的居住状况同被归类为农业、兼农(part farming)和非农的实际职业相比再次揭示,致力于非正规的非农活动的男人比妇女更多(表 4.8)。这一模式在 20 世纪 30 年代很明显,尽管那时妇女并不被视为农民。自改革启动以来,男人不成比例实现了非农业转移的类似现象在中国各地都得到了广泛报告(宝森 1992,1994a;黄宗智 1990;卢蕙馨 1985;温婉芳 1990)。禄村妇女像一般中国农妇一样,更有可能滞留在村里,并在家里分到的地块上劳作。

---

[1] 1990 年的调查包括 18 岁及以上的 155 个男性和 143 个女性。村里的农业劳动力记录不是基于活动本身,而是根据官方处于劳动年龄的人口减去有正式非农职业的那些人后算出来的。

表 4.8　禄村农业和非农工作的百分比(1938、1990 和 1997 年)

	1938 年		1990 年		1997 年	
	男	女	男	女	男	女
以农为主	74	86	63	84	20	64
兼农	23	12	19	5	21	13
非农	3	2	18	11	58	23
合计	100	100	100	100	100	100
	(总数＝ 121)	(总数＝ 121)	(总数＝ 131)	(总数＝ 132)	(总数＝ 90)	(总数＝ 94)

　　资料来源:费孝通和张之毅(1945);1990 年 86 户的随机抽样调查;1997 年 50 户的随机抽样调查。总数中不包括不详者、退休者、残疾者及学生。

　　中国人结婚时保留和更改居住身份的制度,可能低估了村妇随时间流逝获得非农工作的机会。在婚前或婚后获得了城市就业机会的儿子,可能在禄村保留了其居住权(因为他们通常是房屋或宅基地的继承者),但获得了城市就业机会的禄村女儿们则有可能在婚后将其正式居住身份迁出禄村[①](因而也落在我的数据范围之外),尤其是其丈夫在城里有住宅的情况下。在国营部门有工作或有城市职业的妇女,婚后不可能将其户口迁入像禄村这样一个农村,即便其丈夫在那里享有继承权。因此,最有可能在禄村获得正式居住权的嫁入的妻子,是有农业户口的那些人。换言之,外出的女儿和娶进来的妻子都有可能采取婚姻策略,使自己更靠近大的城市中心,并谋取非农工作。[②] 然而,来到禄村的妻子一般仍保留其农民身份。

---

① 即便她们在正式转变其居住身份上没有获得成功,假如她们出嫁了的话,她们仍有可能失去在禄村的正规身份。正如有关土地权利的那一部分揭示的,她们在居住和工作的城镇仍处于非正式的或可称作"黑市"的状态。

② 雷伟立依据四川的人口统计证据讨论了这一婚姻策略(1991)。

在禄村村内,妇女依然是活跃的农田劳动的主力军,但像男人一样,她们也盯着市场寻求替代性职业。1990年,63%的男人和84%的妇女以种地为主要职业。到1997年,只有20%的男人和64%的妇女以农业为主。相当多妇女已转入非农和兼农的类别,更多男人已完全脱离了农作(表4.8)。1938—1990年,女农民的比例改变甚少,但从事非农劳动的男性比例却上升了。到了20世纪90年代,禄村男人非农转移的趋势还在继续,所以到1997年,只有20%的男性仍以农业为主。妇女也在摆脱农田劳动,尽管速度更为缓慢。脱离农田劳动的机会对于生活在禄村中心的那些人要比小村庄的更多,这是不足为怪的。1997年,禄村中心主要靠种地为生的个人略低于1/3,而小村庄则占3/5。[1]

禄村的情形同农业劳动力所占比例不断下降的全球趋势是一致的。[2] 非农转移既受农田生产力与收入变化的影响,又受制于在其他部门挣取现金的机会。那么,禄村社会性别与农业生产力之间的关系是什么呢?农业生产力随着时间的流逝提高了没有?妇女是否有机会进入经济中有更高生产力的部门?

1938年到20世纪90年代农业生产力的变化

农业生产力的变化可以用各种方法来衡量。在这里,我们感兴趣的是土地和劳动生产力。当一定数量土地上产出的谷物量增加时,土地的生产力就随之提高了。水稻和蚕豆是1938年禄村的主要作物,到20世纪90年代仍是主要的夏季和冬季作物,

---

[1] 在1997年的样本中,禄村中心32%(34/107)是农民,而小村庄的农民占61%(52/85)。

[2] "在全球范围内,农业在总劳动力中所占的份额已下降了……在所有国家,其中位值从1950年的70%下降为1990年的33%"(芒德拉克等[Mundlak]1997)。

所以,我们可以比较每亩产量的变化。劳动生产力随每天劳动所生产的谷物数量的增加而提高(由于作物与消费模式的多样性,像费氏一样,我没有估计家里菜地的劳动或土地生产力)。

尽管费氏努力就水稻产出提供了详尽的信息,但他的报告同他采用的不同度量标准之间的不一致性,使得想采用他数字的任何人都颇感头痛(见欧达伟 1981:299)。没有声称这些是经过微调的测量,他的估计只是大致表明了变化的方向和幅度。

124　根据主要被调查者对不同类型土地产量估计的推断,并乘以每一类别的土地数,费氏估计了村里水稻的总产量。他由此算出 1938 年禄村生产了 21 000 担稻谷。根据他提供的信息,我计算 1938 年稻谷的产量大约是每亩 420 公斤。对于我将产量由每工产出的担数转成每亩公斤数这个冗长费解的计算路径感兴趣的任何人,请参阅宝森整理的材料(未出版)。采用费氏的劳动力估计,种 1 亩水稻大约需要 41 天劳动(22 个男工,19 个女工)。将每亩产出除以每亩的劳动日,我们发现,每个劳动日创造了约 10 公斤稻谷。

将 1938 年同随后一些年(见表 4.9)作比较可以看到,土地的生产力伴随中国政治环境而出现波动。在革命和"大跃进"期间下降了,在 1990 年之前提高甚少。劳动生产力(未衡量 1938—1990 年之间的情况)到 1990 年有了戏剧性的增长,比 1938 年提高了约 3.6 倍。这在很大程度上是由于前文提到的技术变迁。当然,某些任务特别是插秧和收割仍会突然间需要大量劳力。以现有技术,人们不可能指望靠 1/4 人以足够快的速度及时完成这些任务。今天就像过去一样,一些农民从更边缘的村落雇劳工(后者缺乏获取非农工作的类似机会)来为他们插秧和收割。只要有全职的非农工作机会,其他人就会孜孜以求。但在繁忙的种地和收割季节,他们会离开两周回到家里来帮忙。因此,假如时间安排的问题能解决的话,禄村家庭会允许更多成员去寻求非农工作。不过迄今为止,男人不成比例地获得了转移的机会。

禄村农业劳动生产力的提高,应使农业成为一项理想的职业。但较高生产力的经济回报往往被官方限制一家能耕种的土地数量所抵消了。按人口分配土地意味着,随着村里人口增长,每户耕种的土地比过去更少了。如今,农民拥有的人均土地只有1938年的一半。由于不存在允许家庭买卖土地的市场,从某种意义上讲,农民只限于部分时间从事农田劳动,目前尚未有将它转成全职职业的任何希望。长期以来被描述为男性化职业的农作,越来越遭到农村男性的拒斥,他们正努力在别处寻求更加赚钱的机会。而且,曾被描述为中国农村妇女解放之路的东西,也日益被更年轻的妇女看作是一条死胡同和最后一招。

表 4.9　禄村的水稻生产情况

a. 按年份排列的每亩和人均的产量				
年份	面积(亩)	产量(公斤/亩)	人口	人均产量
1938[a]	960	420	694	581
1938	1120	459	611	841
1949	964	363	883	397
1952	1390	403	776	722
1953	1416	455	776	830
1958(GLF)	1091	380	636	652
1959(GLF)	1192	248	669	442
1960(GLF)	1177	316	692	537
1961(GLF)	1133	284	689	467
1962(GLF)	1204	314	729	519
1978	1245	476	1127	476

续表

年份	面积(亩)	产量(公斤/亩)	人口	人均产量
1980	1266	487	1122	550
1984[b]	2650	426	2850	396
1988	2507	492	2943	419
1992	2522	569	2983	481
1997(估计)	2530	738	3025	617

b. 按年份排列的每亩劳动日和每日产量

年份	水稻劳动日/亩[c]	产量(公斤/劳动日)
1938	41	10
1986	16	29
1988	16	31
1992	16	36

资料来源:费孝通和张之毅(1945:50—51;1990:62—72,93),欧达伟1981:299)。钱成润等(1995:61—63)涉及 1949—1982 年,仅含 6 个队的情况,这 6 个队相当于 1938 年的禄村。

注释:村年度报表中 1984—1997 年的产量指的是稻谷,并转换成公斤(从市斤转的,1 市斤相当于 1.1 磅)。"GLF"指产量下降的"大跃进"那些年。稻谷产量四舍五入后为 1000 公斤。村人口数略微有别于其他表格,因为不同时期的人口数是为了生产报告和人口报告而计算出来的。村里的生产报告把春收和秋收的谷物生产分开来了,秋收的大部分是水稻。1984 年的数字我用水稻代表秋季的谷物总产,因为我未获得单独的水稻产量。

a. 1938 年有两个条目。第一个基于我自己的计算;第二个是依据钱成润等人(1995)的计算。就每亩产量而言,这两个算法是相似的,但就人均产量来说则显著不同。我的数字同他们的数字之所以不同主要有 3 个原因:

(1)在耕种的土地数(2800 工)中,他们将**村外**租种的 400 工包括进去了。我采用的是 2400 工(960 亩)的数字,这是村民**在村内**拥有和管理的土地数(费孝通和张之毅 1945:50)。

(2)关于人均水稻产量(841 公斤),他们采用了较低的(611 人)的人口数,即费氏报告的许多男子被征兵**之后** 1939 年的数字。采用 1938 年的人口数(698 人),1120 亩人均则为 741 公斤。

(3)至于水稻的产量,他们假定所有耕种的土地都是"好"地,而不像我那样是按土质来衡量的。

b. 关于 1984 年及此后的数字,村里的面积和人口既包括小村庄也包括禄村中心的各队。

　　c. 对 1986—1992 年每亩水稻劳动日的估计是基于我 1990 年的调查（总数＝82）。每户平均有 4.5 亩水稻，每亩平均劳动 16 天，总共需要 71 天劳动。就蚕豆来说，他们 2.8 亩地平均需要投入 22 个劳动日，即每亩 8 个劳动日（水稻的总劳动日男性是 31 天，女性 40 天；蚕豆需要 9.8 个男性劳动日和 12.2 个女性劳动日。74 户平均种豆 2.8 亩）。

　　照片 4.5　非正规的农民工市场（1999 年）。在禄丰一个主要的交叉路口，来自其他地区的农业劳动者通常成群结队地等待被雇去帮附近的农业社区进行收割，其中包括像禄村那样的社区 　　　*126*

农田管理中的村和国家：20 世纪 90 年代的农业生产

　　像中国各地的村干部一样，禄村的干部充当了监管者的角色，他们在每次主要的收割任务完成后都要一年两度向县里提供有关农业生产的系统报告。作为全国农村簿记系统的构成部分，这些报告显示了水稻和蚕豆生产的持续重要性，夏季约有 96％的耕地用于水稻种植。几乎所有土地在冬季都复种了蚕豆、小麦和大麦，经济作物主要包括油菜和蔬菜（见表 4.6）。1992 年，所有 15 个队都将其水稻生产提高到每亩

500公斤以上,平均每亩为569公斤。1997年的收成报告显示了产量上的巨大增长,除了一队,所有各队的亩产都在700公斤以上,有一个队为每亩800公斤。但在审视这些数字时应当谨慎。

有个干部对农业重要性的不断下降作了一番评论,他解释说现在由3个干部(村支书、主任和会计)负责评估而不是去测量产量,因为"如今农业产量的数字不被重视"。随着土地承包到户,干部不再管理生产,他们只是按土地数作出总的评估。他们每年都要到田里去查一下,以便对每一种庄稼的状况有清楚的了解,并通过加减来予以调节从而估计出总产量。他们的年度报告以此为主要方法(在1997年的谷物报告中,估计值的精确度下降了两位数,这使得整数显得尤为明显)。所以,不清楚官方报告要反映生产力的**真实**提高,还是有报告高产量的其他动机。

尽管如此,提高生产力的技术变革已扩散到了全体人口。对此村领导是有一些功劳的(见第九章),正如市场力量以及农民聚集在市场时信息交流的增多。然而,只要国家在农业计划和定价上仍起主要作用,中国农户就类似于在管理和获利程度上有限的佃农。农民生产什么在很大程度上仍由国家决定,并通过生产合同由村行政部门进行协调。有水田的农民必须种水稻是使用土地的一个条件。家庭承包合同规定,农民要以定价向国家交售一定数量的稻谷或其他特定的农产品。他们不能独立决定种植价钱更高的蔬菜,或者将稻田改成别的田。反过来,村里出面组织人力给所有田浇水,对灌溉设备的维护进行投资,并按国家规定的价格将如种子、化肥和农药等农资卖给农民。卡特等(1996:20)注意到,中央政府仍大力促进谷物生产,但同时又禁止谷物价

格的上调,从而使工业而不是农业部门受益。在云南,由于烟草
对于省政府非常有利可图,禄村干部面临着让村民种更多烟草的
压力,即便许多土地并不适宜种烟草。村民们反对种烟是因为它
比水稻需要投入多得多的劳力,而国家付给劣质烟叶的价钱
很低。

同集体化时期相比,改革时期中国管理村经济的制度已成功
提高了生产和劳动生产力。通过在市场上以更高价格卖掉他们
生产的部分东西,并以他们认为最好的方式来分配其劳力,农民
可以获取产量提高的一些好处。不像在集体化时期,那时即使没
有什么活可干,他们也必须露面,但现在就不需要了。各户有决
定其自身性别劳动分工的灵活性。但是,当前的土地分配制度阻
止农家买卖农地,或者是其土地的使用权,这就使其剩余劳力在
农业中几乎找不到什么出路。这一制度将许多农民限定在小块
地上从事部分时间的农作。为了提高其生活水平,像中国各地的
农村人口一样,禄村的男男女女越来越多地去寻求非农就业
机会。

非农职业

128

> 农业和商业之间的一个较大差别是,农业从来就不能帮
> 一个人迅速扩展其财富,但它却是农村经济中的一个稳定性
> 因素。(费孝通和张之毅 1945:289)

我们对禄村妇女革命前作为农民的工作以及性别劳动分工
连续性之图像的校正,也提请我们仔细审视非农工作的历史变迁
和连续性。革命前时代男性和妇女如何获得现金并满足他们对

其他货物与服务的需求？妇女在市场上是否处于特别不利的境
地？那时男男女女在何种程度上"被束缚在土地上"？他们的机
遇在 20 世纪 90 年代发生了怎样的变化？社会性别差异一直延
续至今吗？

1938 年有客栈的一个村落

费氏列出了 1938 年村民非农职业的一个单子，我在表 4.10
中作了修改，并把社会性别因素添加进去了。他最初的列表忽视
了性别，但他的文本和术语有时表明了女性参与的情况。由于费
氏访谈的主要是男性被调查者，他或许遗漏了妇女从事的某些非
农职业。他并没有解释非农职业是个人专长还是由几个个人从
事的家庭活动。例如，所列的最普遍化的职业——"客栈老板"
中，或许就包括了男女两性的劳动：为旅客提供床和膳食，把马关
进畜栏并喂食以及管理收支。为了比较男女两性的工作，我依据
费氏的叙述整理了有关个人的信息。所幸的是，费氏在其整个文
本中留下了许多线索。就像后到的拾穗者，我们尽我们所能拣拾
落穗。

129

表 4.10　禄村的非农职业（1938—1939 年）

职业	户数（120 户）	个人参与情况的估计[a]	
	（百分比）	男性	妇　女
客栈老板	7	9	9
杂货店店主[a]	2	2	3
做豆腐者[a]	2	3	3
木匠	2	3	
凉粉小贩[b]	2	2	
铁匠	2	2	

职业	户数(120 户)	个人参与情况的估计[a]	
	(百分比)	男性	妇女
药店与巫医[b]	1	1	
巫医[b]	1	1	
泥瓦匠	1	1	
女巫[c]	1		1
道士	1	1	
算命先生[a]	1	1	
屠夫	1	1	
酿酒者[b]	1	1	
小学教师	1	1	
弹棉花者	1	1	1
合计	27	30	17

资料来源:根据费孝通和张之毅(1945 年)第 45 页表 6 改编。禄村当时有 120 户,他的表中提到了 32 户,占 27%(差异是折成整数造成的)。

a. 不种地的 4 户是:一家开杂货店的、一个做豆腐的、女巫及算命先生(费孝通和张之毅 1945:45)。算命先生是个单身汉。其他所有户都将种地同所列举的活动结合起来。

b. 凉粉小贩、做酒的及行医的也可能是妇女,或者妇女参与了家里的活动。有个杂货店店主显然是个寡妇(46)。

c. 中文版的《乡土中国》(即《云南三村》)将这个巫婆称为女巫。

首先,而且最明确的是,女巫是一个妇女。有关她的情况是第五章的主题。这个妇女靠占卜以及治疗、仪式及咨询方面的各种服务来谋生并养活她家人。其二,有理由认为客栈老板营业时涉及大量妇女的工作,因为提供食宿本质上是家务劳动的延伸,而为驮畜(骡和马)提供饲料,可能也涉及男女两性的劳动。除了使用任何一种性别的雇工和仆人来完成一些更卑微的任务外,客栈的经营或许包括这些家庭中资格较老妇女的相当多管理工作,如监督食物供应、现金和仆人等。1996 年所访谈的老年妇女回忆了她们年轻时在客栈里的劳动,[①]一些人当了家庭佣人。妇女也可能是某些家庭企业的合作者或参与者,比如做豆腐、卖豆腐、经营杂货店、酿酒及弹棉花。许多老年妇女回忆说她们在革命前帮着做豆腐或豆面,而其母亲则负责经营店铺。

季节性职业和副业:运输和做生意

在前文中,我将 1939 年的职业划分为以农为主、兼农和非农(见表 4.8)。我略去了费氏提到的人们断断续续从事的一些经济活动。云南山区对陆路运输存在着巨大需求。费氏留下了那个时代人们艰辛劳作的令人难忘的描述:"我们看到,一队队背负重物的苦力沿着村里崎岖不平的小道蹒跚而行。他们面有饥色,衣衫褴褛。他们低垂着身子背着大盐巴前行……这些背夫从盐井将盐背到禄丰城——要走超过一整天的路程"(费孝通和张之毅 1945:41)。

禄村男性和妇女都承担了长途和当地运输的重任。妇女背着盐、煤、碳及柴薪上上下下徒步穿行于产地与集市之间的山道上。这种费力而繁重的工作是季节性的,主要是由赤贫者在没有农活干的时候从事的。20 世纪 90 年代受访的老年妇女证实,她们年轻时当过搬运工。这对于裹了脚的妇女确实不是易事,但正如我们在第三章已看到的,这种妇女常常从事裹脚构成一种劣势的工作。这或许证明了当经济际遇发生转变时,经济需求所具有

[①] 哈里·弗兰克 20 世纪 20 年代初随马帮商队在云南各地旅行。他描述过在客栈劳动的妇女(1925:450,467)。

的权力。到 20 世纪 30 年代末，禄村缠足的**年轻**妇女已很少了。[1] 虽然当搬运工的工作不是一种令人羡慕的职业，但它表明，村妇远非被束缚在家里或限制于庭院之中。搬运工是运输劳工，用她们的腿和背在云南崎岖不平的多山地区背负重物。男人在数量上无疑大大超过了妇女，特别是在外出旅行数周的长途马帮商队里。遗憾的是，费氏并没有提到他见过多少女搬运工，或者除了种地，她们当搬运工有多少时间？从他的叙述和我自己的访谈中，我仅了解到，涉足此工作的不止几个妇女。

其他妇女，或许是年龄较大且更富裕的那些妇女，还在当地市场上做买卖（费孝通和张之毅 1945：110）。为了要挣取现金收入或维持生计，妇女致力于费氏只一笔带过的诸多活动，其中包括养猪、卖猪、到一个市场购物拿到另一个市场去卖、制作和出售手工艺品以及给人当佣人。最后，正如在第三章中已看见的，织布、编草鞋、缝衣、绣花都是无地的寡妇过去养活自己及其子女的替代性方法。

妇女在家外自由地来来去去，显然同搞运输、做买卖及干农活等职业有关。在我们这个时代，这可能被认为是积极的，可费氏明显感觉到男人们最得益于社会性别劳动分工，因为他们享有不外出从事体力劳动而坐在茶馆里播放音乐的闲暇，而妇女则要下田劳动。费氏对休闲男人和劳作妇女的印象，只适用于富裕人家。遗憾的是，他的归纳只得到了逸事的支持，并未得到按性别和年龄分列的系统化活动记录的证实。

---

[1] 费氏将缠足妇女描述为禄村的一种正常景象（费孝通和张之毅 1945：111）。然而，对 20 世纪 30 年代曾是少女的禄村妇女的访谈表明，这个村到那时已停止了缠足，到他做研究时，年轻妇女已不再裹脚了。

战时男劳力的离开

假如没有注意到费氏两次调查之间导致成年男人离开村庄而造成重大损失的战时状态,那么,对 20 世纪 30 年代禄村劳动力的描述将是不完整的。"到 1939 年 10 月,9 次征兵中共有 19 个男丁被征走了",而其他许多人则外出到政府或工业部门从事同战争有关的职业(费孝通和张之毅 1945:62)。1938—1939 年间,16—50 岁年龄段的男人净损失了 52 人。其他人则在筑路中找到了机会:"1939 年在参加修筑滇缅铁路的村民中,定期干的有 27 人,30—40 人是兼职的。① 从事这种工作有较高的工钱,从而使人们很难雇到农业劳工来从事收割"(63)。当然,人们通常认为,所有建筑劳工都是男性,但在云南,妇女作为非熟练劳工也从事道路和建筑施工。②

放债者和收租者

在提及禄村一家人时,费氏在《乡土中国》中写道:"我们知道有一例,那家的男人不得不到家外的某人那里去借钱,而他母亲和妻子俩人却把钱借给别人。我当时觉得很奇怪,妇女为何把钱包管得那么紧"(费孝通和张之毅 1945:111)。

一些妇女靠放债来挣钱。③ 虽然这在 20 世纪 30 年代不被

---

① 她们或许在从禄丰向北延伸的铁路支线上干活。

② 我样本中的一些老年妇女说,妇女也从事修筑公路和铁路的劳动。当前,在该地区筑路人员中看见农村妇女也是司空见惯的,尽管她们属于少数。1994 年,我看见妇女同男性一起修建一条穿越禄村一个小村庄的道路。1996 年,我发现筑路人员中妇女同男性一起在禄村南边几公里处的高速公路(滇缅公路)上劳动。

③ 费氏写到了妇女的商业活动(费孝通和张之毅 1945:48)及放债情况:"镇上一个有名的老年女放债者告诉我,有钱投资的那些人都急于把钱借出去,因为其利润比投向土地的更大"(123)。

当作一种"职业",提供财政服务并冒着风险(那时通常被蔑称为放高利贷),换言之,分配资本如今被确认为一项核心的经济活动。它不仅为出借者提供了收入,也为借钱者提供了贷款。除了放债外,我对禄村老年妇女的访谈表明,妇女和男子过去都组织过信贷圈子,这在从前是一种普遍化的社会机制,更近期才被发展计划者所"发现"。①

马克思主义和基督教理论家、卫道士传统上都鄙视放债,将它当作牟取暴利或放高利贷,因为这无需体力劳动就能把钱积累起来。但人们很少注意到这一偏见对妇女尤其是寡妇可能是不利的,因为将钱放出去或许是老年妇女获得经济支持的少数手段之一,特别是倘若她们自己不能种地又缺少成年(孝顺)的子女时。虽然放债和收租通常被谴责为革命前社会的罪恶,禄村一些老年妇女似乎的确是靠这两者为生的(费孝通和张之毅 1945:77)。革命后废止了这些活动,从而剥夺了老年妇女和寡妇靠收租获得收入,或者她们通过亲属关系和当地网络积累起来的利用她们的货币储蓄和社会知识(社会资本)为谋生而贷款的权利。② 在没有养老金的农村社会,放债和收租可能能使某些老

---

① 信贷圈子在中国许多村庄是普遍化的(葛希芝 1996:140)。费氏描述过这种圈子里男性成员的财政业务,并提到禄村有许多这样的圈子,但并未具体说明妇女也组织这种圈子(费孝通和张之毅 1945:122)。卢蕙馨(1972:223)写到台湾农村时,把退休妇女描写成"小额理财家……将数额不等的钱(以适当的利息)借给朋友和朋友的朋友。在许多社区,hue-a 几乎都由妇女主宰。Hue-a 是短期的贷款协会,在人们相互知根知底的社区中满足了人们的借钱需求"。具有讽刺意味的是,当前的发展计划者现在都相当强调通过信贷圈克服农村地区缺乏信贷的问题,他们通常称之为孟加拉国的格莱珉(Grameen)银行模式。这一理念在革命解散了这种小组之后很久又在中国复苏了(乐梅[Yue Mei],北京大学社会学家,个人交谈)。

② 虽然我回应了费氏在《江村经济:中国农民的生活》中对放债者的辩护,但他并未考虑到,这可能是向寡妇和单身妇女开放的少数选择之一,因为妇女独立购买和耕种土地的能力受到了严重限制。 *150*

年人到年纪大到不能从事体力劳动时免于被忽视或陷入贫困。

132 然而,曾经甚至建议放债或提供农村信贷都会冒着被谴责为"右派"(革命的一种敌人)的风险。[①]

20 世纪 90 年代禄村的非农职业:城市的召唤

改革时期为人们所熟悉的一句口号是"离土不离乡"。这一观点表达了官方对中国庞大的农村人口的关切。担心农民工大规模流入城市导致社会混乱和政治动荡,政府官员试图通过强调以农村地区的乡村工业作为农田劳动的一种替代性选择,来阻止蜂拥而至的人群。设置流向城市的障碍并寻求替代性方法的这一政治策略,使这个过程放慢了,并使没有正式户口的流动人口更难于在大城市立足。非农转移采取了许多形式,其中包括流向最挨近县城和集市中心,村民们通过亲友、同学或同乡纽带可能同已在那里立足的某人建立了联系。非农转移也包括户口未变每天从村中的家里去城镇工作的人们。这一过程使坐落在靠近城市、集镇及道路交会处的村落"郊区化"了。随着更多人有了自行车或摩托车,并随着马拉出租车、机动出租车及定时公共汽车的增多,通勤变得更容易了,郊区的范围也扩展了。在以往 10 年,禄村中心显示出成为禄丰郊区的迹象,而各小村庄则落到了后头。

在 20 年经济改革期间,市场的复兴使人们获得非农工作和现代技术的机会发生了急速变化。这些变化指明了未来有重大意义的社

---

① 在《江村经济》一书中,费氏并没有公开指责土地所有者和放贷人。他认为"谴责地主甚至高利贷者是邪恶之人是不正确的"(他在这里承认借贷机构并未满足人们对农村信贷的需求)。这句话在 1957 年的"反右"运动中被人用来谴责费氏是"右派"(欧达伟 1981:96,264)。

会转型特别是城市化的方向。村民们特别是居住在中心的村民,利用了涌现出来的非农机会。1939 年,人们几乎没有什么机会在农业之外劳动,但 1990 年出现了,1997 年就更多了。随着经济发展和技术变迁,农民的比例在缩小。这一过程对小村庄的影响比对禄村中心的更加缓慢,主要是因为通向小村庄的道路更为糟糕。

村民们现在的非农就业包括与集镇有越来越多联系的工商业工作。1992 年,农业和牲畜饲养这两类农活加起来在村总收入中占 63%(表 4.11)。工业、交通运输和建筑占 34%。基于村里农业和企业的这些记录,还不包含在社区之外打小工,或者从事非正规的商业与服务性工作。因此,村就业记录同我户访得到的信息并非总是一致的。除了"正规"职业,访谈还问到了在村外从事的非正规工作。

表 4.11　大禄村 1992 年不同收入来源占总收入的比例　*133*

类　别	占总收入的百分比
农作物(其中的谷物)	42(37)
工业	23
牲畜业	21
交通运输业	8
建筑业	3
其他	2
村里总收入（3 618 000 元人民币）	100

资料来源:1992 年的村记录。

在集体化时期,禄村的一些劳动力被派去参加村外的建筑项目(特别是在"大跃进"期间)和矿上的劳动。男人通常被选派去干这种活，从而使更多妇女留在当地农田劳动大军之中。在 20 世纪 80 年代末和 90 年代，男人仍不成比例地参加外面的建筑活动（见表 4.13 和 4.14），但建筑业日渐发展成为由私营企业家包揽而不是由村或国家直接管理下的工程队来承担的工作。

妇女已闯入了一些新兴的工业和独立商业职业之中，在集体化时期封闭经济之中她们是不被允许的。1989 年，她们在个体户中占 1/3 强（表 4.12），尽管村里的正式劳动力报告并未反映出这点（表 4.13）。我在 1990—1997 年间进行的调查表明，妇女在商业、工业、卫生、教育和政府部门的就业机会增多了。

新的非农工资劳动对 25 岁以下的年轻妇女特别具有吸引力，她们是在改革开始后长大成人的。年轻妇女已承担起工厂（村塑料厂、镇造纸厂，通常都是临时工）、商业部门（美容院、饭店）及政府部门的工作（幼儿园老师、医院职员、农业技术员）。文化程度较低的妇女偶尔也通过参加筑路或为建筑项目从河里筛砂来挣工资。1990 年，只有两个年龄较大的妇女从事非农工作，其中一人同她的已婚女儿在另一个村开了一家饲料店，另一人当了几十年队长。1997 年，在从事非农工作的寥寥无几的中年妇女中，有个妇女同她的成年女儿在筑路工地干了半年。她是离异的，缺乏机会得到更好的同她种半年地的需求相适应的城里工作。男人有更好机会谋取正规和非正规的工业和建筑方面的工作，并拥有其他各类职业，如学校厨师、管理人员、会计及当兵等。

表 4.12　大禄村 1989 年的个体户

134

个体企业	男性	妇女
商业	3	2
屠宰	2	
加工当地食品(含男女两性)[a]	10	10
金属铸造	2	
木工	2	
制砖瓦	5	
打铁	1	
做水泥板	3	
塑料	2	
商贩	4	
修理	6	
餐饮	7	
搞运输	2	
做豆腐		15
个体经营者总人数	49	27
总户数(66 户)		
员工(塑料厂)(30 人)	6	24

资料来源:村主任提供的信息,1989 年 7 月 10 日。

a. 共 10 个食品加工户(碾米、做面条、晒干蘑菇)都是由男女联合管理的。村主任在单子中还加上了做豆腐这一项,这 15 户都是专门由妇女承担的。某些数字可能是四舍五入的估计数,特别是那些以"0"或"5"结尾的(如做豆腐和食物加工者)。

表 4.13　大禄村 1988 年的官方劳动力

	百分比
男性（695 人）	51
女性（671 人）	49
农业	85
工业	2
建筑业	9
交通运输业	2
商业	0
政府服务部门	0
卫生/教育部门	1
管理部门	0
外面承包工作	0
总人数（1 366 人）	100

资料来源:村里记录。农业劳动力数字一定是估计数:在 15 个队男女两性的 30 项记录中,有 23 项都是以"5"或"0"结尾的。

135　**表 4.14　禄村不同性别的就业状况(18 岁及以上者)(1990 和 1997 年)**

就业部门	1990 年		1997 年	
	男性(%)	女性(%)	男性(%)	女性(%)
非农活动(合计)	15	9	53	22
工业	5	2	10	6
商业	1	3	7	8
矿业	1	1	1	
卫生与教育部门	1	1	3	3
政府部门	1	1	6	3
建筑业	3	1	16	
交通运输业	3		10	2
兼农活动(合计)	17	4	18	12
工业	2	0	1	
商业	8	3	7	7

<table>
<tr><td></td><td colspan="2">1990 年</td><td colspan="2">1997 年</td></tr>
</table>

续表

就业部门	1990 年		1997 年	
	男性(%)	女性(%)	男性(%)	女性(%)
政府	1			
建筑业	5	1	8	2
交通运输业			2	
工匠	1		1	2
以农为主业(合计)	53	78	19	62
其他(退职者、学生及不详者)	14	9	9	3
合计	100 (总数=155)	100 (总数=143)	100 (总数=97)	100 (总数=97)

资料来源:1990 和 1997 年的大禄村调查。由于转成了整数,总数可能加不起来。

注释:1990 年的样本中包括一个当兵的。1997 年的样本包括 2 个当了政府职员的退伍军人。为了使对照表格 4.8(1990 年采用了 263 人)中 1997 年的数字与 1990 年的一致,我将表 4.14 中所列的 30 个学生、退职者及不详者剔除在外。表 4.14 中农业与非农的百分比也不同于表 4.8 中的,因为其分母中不包括学生和残疾者等。这是同费氏数据做比较的一种合理方法,因为他没有给出这种信息,并且将每户当作好像只有一个成年男妇似的,除非另有注明。

照片 4.6 1989 年塑料(垃圾)回收厂雇来的村民和外来者正在进行塑料垃圾的分类和清洗,以便重制成新产品。几年之后,该厂已由塑料转成了其他产品

照片 4.7 在禄丰集市卖野蘑菇的禄村妇女

乡村工业

在镇里和村里,工厂就业机会增多了,从而扩大了男女两性的机会。到了 20 世纪 90 年代,禄村创办了 3 家小型的私营工厂——塑料厂、金属罐厂和家具厂。这些厂雇了当地劳动力及该地区之外的专家,并将其产品销售到社区之外。虽然塑料厂男女工都有,但金属罐厂和家具厂则以男工为主。既然这种小企业冒出来、发生变化及消失都很快,在描述其雇员时把他们看作好像具有稳定的社会性别构成是危险的。① 在县城,其他各种工厂如

---

① 到 1999 年,塑料厂已变成了一个金属冶炼厂,家具厂已关停,制造金属罐的那家工厂已转成了简易打谷机厂。乡村工厂遭遇了激烈的市场竞争。

国营钢厂、电池厂、矿泉水厂和剪刀厂等都为男女提供了就业机会。到 1999 年,国营钢厂已关停,养老金较少的一些雇员开始在城里做小买卖(2001 年,它重新开工时工人减少了)。

照片 4.8 一个小女孩在照看家里的商店,她父母割稻去了 *137*

纺织品的家庭手工业几乎消失了。虽然仍能见到妇女在家里做布鞋,织毛衣或缝制衣服,但村里已没有人做这些东西出售了。越来越多人开始购买现成的鞋子和衣服。塑料凉鞋、皮鞋、女性的淡色衣服、短上衣,男性的白衬衫和皮夹克,已成为越来越有时尚意识的村民们在城里购买的一些物品。

运输业和商业

为了拓展外面的市场,村里的企业不得不对运输和城里的销售网点进行投资。在每个企业中,私营企业主都使家庭成员投身其中。有两个企业家的儿女都致力于企业运输和商业方面的工作,但不参与制造业本身的劳动。有两个女儿拿到了驾照,她们开着卡车或小型货车为工厂送货。在中国，拿到驾照是要花很多钱的，在 20 世纪 90 年代中叶，一年培训费约需要 5000 元人民币（1000 美元）。有一个女儿 1996 年去 100 公里之外的昆明跑了 50 多趟，她显然已变得非常了解"大城市"。女儿们也帮助照看城里的家庭店铺，这也使其视野超出了村界。即便她们结婚时不继承土地（有个办了企业的家庭将其土地归还了村里，因为他们不再想种地了），她们已具备了宝贵的技能和经验。这些女儿们的嫁妆和继承权将如何处置还得拭目以待，但其父亲似乎很乐意对她们进行投资。1999 年，我得知一个成功企业家的女儿在家里结了婚，她丈夫加入了其父亲的企业当中。当然，这些年轻女子真的算是例外，其中一个主要企业家恰好只有女儿，另一个有几个女儿和一个独生子。然而，富裕之家的女儿们能从事小型货车长途运输，这的确是对社会性别刻板定型观念的挑战。

照片 4.9　在禄丰和禄村之间赶马拉出租车的禄村妇女

照片 4.10 一个有驾照的禄村女青年为父母的企业开这辆小型货车去昆明

禄村妇女承担的运输角色也扩展到了没有什么特权的妇女。[139] 1990 年,公路同集镇之间的交通主要依靠出租马车,并且赶车的都是男性。到 1993 年,赶马拉出租车的许多妇女定期往返于公路、集镇及禄村之间。1996 年,有几个禄村女青年加入这些马拉出租车的行列之中。有个 30 来岁并有几个孩子要供养的寡妇,也投资出租马车作为一种更有利可图的农业替代办法。可见,随着市场经济的复兴,禄村妇女也恢复了她们革命前从事运输的角色。对涉足运输的男女而言,从用背和肩来背重物到赶马车和开小型货车,这自然是生活水平不断提高的有力证明。

既然自行车已变得司空见惯了,附近城里的商业企业为年轻妇女提供了越来越多的各种机会。多数年轻妇女现在都学会了如何骑车,多数人也拥有了自行车(在 20 世纪 80 年代还没有),她们可以住在村里的家中,并通勤到城里上班。她们在各种店铺、美容院及办公室工作。最近,有个年轻的中学毕业生在城里的一家文字处理和复印店找到了工作,这是 20 世纪 90 年代末开张的约 10 多家这样的店铺之一。她在工作中学会了使用计算机。在我看来,这似乎是真正革命性的。我怀疑用不了 10 年时间,城里而后是村里的许多家庭都会投资于计算机的。毕竟多数家庭现在都有了电视机、录像机和自行车。

从倚重农业转向越来越多地依靠城里的工商业就业,反映了改革以来生活水平的提高。村记录显示,尽管现金收入因通货膨胀被夸大了,但 20 世纪 80 年代的收入的确提高了(见表 4.15)。

表 4.15 禄村 20 世纪 80 年代收入的变化

	1984	1985	1986	1987	1988
户数	594	628	634	650	693
人口	2850	2865	2882	2912	2943
每户人数	4.8	4.6	4.5	4.5	4.2
人均粮食(公斤)	360	389	396	445	409
人均年收入(元)	258	327	423	473	647
劳动力	1328	1275	1314	1333	1366
每个劳力的年平均收入	554	735	934	1033	1394

资料来源:村主任提供的信息,1989 年 7 月 10 日。

财富的增加也体现在家庭规模的缩小方面,在土地重分之后的第一个 5 年中,每户从 4.8 人降为 4.2 人,各家开始盖新房,这使年轻一代分开过的时间也提前了。1992 年,官方报道的村总收入约有 60% 来自农业(谷物和牲畜,见表 4.11)。我 1990 年的调查同样揭示,卖谷物和牲畜的家庭收入占家庭平均收入的约 56%(表 4.16),其中非农收入来源的重要性增加了。

表 4.16 禄村 1990 年的家庭收入来源

收入来源		户数	年平均收入/户(元)
作物销售（75％是稻谷）[a]		81	993
牲畜销售（92％是猪）[a]		81	895
工业劳动	男	20	1177
	女	4	1105
手工艺	男	4	263
	女	0	0
建筑	男	23	643
	女	2	225
副业	男	12	534
	女	6	503
做买卖	男	6	1373
	女	5	578
运输	男	4	415
	女	0	0
政府工资	男	8	1402
	女	1	120
补贴	男	4	1723
	女	1	360
合计		82	2902

　　资料来源：1990 年的调查。表中的数字是 1990 年农户报告了收入来源的。

　　a. 作物销售收入中约 75％来自稻谷，其余的来自蚕豆、小麦和蔬菜。牲畜销售收入中约 92％来自卖猪。减去买猪崽的价钱（极易变化，各户通常都自己养老母猪），户均收入要略微低点。

20 世纪 30 年代儿童照料困境与妇女的工作

费氏对禄村高婴儿和儿童死亡率的悲剧似乎并没有产生特别的兴趣，他也没有将儿童照料作为妇女工作的一种形式。但他对 1938—1939 年因男性外出和死亡人数超过出生人数而导致的劳动力供应下降和人口减少感到吃惊。从 1938 年春天到 1939 年秋天的 18 个月时间里："有 26 人死亡，只有 10 人出生。10 个出生人口被同样多数目的婴儿死亡抵消了"（费孝通和张之毅 1945：62）。① 高婴儿死亡率的部分原因可能在于同战时有关的异常经济困难，特别是征兵抓走了健壮的男丁。虽然疾病总是一个危险，但我们也可以想象得到，由于对弥补成年男劳力损失的必要性，妇女有可能通过减少花在照料其子女上的时间和努力来完成额外的农田劳动。费氏在计算时并未明确考虑到这一点。他认为妇女在诸如施肥等活动中可能能够补足男劳力的损失，因为施肥同插秧期是重合的（40）。

甚至当两性之间存在明显的劳动分工时，妇女工作的性质也不能总被认为可以同照料孩子协调起来。在费氏调查之时，婴儿与儿童夭折的现象很普遍，在最穷困的佃户和无地户中，或许妇女劳动得最多，儿童死亡率因而也最高。在报告两个穷困的无地户 D 和 E 时，费氏描述了他们摇摇欲坠的住房和带补丁的衣裳，并提到："虽然每家都生了六七个孩子，但我们在村里时**只有一个**

① 就性别比而言，费氏的表 3 中显示，共生了 3 个男孩和 7 个女孩，有 4 个男孩和 6 个女孩不到 6 岁就死了（费孝通和张之毅 1945：38），这说明男孩并不享有优待。不过，他没有说明死因是流行病，还是经济困难和饥饿。霍乱曾在 20 世纪 30 年代席卷了云南（见许烺光 1952）。费氏也提到了 1939 年有疟疾和沙眼（费孝通和张之毅 1945：93）。

存活的孩子是不足为怪的"(费孝通和张之毅 1945:94)。

相比之下,有田产的 A 户和 B 户富得足以靠雇工来种地,他们总共有 **7** 个存活的孩子。虽然费氏认为**所有**妇女都得下田劳动,但在劳动的强度和工作类型上必定是有差别的。在较富裕的 A 和 B 两户,家里都有 2 个成年妇女(母亲和儿媳妇),而 D 和 E 户却得不到这种帮助。费氏估计户 E 的妻子每年有 200 天时间在挣工钱,估计是参加农田劳动(86 和 94)。这 4 户在种地上的不同劳动负担,可能会影响到其子女的不同生存状况。贫困户的孩子不仅更经常得病,还缺钱医治,并且还处于较长时间无人喂养和看护的状态,孩子们或许被锁在家中,因此更易发生致命性的事故。[①]

革命和改革对于儿童照料的影响

保护儿童与从事劳动的困境到 20 世纪结束之际已发生了怎样的变化呢? 首先,婴儿死亡率现在非常低,几乎所有妇女都可以期望把她们所生的孩子养大成人。革命之后抗生素的普遍使用(和过度使用)意味着,因生病而死亡的婴儿和儿童极少。与此同时,计划生育政策(见第八章)的实施意味着,妇女要照看的孩子更少了,因而能给每个孩子投入更多时间。自 20 世纪 80 年代初以来,每个妇女只被允许生 2 个孩子,而且至少还要间隔 4 年。然而,并没有出现任何重大的社会结构性或制度性变革来解决将儿童照料同工作相结合的困境,不管妇女是从事农业还是非农劳动。下面讲述的两个妇女——母亲和女儿——的故事揭示,这个

142

[①] 我对中国村落的生活史研究表明,像溺水或从高处摔下来的致命性事故并非罕见。当人们有更多孩子时,他们或许常常就让稍大点的孩子来看护小孩子,事故死亡因而更有可能发生。

问题如何一直是并仍旧是革命和改革时期妇女及其家庭作出痛苦抉择的一个根源。我在这里总结了她们照料孩子困难的各个方面，在关于富裕与贫困的第六章中还将继续讨论她们的叙述。

第一个故事发生在 20 世纪 70 年代（"文革"期间）。隋女士描述了她当年有许多小孩子又当生产队队长的经历，她负责村里其中一个妇女劳动组。在她丈夫家中，她婆婆帮不上任何忙，因为她本人就是个病人。作为一个能干、勤快的劳动者，隋女士因长时间劳动，再加上家里有两个小孩而感到精疲力竭。她于是让丈夫替她将妇女组成员召集起来。为了免去她的更多工作，他这样做了。在那个年代里，这被解释为是"封建"的行为，是试图通过接管妇女劳动组来篡夺权力。结果，他遭到了公开的"批斗"。

这个故事表明了男性保护其妻儿及男性在非家庭工作中取代妇女占主导地位的迥异解释。但农村妇女多数至少要给孩子喂一年奶，再加上缺乏替代性的儿童照料安排，他的所作所为是值得同情的。既然这个社区没有任何托儿设施，加之男人也需要工作，妇女主要靠婆婆来照看孩子。假如公婆本身也需要别人照料的话（就像隋女士的情形），一个既要照料老年人又要照看孩子的妇女，她的负担就会重得难以胜任管理工作。女队长们向我倾诉，她们总是被期望去从事最艰苦的劳动，作更大的努力，并且劳动更长时间，以便表明她们的政治承诺并去激励其他人。隋女士曾面临这一处境，并发现她既当队领导又要照料家人的负担是难以承受的。

第二个故事发生在 20 世纪 90 年代（改革时期）。一代人之后，隋女士的女儿满女士在平衡管理工作和照看孩子上陷入了类似的困境。当我 1990 年碰到她时，满女士是村里受过较好教育的女青年之一，她有个两岁的儿子，并担任村里的农业技术员。

143

她嫁给了在另一个村当农业技术员的一个同村男子,他工作日就住在那个村里。满女士同她守寡的婆婆住在一起,她丈夫周末才回来。满女士作为农业技术员要参加各种会议,并积极参与村里的事务,她常常只得带着孩子一起去。很显然,这两个妇女在分配农活与照看孩子上存在着矛盾。

当她儿子三四岁时,满女士不能指望其婆婆照看孩子了,当她去约 1.6 千米以外的队部办事时,她有时把儿子单独锁在屋里或院子里。她遵守村里的规定,①在 4 年间隔期过后生了第二个孩子——一个小姑娘。其后,两个妇女之间的冲突导致了婆婆的出走,后者到另一个村同她已婚女儿去住了(人们小声地议论此事)。

这使满女士得不到任何人帮她种地或看孩子。1996 年,尽管她大儿子已上学了,但家里还有一个刚学步的小孩,平时家里没有任何其他人帮她种地、做饭和看孩子。她别无选择,只得放弃了当农业技术员的工作。她感到极其失望,因为她的生活目标显然不只是种地。虽然她娘家人住在同一个村,并在新的开放经济中富裕起来了,但她自己家的处境使她难以参与现代经济部门的劳动。满女士的母亲尽其所能提供了帮助,但她要照看其儿子的两个小孩子,自己家里种地与企业中的活也非常忙碌。

这虽然只是一个个案,却反映了寻求非农工作的年轻妇女所面临的典型窘境。我们发现,她们从事非农工作比种地更难同照料孩子协调起来。费氏研究时代妇女繁重的农作可能导致了较高的儿童死亡率,但如今已无关联了。现在的劳动要求较低,而

---

① 计划生育政策禁止家庭在 4 年间隔期结束之前生第二个孩子。村规是严格遵守这一规则的。假如有可能的话,人们往往一俟 4 年期满就立即要第二个孩子。很少发现有人在最低期限之内生第二个孩子或只生了一个孩子就不再生了。

医疗技术则改进了。但满女士照看孩子的困境甚至适用于种地的妇女。在其中一个偏远的小村庄,我对一个其小儿子的脸部和身上被严重烫伤的妇女进行过访谈。由于没有婆婆帮忙,当她同其丈夫下地干活时,她把儿子锁在家里。当她不在家时,她小儿子想倒开水,结果把自己严重烫伤了。尽管发生了这一事故,她感到别无选择,到田里干活时仍旧把儿子单独留在家中。

世纪之末的家庭与农作:束缚更少了吗?

葛希芝揭示了妇女的工作同儿童照料之间有多不相容,特别是对于致力于小商品生产的许多中国妇女而言。她转引了一个成都工人的描述:"当她出去工作时,她把小孩子锁在家里,每天回来时屋子里满是小水坑"(葛希芝 1993:264)。她也描述过当妇女下田劳动或外出工作时婆媳之间在照看孩子上的冲突。杰弗里等(Jeffery 1989)同样揭示了印度北部家庭构成(同婆婆在一起生活还是单独过)对妇女将农活同照看孩子结合起来的巨大影响。像禄村这样的农村社区并没有托儿中心,他们只能靠母亲和婆婆帮忙。另一方面,城里的妇女通常有机会将其子女送去幼儿园。在费氏研究时代,繁重的农作责任(因男性外出)和沉重的儿童照料责任(因妇女生了更多孩子),或许导致了禄村较高的儿童死亡率。当代村妇受益于减轻了农活的技术革新,但她们发现多数非农就业形式同照料孩子仍是矛盾的。她们很难在非农部门保持职位,除非那种工作像种地一样,可以有弹性的时间安排。技术变革无疑使妇女的生活变得更轻松了,但农村社会制度还没有充分变得足以解决儿童照料问题。然而与此同时,正如第八章所讨论的计划生育以及正规教育已大大减轻了当代年轻母亲照看孩子的负担。

　　虽然照看孩子对已婚妇女作为经济能动者继续施加了很大束缚,但较之20世纪30年代,现代经济为她们提供的机会更多了。人们可能会说她们机会的增多主要归功于革命的言语。后者颂扬妇女的能力并将她们带到了家外。相反,也有人可能会说,这是改革后市场经济的开放促成的,后者创造了财富,并使妇女参与以市场为取向的新活动变成人们可以接受的事实。

　　然而,这两种论点都不能令人信服。它们都基于对妇女工作态度的假设。对此我们不能充满自信地将这种态度附加给20世纪初的禄村。我们并不知道20世纪初禄村对社会性别的态度以及体面的"女性气质"是否要求富裕的妇女待在家里。事实上,费氏的研究和老年被调查者的故事都缺少指向那个方向的任何陈述,这不禁令我怀疑居家妇女的这个理想对于这个地区来说可能是陌生的。我们确实知道,禄村妇女在20世纪30年代承担了生产和照看孩子的繁重责任。

　　照片4.11　在暴风雨来临之前,成年人在打谷场把稻谷耙在一起并遮盖起来,一个小孩子在帮忙 145

照片 4.12　父母在打谷场劳动时,孩子们在附近玩耍

1990 年农业中的社会性别劳动分工,对于 1938 年在社区中生活的成员来讲应该不会感到惊讶。同样,男性定期往返和季节性迁移以及年轻妇女到社区之外去劳动,都继续了革命前就已存在的模式。但现如今,这些工作中有很大一部分都涉及某些现代技术和一些教育技能,即男女两性都越来越寻求的技能。最后,村里的财富仍主要表现为农田和房屋。土地和房屋的继承延续了父系传承的传统,只因人们现在更愿意把已婚女儿考虑进去而稍微削弱了。按人头把土地分配到各户,增强了妇女对家庭得到的土地数目有所贡献的意识,但这并没有给予她们任何独立的控制权。获得土地和住房仍受制于葛希芝(1996)所谓的"附属制"(tributary system)而不是资本主义制度。妇女们凭她们自身实力积累大量财富的机会仍很有限,因此,结婚和生孩子仍然几乎是必须的。从这些观点来看,计划经济变革的遗产对于转变禄村的社会性别似乎还是微不足道的。与此同时,男性和妇女在村外就业的重要性日渐增长,这证明了由改革经济促成的不断扩展的市场的重要性。对于许多家庭来说,土地至少是小块地的重要性正逐渐丧失。

146

第五章　一个有天分妇女拥有的财富：禄村 的萨满女巫

在费孝通1939年所作的观察中，令人好奇又极少被人注意到的一个方面，是他关于禄村非农职业列表中的一项，即**女巫**的情况。① 这一职业，连同道士、算命先生、巫医等职业都超出了"生产性活动"的寻常概念，在20世纪初是那么引起知识分子的关注。它被看作是讳莫如深的那些取巧招数之一，其中包含了治疗、咨询、欺骗和虚张声势等不同的混合手法，但没有任何可以衡量的产品。在费氏有关家庭收入的讨论中，我对围绕这个"女巫"的两种情况感到非常吃惊。其一，她拥有所列举的唯一非农职业上面清楚地表明了该专家的性别是女性，凭自己实力开业的她，因而必然具有一定程度的经济独立性。其二，而且最为重要的是，费氏将这个女巫的职业描述为"从**收入**角度看**最高的职业**"（费孝通和张之毅1945：46，斜体为作者所加）。对于梳理过早先民族志研究中有关妇女工作特定资料的费氏来讲，有趣的是，这无疑使他瞥见了非刻板定型化的行为。但最令人惊讶的莫过于一种独立的女性职业为何被描述为最有利可图的。它真的是最赚钱的吗？鉴于有关革命前时期妇女的文献中充斥着妨碍妇女

---

① 费氏表6（费孝通和张之毅1945：45）的内容已被纳入了表4.10中。在中文版的《云南三村》中，"witch"译成了"女巫"。

获得经济成功的各种因素,假使如此,这又是如何得以实现的呢?

本章投向费氏也称之为"女先知"的那个女巫这个主题。我将努力重构她的地位和历史。因若干原因,这个女性个体的故事是值得单列为一章的。其一,她的故事很吸引人,是一个可以揭示本书许多历史性主题的不寻常个案。另一个缘由是,它提供了一个特别机会去追溯被费氏视为富有而有影响力的一个女性随着时间流逝而改变的命运,并据此能了解她后来的生活是如何展开的,村民们认为她活到了一百多岁。尽管我没有机会同她相遇,我通过各种渠道搜寻到了有关她的信息。我努力保存信息获得时不同语境下的某些风味。时间的流逝、同她熟悉的程度、文化程度、辈分以及政治等因素,同人们记住她的方式都有很大关系。她的故事揭示了不断转变的看法,这也是令人类学家感到自惭的一个提醒,即我们的信息来源通常是不完整的,常常只不过是近似罢了。最后,这个特殊个案使我在探寻对历史的理解时也去描述了当前的某些方面。特别是,它揭示了村、外来者及镇之间的某些关系以及一个做生意的妇女得到的机会与面临的风险。

女巫与财富

在费氏的描写中,他并没有使用带有轻蔑涵义的"巫婆"这个称号,而用了不那么苛责的"女先知"一词,这再一次明确了她的社会性别。这个女先知的情况是这样的:

> 占卜归魂,充当求问者同死者之间的中介。她是那么受欢迎,因而常常需要同她事先约好才能见到她。据说,昆明有个高官曾派车来接她去,但她拒绝前往。不像那个木匠,

她有许多办法控制其市场。同样，尽管每次服务都有固定的价钱，但她在任何时候都能借鬼魂的名义向求问者提出她的要求以索取钱财。她从来不会失业，因为她可以随意告诉一个村民某个魂来叫他了。她不仅供养她丈夫和她自己，而且他们俩都能大量吸食鸦片。（费孝通和张之毅1945:46）

这一简短的描述是费氏告诉我们的有关"从收入角度看最高职业"的所有情况。令人遗憾的是，费氏并没有就她收入的数量与特性或者她职业的性质提供足够的信息，从而使我们对他的评估充满信心。他没有告诉我们，人们付给她的是实物还是现金，固定价是多少？她一周见多少个求问者，她实际上提供了什么服务？此外，我们对她的了解也极少。她是本村人还是嫁进来的妇女？她比其他妇女受过更多教育吗？她从哪里学会了这一行当？她又是如何开业的？她的客户是谁？她的客户稳定吗？她同她丈夫的关系如何？后者被描述为是由她供养的。她有孩子吗？她是否积累了财富？她有没有购买田产或从事任何农耕活动？她是如何设法抵制将有利可图的职业留给男性的父权制？鸦片 *153* 在她从业中起了什么作用？

费氏没有告诉我们更多的东西，这或许是因为他不赞同她的职业。在20世纪30年代，许多中国知识分子连同共产党人都相信，农民过于迷信，受到了提供可疑服务的不道德江湖骗子的盘剥。而当今人类学家倾向于采取比费氏更宽容（尽管未必更正确）的态度，他们或许会将这个"女先知"归入萨满巫师这一类别，而后者被带有敬意地描述为一种传统的治疗职业，即使不能治愈，却能提供慰藉和咨询等服务。

从更宽泛的视野看萨满女巫

1993 年，在阅毕卢蕙馨《一个三次述说的故事》(*A Thrice-Told Tale*)这本引人入胜的著作后不久，我便重访了禄村，因此我对中国文化中的萨满教传统和对有可能导致一个妇女试图成为萨满巫师(或叫神媒)以及妨碍她们确立自己地位的诸多环境有了更好的理解。卢蕙馨(1992:107)回顾了描述中国萨满巫师(在台湾被称为**童乩**)的文献，分析了萨满巫师的某些"工作资格"以及他们获得收入的方法：

> 许多学者讨论过中国神媒得到确认的方法，他们报告了几乎相同的一套期望(埃利奥特[Elliot] 1955；焦大卫[Jordan] 1972；凯博文[Kleinman]1980；波特[Potter] 1974)。**童乩**往往出生于一般的社会经济背景；他们最好是文盲；他们必须真诚而诚实；他们必须展现清晰的证据表明是神选择他们成为他/她的媒介……顺便提一句，**童乩**不得为其服务收钱，但一般认为感激的求问者将会送上合理的礼物。证据表明，在台湾农村，在没有其他收入来源的情况下，**童乩**中很少有人得到足够的资款来养活自己。(古尔德-马丁[Gould-Martin] 1978:62—63；焦大卫 1972:75)

卢蕙馨所描述的可变的支付方式，当然迥然有别于费氏描写的禄村萨满收取的"固定价"。女萨满的收入水平似乎没有费氏估计的那么高。

卢蕙馨的目的部分在于理解谭女士这样一个妇女像萨满巫师般开始其行动并执业时，在她社区内为何不被认可，反而被认为是疯了。"倘使谭女士变成了一个**童乩**的话，我们将会就她随后的生涯写上几页田野笔记的，因为某人村里出了**童乩**是该村相当有声望的一个源泉(焦大卫 1972：81)"卢蕙馨(1992：109)。

卢蕙馨研究谭女士个案的两个方面特别吸引我将其同禄村 *154* 的女萨满联系起来。其一，谭女士是一个 30 岁的面临严峻经济压力的妇女。这种经济压力或许属于有可能导致崩溃、企图自杀或铤而走险寻求解决办法的那一类。她是个有 3 个孩子的年轻母亲，其中 2 个是儿子，3 个孩子分别是 7 岁、2 岁和 1 个 3 个月大的婴儿。她有个女儿 9 个月时就夭折了(卢蕙馨 1992：62，64，68)。她的孩子们都"严重体重不足"(20)。她儿子同别的孩子打架，但受到村里占主导地位的林氏家族孩子们的欺负。她丈夫在村里是有名的"笨田来"。她 7 岁的儿子刚向她报告，父亲拿了一大笔钱去赌博，结果输了。当谭女士开始出现怪异行为时，她跳进了稻田里，可能想淹死自己。在她"发疯"期间，村民们都在观望这个女人是否真的成了一个萨满巫师。谭女士几次恳求离开村里(67 和 74)。卢蕙馨的田野笔记是极其丰富的信息来源，并提供了谭女士必须采取过激行动的洞察。谭先生似乎没有任何财产，靠当劳工的不稳定工作为生(20)。假如谭女士成功被接纳为一个萨满巫师，她就会有收入来源。事实上，根据卢蕙馨的叙述，"笨田来太享受这种场面了，他太过公开地谈论让他老婆为任何向其求助的人提供**免费**服务对他来说有多昂贵"(100)，他意思是说他们应该给予物质礼物。这一插曲因经济上的原因而终止了。在谭女士未能被接纳为萨满之后，她妹妹和母亲分别给了她钱。谭女士还责骂她丈夫不去劳动(82)。①

---

① 我利用了卢蕙馨在《一个三次述说的故事》(1992)中对同一事件所作的 3 种不同的 *176* 民族志叙述。第一种是虚构的，但灵感来自她的田野笔记。第二种直接来源于她的田野笔记。第三种是许多年之后所写的 1 篇学术论文(卢蕙馨 1990)，它也基于田野笔记，不过因作为人类学家的更广泛职业经历而变得更充实了。

激起我兴趣的第二个方面,是卢蕙馨分析了女萨满何以总的来说寥寥无几的原因。谭女士未能取得当萨满巫师合法资格的特殊原因,揭示了限制妇女替代性选择的更普遍化现象：

> 首先,她的性别对她很不利。尽管有受人尊敬的女**童乩**,但为数甚少。**童乩**被期望是并且做些妇女不适宜干的事情。即使神的要求在异乎寻常的情况下会让一切平安,但对神之行为的期望同对女人之行为的期望之间的完全不协调性,足以引起人们的疑虑。甚至当没有阴魂附体和以神的声音讲话时,童乩也必须是自信而能干的个体。(卢蕙馨1992:111)

卢蕙馨认为这一特殊个案和文献中很重要的另一个因素是,身为"外来者"的处境不利于建立信任：

155

> 如前文所述,谭家夫妇在林村是个"外来户"。他们在这个地区没有任何亲戚,要不然,其宗谱可以保证他们受尊敬的地位……由于他们是新来者,谭家夫妇仍是人们怀疑的对象。由于他们没有因其不端行为能毁掉其脸面的家族,他们也被看作是略有危险的人物。

就谭女士而言,身为一个嫁入的新娘,不仅她是个新来者,她丈夫也是个外地人,正如卢蕙馨谈到的：

> 谭女士来到北后田村时是一个外乡人,她现在仍是一个异乡人。没有任何家人的鼓励或反对,没有婆婆赞成或反对她的行为,只有一个本身也是外乡人的丈夫。由于同村落社会体系中享有公认地位的家庭没有联系,当谭女士不再是个新奇人物时,她就不再有任何身份了。(卢蕙馨1992:115)

由于人们对以"幻觉艺术"(visionary arts)为其生计的中国妇女及其取得经济成功的成败上存在这些不同的观点和印象,我以极大的好奇心询问了禄村许多老年村民,以便看一看他们中是否有任何人还记得 1938 年费氏描述为"女先知"的那个妇女。我希望了解到费氏有关她收入的报告是否属实,卢蕙馨描述的女萨满是否类似于云南一个村子里的这个例子。

我此章的目的不是要分析萨满教的宗教、医疗或心理学维度,而是将它作为一种特殊的职业予以审视。这种职业在某些情形下可能是对妇女开放的。我还想理解什么样的妇女寻求这种职业替代以及有可能促使她获得成功的各种因素是什么。在试图将这个女先知当作一个能挣钱的行家并把萨满巫师当作一种职业来理解时,我们也能更好地理解社会性别与村落组织的其他方面。

下面的材料是从我就禄村这个女先知——黄师娘①所作的访谈中摘录出来的。我对访谈略加编辑以使之简化,或去掉了在小组讨论中我插进去的一些提问和无关紧要的评论。这个文本依然接近于一字不差被录音并翻译出来的内容。我更改了或避免使用被访者和参加讨论者的姓名。

黄师娘:被铭记的女先知

1993 年 1 月,在禄村参加一次冗长的婚礼庆典期间,我有幸得到时机问了一群老年人他们是否还能记得这个女先知。当我 *156*

---

① "师娘"这一称谓在字典中被解释为"师傅的妻子"。正如我们将清楚看到的,这并不是村民们赋予它的含义,因为他们承认的显然是**她**而不是她丈夫是该职业的能手。**师娘**这个术语既有专门知识的含义,如老师或师傅中的师,**娘**还包含女性社会性别的含义。

们在学校操场附近(人们正在那里忙着准备户外酒席)一个临时厨房里躲小雨时,我主要同3个老年村妇和一个男性进行了交谈。我尽量保留不同的声音,通过将其分别标为"A""B""C""D"来尽可能减少混乱。"A"是村支书的姐姐,有七八十岁了。她15岁出嫁并离开了这个村,尽管还回来做客。"B"是"嫁入"该村的一个76岁的老年妇女。"C"是支书的妻子,她快60岁了。"D"是支书本人。厨房里还有其他人在一起聊天。支书正忙于筹备他侄子的婚礼,一直进进出出的。将这些人讲的话加以区分并不是必不可少的;我保留不同的声音,主要是为了给人感受一下人们回忆这个女先知的过程以及有关她的一些含混模糊之处。

参加者

提问者:在助手帮助下提出问题的人类学家

A：   嫁出去的已75—80岁的党支书姐姐

B：   嫁进来的76岁村妇

C：   支书56岁的妻子,本村妇女

D：   57岁的党支书,本村男性

* * *

问：   姑妈,您还记得黄师娘吗?

A：   我记得她,因为我有个儿子在楚雄。他说:"妈,你和我一起去看看她。"我离开12年了,我回来时她刚过世。

问：   她有老公吗?

A：   她没有,恐怕她老公死了。

B：   她有两个女儿。

A：   两个还是一个?

B: 两个!

A: 那时,我每天都下地干活。我们相互见得不多。我姑婆喜欢去找她。她们那个年龄段的妇女常常聚在一起。我只是去市场,劳动,有时是在小店里碰到她。我同她没有多少接触。

B: 恐怕她那时没有老公了。

A: 恐怕没有,我从来没见过。当我出嫁(嫁到最近的一个邻村)时,我还是个只有 15 岁的小媳妇。

问: 她丈夫是谁?

A: 我不知道他叫什么?

B: 她男人叫黄巴阳。我不知道她**娘家**的情况,每个人都叫她黄师娘。人们按她丈夫的姓来叫她。她丈夫不是个上门女婿,他是从两广来的。她同她男人一道逃到了这里,那时[大约 1937 年]我才 20 多岁。

问: 您知不知他们为什么要逃到这里来?

B: 我不知道。

A: 那时,许多人都逃来云南。

D: 在那些日子里,假如活不下去了,你就得逃。

B: 他们逃到了这里。每个人都管她叫黄师娘。她是个巫师。作为一个通灵师,她只需仔细瞧一瞧某个人就能**看**出东西来。她也做蛋卦。她变得飘飘欲仙的。几年之后,她老公就死了。解放前,她男人刚病死。她有两个女儿。老大嫁到南边的一个地方去了。老二解放[1949 年]后从来没有到她妈这里来过。她不会像她妈那样招魂。她说:"人人都说我是师娘家的孩子"。她认为这个名声令她不快。她妈临死时,她甚至都不知道她妈的状况,或许她真的不知道,但她死了之后她来埋了她,将她埋了就离开了。

问： 他们是从哪里来的?

B： 从两广来的。

C： 在这个地区,我们说的两广是指广州。我们把从那里来的人叫两广人。

B： 不对,不对。她是从昆明来的,从玉溪来的。

D： 他们不是从广州来的。

问： 他们是什么口音?

C： 是两广的口音。

B： 是玉溪的,玉溪的口音就是那样的。不是两广的口音。

D： 是的,真的是不一样的。

C： 你要去广东、广州,你就知道这是真的假的了。

B： [模仿黄师娘的声音]"你来干什么的?""你想要什么?"

C： 她的口音就像**那样**,不像**我们**的,也不像玉溪的[后来她们认为,她肯定来自滇中昆明南边通往玉溪路上的某个地方]。

B： 当我 20 多岁时,他们逃到了这里。我现在都 76 岁了。她大概是 4 年前去世的。她讲她有一百多岁!她**有**一百多。

C： 她大概 90 来岁。我们记得她 90 岁。

B： 她说她一百多岁啦! 我说她大约一百岁。

C： 她 98 岁。有些人讲,男人认为在以 3 的倍数结尾的年份他们最易于去世,比如 3、6、9。妇女则认为,碰到有 2、5、8 的年份,比如 82、85 和 88 岁是她们最容易去世的年份。我再说一遍。要是她再活 2 年,就到一百岁了。

问:　黄师娘是个外地人?

C:　她的口音似乎不像是外地人。

问:　他们种地吗?

B:　不,不,他们俩都不种地。当他们逃来时,他们在这 ¹⁵⁸里只吃这碗饭[我猜想这是指她吃人家给的大米和鸡蛋,然后用碗里剩下的为他们开蛋卦。]

问:　她老公是干什么的?

B:　我不知道。他们逃到我们这里,但没有租地种。他们从事招魂。

C:　她只搞迷信!

问:　她老公也做那个吗?

C:　她老公靠她在家吃饭! 她老公是吃闲饭的。人们都叫他**师娘婆家汉子**(也叫着**师娘婆的汉子**)! 是吃现成(不是靠劳动挣得)饭的。

问:　他们吸鸦片吗?

所有人:不,他们不吸。

B:　他们靠做蛋卦为生,不种稻田,也不种旱地,他们只专门吃这碗饭。

C:　他们的月收入也不错,数目不小。过去总的来说[人们讲]这是半真半假的,也不是完全真的,也不是完全假的。吃这种饭的人都这样。

B:　一般都是来开蛋卦的,她讲得很准。她拿一根箸将

　　　　　　　一只蛋放在其顶端，蛋正好竖在箸的末端。

D：　　假如你要她开蛋卦，你得拿一碗饭和一个蛋去，她吃点，但还剩下些；她把饭倒出来并留下来。

C：　　她看完之后鸡蛋和饭就归她吃了，有人也给她钱，所以，她能挣到足够的，以此为生。

D：　　她一天只能给几个人看。

C：　　她一天能看不少。

B：　　来向她求问的人，除了给钱，还要拿一碗饭、3炷香和一个鸡蛋。①

C：　　我们这里的农民，那时我们习惯指责和咒骂别人说："师娘婆的汉子吃闲饭！②他只吃现成饭，他只吃不是挣来的食物。"自从她家搬到这里，人们就开始这样骂。她男人什么也不干，他只专门吃她的。

问：　　你们认为，当他们来这里时，她有多大岁数？

B：　　大概只比我们大10岁。大约大10岁［讲话的人76岁］，还不老。我想她大概只有37—38岁。她女儿们还小。在这里，她1毛钱(1元的1/10)都要。她还要供小孩子念书嘛。她养了2个孩子。解放时，当她女儿长大后，她就让她结了婚。第二个女儿不

---

① 费氏在中文版中描述过这种付酬方式(费孝通和张之毅 1990)。英文版本(1945)中缺乏这些详情。

② "吃闲饭"这一表述出现在秋瑾(Qiu Jin)1903年前后所写的反缠足、反对女性依附地位的"敬告中国二万万女同胞"一文中。此文译后被收录在《中国文明与社会》(*Chinese Civilization and Society*)这本资料集中(伊沛霞 1981:248)。秋瑾劝告贫困妇女"辛勤劳动，协助丈夫，不要懒惰，不吃闲饭"(1981:248)。秋瑾显然把小脚同靠男人享受安逸和"吃白饭"联系了起来，质疑"有任何人能享受这样安逸和悠闲而不为此付出高昂的代价吗？"在禄村的情境下，这一情形正好相反，村民们批评她丈夫靠其妻子吃白食。

让她干这个[搞萨满巫术]。她白天不干,但晚上给人治病。

D: 当然,她"大赚"了,但白天她不**看**。

C: 当人们去向她求问时,会碰到她女儿。她女儿会批评他们,骂他们,把他们赶走。当然,她母亲那时还在给人看病。她怎么能不给治呢?她还有一个小孩[要养]呢!但她不敢当着她女儿的面做。

问: "文革"期间,她女儿不让她干吗?

C: "文革"时,人们不爱这玩意了。

159

B: 人们以前是喜欢这个的。她干这行是得到大家承认的。

D: 她[女儿]仍靠她[母亲]的收入念书。但在"文革"中,人们反对这些封建的东西,她还干,但只是在晚上才进行,她在晚上见人。

B: 白天你怎么能向她求问呢?她不会见你。你带上一个鸡蛋和一些香去给她,然后就回去。到晚上,她就会看了又看。第二天你再来,她就会告诉你情况。假如她不干,她怎么活呢?趁她女儿不注意就干点。她不能把鸡蛋全吃掉。她有足够吃的。

D: 他们也给她送小礼物。

B: 他们也给她钱。在这个县,有些人还请她给孩子们看病。假如小孩子拉肚子,有点头痛,他们会来找她,她会给"治"的。她给孩子们取名字,男孩子一般叫着丁呀、宝呀的。她取了名字的孩子约有一二百个。

D: 假如她给婴儿取了"乖"这个名字,这个孩子养起来就比较容易。

B: 她给他们取丁、宝、胜、海、正之类的名字。

C：　这类名字也都是理想的东西，也就是说，要是她给孩
子取了听话的名字，他们就会变得爱学习了。

问：　这些是小名［昵称］还是大号［正式名字］呢？

C：　都是些小名。

问：　她也给女孩子取名字吗？

C：　她给男孩子，也给女孩取名字。女孩子的名字她只
加上秀呀、芬呀、珍呀，而男孩子叫宝呀、正呀等。

B：　到了年底［农历新年］，我们就要给她送东西。

C：　肉，还有饵块（即米饼，一种云南特色的年货）。

D：　我们把这些东西给她。

B：　人们有时还给她衣服、鞋子和裤子。人们过来把这
些东西送给她。

问：　她是怎么开始招魂的？

B：　当她来这里时刚开始招魂，然后就一个接一个地干
起来了。周正明爹家里的一些年轻人去让她招魂。
他们看呀看呀想搞清楚是真的还是假的。

D：　那时周正明爹还在那里，他还活着！

B：　老实说，假如她说的是假的，他们就要把她的香炉拿
走扔掉。在她招了魂之后，她走过去跟他们说："你
要招这个人吗？"他们问："你找到他了吗？"她讲："我
发现他了，这个人仍在屋里，正坐那吸烟。如果你们
要他来，我就叫他来。但那样的话，你们以后就没这
个人了。这个人是个活人，我怎么招？给我钱！"这
些人于是开始大笑，后来就没有砸她的香炉。所以，
在最初那些年，他们没有砸掉她的香炉，因为她发现
那个人是个活人。

C： 她只去把亡灵招回来。她招魂相当灵。当她放出了 *160*
过去爱唱歌的某个人，他回来后就会唱。当她放出
咳嗽的某个人，他们来了就会咳嗽。

B： 比如，假如你去求她搬弄鬼魂，她就开始念咒。没有
人知道她念的是什么，他们一直得等到她醒过来。
她手里拿着点着的香，但香不会烧伤她。

D： ［有一次］他们让她招了一个活人。但她一般只招已
死的某个人的魂。他们想让她招个活人。她随后
讲："这是个活人，他现在正坐着吸烟"。她说："你们
要这个人死的还是活的？"她完全知道这个人是活
人，不是死人。她接着说："如果你们要这个人死，我
就让这个人的魂被弄走，这个人就会死掉的！"他们
只想验证一下她的本领，假如不灵验的话，他们就要
砸掉她的香炉，扔掉她的饭碗。这就是说，当她开业
时有一个非常神秘的特殊故事。

B： 其后，他们没有赶她走。人们一个接一个地开始去
向她求问。后来四面八方的人也都来了。假如两个
人来找她求问，她甚至［不需要］看到他们就知道了。

C： 有一次，我奶奶去求她给我爸"治病"。她叫出了我
的名字，我于是赶紧进去。她抓起一根烧着的香说：
"这个姑娘从来没有求问过"。我奶奶立即对我讲：
"快叫你爷爷的魂"。我正想着老奶奶她怎么想叫爷
爷的魂，但我当时没有叫。黄师娘拿起了一根烧着
的香……她坐着，拿着 3 根香，就像这样［她做了一
个手势］，眼睛半开半闭着。

D： 她大声呼叫着。

C： 那时当你让她招魂时，她自己的魂就已出去找更多鬼魂了。当你同她讲一般话时，她都听不懂。不管家里什么人去"招"，她都知道。我奶奶去招我爷爷的魂，我进去了。她知道我是奶奶的孙女。她还叫出我的小名，"小秀！你来招你爷爷的魂！"但我没有这样做，随后她点了一根香。

问： 招魂能使家庭和睦吗？

C： 有时人们为了解决某些争端去向她求问。假如家里有灾，假如某事突然发生了，她知道怎么处理。求问之后结果可能会更好。

B： 你以后会看到变更好了没有。她随后能告诉你。假如这个人能治好的话，她能告诉你还需要为这个人做点什么，即他们随后的安排。

C： 如果你去让她算卦。她能告诉你什么时间，哪一天会来一条花斑蛇，或者某人要大祸临头了，或者某人要来争吵。她不能事先看到这些事情，但她仍能讲出将发生什么事情。她能告诉你原因。

问： 那时假如婆媳有矛盾，周围有没有人能帮助调解的？

161 C： 现在没有这类人了。一般人说不清楚。目前，某些人只看你的手，看起来似乎像看一本书，但这原本不准……这是根据对科学原因的研究。他们讲得有点随意，1/3是对的。在过去，2/3是对的，只有1/3是错的，现在1/3是真实的，2/3是不真实的。

问： 过去，假如有人自杀，他们能算出来吗？

C： 他们能讲出哪日哪个时辰什么鬼魂来招人——他们为什么想死以及他们死时或溺亡时吃了什么药。黄

> 师娘能算命。她能说出"一个月前，你丢了什么东西。你必须上路去找。"她能告诉你这一切。

在这个小组访谈中，我们可以看到，"C"（党支书的妻子，她在革命期间长大成人，并受过 6 年小学教育）比老年妇女" B"（她只谈到她记得的东西）对黄师娘多少持有更加怀疑的态度。而年龄最大的妇女"A"并没有说多少，因为她记得的只是她婚前住在附近时所知道的东西。她那时才 15 岁，对家乡村里成年人的了解非常有限。一旦结了婚，她几乎没有空闲时间回家来。党支书"D"对黄师娘的活动似乎不怎么挑剔。同费孝通的报告相反，这些人声称，黄师娘及其丈夫并不吸鸦片。到费孝通作研究时，种植罂粟已被禁止了，他没有见过当地的罂粟田，但他提到 1939 年在禄村的客栈里仍可买到，但得自非法渠道的价钱比较贵。在共产党执政后，吸食鸦片受到了更严厉的禁止。人们对黄师娘及其丈夫的回忆可能是基于 20 世纪 50 年代的情况，那时鸦片已不再有了。另一种情形也是有可能的，假如客栈老板谨慎行事的话，老年妇女并不知道黄师娘在 30 年代末光顾客栈的烟馆。不像费孝通，年轻农妇可能并没有什么机会熟悉客栈的亚文化。

1993 年我在禄村妇女主任（50 来岁，生于 1940 年）家里又得到一次机会打听黄师娘的事情。那次，她家里来了一个城里的客人，他是一个从前当过警察的老年男子。当我问起费孝通搞调查时在他们村住的知名女先知时，他们对她是谁确信无疑。他们首先开始回想这个女先知，讨论了她去世的年份是 1988 年还是 1989 年。这个前警察过去在她家住的那条街上巡逻，所以了解她家。他过去也去她家拜访过，知道她有 2 个女儿。他管她叫"大妈"，这是对老年妇女一种亲切的尊称。

我从来没有见过她老公。我现在 60 多岁了，我从来没有见过他。那时她单身一人，她有 2 个女儿——黄华萍和黄华仙，她们俩都同我很亲近。我常去她家喝茶。每次我从县城回家总要去看望她。她死的时候 101 岁。

她是个招魂术士。当她招魂时，她只是放出阴魂。她拿着几根香，一边摇着摇着，一边讲着迷信的事情。她能使一个鸡蛋竖起来。她能把蛋立起来放。这类人甚至能控制鬼魂。她讲的一切基本上是对的。她讲迷信啊！而且她会看，她会看到。鸡蛋就悬在饭碗上。她还能把蛋竖在箸上，就像变魔术似的。她看着鸡蛋做占卜。她能招魂，把鬼魂从阴间放出来，这一切她都能干。在禄丰，她做这些事是相当有名的。每个人当然都去找她。礼拜天，老的少的，所有人都愿意去向她求问。当他们去看她时，他们给她一点钱，有时带给她一点东西。她在"文革"之后还在干，但"文革"期间不敢做了。她是禄丰非常出名的老年人。我也愿意到她家去拜访，去吃东西。她的基本特长就是招魂。她靠叫魂谋生。解放前，她住在禄村，解放后搬到了县城，买了一个小房子，正好在现在的警察局对面。她后来又在一条更大的街上买了房屋。在禄丰，只要你提起黄师娘的名字，人人都知道她，包括年轻人。她甚至在城里都是出了名的。

谈到这里，我提醒这个前警察，费氏曾写到过黄师娘在村里是收入最高的，因为她非常有名。我问他，她挣很多钱是不是真的。

她实际上没挣得那么多。每个人来时只给她带一点东西，给她带点糕点，或给她一些钱。这取决于她激起了你多大的兴趣！取决于你的心被感动了多少？你不能说她向人

们要钱——20 或 30 元。假如我要去求问,我知道她喜欢糖
果和糕点,嗯? 所以,我会买几袋给她,那就行了。

那么,费氏关于她有"固定价"的说法显然是错误的。她的收
入形式更接近于卢蕙馨描述的"感激的求问者将给予合情合理的
礼物"。令我惊讶的是,当我要求这个前警察描述一下黄师娘的
生活水平时,像我期望的那样,他回答的不是她的现金收入或储
蓄,而是谈到了她女儿成功养育的孩子数目以及她女儿所拥有的
房屋的质量。在这位老年男子的眼里,这显然是这个老年妇女获
得成功的重要衡量标准。也值得注意的是,这位独立的妇女、2
个女儿的母亲为其中一个女儿**招**了上门姑爷,而不是将她们俩都
嫁入传统婚姻中当儿媳妇。那样的话将使她没有继承人,而且当
她年老时也没有亲属照料并保护她。

> 自从她姑爷来了之后,他和她女儿生了 8 个孩子。每个
> 孩子都干得很好。一个在省里警察部门工作。有几个在城
> 市。另一个在部队里。他是抱来的,是老大。后来,他们一
> 共生了 8 个孩子。她大女儿嫁得很远,我不知道她在哪里。
> 在禄丰有 8 个孩子的是二女儿。他们还盖了一幢好房子。
> 当我母亲活着的时候,我们常去拜访她。

据这个前警察讲,男性和妇女一样去向黄师娘求问。他们求
助的原因反映了卢蕙馨所描述的主要是家庭和睦的那类问题。[①]

> [她来了之后],当人们得了病,或家庭出现不和,当许多

---

① 卢蕙馨(1992:105)引用了武雅士(Arthur Wolf)1958—1959 年间在台湾作的研究。
根据这项研究,向萨满巫师求问的问题中一半以上涉及家人的健康,女性求问者提
出的问题中家庭纠纷占 16%。在有关黄师娘的叙述中,疾病似乎没有家庭纠纷或
不幸事故那么重要。

人卷入纷争时，他们都会去叫魂，去问问阴世间的人们；他们把鬼魂招来说几句话。她叫魂时，讲的都是死人的声音。她的声音变了。她用一个男人或妇女的声音说话。她的手比划着。她会像你自己的家人一样吟诵和讲话。她也讲一些道教的咒语，她会挑些出来告诉人们。她说她"把他们唤起来"。人们说把死人叫醒是骗人的把戏，但有时她讲的是真的。有些时候，她并不认得某个人……真的很奇怪。我们都既相信又不相信这些事情。我愿去那里看看，她也愿意看到我们。总的来说，求问时只能去两个人，只有两个人在场，你身边最多还有一个亲戚或朋友。

当我问及她能不能阅读时，他告诉我她不会读。在那个方面，黄师娘再一次符合卢蕙馨描述的一个萨满形象。因为他属于比女先知更年轻的一代人，所以他几乎不能告诉我，她是如何进入这一行当以及她如何获得其知识并在村里确立起声望的。

尽管是警察出身，但这个前警察似乎对这个老年女先知颇为赞同。我问起他本人可曾去让她招过魂。他给出的回答模棱两可。他声称没有为他自己的问题去找她，而是向她讨教"某些情况"。我怀疑"某些情况"这一委婉说法，意味着有助于他进行警务调查的信息。不清楚他是否相信她通过超自然手段、通过她的交往或通过她的灵气得来的信息，但他似乎有些相信她那里是关于人之信息的一个来源。然而，人们可以推测，"头脑敏锐并对求问者的需求很警觉"的这个萨满女巫，会认识到在中国政治动荡时期在警察部门结交朋友的好处。据这个前警察讲：

> 我干的这行的确不适合请她招魂。我为警察部门工作。但我有时也喜欢到她那里去调查某种情况的结果，因为我们

在这个社会上需要了解某些事情。我当然要到那里去拜访。在你心目中，她是具有这种影响力的。得了感冒或一般病，人们是不会去找她的。去找的主要是因为家里不和，比如有令人不安或乱七八糟的事情。例如，有一些异常的、严重的事情，像某人快不行了，他们的房屋要被烧了，或者他们所有的牲口都死了，或者假如一个人病在床上起不来……所有这些时候人们就会去找她。人们不会为小事向她求问的。假如全家没有和平与和谐，那你也会去找她。让她把鬼魂招来"看一看"，安排一些神奇的呼喊，就是那样的。

她的报酬最多就是一升米，或者她再得一些钱。在那些日子里，她收入不错。因为这里来一个，那里来一个，加起来就很多了。他拿一升米来，我拿一升来，你又拿来一升。比如，假如一天来 10 个人，那她就可以得到一蒲式耳米了。假如这是个小城，就会有许多"情况"。所以，她靠这个生活。她全家都靠她生活。她姑爷最初是给国民党当兵的。他来到这里之后就成了姑爷。她女儿那时刚 18 岁。那个男子30 多岁。他是从安徽来的。这是解放前的事情了。

我没法查明黄师娘是不是从她母亲那里学会了其专长。为了了解这一技能有没有从母亲传给女儿，我问起她两个女儿有没有从事同样的职业，但得知她两个女儿都没有成为萨满巫师。据这个前警察讲，其中一个女儿"过去开了一个小店，她同别人一起做鞋卖。她女儿的缝纫和针线活非常娴熟，缝得很漂亮。鞋子大约 5 毛一双。她做鞋子卖。她现在有 50 多岁了。"她女儿们没有承袭她职业的这一事实，可能是由于学会招魂要经历一场精神危机或一个转折点，她女儿们估计都没有经历过。然而，把萨满巫师和其他宗教职业当作延续封建迷信加以革命性打击，可能也阻止了这个萨满巫师的女儿步其后尘。

我还问到这个地区有没有任何其他招魂术士留下来。这个前警察和妇女主任都提到也已去世的另一个人。他们好像读过卢蕙馨著作似的，也辩论起她是不是疯了。这个前警察坚持认为，这个妇女能算命，但妇女主任说她患有精神病，是个疯子。她说这个老婆子疯疯癫癫的。除了这两个年纪较大的名人外，他们说目前基本上没有任何占卜者了，至少没有一个是有名气的。

天分与财富

感激的求问者将给予**合情合理的礼物**（卢蕙馨 1992：107，斜体为作者所加）。

现在让我们回到费氏的简短描述所提出的问题以及卢蕙馨有关想成为一个萨满的多重观点。据迄今得到的信息，我们对 20 世纪 30 年代禄村这位不寻常妇女的地位以及她 1989 年去世之前在村里及后来在城里的漫长职业生涯能说些什么呢？她富有吗？有文化吗？是不是有个不劳而获丈夫的一个绝望的妇女？是不是一个没有其他生计手段的外乡人？她是精明而机智的妇女吗？是个吸食鸦片者吗？

黄师娘来到禄村时显然是个贫穷的、不识字的、有 2 个女儿和一个不参加生产劳动又无财产的丈夫的妇女。她丈夫可能是个吸食鸦片者，在其他方面也无能力，或者说只是懒。但他没有活得太久，以至于我的老年被调查者没有人能深入描述他的情况。早逝(比他妻子几乎早 50 年)表明,他可能病了一些时间,他或许不能捍卫在他家乡村的土地所有权。[1] 他在禄村显然没有拥有自己的房屋,就像卢蕙馨笔下的谭女士,他们租了主街上的房屋。孩子们取笑他,因为他不是个"养家糊口者",或者更确切地讲,是因为他是"吃闲饭"的人。这似乎传达了中国人的描述中用在上门姑爷身上的那种鄙视。在这一个案中,村民们认为黄师娘用了她丈夫的姓,但没有证据表明他是加入她家而不是正好相反。但更有意义的一点或许是,他们俩都没有财产,并且都没有当地的根基。他们都属于所谓的国内难民,是背井离乡在能够找到任何生计的地方落脚的流动人口。这类家庭在中国多数村落都是被人瞧不起的外乡人(参见卢蕙馨 1992;波特夫妇 1990;费孝通 1939,1983)。尽管黄师娘在经济上是脆弱的,但费孝通并没有把她看作是克服劣势供养其家庭的一个妇女,他认为她是一个合法性可疑的妇女,利用了易受骗上当的人们。虽然卢蕙馨提出,作为双重局外人可能限制了谭女士,同样的这一情形并没有将黄师娘击败,她通过了村民的考验。黄师娘在推理艺术和招鬼魂上可能更加聪明,或者受过更好的训练,她丈夫可能也比谭女士可怜的丈夫"笨田来"稍稍更精明些而且是个更有技能的同伙。

我们怎么评估黄师娘的财产呢? 其一,我们可以假定费氏根据人们告诉他的情况对她基于某些标准礼物的收入作了一些估计,但他并没有给予报告。鉴于那时迅速且不均衡的通货膨胀,基于货币的任何估计恐怕都难以解释。然而,正如老年村民回忆

166

---

[1] 费氏对这样一个男人的悲惨状况作过评论,"被叔父剥夺了他的继承权",最后流落到了禄村(费孝通和张之毅 1945:59)。阿特伍德(1995)在有关印度兄弟姐妹之间争夺资源的一篇论文中,也分析了印度和中国过度拥挤的父系制村落中这想必是一个普遍化的问题。也见华若碧(1985)。

的,假使黄师娘的确得到了每次求问一升米这个标准的东西,而且假定(就像上面警察说的),她每天接待 10 个来访者,那么,她干得很好的话,每天能得到 10 升粮食。其二,我们可以将此同解放前的工钱作一比较。禄村有一个老年妇女回忆,在城镇之间背运 50 磅重的煤,7 天可以挣 5 升粮食。每天 0.71 升粮食的这一报酬率,比妇女干农活 3 天一升(或每天 0.33 升)和男人干农活 2 天 1 升(或每天 0.5 升)要高(见表 5.1)。

表 5.1　禄村 1945 年若干工作的日收入

任务	每天或每次求问的粮食报酬
妇女背煤	0.71 升
妇女下田干活	0.33 升
男人下田干活	0.50 升
黄师娘的咨询费	每次求问 1.00 升(一天 0—10 次)

我们并不知道黄师娘每天 10 个求问者是不是访客平均数的一个符合实际的估计。这不同于真正忙的日子里的最大值。萨满女巫及其求问者,或许都倾向于夸大她的受欢迎程度。[①] 假如我们估计她每天平均只有 3 个来访者,每次得到 1 升米,或一碗饭和一个蛋,正如有关蛋卦的叙述所表明的,那么,她或许能为她自己、丈夫及两个女儿提供足够吃的。然而,不清楚她能否有大量可节省的盈余,特别是当她的一些求问者似乎只带来易变质的熟饭和煮蛋而不是可以久放的干米时。

---

① 费氏注意到,人们倾向列举所支付的租金最大值,占到庄稼收成的 60％,而一系列具体个案表明,支付的租金比例是大为不同的,有时低至 33％(费孝通和张之毅 1945:75—80)。同样,人们对女先知从其求问者处所得的叙述,可能讲的也是最大值而不是平均数。而且,人们可以想象得到,在农忙季节极少有人有时间来找她,她的收入因而会急剧下降,但只有极少农民会意识到这点。

不像农户，没有财产的非农家庭还得支付房租，并购买（或作为礼物得到）所有食物。每天 3 升干米（估计重达 2.55 公斤或 5.6 磅）可能超过了一个 4 口之家的粮食所需，但剩下的还必须用来满足其他基本食物（蔬菜、盐、油、肉）、燃柴、衣服与鞋子等开销。以这种收入供养这个家庭，或许只接近于村里的平均水平。假如每天求问者的平均数翻倍或是这个数目的 3 倍，那么按当地标准，此行当应能使该户相对富有。以干粮形式赠予的礼物能在一定程度上防止市场价格上涨。假如他们仅靠现金收入为生，就像非农家庭那样缺乏自家种植的自给自足食物的储备，在面临市场价格波动时就会更为脆弱。因此，黄师娘接受人们给予的粮食报酬是不足为怪的。然而，我们可能还想知道，她对于她得到的付酬方式有多少控制权。假如她得到 1 升熟饭而不是干米的话，那么他们就没有办法保存、出售或积攒起来——她只能吃掉或分掉。费氏没有考虑缺乏稳定求问者的问题，他声称她可以"随意告诉村民某个鬼魂来叫他了"。

在评估黄师娘的营业开销时，我们既不知道她的房租，也不清楚她吸食鸦片的花费。费氏注意到他们吃得很好，抽鸦片，不干体力活，以此作为他们发财和享有闲暇的证据。按照这些标准，黄师娘似乎是富有的，她能够做当地富人做到的事情：吃得好，不下田干体力活，吸鸦片并享有休闲。

与此同时，我们可能会猜测鸦片在她营业中的作用。她是否应被看作一个女生意人，而鸦片是她的一笔业务开支？不像台湾试图成为一个萨满巫师的谭女士（她似乎要求买一尊代表神并设法"通过"她说话的神像），黄师娘或许没有这样的装备——记得她的人们从未提到过。她的直接资本投资很低——人们提到的无非是她用箸、鸡蛋（求问者带给她的）以及碗等要一些奇怪的把戏。她花在村里客栈鸦片窟的时间可能正是她用来了解当地社会结构、冲突与联盟、怨恨及"丑闻"的时间。简言之，都是有关当地的有用闲话。人们可以很容易联想到从留宿客栈的旅行者和商人那里搜集有用信息的情形。他们是在滇缅公路上往返并在这里吃饭和喂马的一些人。人们并不记得黄师娘是个鸦片成瘾者或是被送去劳教的人（在严重成瘾的情形下）。但自20世纪50年代起，鸦片或许已变得很难得到了。

费氏认为黄师娘是个精明、能赚钱的妇女，这一估计从某些意义上讲无疑是正确的。然而，她显然不是在男性村民发财致富的某些重要方面成为一个**富有**的妇女。大家都知道，她没有田产，也没有投资于农田。她的确最终在城里拥有了一个房屋，而购买（或分配）房子似乎是解放以后的事了，那时她是个寡妇，招了上门姑爷。通过招女婿，她可能有了一个男性支持者来帮助她保护她能积累起来的财富。她在警察局对面的街上买了房子，可能并不是纯粹的巧合。假如她同警察保持良好的关系，那么，他们有可能给她提供额外的安全性。作为拥有财产的寡妇，应会有男人企图侵扰她的财产。她是个外乡人，所以的确处于非常弱势的地位，很像卢蕙馨笔下的谭女士。但她经受住了村民的考验并依然获得了成功。尽管如此，她只不过是个成功的专业人员，同资本家或地主是不能相提并论的。人们可能认为在她孩子获得其他生计之前，她生活得比较好，享有闲暇，不干体力活，但她的收入或许仍是不稳定的，或者说只是勉强维持生计而已。她拿到的通常是生活必需品特别是食物，这些东西更有可能用于消费而不是用来转售和进行投资。然而，她设法供养家庭，使孩子念书，并购买了房子。要是没有受过魔术训练，我很难想象她如何能把那些蛋竖起来放。

后记:关于这个职业

当萨满巫师及其求问者被国家当作具有颠覆性的或非法的之后,他们就转入了秘密状态。这就很难获得足够大的样本来看一看从事萨满活动的那些人就其特征而言是否存在有重大意义的模式。而且,一个村里可能只有一两个萨满巫师,他们中或许最多只有一个是妇女。[①] 禄村村民说,如今他们附近已没有一个比得上她的人了。

卢蕙馨提出,作为双重外乡人的状况不利于试图成为萨满巫师的妇女。这可能是正确的,但这也有可能是驱使妇女信奉萨满教的一个条件。这既是对其经济不稳定的反应,也是一种潜在的解决办法,这对男人也一样。[②] 我并不认为多数男性萨满巫师事实上都是当地人而不是外乡人。

我对萨满巫师形成了不同的但并不是矛盾的印象。这部分基于卢蕙馨有关谭女士的个案、我自己对黄师娘的调查,部分还基于我同一个老年女萨满治疗师的个人接触。我应称她为 X 女士,她在河南一个村里行医。黄师娘和谭女士都是有小孩子要负担的年轻母亲,都已婚,但经济上并不牢靠。她们的丈夫显然都不是好的养家糊口者,他们既无田地又无房屋。当我把这两例同X 女士作对比时,她们的相似之处令我感到很吃惊。

169

---

① 芮马丁(Ahern 1973)在她研究的村里似乎了解到只有一个**童乩**,并提到了邻近镇上只有另外两个。

② 斯科特·西蒙(1994)研究了浙江道教僧侣和尼姑的家庭起源。他发现,当一个家庭已为其较大孩子提供了继承物或嫁妆之后,两性中往往是兄弟姐妹中较年轻的成员,比如第二个儿子或第二个女儿,有可能在这些方面被排挤出来。

河南萨满治疗师 X 女士在村里当了许多年医疗者——助产士,但她最终将其治疗客户让给了在接生和基础保健上至少受过一些正规培训的更年轻的妇女,不过她还继续干些其他的精神医治工作。像黄师娘和谭女士一样,X 女士是已婚的,在村里属于"双重外乡人"。然而,河南这个萨满巫师的生活史揭示了更多关于一个妇女如何获得心理与技术技能,并在那样一种职业中获得成功的信息。

X 女士生在城里,不仅对于村里是个外乡人,而且对当地生意圈而言也是个外来者。她来自该省相当远的一个地方。父母没有地,穷困潦倒,她是在庙里长大的,母亲还是一个奶妈。在庙里生活时,她观察到了超自然药物、劝说及超凡脱俗权力的技能。她也贫困,而且目不识丁,还是孩子的时候就靠在街上拾粪挣点收入。她嫁给了一个无亲戚亦无财产的男人。他开了一个小饭店,但革命之后就被迫关掉,来到了农村当了农民。在"大跃进"期间,他推一车肥去田里时突然死了。她成了一个有 2 个女儿的寡妇,2 个女儿都不能继续作为后代要求拥有村民资格。由于在村里没有任何男性亲戚,她的经济处境势必很危险。

她不久后于 1960 年改嫁给从西安逃荒来的另一个农民。第二个丈夫是在孤儿院长大的。他在河南其祖先的村子里有村民资格,但没有任何财产。为了能种地,他们 1970 年迁到他的村里居住,他们不得不从一个侄子那里借了房子住。

为了拼命养活孩子,X 女士开始在西安给人看病并信奉萨满教。有一个行将走完其人生旅程的老年女术士,将其秘密疗法传给了 X 女士。在西安,她还受过短暂的接生培训。在提到她的治疗"秘诀"时,X 女士仍非常谨慎。像黄师娘一样,她也为其一个女儿招了上门女婿,因为她同第二个丈夫没生过孩子。这使她把女儿家当继承人,到老年时可以向她们提出给予帮助的合情合理要求。

这些妇女的共同之处在于,每个人信奉萨满教(或试图这么做)时都是母亲,有个面临绝望的经济处境的无地丈夫。当一个社会几乎不能为其丈夫缺乏财产的这些妇女提供什么东西时,经济穷困的妇女偶尔能利用其精明之处以及心理与精神资源,来扭转其命运,并重新获得一定程度的尊重和物质回报。在其丈夫缺乏财产的一个社会里,本来没有什么可为这些妇女提供的。正如谭女士意识到的,靠这一办法获得成功的贫困妇女极少。然而,引起人们兴趣的是,贫困妇女即便面临最充满敌意的环境,人类的创新性可能会使她们想出各种服务来满足始终存在的需求:理解现在,预测未来,唤回死者,医治病人,修复不幸家庭的关系并给绝望者带来希望。这似乎不像是富有妇女的一个定位,更像是缺乏物质财富但拥有特殊"天分"的精明妇女所选择的一项事业。

我在本章开篇就探求去理解这个女先知何以能成为一个富裕的妇女。我的结论是,她的先天禀赋、才智及对人际关系的敏锐理解,给她带来了换取其洞见和咨询的物质馈赠。我不知道她将什么其他"资本"带入了其职业,但基于同 X 女士的相似性,我怀疑其他招魂术士、治疗者、占卜者、宗教人士或魔术师给了她直接或间接培训,她带入了这些人以往经验的非正规禀赋。假如寻求成为一个萨满巫师的妇女缺乏可信度,假如她的洞见力和说服技能较弱的话,那么,她将会遭到失败。

详尽研究像禄村萨满巫师这类妇女经济处境的特殊价值,在于探究了一般情形的各种替代办法。虽然中国农村妇女过去通常被呈现为幽闭在家的农妇,要不然就是被贬为家奴、妾、妓女或穷困潦倒者,像黄师娘这样的例子表明,某些妇女能找到不同类

型的机会。然而,萨满巫师的职业似乎充满了歧义和危险性,正
如曼素恩指出的:"在户外闯荡的地位低下的妇女总是处于危险
之中。从历史上看,针对妇女的指南性读物包含了有关'女巫'的
警告。她们的边缘化职业使她们有机会接近女医师、宗教专家、
媒人、流动小贩及尼姑等"(曼素恩 1991:221)。后来对这个萨满
女儿的访谈表明,黄师娘的生活中包含了同样的一些悲剧。

禄丰的《罗生门》

日本影片《罗生门》(Rashomon)对一件单一事件呈现了 3 种
全然不同的观点,我自己对黄师娘的看法在 1996 年 12 月对其 61
岁的女儿黄华仙进行访谈之后,也发生了相当大的变化。上文的
一些猜测因这次访谈得到了澄清,她的言谈中夹杂着对母亲的憎
恨及对这位母亲后半生生活(从 20 世纪 40 年代到 1990 年)的回
忆。我将这一叙述囊括进来,是因为它进一步表明了有关她财富
和家庭性质的问题。

当我和我助手按黄华仙的地址再次登门造访,试图在家里找
到人时,经多次敲响禄丰一栋昏暗的 4 层公寓大楼的大门后,黄
华仙的成年儿子开了门,并请我们进到楼里。请我们进去的黄华
仙最小的儿子是一个青年男子,时髦地穿着灰色毛料裤子、白衬
衫,并松散地系着领带。他领我们上到顶层,进入了一间明亮的
客厅里。屋子里还有另外 4 个穿得差不多的年轻人,他们都上了
润发油,抽着烟,专心致志玩着牌。我们应邀坐下后,他们便重新
开始玩牌。他们并没有完全不理睬我们,还派人去给我们买了汽
水——他们自己也喝着——但继续专注于他们的游戏。屋子里
有许多炫耀性的消费品——一台大型电视机、一个电冰箱、一个

现代的大沙发与椅子以及衣柜等。我不清楚该公寓其他房间有多少空间，但这间塞得满满的。约半个小时后母亲回来，将我们带到了公寓下面她同另一个儿子合住的地方。这间屋子略微朴素些，没有那么咄咄逼人的物质享乐主义和时尚的气息。我们在那里对她进行了访谈。她有点不自在，也很谨慎，但一般很友好。很显然，她不喜欢她的母亲，她说：

> 我爸我妈都来自建春（禄丰东南边100多公里处靠近玉溪的地方）。他们在那里没有地，他们是无地劳工。我妈最初是小脚，她后来慢慢地、慢慢地让它们长起来了，后来就变成了"黄瓜脚"。建春的土匪极为猖獗，所以我父母就离开了那里来到了禄丰，他们先住在禄丰北边的中村。中村也是个土匪横行的地方。到夜晚土匪就来命令我们交这税那税的，他们还不断来强迫我们开门。我妈我爸很害怕，所以他们又搬了，这次来到了禄村，因为是无地户，我们没有根，所以总是搬来搬去的。我爸知道怎么酿酒，会打铁，做银器。他还会弹棉花。有时候活太多的话，他就雇一两个人。有一次，一个临时工帮我爸去买棉花，他拿了买东西的钱跑了，再也没有回来。
>
> 我们家在禄村没有地，我们甚至连房子都是租的。听我妈讲，早先在建春时我有个姐姐，她3岁时就被卖给别人当童养媳了。① 我从来就没有见过她。当我11岁时，我曾见 *172*

---

① **童养媳**字面上意味着"一起养大的儿媳妇"。在20世纪上半叶，这在中国许多地方较为普遍。人们把他们自己生的女儿给别人，同时又领养别人家的女儿来养。领养的女儿通常是为了使她将来成为这个领养之家其中一个儿子的新娘。见卢蕙馨（1972）、卢蕙馨等（1980）关于台湾的这一习俗以及葛瑞峰（1998：44，184）关于四川一个村的情况。 *177*

过她老公。他也很穷,他来见我们时还穿着破旧的衣服。

那时我爸是能谋生的。我8岁时,我爸酿酒拿到中村去卖。他被土匪抓了去,要我们交赎金。他们要我妈拿钱去把他赎买回来。我妈搞不到那么多钱,一个多月之后,我爸逃回家了。他胳臂和全身都受了伤,并流着脓血,不久我爸就死了。

人们在山上埋了我爸,我们回来的那天晚上,我唯一的弟弟突然发烧,不到两个礼拜他也很快就死了。我妈拿一副小棺材敛了他,并把棺材挂在一棵树上(这是当地风俗)。后来,她听人们回来说,棺材里传出了哭声,我妈赶紧叫人把棺材打开,当他们开棺时,见我小弟弟的衣服和裹尸布全被拉向他的胸口,他的小手紧紧抓住他的衣服,小腿蜷缩在胸前。

我妈妈意识到,他们把他放进棺材时,我弟弟还没有死。他是在棺材里憋死的。我妈妈悲痛欲绝,于是疯了。她发疯时真可怕。她挣扎时甚至能把铁脚链都挣断了。她一片一片地撕破自己的衣服,然后吃掉。只有这样她自己才能免于一死。她这副样子前后几乎有3年时间,她后来慢慢变好,不病了。

我爸去世、我妈疯了之后,禄村的保长拿走了我们家的猪、家具及其他东西,把一切都拿走了。他还把我姐姐和我带到了他们家里,帮他家做饭,看孩子。因为我姐姐和我的个子很矮,我们做饭时,总是站在草凳子上。我姐姐在禄村学习了2年,我在禄丰上了2年学。

当我妈疯掉之后,她变了,变得特别可恨。她变得极其残忍和怪诞。她为我和我姐姐包办了婚姻。我姐姐12岁就出嫁了,我结婚时才11岁。

我姐对我妈为她包办的婚姻一点也不满意，所以，她开始吸鸦片，并想自杀，但被我发现了，我跑去把隔壁邻居喊来，他们撬开了她的嘴，把肥皂水灌了进去，还用鸡毛刺激她的喉咙直到她开始呕吐，就这样救了她的命。我妈仍要她嫁出去，她把姐姐嫁给了中村的一个男人。像我们一样，他们也是从建春迁来的。从建春来的这个男人很穷，甚至连婚床的床板都是借来的。当我们家亲戚去给她送行时，我们见他们连睡的地方都没有。那天晚上我们只能坐在地上，我姐姐也没有进去，那晚她同我们坐在外头。第二天，她同给她送亲的亲戚们逃回来了。她回来后就再也不想回到那里了。我妈几乎把她打死过去，但她还是不回去。我姐聪明，当我妈打她时，她就跑，不打的时候就回来。一个月后就解放了，那时听人家讲，要是包办的婚姻，人们可以离婚，所以她就离了。当进行土改的土改队离开后，那个男人及其亲戚[对离婚]很不高兴，所以没有退回任何嫁妆。 *173*

那时我不如我姐姐聪明，有一天我还在上学时，我妈把我从学校带回了家，我见一个男人在家里。我妈说是来帮我姐姐的，她招了一个姑爷。她一直等着我明白——那天我其实就结婚了。我妈把我从学校拽回家结婚。我不敢说一句话，她拽我的头发。

结婚之后，我仍同我妈住在一起。我还小，甚至不同他说话。我见到他就想哭。那个老男人（我丈夫）比我大20岁。当我15岁时，我开始喜欢他了，因为他总是对我很好。当我妈打我的时候，他就来保护我，夹在我们俩中间，所以他挨了打。我们只是慢慢地开始一起说话的，当我们有了第一个孩子时,我丈夫提议带我和婴儿去他家,但我妈不同意。我听人家说我丈夫的家乡村不是个好地方,所以我也没有答应,我不敢跟他去。

我丈夫是从湖南来的,同刘少奇是一个公社的,离毛主席家乡也不太远。他们家非常穷,有许多兄弟姐妹。当他刚10岁时就死了爹。他一共有6个哥哥和1个姐姐。那里的做法是,"三丁抽一"。所以,他们把他抓了壮丁。新招的兵那时来到了禄村,部队离开时他开了小差。他只是个新兵。后来他在禄村我们叫着"老乡"的我妈的一个结拜姐妹家里住。我不知道她来我家是为了给我包办这门婚姻。

我家从来没有地也没有房屋。土改期间,土改队给了我们3亩地。土改时,我们房东家只有一个老奶奶及其兄弟。土改队把她家人叫来要他们给我家还钱。她家说他们没有谷子也没有钱可还。土改队于是宣布那个房屋就归我们所有了。

我们家以前在禄村租房子住,但我不知道租金是多少。我们都是外来的,所以,本地当官的都欺侮我们。他们从一开始就收我们人头税,后来还有这税那税的。像我爸爸那样,假如突然挣了许多钱,他们就会不断来骚扰你,使你变得一无所有。我爸去世,我妈病了以后,我们还一样,什么也没有。当我们搬到了城里,我们甚至连床板都没有。只有一床被子。

当我爸还活着的时候,我妈就常常帮人治病。她治病治得很好。人们过去常常带着他们的孩子去找她,认她为干妈。①

_____

① 他们恳求她当孩子的干妈。

搬到城里一两年之后，我丈夫才来我们家。我们开始卖肉。解放前我们很穷，我妈给我们买来穿的都是旧衣服和旧鞋子。

我13岁时开始学会了怎么做鞋子和衣服卖。我老公卖174肉，我做衣服和鞋子为生。后来土改给我们分了地，我们才开始干农活。人们来指派我出去劳动。我妈太"封建"了，她不让我去。她抓住我就打，她把我的衣服都撕破了。我妈的脾气太坏了。她打人。她也在地上插一根香，让我跪在地上，香烧完之后才能站起来。

那时，我脑袋经常受伤。我想这或许是因为我妈妈狠狠地打我。她用火钳打我的头，她特别喜欢用鞋子打我。她用火钳和棍子打我头。她也喜欢搞巫术，我不喜欢那个，我们相处得不好。解放后，我到生产队去劳动。他们搞"文化革命"时，我还当过队长，管过妇女运动。那时我没见她做那些事。1948年她和我分了家。我给她粮食让她自己做饭吃，但我不照顾她。

我有奶奶、叔叔和姑妈。我从来没有见过我奶奶和叔叔。我姑妈有个女儿，她非常聪明。我姑妈把她卖到另一个村当了童养媳。他们都很可怜，非常穷。我自己的姐姐在建春当了童养媳，我后来从未见过她。50年了我没有得到过她的任何消息或一封信件。我当正队长当了2年，后来病了，我要求不当了，可大伙不同意，我被选为正队长又干了2年。那时我很恨我妈，我想，她怎么能干这类事（占卜），这太丢脸了。"我给你钱，给你粮食，为什么你还干呢？"她给人治疗时不唱也不跳，她能"看事"看得特别准。她能知道某人那边的门是不是开着的，我不知道她是从哪里学会这些东西的。

我妈我爸都不吸鸦片。我爸也不喝酒。我们同禄村人交往不多。禄村有驿站。我记得有2家开了马帮驿站。我不知道是男的还是女的经营驿站以及他们劳动分工的情况。我只见驮盐的马进入他们的院子。

这两年我们过得不错。我有4个儿子和4个女儿。我最小的老八已23岁了。他们几乎全是搞企业的。老大以前有工作，后来他不喜欢干了，因为工厂薪水太少，所以他开始自己干。老二也有工作，老三开车，老四同他爸在一个单位——食品公司工作。老四还开了一个复印店，老五和老大都开车，老八在昆明。靠做买卖我们买了这栋房子。我们把以前的房子卖了。我们花了2万元买了这幢新房子。

我们算是最早做生意的，我们开了一间店做米线。我做豆腐，卖蔬菜和肉。最初那两年生意很好。现在我虽然很勤快，但只能挣一点钱。这两年生意很难做。我们刚开业时只有我们一家做米线，现在有10多家都在做米线和卖米线。

175　这个后续的访谈证实了在禄村无根的这户人家在经济上的不安全性。给费氏留下了那么深刻印象的财富，显然也给征更多税的当地恶霸留下了深刻印象。征税、抢劫、绑架黄师娘的老公等，都更有可能使得无强大当地亲属支持的一家人遭受打击。悲剧随之而来，家庭破裂，也变穷了，两个女儿成了佣人而且嫁得非常早，以缓解她们的经济困境。土改给了女儿家种地的机会，但商业活动的取向也成为家庭技能的组成部分。对革命的忠诚将她从丢脸的贫困中拯救出来，并使她成为一个领导。不过，这个女儿拒绝接受她母亲的萨满巫师活动。她贬低其母亲的成功、经济贡献及财富——所记得的好事只是她父亲是养家糊口者。女儿对其母亲的回忆在某些方面同费氏及其他老年人的回忆并不一致。然而，有关费氏研究之前和研究期间土匪活动的故事，同有关19世纪和20世纪初云南土匪无法无天的其他许多报告当然是吻合的。[①] 像她母亲一样，黄华仙本人在改革时代也靠商业活动取得了成功。这个女儿及其8个孩子中的大部分都是住在城里的个体户，即个体企业家。

就我所知，如今禄村已没有可以相提并论的当代女先知了。然而，在中国其他农村社区，这种角色正在复活。西博尔特就碰到过一个女萨满，他还叙述过河南一个村里的一个女相童（1996：100，108）。他们或许会在禄村重现。

对黄师娘漫长一生的这一重构提供了一个机会，来追溯从战时的1937年到20世纪80年代末改革时期一个不寻常妇女的经历。它也对村镇生活不断变化的性质以及革命时代迄今的家庭危机、艰难困苦以及不同的家庭策略提供了洞见。卖女儿当童养媳、结拜姐妹、包办婚姻、入赘婚、离婚、自杀等主题都从这一叙述中浮现了出来。下面有关婚姻与人口的各章将更完整地描述这些方面。

　　（较早撰写的这一章1995年11月30日曾在加州大学戴维斯分校人类学与东亚研究系作过报告。后来修改后加入了对黄师娘女儿的访谈。）

---

① 费孝通和张之毅（1945）写到过从禄丰去易村旅行前必须等待安全的马帮商队的情况。绑架的叙述也出现在被调查者的生活史中以及无数旅行手册中。村支书也描述过禄丰南边土匪猖獗的情形，甚至到革命之后都难以控制。在改革期间，对农村地区匪患的叙述仍较普遍，官员们在解释他们为何不愿让我住到村里的原因时，也提醒我这点。

第六章　20世纪30—90年代的富裕与贫困：兴衰成败之路

> 几乎是刚进入村庄的那一刻,我们就认识到了居住在这里的两个阶层之间令人吃惊的反差:在农闲期间无需劳作的那些人和必须一直劳作的那些人。(费孝通和张之毅,1945：41)

农村富裕与贫困的主题现如今就像在费孝通研究的那个时代一样重要。在20世纪30年代,在马克思主义的影响下,许多作者都相信,聚敛财富是邪恶的,这暗示着某些人发财是导致另一些人贫困的根源。这一观点在革命政府领导下的前25年里占据了主导地位,当时先是土改政策重分了土地(20世纪50年代初),而后又实行集体所有制(50年代中叶),从而废除了马克思主义者相信的农村贫困和不平等的根源,即不平等的私有财产所有权。

在1976年后中国追求改革的热潮中,政府提出的"致富光荣"的口号,这标志着革命岁月里的意识形态的突然逆转,那时富裕者被斥责为穷人的剥削者。改革家们承认,一个国家要变得富强,一些人必须比其他人先富裕起来。然而,私有财产只在有限的不确定的一些领域得到了许可。

本章将探究村里不断变化的生活水平及富裕与贫困的问题,

并把当前的状况同费氏著作中写到的过去情形作一对比。对我 *180*
们来说,重要的是记录变化本身而不仅仅是解释有关变化的多样
化态度。一些富裕者炫耀其财富的行为,激起了贫困者的嫉妒、
挫败感和不公正感。人们也相信,某些人是通过腐败变富有的。
但在"文革"之后,村民们更倾向于谨慎而不鲁莽地表达其对富裕
与贫困的态度。似乎只有当人们喝醉了或勃然大怒时才会不计
后果,比如,公然夸耀或将阶级斗争的言语带入激烈的家庭或村
务争吵中。使用阶级斗争的言语在"文革"时期是那么有效的一
种武器。更通常的情形是,人们较为谨慎,他们试图隐藏或无视
他们当中存在的富裕和贫困,表现出似乎只在乎他们自己事务的
姿态。

当前,政府支持一种允许私人积累财富的政策,同集体化那
些年执行的共同富裕的政策相比,它给予了有志者和个人奋斗者
更多的行动自由。毫无疑问,如今整个中国总的来说比 1950—
1975 年间富裕得多,他们吃得更好,穿得更好了,而且也愈发见
多识广了。但贫困继续存在(在整个集体化时期一直如此),这是
毋庸讳言的。现在降低极度贫困者比例的目标更为现实了,应当
成为衡量发展政策的标准。① 据世界银行的报告:"广泛参
与……改革驱动的农村经济增长带来了绝对贫困者数量的大幅
下降,从 1978 年的约 2.7 亿贫困者降为 1985 年的约 1 亿,或者
说从占农村总人口的 1/3 降为约 1/10"(世界银行 1995:1—2;
1992)。然而,在随后的 5 年中,绝对贫困者的数量依然不曾有什
么变化,1990 年刚好在 1 亿以下。本章将揭示禄村取得的成就

---

① 联合国开发计划署发布的《人类发展报告》(1994:97)显示,就人类发展指数(HDI)
　值的绝对增长而言,1980—1992 年,中国是世界上名列前茅的前 10 个国家之一。
　人类发展指数是建立在国民生产总值、预期寿命及教育之上的。

以及人们长期以来和当前所面临的最为脆弱的各种情形。

1938年的居民、新户及流动劳工:贫困的"无根性"

解放前,无地者在禄村的迁进迁出给费氏留下了很深的印象
(费孝通和张之毅,1945:57)。实际上,在他对禄村的描述中以及
在他对江苏江村(开弦弓村)里程碑般的研究中,他都指出,在社
区内居住时间的长短和土地所有权,是当地分层的重要因素;缺
乏得到公认的祖辈和没有任何田产的那些人不被视作村民。[①]
费氏将禄村人口分为居民、新户和漂泊者几类——这是与财产权
交织在一起的一种资历制度。

禄村的移民史很难重构。费氏的老年被调查者(可能生于
19世纪70年代)记得,这个地方从前只有"几个房屋",这意味着
该村是在他们有生之年从一个相当荒凉的地方发展起来的。但
在1991年,一个显赫家族的后裔向我出示的家谱却证明,汉族人
定居此地已有漫长的历史,可上溯约20代,到17世纪的一个军
事聚居地。村民们告诉我,学校所在地曾是这一显耀家族的祖传
土地和院子,是许多代以前皇帝因其忠诚服务而赐给的。19世
纪70年代回民起义以及鼠疫的传播(1871—1872年禄丰暴发此
疫是有案可稽的)导致大规模人口减少,都可以解释费氏的老年
被调查者记得其年轻时居民人数较少的原因。就像流行病一般
传播的轨迹一样,这一瘟疫沿着商贾和士兵经过的同一路线而不
断蔓延(班凯乐 1996:41—42):

---

① 类似的情形出现在革命前的广东,那里的外来者被当作像是一个永久性的奴隶阶
级来对待(波特夫妇,1990)。

坐落在昆明到大理间公路边的城镇承受了滇西最大的损失……死亡和人口外迁极大降低了大理平原上的居住人口；起义之前，最大的村落约有七八百户人家，但到1877年，只有二三百户了（吉尔 1883：250）。位于通向昆明的公路边上的城镇都成了废墟：1883年……镇南、楚雄、关东、禄丰和安宁都处于"非常残破的状态。在多数地方，被毁坏的墙尚未修补；围墙之内尚未有恢复繁荣的任何明显迹象"。（班凯乐 1996：41—42；引文源于谢立山 1890：140）

这种破坏也波及禄村一个位于盐道上有许多客栈的驿站。费氏提到，村里最大的财产持有者，即属于"村里全体居民并为其利益而支付收入"的土主庙，"通过将死于1855—1873年回民起义期间的许多村民的田产收回"而获得了其财产（费孝通和张之毅，1945：54）。缘此之故，20世纪初的禄村对于迁徙者是相对开放的，但到1938年，重新安置和人口增长，意味着至少在禄村中心，所有土地都是有主人的。

在122户中，费氏将38户算入无地户，其中34户至少部分依赖农业为生。其中有一半租地种，所以分享了农田管理的某些产出，而其他人则仅靠现金收入为生。在无地户中，有一半（19户）是被叫作"新户"的长期居住者。尽管其中一些人生于禄村，他们主要是来自禄丰其他村（4户）、云南其他地区（7户）及四川省（8户）的移民。"新户"假如获得了田产就成了村民。然而，土地的获得受到同族即老地户有优先购买权的限制。不清楚新户是不是土主庙租地收入的受益者。庙产开支包括给村里学校提供经费和"村民婚丧嫁娶的礼物"（费孝通和张之毅，1945：54）。

费氏解释,"漂泊者"不同于新户,后者在村里或村附近有某种根基,但漂泊者则不同,他们是:

> 既无田产又无特别技能的单身男女,他们在禄村或其他地方都没有根基。他们通常漂泊不定,会突然出现在这个村劳动一阵,然后就再一次消失了。尽管他们中的一些人的确在村里居住了很长时间,但他们无依无靠并游离在社区生活主流之外。他们寄居在其雇主的家里勉强度日。1938年,村里大约有30个这样的个人,但到1939年,这个数目已下降了约一半。(费孝通和张之毅1945:5)

费氏举了好几个这种人的例子:以前应征入伍过的一个流动劳工、一个来自邻村的被剥夺了财产的男子、一个从部队里"走失"了的贵州男孩及一个女佣:"她是来自邻村的一个穷姑娘,只是为吃饭、穿衣和有地方住而劳动的"(60)。这些人或现或隐,只生活在他们可以得到食宿的地方。第五章中讨论的女先知黄师娘,就属于逃离匪患后暂时居住在禄村的背井离乡者,后来因无法忍受三番五次的沉重赋税而搬到禄丰镇里去了。

村里等级制中,人们可能称之为"资历"的东西,同土地占有,并同富裕与贫困是紧密相连的。他列举的穷人都是缺乏、丧失或不能够支撑家庭生活的个人。被归入"漂泊者"这类中的两个贫穷的成年男性,都缺乏供养家庭的手段,从而过着单调乏味的单身生活。

第一个男人已离开家20多年了,先是当流动劳工,而后应征入伍。他曾冒充和尚为寺庙化缘,直到被人识破。他"太老了,已不能定期劳动,还是个老光棍,常被村民们忽视或嘲笑。像一个可怜的被遗弃者一样熬度残年。他唯一的消遣是去基督教堂。

在那里他可以得到一杯免费的茶喝，并同别人一起唱唱"(60)。

第二个例子是 30 岁的老黄，他是 10 多年前来到禄村的：　　　183

> 童年时他父母就去世了，叔父把他的田产据为己有。他的性子很拗……当我们在过中秋节的客人中见到他时，尤其被这个无家可归的孤身男人的凄楚所触动……他的周遭都是有家室并在社区中占据了稳固而舒适位置的那些人，他缺乏可靠的纽带及归属感是最为明显的。他身边的那些人代表了他为之奋斗的那些目标的化身，但他眼里的表情透出了他的绝望感……在走完其人生旅程之前，除了延续他目前的那种生活外，老王前途渺茫。（60）

费氏也注意到身体残疾是造成贫困的一个因素："瞎子算命先生……是个贫穷潦倒的单身汉。很少有人找他算命。他必须走遍整个山谷才能挣到几个钱。我第一次在路上碰到他时，以为他是一个乞丐，后来才得知他是个职业算命先生"(46)。费氏描述了"代表无地家庭"的另外 2 户，他们靠工资劳动为生。这 2 户都在村门外边租了烟灰色的单间茅草屋。卜雨便其中一个房屋的屋顶和部分墙壁倒塌了，而另一个房屋的泥地也被水淹没了。

没有地的那些人也缺乏休闲。无地者在农闲期间还得劳作，而其他户因秋收后谷物的储存而有了保障。英文中"coolie"这个术语来源于中文中"苦力"一词，意味着艰辛的劳动。正如我们已经看到的，许多穷人在商道上背盐或背煤。费氏带着感情写到了村里土地所有者同无地者之间的阶级差异，前者在农闲期间享有休闲，而后者则不得不为挣取工钱而从事体力劳动：

> 许多穷苦劳工从事的一项职业是运输盐巴。邻近地

区出产大量盐块，并供应包括昆明在内的大片地区。因为汽车只能在公路上运输，公路与盐井之间则必须靠体力背运和牲口驮运。1938年11月，背130磅重的盐可挣到8角国币的工钱。扣除饮食和往返3天所需的住宿花销，他的工钱大约一天是2角。尽管这比那时农田劳动的报酬高一倍，但这项工作是那么费劲，只有当极度贫困、缺乏任何其他工作时才会使村民不得已而为之。人们不可能连续地干。事实上，即使是一个身强力壮的健康男子，一个月背盐也不超过4趟。既贫困又勤劳的康大哥去年只背了6次，因为能找到足够的农活，于是今年就完全放弃了这项劳动。由于村民们不愿当背夫，除非环境所逼而为之，1938年背盐的工钱涨为农活工钱的3倍。根据我1939年得到的信息，村里大约有40人甚至包括妇女和儿童在农闲期间不断背盐。(49)

184　　在乡间道路上竭尽全力蹒跚而行的这些极度贫困而过度劳累的搬运工，也被他们所背的黑盐和煤熏黑了。这是有关20世纪初中国的许多叙述中挥之不去的图像。然而在20世纪80年代，我在中国许多地方仍碰到过像这样的场景。① 尽管费氏提到，甚至妇女和儿童也从事这项工作，但他没有就此写更多东西。

---

① 在回忆20世纪40年代滇缅公路上的背夫时，向景云向我描述过这种艰苦的劳动。亨利·福兰克(1925)也提到过这种劳动。这不只是对革命前的回忆。1985年，我目睹了一群瘦弱的男子从事类似的极为艰辛的劳动。他们背着沉重的煤袋汗流浃背地在陡峭之处不停地爬上爬下，给停泊在长江上的驳船装货。上面有许多小房间的荒凉水泥建筑物，估计是这些矿工和搬运工的简陋住处。"19世纪"更为凄惨的艰辛劳作场面简直是无法想象的。甚至在大城市如四川成都，我时常见到一排排竭尽全力的男子，借助于车轮而不是任何发动机的推力沿着马路抬着、拉着或推着庞大的重物，比如9—12米长的水泥电话杆或原木。

20世纪90年代我访谈过的一个妇女高女士,向我描述过她作为有许多幼儿的寡妇之女所经历的极度艰难生活。在20世纪40年代初,他们交替着在鸦片田里挣工钱,又去从事背盐的工作。她家非常像费氏所描述的移民劳工和漂泊者,他们是来禄村寻找生计的。

高女士:20世纪40年代一个贫穷的工资劳动者

我1927年生于唐海。从唐海到这里相当远,要走一整个上午才能到那里。过去唐海没有水,只有旱地。那里没有小麦,我们种上玉米后就盼下雨。降雨之后就种稻谷。插秧要靠降雨,所以,我们种得很晚,秧苗长得也不好。在唐海,多数人都当雇工。

我3岁(1930年),弟弟刚出生我爸就死了。我很小就去禄村给好几个地主家当**帮工**(字面意思是"帮助",但实际上是指工资劳动)干农活。我们靠帮人干活获得食物。有些人会让我们吃一顿米饭或其他谷物的饭。他们给什么我们就吃什么。因为我们很小,帮3天工,他们给的稻谷还不到1升。他们只给一点稻谷。至于油,我们从来就没有碰过,更不用说肉了。我们也打不了野鸡或野兔。那些打猎的都是大户和富有之人。假如他们有钱,他们就可以买枪,其他人都没有枪。

我们没有钱吃猪肉。过去,你想养些猪过年,到年底你得还别人的债。到那时他们就来赶走你的猪。我们家也养猪,但过年时捞不到吃。我们拿猪换粮食吃。我们自己没有杀过猪。有钱人把没钱者的猪拿走了。我们以前从来没有杀过一头猪。只是在解放之后我们杀过。为了大年三十晚我们上街去买点肉——我们只能买一点，只有半斤肉。看上去那么少，就像缠足之脚穿的鞋子那般大小。直到今天，当我看到那些鞋子时，我想起来仍想笑。

我小的时候我们常常去中村帮人收割罂粟。① 我那时只有13—14岁，所以记不清楚了。现在只有当我有时去摘苦涩的马菜时，我才想起过去鸦片的叶子同这种叶子很像。收割时你要把罂粟的头割开。当你用弯刀把头割开后，你才能把黑色的油收集起来。地主们也一起跟了过来。

我不记得种鸦片是否能带来收入。地主付给我们一点蚕豆。假如有蚕豆，他们就给些蚕豆，假如有稻谷，他们就给些稻谷。劳动3天给1升。当我回去时就拿回家。后来，地主想把他们的稻谷当一种有高利润的商品出售——他们不是很狡猾的吗？——他们想囤积起来去卖，所以只给我们一些蚕豆。他们于是很少给我们稻谷，他们出借稻谷是要收利息的。地主借出去一斗稻谷，然后得到5升的利润。

鸦片种植或许在城市附近已发生了变化并停止了，但这是50年以前的事情了。我记得我们过去在离一座小山不远的那块地里种过。革命后不久我们来到了禄村的这个小村庄。我们来这里的那年，或许是第二年，人们还在种鸦片。自那年以后就一点也不种了。

当人们干农活时，男人干重活，劳动两整天他们能得到

---

① 当费氏对禄村进行调查时，他报告说，鸦片作为一种作物已被根除了，尽管村里仍有许多吸鸦片成瘾者还在当地客栈买鸦片。

1升。妇女劳动3天才能得到1升。我自己还小，1升也得不到。妇女插秧，帮人除草和收割。男人犁地，打谷和挑谷物。男人犁地劳动两天得1升稻谷，他们不需要用自己的水牛。我们家没有牛，也没有马，那些年是最困难的。

我是[1943年]16岁时结婚的。18岁有了一个女儿。我老公是从四川来的。他是来这里劳动的。他有手艺，能编竹篮子。他最初来到唐海，我妈当时正抚养着3个孩子。在村里，我家的亲戚大姨妈说，我妈当时独自养育我们三兄妹。我哥哥们在国民党时期被抓去当兵了。我大哥后来开了小差，但二哥再也没有回来。我二哥被抓壮丁时，他已有个儿子，只活到6岁就死了。我二嫂还健在。后来我姐姐也出嫁了。

我妈决定招一个女婿来家里帮忙。所以，我们就把来自四川的那个男子请到我们家来。我大姨妈将他介绍给我们。他来我们家主要是因为我们生活很艰难。他来到的时候我才13岁。他住了几年我们才结婚的。过去，这叫着父母包办婚姻。当这个男子来到时，我就知道他将会是我的老公。他在我们家吃住。在那些年，他编篮子帮我们还债，并去换一些米来吃。过年前他一直编竹帽子和背蓝。快过年时，他就捆起来拿去卖钱。他将篮子送到大户的富裕人家去换一些米过年。在那些日子里，人们得不到轻闲，他们总是有生活的压力。

我们过去常去禄村。我们也去并见到过许多高高的山崖，并把木炭背回来卖。我到一个市场上把煤卖出去换成5升米。我还步行去中村苗苗坡一侧的武台山——我到那里及其他许多地方把煤背到禄丰去卖。一周可以去背两趟。

一些富人买去做饭。当我得到 5 升米时，我们就能过上一礼拜了。我每次背 50 斤，两趟就是 100 斤。说真的，没有别的任何办法。假如下雨，你就不能去了。你想种地又没有地。我们只能去街市买点小蔬菜度日。有时我们连一粒米都没有，蔬菜还比较便宜。我们没有地，在晴天的时候我就去背煤挣钱，回来再买米。假如下雨，我们就不能背煤了。没有钱，我们就不能买蔬菜或大米吃了。我们没有足够的米饭吃。过去的生活是那么艰难。

高女士对其年轻时生活的追忆使我们清楚地了解到，当时的市场为妇女提供了收割罂粟、从事农田劳动或背运东西的机会。我们不太清楚人们得到的报酬是按所做工作的数量或价值，还是按基于年龄和性别的工钱标准。在收割罂粟时，妇女甚至是儿童可能同男子干得一样快，但是，她们可能被安排去从事不同类型的工作，因而得到不同的报酬，这体现了她们的性别身份或年龄。作为搬运工，男子、妇女、儿童可能会背运同他们自己的个头和力气相称的担子。妇女和儿童得到的报酬少可能同她们背运的重担的轻重有关。从高女士的叙述中我们也得知，既然他们家乡村的土地不足以维持他们一整年的生活，穷人家过去常常在村与村之间流动，哪里有工作就到哪里去。作为一个小村庄领导者，高女士对过去的回忆，反映了在其他叙述中可能不那么明显的对阶级差异的敏感性。

高女士后来的生活是这样的，

> 1948 年，即解放前一年，我们来到了这个地区。我妈、我老公和 2 个孩子都来了。解放后，当我们大孩子 4 岁，老二(一个儿子)刚出生时(高女士 22 岁)，我们正住在邻近的

一个村子里。我们听住在禄村这个小村庄的人讲，这里有地。我们想得到土地，所以就来到了这个小村庄。这个小村当时只有 3 户人家。许多地都还没有被耕种。那时，这个自然村有一户地主人家，一家贫农。所以，我们一起来到了这里。现在这里有 29 户、129 人。① 如今，我们有水库，耕作的条件改善了。现在，我们小村庄的一个[以前的]地主还健在。他以前的生活还不如他儿子现在的生活好。

由于有劳动迁徙的经历，高女士家对各个村的情况比较了解。土改期间，他们得知禄村的一个偏僻小村有地。土改使费氏带着同情心描述的一些漂泊者和苦力劳工成了拥有土地权利的永久居民。

袁女士与传染病

袁女士的生活史揭示了疾病（一种流行性感冒）和家庭破碎对一个妇女的可怕影响。这个妇女后来成为序言中所描述的个 4 代母系家庭的创建者。

1989 年当我第一次见到她时，袁女士 80 岁（生于 1909 年），在 1990 年多次短暂的聊天中，我了解到了她的身世。在此后几年，她的健康每况愈下。1994 年当我再次返回时，得知她已过世了。

> 我初婚时才 14 岁。婚姻是包办的，我老公 15 岁，他姓

---

① 这个女队长向我提到的这些数字可以被假定是准确的，因为她多年来对每个人都很了解。她谈到的户数同官方户口本上的数字是不一样的，她谈到的户数更多而总人口更少，我认为这反映了她更了解人们分家和离开的实际情况。

袁。我公公及全家都得了病。这一家的 6 口人全死了。这是 1925 年前后发生的一场流行性感冒。① 我公公、婆婆、老公、我自己女儿、小叔子和小姑子全死了。几年后,袁氏家族逼迫我改嫁。这次是嫁给我老公的堂哥。我第二个老公比我大半岁。婚后一年,我老公被国民党军队抓去禄丰城当了兵。他后来去了保山(位于云南西南部)。

我老公离开后,我公公婆婆对我很坏。袁家人对我不好是因为我最初生了两个女儿。一个女儿因疏忽而死了,第二个刚出生就死了。当我第一个女儿得病之后,他们没有给我任何钱给孩子去看病。假如她是个男孩,他们是会给钱的。有一次我外出时,他们甚至将我 7 个月大的女儿扔到沟里。我只有第三个女儿幸存下来了。后来,我的两个儿子,一个 3 岁的,一个 9 个月大的也都得病死了。3 岁的那个死于肺炎,9 个月的那个突然死于影响到他嘴巴的一种病。我丈夫从未给我写过信,也没有寄过任何钱回来。所以,我到县衙门去打官司,要求我老公给我生活费,但没有任何结果。1945 年[当她约 36 岁时],他找了第二个老婆(小老婆),就没有再回来。

袁家待我不好。当我去法院告状时,袁家只给了我值 2 担谷子的钱。袁家有 2 个男人带着枪赶到路上要杀我。当时我弟弟来接我,然后我就回了家。后来,我弟弟逃兵役时死到了外头。[大约 1940 年]我回到禄村时,我带着一个 4 岁的女儿和 2 岁的儿子,还怀了一个未出世的孩子。我回家后,有人逼我改嫁。但我不愿意再结婚了。我只想把女儿抚

① 班凯乐(1996)对云南鼠疫作过极好的研究。

养成人:那样就好了。

　　解放后,他们因害怕被划为地主,我老公家给了我一工地(0.4亩),但我本人已在我自己的村里得到了土地和房屋,所以,我全还给了我老公家里的人。他们在邻近的一个村里,当时被划成了"富农"。

　　[1940年]当我带着孩子们回到禄村时,我帮人劳动来[挣工钱]。白天我干农活,插秧和除草,晚上就帮人做衣服 188 和鞋子。我劳动6天挣6升米。当我到别人家里去做衣服时,他们提供2顿饭和1斤大米。我给别人干活一天半就能做一套衣服,3个晚上可以做一双布鞋,一个晚上做一条裤子。为了挣点小钱供女儿念书,有时候我也去中村市场购买谷物和鸡,然后带回禄丰去卖。

袁女士的故事表明了20世纪前半叶疾病造成的沉重损失。这场流感毁掉了她第一个丈夫一家人,并夺走了她几个孩子。她第二个家和老公或许觉得她很背运,特别是因为她最初生的几个孩子都是闺女。费氏描述过户C中类似的情形。当一个男子的全家都得了病(可能是痢疾)之后,他把他老婆的死及其他每个人的病都归咎于也得了病的儿媳妇,说她是"带来厄运的媒介"(1945:93)。袁家不接纳袁女士的女儿们表明,一些家庭坚信只有男婴是有价值的。我在第八章中将进一步探讨这个主题。

袁女士的叙述也表明,假如一个单身母亲能有栖身之所,她也可以自谋生路。幸运的是,她弟弟为她提供了这种住所。当他去世后,她可能继承了他的房产。袁女士也让我们看见了土改时有人耍弄的花招,那时富有之家试图分散其田产,以免被土改队划为地主或富农。在后面的一个部分,我们将看到被贴上带有反动含义的政治标签如何带来可怕的后果。

1938 年的富裕者

1938 年，费氏对禄村贫富村民之间的差异感到很吃惊。富人有更好的住房、衣物和食品。他们可以不干体力活，并享有休闲。例如，A 和 B 这两户在村里享有最高水准的住房、衣服和食物（费孝通和张之毅，1945：92）。他们有宽敞整洁的二层住宅，穿着考究的服装，男人有适合正规场合穿的长袍，有绸缎和昂贵布料做成的短上衣，妇女有银耳饰，年轻男子有皮鞋和欧式衬衣。他们的饭菜得到了费氏的赞赏，有丰富的蔬菜、白酒、糍米粑和蜂蜜（91）。

189 费氏倾向于认为这个社区的财富主要来源于占有田产，来自村里制造的手工艺品如纺织品或其他商品的收入微乎其微。像他时代的其他许多人一样，他寻找的是有形货物而非服务的产出。结果，他并未强调来自诸如开客栈和做买卖等商业活动的收入。他侧重于衡量人们可以从土地中获得的收入，而这些收入在很大程度上有赖于他们拥有或租出去土地的数量，或者他们作为劳工的工作。在第四章中，我们探讨了 1938 年土地占有的分布，并发现少数家庭（约 8％）拥有 17—26 亩地（约 1—1.6 公顷）。很显然，这种土地占有规模可以提供一些保障，但不足以带来巨额财富。费氏解释说，富人的"问题"是"消磨了他们许多空闲时光。我的房东既不劳动，也不吸鸦片。这是个烦人的问题，他只好通过睡长觉和去教堂与茶馆闲逛来解决"（105）。

费氏在估计来自非农如商业方面的收入上是很独特的。在描述了第四章中提到的 A 和 B 两个富裕户之后，他计算出户 B

出售剩余谷物所得的现金收入是 185 元国币,[1]但户 B 还通过做长途生意,如买公牛到昆明出售,并在一个远处村买纸张运回禄村卖净赚了 150 元国币(85—86)。换言之,假如费氏没有了解到他们还做了其他商品的买卖,那么,长途买卖为他们提供大约一半或甚至更多的收入。这种交易显然是费氏在上文中称之为"闲逛"的同一房东所为,这表明他可能利用茶馆作为一个"交易所"来进行这种买卖。商业活动的其他例子还可以从对 1939 年通货膨胀的反应中看到:"富裕的前保长……组织他的一帮朋友囤积了 5 万多斤食盐,甚至贫困的劳工也在价格不断上升的市场上买了猪以便日后转手卖出去"(107)。费氏关于家庭财政的那一章也表明,贷款的利息可能是重要的收入来源。正如费氏指出的,这些资金并非总是最穷的人借走的,它们有时被用于筹措生产性企业的经费或以更高的利率再借出去(121)。

富人一般是大地主,但他们也是前政府官员、前征税者、保长或前保长。费氏几乎没有触及这些职位何以变得有利可图。这或许是因为他的被调查者对于获得非正规收入来源的手段守口如瓶,其中包括诸如出售人们喜爱之物(比如对贩卖鸦片熟视无睹),或通过征收额外的税金等——这些问题迄今依旧存在。

除了富裕的土地所有者和官员,客栈老板和商队骡马的主人也可以赚到就当时来看似乎相当可观的收入。我粗略估计,他们 *190* 所得比从事农作的有地家庭(17—26 亩地)高 3—6 倍。不过,马帮商队面临相当大的风险,牲口有可能得病或遭土匪抢劫。当然,无地劳工的风险甚至更大,他们的所得仅有拥有土地农民所得的大约 1/6。

---

[1] 费氏用美元的符号表示元,在 1938—1939 年,元同美元的比价在 4—20 元之间波动(费孝通和张之毅 1945,见注释 46)。

对他们而言,一天不劳动就可能意味着一天没有食物。

如何致富?

费氏相信:"在像禄村这样一个甚至连简单手工业都不发达的村子里,有地和无地人口的几乎所有负担都必须靠土地来承担"(费孝通和张之毅 1945:44)。在研究了非农收入之后,他首先写道:"这类村落的经济主要是建立在土地之上的,土地决定了人们的生活水平"(51)。但在后来的一段话中他写道:"地不会生地……致富的方法在于农耕职业之外,有雄心的村民必须离开土地"(129)。他因而承认真正的机会处在村子外头,因为农田经营的成功还不足以赚钱赚得允许各家购买更多土地。每家的平均土地数由于人口增长而减少了(见第八章)。此外,一些家庭因吸鸦片成瘾而丧失了土地。能够购买足够土地以经营一个可行农场的那些人,都是从非农收入中获得钱财的。

1938 年,在村外从事活动的禄村年轻男子约有 20 来人:1 个大学毕业生、2 个学生、2 个学徒、1 个收税者、1 个司机、1 个军官及 12 个士兵。费氏观察到:"所有父母都希望其子女过上比他们自己更好的生活,他们意识到这一希望只有通过孩子们作好准备以便能在城镇找到更好的工作才能得以实现"(129)。

费氏在叙述了一个长期负债之家在儿子当兵一年后还清了债务并添置了地产的逸事之后,他提到,村里最富有的那家有一个儿子当了一个团的司令官。他列举的例子中还包括小学校长、"保长、收税者及其他人,来证明政治职位的金钱价值"。致富的道路因而包括教育、从军及获得政治职位——所有这些都同葛希芝所说的附属性生产方式有关,而后者是由国家主导的。然而,正如我们已看到的,许多例子都表明,办企业、从事商业活动、开客栈、从事长途买卖以及放贷等，也都是发家致富之途。

费氏选择简短描述了5户的家庭状况和预算，用以代表从富裕到贫困的各种不同情况。他对他们家庭经济的勾勒，使我们得以瞥见造成一些家庭比另一些家庭更贫困的缘由。费氏发现，禄村的阶级差异是建立在土地和家族史之上的。一些家庭是老地户并拥有土地，而另一些家庭则是新户或漂泊者，他们都缺乏田产和社会网络。这一制度是流动的，富庶之家会因各种原因而丧失财产，比如昂贵的马帮骡子死于疾病、吸食鸦片成瘾，或者有太多儿子瓜分地产。事实上，费氏感到，由于富裕之家比穷困人家生养更多儿子，这势必减少每个儿子所继承财产的份额，他们成功的同时也播下了自我毁灭的种子。

1938年到20世纪90年代初

费氏作研究和我本人开展研究之间影响禄村的经济变迁，是很难系统化地予以追溯的。旨在缩小阶级差异和重组生产的政府政策的不断变化，无疑对在这50年间生活的每个人产生了深刻的影响。全国性的政治动员延伸到了中国各地的偏僻角落，在云南，像禄村这样的地方也卷入其中。继20世纪50年代的土改和集体化之后，最有影响的两大运动是1958—1961年的"大跃进"和1966—1976年的"文化大革命"。

"大跃进"是政府一项雄心勃勃的尝试。遵循社会主义计划的原则，它使中国全体农村人口加入庞大的公社从而致力于农耕、筑坝并开展大规模的建设项目。今天众所周知的是，"大跃进"后出现了严重困难。尽管解放后有改善生活的各种承诺，贫困再度降临到农村人口中（其人口影响将在第八章中予以讨论）。不过，农村人仍非常不乐意详尽地讨论那些可怕的时期。

总的来说，"文革"对村落的影响不太严重，但它的确扰乱了人们的生活，并导致了对教育投资的中断，对此人们至今还能感受得到。艰难困苦的这几十年，也是记录松懈或遭到破坏的年月。我对村庄经济变迁的叙述因而只得从费氏的出发点跳到了20世纪90年代。探讨了这两个端点之间村落变化的某些定量标准之后，我展现了有助于瞥见贫富村民不同时期经历的若干生活史。在通常情况下，我总是轻描淡写他们各种困难的性质，但了解中国宏观政策的发展演变，有助于我们将个人的经历放置在这些更大政治与经济运动的情境下来思考其影响。

20世纪90年代的富裕与贫困

费氏作研究之后的60年间，村里的经济状况以及富裕与贫困的性质，都受到了革命和改革的影响，但许多传统的因素依旧存在。费氏希望理解一些家庭何以比其他一些家庭更为成功。如今，当我们再度问起这个问题时，我们也想知道社会性别如何影响到成功、贫困及风险。中国妇女在农村社会面临着某些弱势，但她们也分享了繁荣带来的好处，而处于贫困之中的不单单是她们。一个妇女在社会上的位置源于她们自己的成就，还是其丈夫与家庭的成功呢？家庭对男女地位有多大的影响？鉴于家户（household）的神秘性质，要厘清社会性别与阶级之间关系的困境，从来就不是那么轻而易举的。理查德·威尔克（Richard Wilk）将家户描述为经济人类学的"黑匣子"（1989）。家庭纽带和亲属关系嵌入到个体男性或妇女同机会与失败的市场之间。家庭和亲属群体构成了一套不断变化的关系，后者可以将个人推上去，也可以拉下来，可以将他们吸纳进来或排斥出去。根据其经济坐标对个人进行分析，有必要力图窥探黑匣子的内部，以便发现这些家庭是如何运转的。

如今禄村经济发展的步伐可以被放置在全国和全省更宽泛经济的情境下来加以理解。就全国经济标准而言，禄村究竟处于什么位置呢？当然，没有任何单一的标准足以传递经济福祉与生活质量的信息。所有标准都涉及简化假设及显示总和数据的不同方法。相信数字列表带来确定而牢靠信息的那些人将会发现，许多人类学家恰好认为它们是如海绵般有弹性的，它们的有用性取决于能否得到好的原料以及它们的正确混合。一般而言，厨师并不十分了解烹调的配料在哪里生产，如何生产以及它们含有多少神秘的"添加剂"。利用中国普查数据的任何人都知道，他们不能够总是期望将一切东西加起来。从不同角度表明宏观经济变迁的表格，就像是在切有大理石花纹的蛋糕，切出来的每一块其颜色和形状都各不相同。话虽如此，我们还是来尝尝吧。

中国、云南及禄村的现金收入度量

中国的人口普查报告了人均收入，但并没有说明男女之间的收入差异。收入包含了来自农业的收益（农民将他们所生产谷物的一部分卖给了国家）以及有正式工作和正式注册企业里人们的薪水。官员们不太可能计算来自许多非正规职业的收入，而后者在农村是普遍化的，其中包括在市场卖蔬菜、熟食及剩余谷物，在国家屠宰场之外非正规地卖猪杀猪以及临时从建筑、家具制造、餐饮业中挣取工资等。

即便采用更深度访谈的方法，计算家庭收支仍是极其复杂的。人们通常较健忘或对于报告一年中的一些收入来源有顾虑。

人们也以模糊的方式报告其收入。禄村人的典型回答是："一个月一百多，一年一千多"（人们于是不得不接受较低的数字，因为没有办法在无限制的"多"中取一个平均数）。意识到所采用的方法并不是绝对可比的，所以，我先介绍官方有关全国、省级及禄丰县的收入数据，然后接上我自己对禄村的调查结果。这样的话，我们就可以理解禄村的相对生活水平了。

不管实际的数据收集存在着什么缺陷，全国人口普查呈现的数据旨在使各个地区保持一致。首先，让我们探究云南省农村人口的收入，并将它同中国西南其他省份和整个国家作一个对比。总的来说，中国中西部诸省比沿海省份更贫困（卡特等 1996）。云南农村的收入低于全国平均水平，但类似于它周边的四川和贵州省（表 6.1）。1980—1991 年的数据显示了收入（元）方面的巨大增长，这反映了改革以来中国取得的增长率，但这也高估了收入增长，除非我们将通货膨胀考虑进去。虽然云南的净收入在 1985—1991 年间从 338 元增加到了 573 元（增长 60%），但由于通货膨胀，这些增长其实只是一种错觉。

从 1952 到 1984 年，中国的价格是相当稳定的（1963—1972 年有所下降），但到了 20 世纪 80 年代末，通货膨胀迅速。在 90 年代，通货膨胀短暂减速，到了 20 世纪 90 年代末，再度有所减缓（见表 6.2）。

表 6.1　西南几省和中国一些年份农户的人均净收入（元）

地区	1980	1985	1990	1991
云南	150	338	541	573
四川	188	315	558	590
贵州	161	287	435	466
中国	191	397	686	709

资料来源：国家统计局（1992：308）。

表 6.2　中国居民消费价格的变化(1985—1991 年) 194
(前一年的价格＝100)

年份	价格指数
1985	109
1986	106
1987	107
1988	119
1989	118
1990	102
1991	103
1992	108
1993	119
1994	126
1995	110
1996	107
1997	100
1998	99
1999	99

资料来源：国家统计局（1992：235）；云南省统计局（1995：244）。1994—1999 年的数据来源于彭博社(2001)的中国居民消费价格指数。

全国价格指数(衡量每年同上一年相比的增长情况)显示，1985—1990 年间的价格上升了 62%。1991 年,云南和中国的家庭食物开销约占家庭收入的 60% 或更多(表 6.3)。这表明了同 20 世纪 30 年代的有趣连续性。费氏报告,中国一般村落将 60% 的收入花在食物上。实际上,他关于禄村家庭预算的 5 个例子揭示,食物占生活费的 48—70%(费孝通和张之毅 1945：51,87—89)。[①] 人们普遍认为,随着财富的增加,人们将收入的更少

① 关于对最富裕的户 A(该户用于食物开销的比例是最低的)的计算,假如家庭收入中不包括族人给其儿子读大学的 120 元补助,那么,食物开销会从 31% 上升为 48%。

一部分花在食物上。

表 6.4 显示了禄丰县的收入,这包含集镇、禄村及其他村庄。这些数据表明,1991 年禄丰县的平均收入只有昆明市的 36%,比全省平均水平低 20%。这个县不像允许外国人去作研究的其他许多县,它并不特别富有,禄村也不是一个"模范村"。[①]

表 6.3 农户 1991 年家庭企业净收入和人均基本生活费(元)

地区	农户收入	家庭基本开销					
		食物	衣服	住房	燃料	工具	合计
云南	513	315	38	51	13	51	468
四川	520	345	41	47	25	57	515
贵州	425	284	35	23	23	30	395
中国	589	352	51	69	27	72	571

资料来源:国家统计局(1992:309—11)。

注释:农户净收入不包括农户从集体或国营企业中挣得的收入。因此,它应主要反映通过家庭耕作得来的收入(表 6.1 中的净收入包括从集体和国营企业中得到的收入)。

在改革期间,禄丰的人均平均收入增加了,但不像云南省的平均数、云南中南部其他县以及昆明市增长得那么快。禄丰落后的两种可能原因在于它的农业和交通。比起云南更富裕的一些地区特别是靠近玉溪的那些地区,禄丰种植烟草更少。烟草是云南最赢利的作物。云烟因其优质而享誉全国,因而有较大的需求量。尽管有卫生部的警告,抽烟已成为男性福祉的一个象征。自 1990 年以来,属于烟草公司的一连串新摩天大楼和奢华建筑项

---

① 这应同波特夫妇(1990)、黄宗智(1990)及黄树民(1989)研究的各村以及费孝通对开弦弓村的再研究(1983)作个对照。朱爱岚(1994)也对收入高于全省平均水平的模范村进行过研究。

目在昆明拔地而起,不断提醒人们烟草行业所取得的成功。①

表6.4　滇中城乡地区的平均人均收入(元)(1985—1991年)

地区	1985	1988	1991	增长的百分比
云南省	424	673	1011	138
昆明市	1109	1988	2512	126
昆明西边				
楚雄	453	733	1011	123
禄丰县	523	778	914	74
禄村	327	647	不详	98
昆明东边				
曲靖区	402	647	940	133
陆良县	402	639	683	70
昆明南边				
玉溪区	738	1571	2309	213
通海县	514	891	1086	111

　　资料来源:云南省统计局1992年,根据表19-4改编;禄村记录(见表4.5)。
　　注释:禄村百分比的增长指的是1985—1988年的情况。我没有得到1991年人均收入的村记录。由于更多男劳力在镇里就业,禄村1985年的收入可能特别低。这些记录显示,1985年的劳工人数比1984年和1987年以后少了50多人。云南省统计局(1995:622,表19-11)报告了1992—1994年县别农村抽样人口的净收入。它显示禄丰县**农村**的净收入分别是709元(1992)、769元(1993)和937元(1994)。

　　禄丰县可能也受到位于昆明和滇西大理市之间贯横东西的一条新高速公路的影响。这条路现在再往南边绕过了禄丰集镇。我不知道它是否早在1991年就产生了影响,那时这条路仍在建设之中。1996年,当我问禄村支书这条高速路的影响时,他表示

---

① 云南省是中国种烟草最多的一个省份,占全国烟草种植的约20%(国家统计局:1992:363)。

会有影响,但感到不太严重,因为禄村仍有相当好的交通通向这条新高速,它也可以通过老滇缅公路去昆明。后者如今稍微快些了,因为它的交通没有那么堵。最后,表 6.4 表明,地区一级(区或州)的收入比县一级增长要快,这或许是因为更高层级的行政市一般都比县域发展得更快。

再转向禄村,我 1990 年的入户调查显示,禄村的收入比该县的要低。不像县城包含了具有较高收入的行政、商业和工业部门,禄村几乎是乡下。此外,我报告的禄村收入全部是现金收入。我没有计算分到土地的所有各户自己消费的自产粮食、猪肉及蔬菜,只包括他们卖谷物或牲口所得的现金收入(表 6.5)。禄村中心的个人收入平均而言比禄村小村庄高 14%,这最有可能反映了他们离城镇的工作地点更近。

到 1997 年,共有 50 户的另一项调查显示(表 6.6),即便将通货膨胀计算在内,平均年现金收入还是大为增加了。这主要是由于在城里或村外挣取现金收入的机会增多了。这一样本特别有趣的方面是,在 20—29 岁这一年龄组中,虽然妇女仅占报告者的约 1/3,但从中可以看出,两性之间的现金收入差距微不足道(女性还显示了极小的优势)。

这一切表明更多的非农机会正向妇女开放。这也说明了教育的重要性,因为有较高薪水的一些妇女,都具有较高的文化程度,而有些挣取现金收入的年轻男子则作为非技术性劳动力从事季节性劳动,挣取低得多的工资。

表 6.7 列出了从事非农工作的男性和妇女的收入,这取自于男性和妇女中第 1 和第 5 档(即收入最高和最低的)中的 1/5 人。村民中具有较高收入的一般在政府部门工作,或具有稀缺技能(如木工、学过医、学过驾驶及持有驾照的),要不就是获得了稀缺

资本的(比如拥有马车、开着表哥的小型货车或在叔叔开的店铺里劳动)。他们一年中约 12 个月都致力于这些职业。与此形成对照的是,收入较低的那些人一般都从事体力劳动,其技能也不稀缺。他们一年中只干几个月,既干农活,在剩余时间里也干点能找到的零工。但这种年现金收入夸大了第 1 档 1/5 人同第 5 档 1/5 人之间的差距,因为前者往往一整年都在干这种活。第 1 档 1/5 人的月劳动收入约为 350—800 元,而第 5 档 1/5 人是 100—350 元。

表 6.5 禄村 1990 年的人均收入

单位	年平均现金收入(元)
禄村中心(8 个队 40 户)	572
禄村小村庄(7 个队 42 户)	502
大禄村(15 个队 82 户)	534
信息不完整(4 户)	

资料来源:1990 年随机抽样的村调查。

表 6.6 禄村 1997 年按性别和年龄分列的非农现金收入

年龄组	男性		妇女	
	平均非农收入(元)	人数	平均非农收入(元)	人数
50—59	4084	10	——	0
40—49	2930	14	1973	6
30—39	1892	5	1019	4
20—29	2984	29	3106	16
17—19	1566	9	800	1
合计	2865	67	2460	27

资料来源:1997 年 50 户的随机抽样样本。

259

表 6.7 禄村 1996 年非农收入的变动范围

按性别排列的主要职业	1996 年的现金收入
第 1 档 1/5 男性	
木工厂企业家	10000
县政府职员,787 元/月	9444
中学教师,600 元/月	7200
小型货车司机（表哥的车）,600 元/月	7000
钢铁厂工人	6000
第 1 档 1/5 妇女	
中学老师,600 元/月	7200
县警察局干部,600 元/月	7200
赶马车的,500 元/月	6000
医生(受过大学教育),500 元/月	6000
女售货员(叔叔开的店里),350 元/月	4200
第 5 档 1/5 男性	
砖厂临时工,3 个月(450 元)	750
再加上炸石头,1 个月(300 元)	
运输工人,3 个月	700
建筑工人,2 个月	624
建筑工人,2 个月	600
建筑工人,1 个月	200
第 5 档 1/5 妇女	
砖厂临时工,9 个月	800
店员,3 个月	750
蔬菜小贩,1 个月	300
在禄丰当裁缝,3 个月	300
卖野蘑菇,1 个月	200

资料来源:1997 年访谈。

有关禄村的定量数据提供了总和人口以及个人在不同时点 ¹⁹⁸ 上所处位置信息。村落生活的其他方面则不易于从这类概要中被捕捉到。下面我要探讨人口中较贫困和较富裕的那些人的生活。

20世纪90年代的贫困者:鳏夫、 劳改过的劳动者、老年人及残疾者

正如我在第一章解释过的,1990年,我利用村户口登记簿选择了一个随机抽样样本对80户进行了访谈。然而,接触所有各户并不是同样容易的。特别是,非常穷困和非常富有的农户,被证明更难在家里找到他们,并且他们也较不能全面描述其经济状况,或者说也较不合作。

我抽样方法的缺点在于,我假定所有居民都是正式居民,也就是说他们都是在村里有户口的人。有人告诉我1989年和1990年初这里没有任何住在村里的临时工。到1991年,我得知一些个案。到1994年,我怀疑这类人随着新企业的扩展可能增多了。这些流动劳工在村里没有户口(因而也没有任何土地权利),他们通常是只身来到的,住在雇主提供的住处。当我碰到他们时,我发现交谈起来较困难,这既是因为他们应不停地工作,也因为他们通常讲着我听不懂的外省方言。

同长久移民或无家可归者不同,季节性的工资劳动者也是禄村劳动力的重要组成部分,正如他们在1939年时那样。他们仍在插秧和收割的高峰期来干农活,许多人正是来自革命前就给这里提供季节性劳工的相同的毗邻村庄。这一状况部分是因为环境上的差异。环境差异影响到各地需要农田劳动力的时间。尽

管流动性和季节性劳动者在村经济中发挥了作用，并且在村内部往往占据了不甚理想的位置，但他们不属于本研究的主题。①

生活史

禄村一些老年村民的生活史及其他叙述，揭示了革命前在战争和社会动乱的困难岁月里他们如何生活的丰富细节。一些人还描述了革命之后的困难岁月。在搜集这些故事时，鉴于批评革命的那些人曾招致惩罚的众人皆知的历史，我并不强制他们向我提供有关"大跃进"或"文革"期间所经历困难的详情。我也不想让人觉得我的目的是要败坏革命的声誉。即便有人想批评，他们也不能确信当地官员听不到，从而使他们对自己所说的感到后悔。

有时候，通过重构某些事件的时间，我们发现它们同某些政治运动显然是重合的。人们偶尔会给予详述，但我并不鼓励他们将其叙述转成政治化的陈述。我相信，对于逼真地向外国人讲述他们革命后经历的艰难困苦及重温其痛苦的回忆，村民们总的来说是十分谨慎的。假如乡民的回忆使他们陷入政治麻烦的话，他们几乎得不到什么保护。在后面的几个部分（和第八章），我要呈现人们经历过的那些状况的一些叙述以及困难时期他们可资利用的社会与文化资源。

寻找村里的穷人

中国贫困的持续存在不可避免地成为以消除阶级不平等为

---

① 流动劳工和季节性劳工在其家乡村可能有类似的房屋和居住条件，但在"外"劳动时，他们可能会接受较低质的居住条件，以便将更多现金带回家。

宗旨的政府所面临的一个棘手问题。在 20 世纪 80 年代，人们对于给西方人留下什么印象的政治压力感到特别敏感。中国干部试图掩饰他们村里贫困和不幸的种种迹象。到了 20 世纪 90 年代，这一态度开始发生转变，比如，一些政府机构开始意识到，除非他们表明自己有将受益的贫困人口，否则他们不可能吸引到主要的发展援助和贷款（克罗尔 1995）。当我要访谈的随机户样本中包括一些异常贫困者时，我发现村里的联系人在带领我去见他们时总是感到相当犹豫。在我设法至少见到那家人，并了解到有关他们的状况之前，我通常需要做好几次尝试。假如不是采用随机抽样的方法，我将不太可能碰到村里较贫困的一些个人。在某些情况下，贫困或残疾状况致使进行一个完整的访谈难乎其难。

可以肯定的是，禄村一些人仍很贫困，其状况可能并没有得到巨大的改观。然而，有所变化的一个情况是，假如一个人属于 *200* 村里有户口的家庭成员，他或她就有权分到一份土地。然而，仅有这点并不能确保其福利。费氏注意到，对男子来说，贫困同单身通常是同义词。一个贫困的男性难以找到老婆，而没有老婆，其生活被认为匮乏得可怜。同样的状况似乎也适用于今天。不管出于何种原因，假如一个男子缺乏女性伴侣，他的生活似乎就会因此而变得贫困得多。

侯先生、劳改与失落的年华

多次到侯先生家里想找他都没有成功，但有一天早上我终于碰到了他，并听他讲述了其令人感兴趣的故事。1990 年，侯先生 56 岁，还没有结婚。村干部似乎希望我别去找他，但当我最终在其家中找到他时，我意识到，严格地讲，这可能不仅源于他的贫困，而且也因为他的政治历史及他作为地主儿子的遭遇。

革命以前，侯先生上学上到了大约 8 年级，他居住在禄丰县城的一个区里。他父母家那时约有八九口人，因为购置了大约 24 亩地（1.6 公顷）而被打成了地主，其实人均才 2.7 亩，或者说不到 0.18 公顷。侯先生受过孔孟之道的教育，16 岁解放时是孔孟协会的热心支持者。1952 年进行土改时，他和他家人被遣送到禄村，他们的大房子被充了公，在村里得到了两间小房子（9 口人住），并被期望成为农民—耕种者。

由于他受过传统儒家训练或实践，1953 年他被宣布是一个"反革命"，并被发配到滇南蒙自的草坝接受了为期 10 年的劳动改造（简称"劳改"）。他在那里不得不干农活。这是吴弘达（Wu Harry）描述过的那种劳动改造（1992：175）。当他 1963 年返回时，候先生将近 30 岁了，并继续受到管制，因而不是理想的结婚对象。他既贫困，从意识形态上讲又是一个"坏分子"。然而，他的妹妹结婚了，她现在住在昆明，是个城市居民。她的大多数孩子也都住在城里，但有个儿子（出生在错误的年代）却不得不仍住在村里成了农民。这个外甥已结婚，并有 2 个小女儿。不像其他农民，侯先生有几百本书，而且读得很多，他的书或许主要是小说。

作为一个孤独的中年男子，侯先生表面上并没有显露出痛苦和悲伤的神色。他有外甥在身边，在村里至少有些亲戚。他住在几家共用的一个较大院落里，他的住处狭小而简陋。他的大部分农活，做饭、喂猪、洗衣服都是他自己干的，但偶尔也同他外甥媳妇作点劳动交换。他还为她照看两个可爱的小女孩。他给我的印象是一个达观而有才智的男子，但受到了压抑。我怀疑他内心深处隐藏着丧失了自由的岁月里所经历的痛苦，受难的主要原因似乎是因为以前他家的生活稍微富裕一些。1990 年，我大致估算了他的收支,花销为1120元人民币,收入是750元(见表6.8)。

表6.8 侯先生的年收支

开支	元	收入	元
化肥	100	卖粮食	250
小猪	120	卖猪	500
饲料和农药	100	台湾叔叔给的钱	不清楚
雇工(一个男子干了10天)	60		
家具	200		
食物、衣服、家庭必需品	360		
煤	120		
医药	30		
送礼	30		
合计	1120	合计	750

这个老年男性的生活最近有了一些希望,因为他在台湾的一个叔叔给他写了信,并寄来了钱(显然靠这笔钱弥补了入不敷出的状况)。因为环境仍"不适合",这个叔叔还没有回来过,尽管移居台湾的一些老年人已这样做了。但不管怎么说,他得到了足够的钱购买了几件好东西:一个长沙发、盖着干净的粉色塑料布的矮茶几、一台电视机及一辆自行车。他似乎并不害怕同我交谈,但经历了那么多年贫困和被人鄙视的岁月之后,他小心翼翼地对待他自己设法重构的小世界。他的生活并不完全是悲惨而卑微的,但作为一个老年男子,在没有别人照料的情况下,他不得不从事所有艰难的家务活和农田劳动。

杜先生:"三个光棍"之家及其他孤独的男性

杜家位于属于大禄村的其中一个小村庄。通往那个小村的那条路甚至都不宜骑车。这是一条拖拉机道，它的一个岔路通往一条被侵蚀的小径，后者沿着位于水渠之间的狭窄边坡延伸了二三百米。禄村中心同这个小村庄之间另有一条更长的道路，但它也仍是一条拖拉机道。从外面走近这个小村子，它看上去显得较老旧，就像城堡似的，建成了环状，没有窗户的高墙将它同外面的世界分割开来了。房屋布局看上去是朝内而不是面向周遭田野的。当费氏1938年描述禄村时，禄村中心同样是像城堡似的，但进村的大门如今已不复存在了。在禄村中心，砖瓦水泥建筑正在取代泥墙，但在1990年，这一过程在这个小村庄尚未开始。一旦进入其中，应邀来到院子里同人们交谈时，我不能不注意到这里更拥挤而肮脏的环境。各户之间狭窄的过道，甚至对于徒步行走也不甚方便，道上堆放着粪肥。像禄村的多数小村庄一样，这个自然村也通了电，但没有自来水。它看上去不如禄村中心富有，我想禄村中心的妇女当然不会渴望嫁入这里的家庭。①

1990年，有3个单身汉的杜先生家被选入了我访谈的名单中。户主杜先生是个老年男子。邻居指着紧挨着一些脏房屋的一个像地牢似的完全黑了的小房子告诉我，他就住在那里。他正好不在家，要在那里对他进行访谈显然颇为困难。我后来又回到了这里，当我最终见到杜先生时，我们的谈话没取得任何成功，因为他是个聋子。但我从邻居及其小儿子那里了解到了一些关于这个悲惨家庭的情况，我还部分依靠户口登记资料将各种信息串

---

① 我在访谈中了解到，禄村中心有个妇女嫁给了这个小村庄的一个男子，她是在学校认识他的。他几乎是个文盲，而她却读到了5年级。嫁到更差的地方并嫁给文化程度更低男子的这一例子，是颇不寻常的。雷伟立（1991）对中国西南（四川省）婚姻模式的分析表明，妇女倾向于嫁往城区。村里户口登记簿里几乎看不出从禄村中心嫁到小村庄去的信息。

在一起。杜先生家由他本人（结过 3 次婚的鳏夫）和两个儿子构成。老杜先生 1918 年生于四川，1990 年时 72 岁。他 2 个幸存的儿子分别生于 1972 和 1975 年。大儿子因偷窃而锒铛入狱，但据其邻居讲，杜先生是非常老实的。

当我最终碰到这个皆为男性的 3 口之家的另一个成员时，他的贫困立即从其衣着和举止中显露了出来。尽管其父亲老杜先生不在家，但一个脸色苍白、瘦削而营养不良的男孩子站到了我们跟前，眼睛张得大大的，但默不作声，脚是光着的，穿着带补丁的蓝裤子（在中国农村很少见到人们赤脚走路）。他说他已 15 岁时，我猜测他或许长期都吃不饱饭。由于害羞和窘迫，他几乎不能回答我什么问题。但村民们肯定地告诉我："这个男孩子脑子没有问题"。我后来得知，他从未上过学。他曾尝试上了几天学，但家里没有人给他做午饭。队里也没有人主动负起确保这个孩子上学的责任，所以，他后来就不再去了。他不得不为自己和老父亲做饭。他爸的确失去过 3 个老婆。第一个是解放前跑掉的。第二个生其第二个孩子时死了，但她没有留下孩子。1971 年娶的第三个老婆同杜先生生了两个男孩。邻居说她很"胖"——这意味着她似乎很健康——但她突然得了病，并在 1983 年离开了人世。第二个儿子没有上过学，因为他母亲去世，刚 8 岁的他不得不自己既干农活又做饭。这个家从来没有肉吃。他们所有的衣服和一两袋粮食都是别人给的。这个男孩子的哥哥因偷窃仍关在监狱里。只要瞥一眼他们家的贫困便会情不自禁地想，这种境遇怎么能期望他不去偷呢？

1996 年当我返回时，我找到了那个弟弟，他那时已是个 21 岁的小伙子了。他尚未成亲，靠在他自己田里劳动和为别人干活挣工钱为生。他父亲几年前去世了，哥哥被关了约 6 年后在

1995 年出了狱。他被关进去是因为他偷电线卖。这一罪行受到的惩罚很严厉，这显然是为了保护给各村供电的系统。我助手推论说："这不是一个应受谴责的人（比如偷别人钱包的贪婪者）犯下的罪行，这是贫困者犯下的罪，他转卖电线可能只能得到 10 块钱（还不到 2 美金）。"

1996 年，我见那个男孩子已长大了，比我预想的过得好。他一会在这，一会在那打临工，并种着自己的田。在我两次调查之间，他参加了为期 3 个月、由政府为成年人开设的扫盲班（他给我看了他的书）。他学会了读这本书的大约前 20 页，但仅此而已。因为政府不再支付 3 个月以后的费用，他就没有再去上了。他给我看了他同哥哥及表兄弟一起拍的照片。虽然这些表兄弟知道他的状况，但他们从来没有以任何有效的方式帮助过他。

他从前的小脏房子还在原址，不过如今已整修过了。房屋有 2 层，有一个楼梯通到楼上有 1 张床的房间，楼下有一张桌子，3 个小凳子。他在白墙上贴了一张财神爷的画，上面写着"财神赐福"。他哥哥几乎不在家里住。这个年轻人讲，他没有攒下足够的钱盖一栋更大的房屋，假如他哥哥回来的话，还要分给他一半。他房子的一楼约仅有 4 平方米，楼上或许是 3 平方米。有了坚硬的地面、刷白了的墙及天花板，屋里看上去不再显得那么凄凉了。据他邻居说，他现在可以照顾自己了。他自己做饭并穿着干净的衣服。他比哥哥长得高，也不再瘦骨嶙峋了。他穿着一条蓝色牛仔裤和一件式样时髦的短上衣：他不是一个难看的小伙子，尽管有点害羞，但很乐观。或许他已到了适婚年龄，但一个姑娘除非很喜欢他才会住到这么小的地方来，并且只有一半属于他。他说他同哥哥相处得很好。在这个有两兄弟的贫困户中，最好是其中一人或两人被招婿到可以提供更多居住空间的家庭中。

204

未婚男子的这些个案揭示了分析中国社会不幸的一个普遍主题。没有妇女的照料,男人们不会过上令人羡慕的生活。正如在费氏研究时代,他们不能够同等参与丰富的乡村生活。在其家庭生活中,由于没有任何劳动分工,他们也很难取得有两性合作的家庭中所享有的同等生活质量。就鳏夫杜先生的孩子们而言,我们看到家庭只具有最低限度的社会安全阀功效。这个家庭虽不会挨饿,但其孩子缺乏使之能上学的家庭支持。结果,他们在寻求解决任何事情的能力上永远处于不利境地。在迅速变化的经济中,他们只能找到从事体力劳动的机会。

上了岁数、残疾与贫困:鲁女士及其丈夫

1990年我对鲁女士进行访谈时,她是个72岁(生于1918年)的老年文盲女性。

> 我15岁结婚,是父母包办的。我老公和我婚前没见过面。我结婚后的工作同我在娘家干的活一样,主要是种地。我婆婆很坏。起初,我不敢外出走动。我老公在外头赶马车从黑京往禄丰运盐,很少回家。他从童年时起总是很勤快,对我也非常好。我们俩从来不打架。解放前,我们的生活更苦了。我们从住在城里的一个地主[即上面描述的单身汉侯先生家]那里租地种。每年交租之后就没多少剩下来了。我们只能吃南瓜做的稀饭。我们养不起猪,几乎不吃猪肉。我们几乎没有什么衣服。当我生孩子时,我在家里只待了一个月就下地干活了。后来,国民党军队抓了许多壮丁,我丈夫被抓去当了兵,3年后才回来。

> 革命之后,到生产队劳动,我同我老公干一样的农活,劳

动非常累人。1958 年["大跃进"期间]，我得了子宫脱垂，直到现在还常常掉下来，所以，我现在不能干很多活。那时，因为我自己病了，一个女儿也饿死了。在生产队劳动，我一天挣 7 个工分。每年分到的粮食都不够吃的，我们不得不买粮食吃。生活真的很苦。我老公[77 岁]赶马车赶了 50 年。现在他很少外出赶车了。他退休后每月能拿到 30 元钱退休金[因为他赶马车有正式工作]和 15 斤稻米[16.5 磅]。

205 　　1934 年鲁女士结婚时，她丈夫家给了她 2 套衣服、一张床、一个被单、一只手镯及 20 块钱。她娘家给了一个柜子、一个盆及一床被子。她一共生过 7 个孩子，但有 4 个(2 个男孩和 2 个女孩)在 3 个月到一岁之间就夭折了。虽然她没有详述"大跃进"后的困难时期，艰苦劳动显然使她付出了沉重的健康代价，并至少死掉了一个孩子。尽管人们习以为常地谈论解放前的苦难，"大跃进"年月显然也具有其特有的可怕经历。

　　这两个老年人现在同 47 岁的二儿子生活在一起，后者在家里种地。他们说儿子未婚，但村记录显示他结过婚。这表明，他妻子可能出走或发生了什么事情，但其父母不提此事恐怕有其尴尬的难言之隐。他们的二儿子承担了大部分农活，他也背柴并到市场给全家人购物。家里没有自来水，这个儿子每天都要挑水。他们没有任何役畜，但鲁女士养了 4 头猪和一些鸡。去年，这家人杀了一头猪，并在城里卖了 3 头。因为他们没有种足够的粮食，所以还必须买一些。这 3 口之家一年的开支约 1085 元，这还没计算补充性的稻米及其他食物。他们的收入中只有 360 元是丈夫的退休金，约 1300 元是鲁女士卖猪卖鸡所得。他们当过兵的大儿子已结婚，离开他们 15 年了，并有 3 个孩子，所以，他几乎没有什么给其父母的。他们的女儿也出嫁了，生活在禄村的另一个小村庄。除了 1958 和 1962 年买的两个热水瓶外，这个家几乎没有任何现代器具。他们晚上到邻居家看电视。尽管他们还能度日，但主要依靠其中年儿子种地和鲁女士养猪卖维持生活。

姜女士：残疾和团结

姜女士生于 1948 年，我第一次对她进行访谈时她 42 岁。她孩提时代过得很艰难，8 岁就失去了父亲（大约 1956 年），她母亲独自抚养 4 个孩子。姜女士上了 4 年学，是个半文盲。一个姐姐把她介绍给了她丈夫。她 22 岁结婚后来到禄村生活，这里距离她娘家约有 60 公里。她丈夫 41 岁，只念过 2 年书，1990 年我初次碰到他们时，他们正遭遇一起悲惨事故。1989 年，当她丈夫坐火车做买卖时，他的胳膊断了。1990 年，他们正挣扎着供 3 个 12—18 岁的孩子念书，她丈夫不能再干体力活了。姜女士包揽了所有农活，还养猪并干许多家务。当她陪丈夫在昆明医院就医时，他们孩子的朋友来帮他们收割小麦。在农闲时，姜女士外出在不同市场卖衣服和鞋子，她总是从这里买来到那里卖出去，她和丈夫从前是一块干的。他们的年开销几乎为 2000 元，收入约为 1700 元，他们还借了 100 元钱。虽然他们在 20 世纪 80 年代末置办了几件生活消费品（1987 年买了自行车，1988 年买了洗衣机），但他们没有收音机和电视机。他们的房子又黑又差，并且很狭窄。尽管有这些困难，姜女士及其丈夫还尽力让孩子们继续求学。他们的大儿子 18 岁，已中学毕业，是个好学生。他们希望他能继续上大学，不过他弃学并顶替丧失了劳动力之父亲的压力想必是很大的。

那些年，我不断重访这家人。令我惊讶的是，他们一直设法让其儿子念书。他最终上了昆明农业大学,1997 年即将毕业。他们的女儿和小儿子分别只读到 8 年级和 6 年级,现在在家帮着干农活。姜女士还种蔬菜拿到城里的市场去卖,她丈夫经亲戚帮忙得到了一份当保安的工作,每月有 100 元。1997 年,他们的开销(因通货膨胀而上升)是:食物和衣服约 1600 元,电费和燃料费800 元,农具、化肥及交通运输费 240 元,医药费和送礼 400 元,儿子上学约 2700 元,一年总共约 5740 元。他们的年收入中保安的工资 1200 元,卖粮食 600 元,卖蔬菜 300 元,卖猪净挣 700 元,总共 2800 元。他们的收入显然仍低于他们的开销,他们可能没有报告他们自己或其年轻的成年子女打临工挣的钱。正如姜女士谈到的,她一年中有一个多月时间在卖蔬菜(或其他东西)。随着孩子们长大起来并承担起更多劳动,这个家的日子好起来了。成功的一个标志是 1995 年他们购买了一台电视机。

我对这家人的调查总是表明,同他们预算缺口相吻合的是,尽管在更新或扩展黑暗、拥挤的住所以及购买现代设备与家具方面,他们落到了街坊邻里的后头,但他们却为儿子念大学作出了很大牺牲。当他毕业之后,他们的经济状况应会有所改善。尽管 207 丈夫有严重残疾,但这家人设法凝聚在一起并相互合作。他们的境况也得益于住在禄村中心而不是偏远的小村庄,否则类似的商业机会和作为保安的就业机会是难以找到的。

宁女士:残疾和分家

1990 年我碰到宁女士时她 62 岁。她 1928 年出生在禄村的一个小村庄。她既没有上过学,也没有缠过脚。尽管有 5 个成年孩子,她却自己单独过。她一贫如洗,罹患的关节炎还导致了残疾,耳朵还相当聋。她听不见我们的敲门声,是一个邻居把我们带进去的。宁女士住的小屋里空荡荡的,没有人帮她料理日常家务,这使禄村这个老年残疾者的生活十分艰难。对她进行访谈很不易,只有靠大声说话,我们才得以将她讲述的情况串在一起。

解放前我 17 岁时,我父母做主给我找了一个我从来没有见过面的男人。我是坐轿子来这里的。他家是地主。他上过学,会写字。我出生在一个农民家庭。

我生过 8 个孩子,只有 5 个活下来了,4 个儿子和 1 个女儿,我小产丢了一个。我第三个孩子是个女儿,3 岁死于麻疹,第五个女儿 3 岁得肺病死了。我们家那时很穷,同婆婆住在一起[因为她丈夫是地主之子,丈夫家在 20 世纪 50 年代成为阶级斗争的对象,但宁女士没有直接谈到这点]。

我老公年轻时不喝酒。孩子们小的时候,没有钱喝。但最近 10 年[正好是改革时期,人们更多地使用现金而不是工分和票证]他一直在喝。他现在每天都喝,而且还抽烟。他控制着钱,我从来不知道他在酒上花了多少钱。他过去总是等人都离开后再杀猪,这样他能够自己吃肉。

当我得了病不能再劳动之后,他就不再要我了。当我在生产队劳动时,他对我很好,那时我年轻,能干活,但我已耳聋 10 年了,得关节炎也 5 年了。我手指痛,所以不能干许多活。手在水里插秧时特别痛。我也养了 2 头小猪,因为我有关节炎,手伸到水里时很痛,所以我只能切猪食但不能洗。自从我得病之后,我老公和我吵得很多,他经常打我,不只是他喝酒后。他开始打我,因为我听不见。

我老公原先住在这里,但两年前他拿着他的东西走了,在本村的别处买了一个有两间的房子。从那时起,我不常见到他，也不同他说话了。当他回家来偷我东西时，我不敢说什么，否则他会打我的。但后来我气得要死，我甚至跑到池塘边想跳进去，但同村人拉住了我并把我送回了家。

当他离开我的时候，我们没有找村领导来合理分家，要不然我会得到公平的一份东西。他拿走了牛、10只鸡、小炉子、罐子及家庭工具。他还拿走了粮食和猪，卖了大约3000元。他拿走了所有钱。他花了约1800元买了另一个房子。他也把屋里的大部分东西都拿走了。他拿走了打谷机和手推车。他还拿走了收音机。他这个人很没良心。

当我们分地时，我老公拿走了好地和化肥补贴本，留给我的是差地。他种了3亩地，因为他还种了三儿子的地，而我只有1亩2分地。我四儿子只种了他自己的1亩地。他留给我的是差地。我没有化肥种地。[正规分地时，给每个人的地块大小是考虑到土地生产率不同的]。因为我什么也没有，我不肯交粮食税。当每户都必须交10块钱修路费时，我丈夫说我应该付钱，但我告诉队长他拿走了所有钱和家里的东西，我没有钱交。所以，他们让他交了。

为了种地，我还浇了水，我外甥媳妇和女儿来帮我插了秧。我三儿子从昆明回来帮我浇地并安排其他人插秧。收割时他也回来了。地上种的够我吃了，大约有5袋稻谷。每袋约有50公斤。我有足够吃的，一天3碗[只有大米饭的简单饮食，一天不到1磅]。至于零花钱，我卖了一只鸡得了10块钱，我还有2只母鸡，假如它们下蛋的话，我就可以买药治我的关节炎了。

我问及宁女士5个孩子的情况，只得知他们几乎不能给予什么经济帮助。她已婚的大儿子有精神疾病，二儿子在外头成了亲，家里有许多人靠他养。其余的儿子和女儿都迁往昆明了，但收入都很低。

宁女士的情况表明了以下重要的几点：其一，它揭示了一个非正式离婚的妇女如何在其子女和亲属的帮助下勉强维持最低的生活水平。宁女士有足够的粮食吃，但几乎没有别的东西。由于几乎没有任何节省劳力的设备，在依赖社会性别化体力劳动分工的经济中，当一个成年人丧失劳动的能力时，其婚姻生活就会变得格外困难。其二，宁女士的困境表明了配偶一方致残后遭遗弃这一并不罕见的现象（尽管上文中姜女士的个案更鼓舞人心）。当宁女士变聋并得了关节炎之后，她丈夫开始对她施加暴力，并最终离开了她。其三，即便养育了 4 个儿子，从理论上讲应给父母提供充足的保障，但宁女士的生活并非很可靠。最后，她 1954 年出生的大儿子患有精神疾病，连同丧失了或许是 20 世纪 50 年代末或 60 年代初出生的 2 个小女孩，这可能反映了"大跃进"后 *209* 的困难状况。

20 世纪 90 年代的富裕

在 20 世纪 90 年代，我们看到了不断变动的各种情形，其中包括从前贫困的家庭有的过上了好日子。但我们所搜集到的 20 世纪 90 年代发家致富的例子表明，革命前就富有的一些家庭仍保存了某些优势，即便他们因革命丧失了财物，但仍能成功地对改革提供的机遇作出反应。他们的社会与文化资本（教育与商业取向）并未因革命性的几十年而丧失殆尽。

20 世纪 80—90 年代的改革时期，放松了 20 世纪 60—70 年代迫使所有家庭一同贫困的限制。境况较好的家庭同相当贫困的其他农户之间现在存在着清晰可辨的分化。按国际标准来衡量，前一类中的少数家庭达到了中产阶级水平。同20世纪30年代相比，人们可支配的财富更多了。因为人们在谈论发财或贫困时从来都觉得不很舒服，所以搜集收支方面的可靠数据是困难的。由于我主要靠自报，人们可以拒绝讨论其收入问题，或者他们在回答时可以做"调节"。我假定富裕之家通常将其收入说到最低限度，以免引起街坊邻里的嫉妒。他们当然也不想透露某些信息，以免走漏了风声可能还要多纳税。从下面的第一个例子中，可以清楚地看到嫉妒的问题。

寻找村里的富人：唐家的谨慎

1990年7月的一个上午，我助手和我给唐家打去了电话，希望能按我随机抽取的样本进行访谈，我们被告知家里没有人。我们注意到他们的房屋是崭新的，一个漂亮的院子里种着鲜花，还有一条大吠犬（狗从未吓住我助手，尽管它们是受过训练的看家狗）。后来，计划生育干部告诉我们，她已通知那家人我们希望对其进行访谈，但他们前一天夜里去找计生干部，说他们不想接受访谈，随后他们就离开本镇去探望这个妻子的父亲了。这个干部说这家人不想被采访是因为他们是镇里最富有的家庭之一。他们不想回答有关其收入的问题。她解释说，他们解放前是"大"地主，现在又东山再起了。除了种稻谷外，这家的丈夫是挣了许多钱的建筑队包工头。当时我没有得到更多关于他们情况的信息，但后来在打消了他们的疑虑、告知不必回答他们认为不宜回答的任何问题之后，我助手机智地设法对他们进行了访谈。因此，除了种地外，随后的访谈因而避开了涉及他们收入的详情。

210

　　这一家由唐先生、他妻子泰女士及 3 个子女构成。1990 年，他们种了 5.1 亩稻谷和一小块菜地，并卖了 3 头猪。他们说他们卖粮食的年总收入是 2000 元，卖 3 头猪得了 1500 元。他们一年的生活和种地开销约是 2000 元。唐先生"有时"也在镇里或镇附近搞建筑。唐先生分担了他妻子的一些农活，泰女士承担了养猪和管理菜园的主要责任。他们对建筑业的叙述更多的是强调困难而不是其成功。据他们讲，1989 年末和 1990 年，他们在建筑业中遭遇了挫折。1989 年失去了相当可观的 3 万元的资本，因为他们按一定价格签订了建筑合同，但建材费因通货膨胀而迅速上涨。紧接着 1989 年经济发展急剧放缓，很少有人想盖房子，所以，唐先生那时没有干许多活。当然，经济滑坡在整个中国都相当明显。

　　然而，他们以前在建筑业中取得了成功明显体现在他们 1986 年新盖的房子上。同其他各户相比，他们在 20 世纪 80 年代就能够购买许多用具和工具，其中包括一个打谷机、一个拖运车、两辆自行车、电炉、电饭锅、洗衣机、缝纫机、立体声音响及彩电。这些物品中最贵的是 1988 年购买的彩电，花了 3200 元。虽然这些东西在 20 世纪 90 年代变得越来越普遍了，但在 20 世纪 80 年代却是相当罕见的。这家是最先购买了那么多东西的家庭之一。很显然，尽管他们获得了成功，但对阶级斗争、财产被剥夺以及嫉妒的记忆，仍令他们很担忧。村民们告诉我，这户可能是村里第二富裕户，仅次于那个工厂主。

曹家的复兴：生意的成败

　　家庭命运的流变及由革命引起的逆转在曹家的个案中是有所体现的。曹先生现在是 50 出头的一个富裕男性。下面的这段叙述有曹氏的当代描述,括号内又加入了费氏著述的摘要及我自己的解释性评论。

我父亲是禄村受人尊敬的一个能人。1938 年费孝通先生来这里时,我父亲家有 30 匹骡子用于去黑京运盐。他还建造了一排新房屋。我父亲曾对费孝通说:"今年我家的运输业不景气,马都快要死了。"

[富裕户中有 4 家养了马用于运盐。一匹马负重大约是 200 磅,来回只需要 2 天时间……我们发现,有 5 匹马的主人平均一天能有 4 元国币的收入。既然一匹马值 100 元,按此规模开业,投入 500 元是必要的……下面的事实表明了驮畜的高死亡率……1938 年,有 23 匹马和 15 匹骡子死了。死得最多的一个主人死掉了 15 头牲口(费氏 1949:49)。]

曹家那时是有钱的大户人家,但有几个儿子争夺房产。解放时,我家被划成了地主。在 1960—1961 年间["大跃进"之后],我父母都饿死了。我那时 16—17 岁,不得不自己照顾自己。我什么事没干过呀! 木工活、泥瓦活、大田劳动、雇工、养猪、屠宰。1981 年,当他们开始把土地承包给各户时,我是第一个跑出去干别的事情的。那时,搞建筑最赚钱,所以,我承包了一个建筑队。当时整个禄村只有我自己和杨里占(后来成为一个厂主)是最早发家致富的。我是头,他是尾。在那些日子里,假如一个人盖了新屋,全村人都会感到震惊。当我盖起新房时,因为我以前被划为地主,有人就说:"别看[嫉妒]他现在盖起了新屋,以后我们会住到那里的"[他们是指早先没收地主的房屋重新分给贫农]。

1989 年,一些人来同我吵。由于我以前是地主成分,我

非常害怕。我不敢继续从中赢利了。我把承包的工程队转
给了别人。从 1990 年起,我没有再干别的任何事情[他搞建
筑时,背部受了伤]。机会一旦失去了,就不能再回来了。从
经济上讲,自 1989 年我把建筑队的承包合同卖给别人之后,
建筑行业一直是亏损的。从政治角度讲,我认为我做得对。
我这样就不必操心我能赢利多少了。新的日子具有意想不
到的转变。生活或许不能总是有保障的。假如你有许多钱,
你可以等着用在别处。我的所有孩子都已离开了禄村,他们
都从农业转成了非农职业。我花了钱给他们一些人买了城
市户口,我不想让他们再当农民了。

　　在当地,这家人被认为是非常富有的。曹的妻子开玩笑称她
丈夫为"新地主"。这个个案特别有趣是因为,它揭示了一个富裕
家庭如何重新获得了财富,尽管经历了 20 年的阶级逆转。那时,
他们家的财产和房屋被没收,他们被打成了最受鄙视的社会阶
层——地主。曹氏对于其孩提时代革命给他家带去的痛苦生活
仅一带而过,只提到他父母是饿死的。我也得知,1958 年,他妹 _212_
妹嫁给了昆明的一个男子(没有任何嫁妆),主要是为了能吃上
饭。因为"大跃进"期间当农民挨饿时,城市居民仍可得到定量供
应。在"大跃进"期间,"家庭成分不好"的那些人得到充足粮食的
机会无疑是最少的。干了 20 年艰苦的零工之后,一旦经济政策
再度允许创业时,曹氏重新改变了自己的命运,但他依然感觉到
了来自同村人的威胁。后者嫉妒他的财富,并暗示他们会再度没
收他的财产。

　　是革命前时期承袭的"阶级"优势使这个男子的家庭东山再
起,还是他自身的努力使他赢得了财富,仍有待商榷。很显然,曹

氏秉承的优势不包括物质财富、特殊的教育机会或父母的支持。这就留待用家庭内的儿童期社会化这个因素来解释阶级优势如何历经了革命而能幸存下来，并使他能够使其家庭再度富裕起来，尽管他在村里受到了公开谴责。这一优势可能源于他家对教育的重视。曹氏念过9年书，这大概是20世纪50年代一个村民能达到的最高学历，当然比早早辍学参加劳动的一般村民要多。个人动机、甘于冒险、好的时机及艰苦劳动等，都有助于他的成功，但受过更好教育或许也是一个因素。这家人对非农工作的偏好是很明显的。曹氏女儿受过大学教育（15年），目前在政府部门供职。他的两个儿子像他本人一样只读过了9年书，但两人都是拿薪水的驾驶员，因而重续了这个家族早先在运输业中的专业化活动，不过汽车已取代了骡马。只有50来岁的这家妻子致力于体力劳动，承担了大部分农活。她种水稻、蚕豆、蔬菜并养猪。在他们1.6亩的承包地上，她雇人帮她犁地、插秧和收割稻谷。

曹氏及其妻子1984年盖新房花了40 000元，1995年女儿结婚花了5000元。他们现在每年的现金支出估计约为7400元。两个儿子的现金收入总计为7368元。额外的收入来自他们自己消费的家里种的粮食、蔬菜及自产的猪。另外就是卖猪所得，一年净挣1000多元。他妻子承担了种地和养猪的主要责任。曹氏现在不创造任何直接收入，尽管不太清楚他以其他形式储蓄或投资的钱数。今后他将面临的主要花销是儿子结婚，但儿子们自己挣的钱足以省下来举办婚礼，对禄村年轻姑娘而言，他们是具有吸引力的对象。然而，最有可能的情形是，他们将娶有非农户口的妇女。

213　**"公开场合谈论成功"的报告（1993年1月）**

下面我要介绍的是禄村企业家舒先生讲话的一部分内容，他在此解释了他获得了成功的事业。这一讲话是他对行将结束兵役、要重新过平民生活的军人们所作的。其目的是鼓励他们回来务农,并缓和他们退役时倘若得不到城市户口而导致的担忧和不满。讲话稿是打了出来的并发给了大家。

题目:依靠党农工商总体发展的好政策
——勤劳致富的一个例子

领导们、同志们:

我家就住在本镇的大禄村。我现年 57 岁,汉族。我 1955 年应征入伍,1958 年退役后回到了村里。这些年来,沿着党的路线、在党的总体政策和特殊政策的指导下,并在各级政府领导的帮助和支持下,通过辛勤劳动,我家的经济状况有了非常大的变化。我家一开始极其困难,住在甚至不到 20 平方米只有一间房的破屋子里。我现在已扩展出农工商及养殖业相结合的多元化家庭经济。

1958 年当我从部队转业时,我被分配到楚雄铸造锻造厂工作。3 年后,我父亲双目失明,母亲的腿因风湿病不能行走,弟弟又死于脑炎。由于这些困难,我妻子和我不得不放弃并离开了我们在国营厂当工人的工作,①回到了古老的小村庄,承担起养育家庭的负担和重任……

特别是在党的改革开放政策指引下,我一步步促进了多元化经济。

1. 我创办了一个个体木器厂和一个家具店,雇了 7 个人。1992 年的产值为 13.675 万元,纳税 6771 元,工商管理

---

① 放弃工厂工作的含义在于,在国营部门就业的工人享有"铁饭碗"。这意味着他们享受就业保障及其他许多福利,如保健、住房和城里的粮食供应等。

费 4169 元,净收入 6.771 万元(约为 1.22 万美元)。①

2. 我承包了 7.2 亩地,年生产粮食 7200 公斤,即亩产 1000 公斤,产值为 5000 元,除了交 998 公斤的公粮外,我可以卖 1000 公斤稻谷,得到现金 1100 元。

3. 我们去年养了 7 头猪,卖了 3 头,获得了 1987 元,剩下的 4 头猪值 2500 元。

4. 我们承包了一个苹果园,共有 2 亩地,在村镇技术员的指导下,我嫁接了梨树新品种,今年有些已结果实,收入了 4000 元。

214 我们夫妻俩经过许多年的艰辛劳动、科学管理以及我们双手的劳动,取得了 43487 元的年总收入[约 7828 美元]。全家 7 口人每人平均 6212 元[1118 美元]。我们已过上了富足的生活,并进入小康行列。1990 年,我们还建了一个新住宅,地面铺了水泥瓷砖,面积有 80 多平方米,造价为 5 万元。

根据党的十四大精神,为满足禄丰市场的需求和消费者的消费水平,我计划引进采用香港—澳大利亚技术的新式家具生产线,产品将面向禄丰市场。现在,我已向县土地办申请购买了 300 平方米土地,以便扩大并建一个木器厂和家具店。

各位领导、同志们,上面介绍了我最近这些年如何取得的一点成功。今后我要继续为取得更大的经济成功而努力奋斗。

---

① 1992 年,1 元外汇兑换券相当于 18 美分。外汇兑换券是人民币兑换外币的官方汇率。中国人民币(目前唯一的货币)的黑市价兑换率会低 30%—50%。

谢谢各位!

1992 年 12 月 20 日

我们应将舒先生关于其成功的公开陈述,同对他妻子隋女士私下所作的以下访谈作个对照,①因为舒先生在其叙述中略去了 1961 至 1968 年的情况。这段时间是这个家庭因"文革"而面临重重困难的时期。他也没有描述家庭劳动分工的情况,其中包括他本人监督所雇来的手艺人,连同他儿子正在学做家具,他妻子负责养猪和种田,两个十几岁的未婚女儿在店铺工作以及她儿媳妇同婆婆一起分担了种地、养猪和照看孩子的责任等等。他妻子的生活史填补了某些细节,并揭示发家致富之路并不是一帆风顺的。

隋女士的故事

我生于 1944 年。我娘家村离县城约有 15 公里,距昆明约 55 公里。我父母都是种水稻的,他们是贫农,那时生活很困难。因为我家非常穷,我只读到 4 年级。我爸吸鸦片烟上了瘾。我 15 岁那年就开始到工厂去劳动。

我妈不能忍受同我爸过下去——生活极其糟糕。我爸吸鸦片,奶奶对她很抠门。我妈受不了,所以,我刚 1 岁多点她就离开了。她抛弃了我们,我妈后来去帮我婶婶干活,后者在城里开了一个小杂货店。

那时,我妈有两个存活的孩子。我哥因生活困难夭折了。当我妈离开时,年仅 12 岁的姐姐负责照顾我……解放

① 虽然我采用了西方的尊称形式(先生和女士),但我还想保留当代中国的习惯,即妇女婚后保留其娘家的姓氏。儿童通常但并非总是跟父亲姓的,所以,当我谈到宋女士时,我指的是宋先生的已婚女儿。

后，我爸终于放弃了吸大烟，那时政府将所有烟鬼集中起来给他们强制戒毒。

我 13—14 岁[1956—1957 年]以前一直由姐姐照顾。后来她出嫁了，只剩下我爸和我。除了靠我自己，当时没有别的办法维持这个家。我爸娶了他后来的老婆……我继母来到后也不管我们，她对我们不好……没有办法学习了，我只读到 4 年级。你看看我这双手，都是因为我过去常常割喂马的草料卖造成的。

"大跃进"。那时我 15 岁。我离开了家当了一名工人。那时，我还没有自己的裤子。我穿我爸的旧衬衣。一件长长的衬衫把我屁股都盖住了。那是 1958 年。那是["大跃进"]最困难的岁月。那是最悲惨、最困难的时候……（她停了一会，因回忆起自己没有裤子穿并离家外出工作而流下了眼泪）。而且，我们住在半山区，所以，生活就更困难得多。

当工厂开工时，他们招工人，但只要 18 岁及以上的人。我还不到 15 岁，但我认为我可以被当作 18 岁通过的，所以我去了，而且真的"通过"了。我好好干了一阵。我只工作了3 年[到 1961 年]，我就"下马"了。老舒[指她丈夫]和我那时在一个汽车车间劳动。我想辞掉工业劳动，我只想去那干了一阵就离开。但那时无处可去，因为"老舒"同我关系不错，我就告诉他这些事情。当我去楚雄工作时，我也来禄村看了看，看看这里的稻田。见这里非常平坦，我答应跟他来这里。我放弃了工厂工作，回到了他的村里。

结婚。我是 1961 年嫁给他的。那时一切都处于混乱之中[指"大跃进"后的困难时期]，我当时就想辞职。我想或许我可以回家，但没有地方可住，临时住处都没有。所以，我考虑来考虑去……我可以离开，我寻思我能[同他回到村里]。结婚时我17岁。婚后的生活仍不如意。1962年，我生了老大——我的大女儿。我记不确切其他孩子是什么时候出生的，我生得太密了。我们不知道生育控制方法[避孕]。我只给我大女儿喂了八九个月奶，后来就停了——我没什么奶。那些年我生得太密了，养孩子很费劲，生活又艰难。我的健康状况很糟糕，唉！

20世纪60年代初的艰难生活。我们回来不久，老舒的父亲就双眼失明了，成了一个瞎子。他妈当时在公共食堂["大跃进"期间]做饭，她也必须去挖沟……结果她的脚折断了，因而她只得爬行。与我同龄的老舒的弟弟还得脑炎死了。

我嫁来后这里发生过暴力事件。有人看守这个地方，那是非常时期。我去找我妈帮忙……我自己也是个母亲，正怀着第二个孩子。我婆婆的情况很糟糕。正是那时我才理解女人的难处。我去找她……[她住在一个遥远的山区]。我意识到我妈妈这个老年妇女很可怜，她背着那么大的一个筐子，头往前伸，身子都直不起来了。我怎么能住进她的家？我发现我妈妈的生活过得不好。她怎么能去那种地方？看着她，我难道不会痛苦地哭得很多？难道我们彼此不关心吗？我在那里待了几天就回来了。

我总是想念和想起我妈，但也没有什么可选择的。她的生活很悲惨，我不得不管起两边的老人。我爸没有儿子，尽管我姐和我都离开了家，但在他1960年去世前仍靠我们养。在我丈夫这边和我妈这边，还有老人需要我们照料。我总共生了5个孩子。我怎么能帮她呢？我没有再回去。

216

养家禽。我家接二连三总碰到各种各样困难和令人伤心的事情。当我种一些蔬菜去卖时，人家就说我搞资本主义。我是这个村第一个养鸭的。我只想搞一项家庭副业，来看看能不能帮这个家摆脱困难。我最先养了水鸭。我养了之后，村里人人见我挣了钱，养鸭就普遍起来了。每个人都开始养，当他们都养时，我就停下来，因为这时就不再赚钱了。1961年，我养水鸭。1963年我又开始养一种新东西——一种品种很特别的小鸡。来自西双版纳[滇南热带地区的一个县]的人来这里投资，价格相当高。我想这是新东西。当我干某件事比较早，比别人快一步时，效益就不错。每当我获得成功时，很快便流行起来，我于是就停下来。一旦我开始养大鹅，这个村里的每个人包括村干部都来我这里买鹅蛋，他们都来这里买，于是，这个想法又传开了，我又一次停下来不干了。然后我又尝试别的，先搞修理，后来我们开始制造家具。

舒先生和隋女士公开和私下里的叙述让我们得以一瞥禄村一户人家变富的历史。这对夫妇从贫困中起步，曾因家庭负担和公共政策遭受过挫折，但他们最终设法发展起成功的企业并取得了繁荣。对此，他们并没有炫耀，他们穿着普通的衣服，总在为他们企业的各项事务忙碌。尽管得自家具企业的67 000元的净收入使得来自农业的4 000元收入相形见绌，但他们仍在种稻谷和蚕豆，并养猪。他们还把时间奉献给公共事务（如第九章中描述的演出），并同村镇领导保持了友好的关系，这很可能有助于其事业的成功。

改革时期这些家庭发家致富的例子呈现出了某些相似性。

从本质上讲，他们都是在没有物质资本的情况下起步的，但他们每户都将身体健康的夫妻俩的共同劳作、商业取向以及某些非农活动结合了起来。尽管丈夫是否投身于同建筑相关的企业，导致了将这些家庭区分开来的不同财富，但妻子们全都偏重于种地、养猪及其他活动，这些事实上支撑了积累启动资本的家庭努力。舒先生的陈述明确将其成功归功于夫妻俩的合作，他谈到："我们夫妻俩经过许多年的艰辛劳动、科学管理以及我们双手的劳动……过上了富足的生活……"

富裕与贫困的连续性与变化 ²¹⁷

在20世纪90年代，禄村与贫困相关的某些结构性环境类似于20世纪30年代的那些。

第一，外来者仍处于边缘地位。迁移者不能够在禄村站稳脚跟，因为村民资格是由出身或婚姻获得的。为寻找工作而来该地区的那些人一般是只身来到的，过着缺乏家庭生活益处的日子。而且，他们在禄村没有获得土地的任何可能性。同社区中某个人结婚的外来者，可以通过其配偶获得土地，但正如我们在第七章将看到的，假如他们缺乏当地亲属的支持，他们有可能仍处于劣势。

第二，单身者处于不利处境。在其最佳年龄段失去结婚机会的男子会发现，他们很难找到愿意嫁给他们的妇女。超过30岁的男子被尚未婚嫁的年轻女子看作是年纪较大的，村里几乎所有妇女都是在25岁以前结婚的。单身的个人和单一性别的家庭，都难以取得像男女两性都致力于不同工作并互相合作的家庭所取得的效率。因丧偶或离异而独身的男性和妇女，假如不是年纪太大的话，他们可能有第二次结婚的机会，但他们通常不得不找同样贫困、丧偶或离异的或者有额外子女需抚养的某个人。失去母亲或父亲的孩子，可能会在贫困中长大，就像 20 世纪 50 年代的隋女士和 90 年代杜先生的儿子那样。

最后，身体残疾与疾病仍是贫困的一个主要原因，也是其结果。费氏将瞎子算命先生描写成最不幸的一个男人，但在 20 世纪 90 年代，独臂男子、罹患严重关节炎加上儿子又有精神疾病的妇女，也都面临着贫困。因家庭成员相当多的支持努力以及邻里和村干部断断续续但又不充足的帮助，他们的贫困有所缓解。家庭史中涌现出来的孩子死亡和智障问题，似乎同"大跃进"的困难岁月是重合的，那时候，贫困不仅仅意味着物质的匮乏，还意味着日常饥饿。

当我们审视致富的条件时，变化就更多了。在过去，财富主要是靠继承的。在那个河谷较早定居下来的那些家庭（或从瘟疫和回民起义引起的人口灭绝中幸存下来的那些家庭）拥有大量土地，并将这种优势传递给其子女。在费氏研究时代，尽管客栈经营和做生意为拥有土地的那些人增添了收入，但白手起家的企业家毕竟比较少。女先知黄女士算其中一个，但由于她在村里缺乏亲属支持，从业被课以重税，她的财富也保存不下来。发家致富的其他途径是从事教育和当兵，这两者可能都是在社区之外聚敛财富，但竞争也很激烈。教育需要一定程度的能力并要通过考试的检验。但这也体现了先前存在的家庭财富。只有富裕人家才能支付教师的工钱，并使孩子从农活中解脱出来以便学习。在费氏研究时代，从军生涯（和土匪活动）提供了使用武力胜过他人的机会，其中包括抢劫和敲诈，尽管风险很大。

如今，继承性的土地所有权已不能解释获得财富的不同机会,因为土地仍是人均分配的。社会与文化资本显然是重要因素。这种资本以教育、特殊技能及社会网络等形式表现出来。识文断字并了解木工、建筑、商业及市场的区域地理,对禄村的企业家一直都很重要。尽管革命和"文革"时期努力使所有家庭享有平等地位,但文化资本在某种程度上是在家庭内部代代相传的。即便在集体化时期,那会小学毕业或能识字的人那么稀少,假如不因其成分而受到惩罚,这些人仍有可能被叫去从事需要记账或其他技能的工作。① 在改革时期,受过更多教育有可能打开得到城里或国营企业工作的机会之门,而后者还携带了获得城市户口的好处。在更开放的市场经济中,识字、沟通及计算技能无疑使创办独立企业的那些人如虎添翼。

总之,当代制度中继承性优势变小了,孩子们几乎普遍地接受公共教育,从而提升了流动的程度。即便父母都是文盲,多数孩子仍有机会在学校取得成功。然而,对教育价值的重视,似乎在革命前就有人受教育的家庭中更为强烈。而且,富裕之家变得越来越能为下一代提供更好的教育资源,并通过自费而不是靠政府补贴让后者继续念大学。这将有益于富裕者为后代保留其某些优势。

在 20 世纪 90 年代,建筑比在 30 年代更为重要,其承包人都干得不错。30 年代也有较大的建筑项目,但不是盖住宅或工厂,而是修筑公路、铁路和开矿。到了 90 年代,人们可以看到作为致富手段的运输工具(从马车到小型货车)在所有权方面的连续性。这些活动中的一些可能需要有较好的政治关系。禄村中心的一个妇女(她丈夫是外村人而且背部已致残)对持续拉大的贫富差

---

① 何力毅的传记(1993)表明了这一点。

219 距评论说，集体解体后，他们队长占有并挪用了集体的财产。她指着队长的房子说："看看他的房子，那么大，他卖掉了属于集体的东西，盖起了这栋房子"。她停了一下又说："我父母过去很穷。我没有任何有权势的亲戚或朋友，所以我们现在仍很穷"。邻居们说，这个妇女属于她队里最贫困的家庭之一。

从这些叙述中浮现出来的社会性别印象是，男子和妇女在寻求生存和取得成功方面是互为依赖的，特别是在农业经济中。当男子错失了结婚机会或者因死亡或残疾而失去其妻子时，他们就富不起来。我没有碰到过一个妇女没结婚的，当死亡、残疾或离异使妇女失去其丈夫的劳动力时，她们显然经受了巨大的痛苦。她们的福祉在很大程度上取决于其年龄、能力及其子女和亲属的关心。这些情况均表明了同过去的连续性。在改革时代，随着商业、建筑以及城镇就业机会的开放，年轻人有越来越多的机会寻求工资劳动。这些机会对于男青年更为普遍，其中包括成为低技能的建筑工人，但受过教育的年轻女子也越来越多地涌向城里寻找并找到了工作。城镇就业比农田劳动明显更有价值，但这却无力创造可以同最成功的企业家相媲美的财富。迄今为止，最为成功的家庭都是靠男性在建筑相关行业里的企业专长起家的，收入的增长刺激了建筑需求。这些行业涉及更大数目的资本，也具有更大的风险，尽管它们可能靠妇女种地和养猪积累过资本，并受益于经营中更直接的合作，但它们同男人的创业与技术技能明显相关。妇女也经营小买卖和店铺，但尚未创办她们自己的靠雇佣非家庭劳动力的大型赢利性企业。禄村一些妇女显然成功获得了城里的工作和住处，这使她们得以提高了其生活水平，并告别了农田劳动。然而，禄村妇女是否能通过她们自己控制和管理的企业闯入正在崛起的企业家阶层中，仍需拭目以待。

　　总的来说，20 世纪 90 年代的禄村比它在 30、50 及 70 年代更富有了。由于货币形式与价格的不同，以定量术语来表明这些是困难的。但审视生活水平的总体指标表明，现在是比较好的时期。行文至此，我想起一个妇女所说的，即便是过去的地主也不如她儿子今天的日子过得好。我们也注意到，所有村民家里都通了电，许多人有了电视机、自行车及自来水。只要是去城市的医院，所有人都会坐公共汽车或火车。比较人们福祉的其他一些明 ²²⁰显之处，是分析人口变动（它能衡量贫困对儿童的影响），并比较今天和过去的结婚礼物如嫁妆等。正如我们在下面几章将看到的，同过去相比，这两个方面也取得了相当大的进步。

第七章　婚姻、家庭与社会性别：养儿育女

在父系继承制之下，甚至是招上门姑爷的妇女，也被认为只是父系继承链中的一个临时环节。（费孝通和张之毅1945:66）

在从中国延伸到南亚和中东，再到东欧与北非绵延不断的农业社会地带，以一种或另一种变体表现出来的父系联合家庭制，呈现了一以贯之、彻头彻尾男性偏见的极端例子……而且，在实行外婚制的东亚和南亚社会中，新娘不仅来到新郎家里，而且完全进入了另一个村或镇。在这些地方，她没有任何联系，她从前的社会知识也不再管用了。（施坚雅[Skinner]1997:59）

如今，[在中国]……从夫居婚姻极少被认为是成问题的，现在也不再有任何具有重大意义的努力来促进入赘婚。（杰华1997:98）

婚姻：期望与例外

婚后居住模式被认为是性别不平等的一项重要诊断指标，它同继承权和财产权紧密相关，所有这三个方面显然都促进了社会

性别的政治经济学。人类学家称作从夫居（patrilocal）或从妻居（matrilocal）的婚姻形式，受到了儿女继承土地和房屋的社会规范的影响。在从夫居婚姻中，儿子是家庭土地的继承人，而女儿嫁出去住到夫家，这是中国大部分地区的一般现象。夫妇俩往往居住在这个男子父母生活的地方，通常从一开始就生活在一个联合家庭（joint family）当中。在从妻居婚姻中，土地传递给女儿，夫妇俩居住在女方父母所生活的地方。入赘婚是指到妻子家中居住的令人尴尬的一个用语，描述的通常是土地通过男性世系（从父到子）传递的情形，但在特殊情况下也传给依然"在家"并招进丈夫的女儿，以延续其父系制。在维持以父子财产传承为重心的直系制度中，女儿被看作是起媒介作用的一个继承人。

　　父系继嗣、父系继承以及从夫居婚姻是中国家庭的特点。中国的亲属制因其载录父系族谱而闻名，后者通过父子关系来追溯血统，从而遗落了女儿后裔的踪迹。女儿被期望嫁出去，即嫁出其娘家村，离开其自身的父系家庭加入其夫家的父系家庭当中。我来禄村期望见到人类学家施坚雅在开篇引语中提到的那种"彻头彻尾的男性偏见"。但正如我在序言中指出的，禄村并未严格遵循妇女实行外婚制的从夫居期望。在最初惊诧地发现村支书属于一个有 4 代女性的双重入赘婚家庭的事实之后，我逐渐得知，在对待家庭和社会性别的问题上，较之正规的汉人父系制模式和刻板定型观念，禄村在某些方面的确采取了更有弹性的方法。更具体地讲，入赘婚在禄村相当普遍，人们十分倚重母方亲戚。① 正如我们将看到的，自 20 世纪 30 年代以来，禄村家庭经

①　朱爱岚（1989，1994）、华若碧（1985）都已强调过妇女同姻亲或称妇女娘家亲戚，特别是同妇女娘家人联系的重要性。

历了许多政治与经济变迁,但婚姻居住模式依旧保留了其独特性。

以往的婚姻

费氏在"母系制原则"的标题之下,描述了禄村异常的婚姻习俗:

中国任何地方都能发现婚姻中母系制原则的例子,但它通常只是在已故所有者无男性继承人的情况下、作为一种权宜之计而采用的。在这样一种情形下,女儿招来上门姑爷以便生孩子传宗接代。禄村的情形便是如此,**但这里还存在有兄弟人家的女儿婚后也有可能留在其父亲家里,并分享其兄弟的特权。**然而,这样的一种行为当然会被看作是违背传统的父系继嗣精神的,兄弟们会不情愿容忍其姐妹对他们完整继承权的侵犯(费孝通和张之毅 1945:112—113,斜体为作者所加)。

为了表明禄村的入赘婚习俗,费氏给出了从母姓的张大舅的例子。张大舅家的情况是这样的:

²²⁵ 他母亲是一个非常能干的人,她在帮其父母经营农田上给予了许多帮助。一个来自大理的姓宋的单身汉到这个村里居住,他来时带了一些钱,被招到张家当上门姑爷。这个女儿分到了张的地产。这对夫妇[张大舅的父母]后来自己又买了 10 多工地。他们活着的时候,同张家所有成员保持了相当和睦的关系,但当他们去世之后,叔伯们就要求归还土地。张大舅至今仍对这种不友好的行为感到不高兴。

他告诉我说，既然他没有改成姓宋，他本来是可以拒绝他们的要求的，作为姓张的，他有权继承他母亲家族的土地。然而，他感到，同其叔伯和堂兄弟们维持良好的关系比得到土地更值得，后者都是社区中有影响力的人物。所以，他答应了他们的要求（费孝通和张之毅，1945：113，转成了拼音的拼法）。

张大舅父母的情形并不符合人们期望的入赘婚模式，即新娘家没有任何男性继承人，而新郎又是个穷光蛋。张大舅的母亲有兄弟，而他父亲又有钱，尽管后者在禄村无地。但发生在下一辈身上的事情证明了将土地传给女儿之契约的脆弱性。她的继承人张大舅最终被他的堂兄弟们排挤出来了。

入赘婚曾激起了费氏的兴趣，传统的从夫居婚姻显然是占主导地位的。费氏揭示了父母对其儿子婚姻所作的投资，并就父系和父系模式从总体上讨论了家庭管理、土地所有权及亲属关系等问题。然而，他并没有详论婚姻问题。比如，他没有提到买妻卖妾的情况，这却是后来批判"封建"婚姻习俗的一个关键性主题。

禄村的多数婚姻无疑采取了双方父母协商安排的形式。除其他方面以外，女方父母通常会考虑其女儿的福祉等，并在她婚后保持联系。然而，某些商定的婚姻更接近于"卖"妇女或女孩。[①] 被卖的妇女既无嫁妆，又缺乏仍对其负责的亲属（华若碧1991a：239—244）。她们在家里可能处于一种从属的地位。禄村一个很有活力的老年妇女向我讲述了这样一个值得思考的婚姻

---

① 屈顺天（James Watson）探讨过中国革命之前存在的奴役形式（1980）。玛丽亚·贾斯乔克（1994）记录了 20 世纪 30 年代云南妇女受奴役的情况。也可参见第五章有关黄师娘的叙述。

故事。

1991年,70岁的宋爱林向我描述了其早年生活和不断变化的家庭环境中令人感兴趣的一些片段,其中包括拐骗,买卖妇女,不给小姑娘取名字,一夫多妻及招上门女婿等。从她孩提时代的创伤性事件开始,她的家庭故事一直将我们带到现在。

我爸遭到了山里强盗的绑架,并被扣留,要求我们交赎金,奶奶没有钱给他们,所以将她12岁的女儿卖给一个当地人家,得了360元(有一条龙图案的云南旧银币)。她把钱给了那帮强盗,但他们说还不够。强盗们仍没有把我爸放回来。于是,我奶奶就把她儿媳妇(我妈)卖给了村里的另一个男人。那个男子是个鳏夫,有一个疯女儿。我妈那时还很年轻,后来又生了一个女儿,那就是我妹妹。我那时还能在村里碰到我妈。

后来,我自己被我叔叔卖了。这不是我慈爱的奶奶干的。我第一个老公家里很穷,他们没有任何地。作为佃农,他们要将2/3的收成交给地主。我在鸦片地里干日工。那时我还是一个未成熟的12岁的小媳妇,我还没有来月经,一点也不知道性问题,我老公也不懂,他才比我大两岁。[不清楚他们实际上是否睡在一起]。

我婆婆待我不好。她骂我,责备我,因为许多事情我还不知道怎么做。我婆婆还要做很多事情照料其他孩子,她自己还是个年轻的妈妈。当我老公还是一个16岁的在校学生时,他就被国民党抓去当了壮丁。他们要他是因为他的个头很高。他们抓了他三次。前面两次他都逃回来了,最后一次他没有回来,我的生活从此变得不能忍受了。我后来被送到城里，在一个医生家当佣人，在那里干了两年，给人家看孩子。我从早干到晚，后来回来了。在他被抓走几年后，他们把我也给卖了。那时我大约 17 岁，卖了 360 元纸币，卖给了禄村我现在的老公。

我第一次对宋爱林进行访谈时，我还不很了解她，她也未提到她的第一次婚姻，仅仅解释说，她遇到了来她村里干活的她（第二个）丈夫。她暗示他们是自愿结婚的，因为双方都没有父母。这同她后来用"卖"这个词来描述她从第一个婆家转到第二个夫家，似乎并不完全矛盾，因为在那个时代，要是没有这样的经济交易，人们是不会从一家转到另一家的。

> 还是个孩子时，我没有任何名字：他们只叫我"小换"。①后来，当我同一帮没有名字的小姑娘在一起时，②我们相互取了名字。我正是那时得到"爱林"这个名字。像我一样，其他女孩子也都没有上学，所以都没有自己的名字。我爸姓宋。
>
> 我第二个老公是个佃农和有手艺的工匠。他也没有父母，所以，是他自己花钱买的我，但他已有一个老婆，而且还要供养他的岳母。我们 4 个人在一起生活。他第一个老婆虽然没有精神疾病，但有点迟钝。她能干农活，做饭及其他日常事务，但不能解决任何问题。而且，她所有孩子都死了。我来到之后（作为二房），他第一个老婆还生过 3 个以上孩子，但全死了。死了 2 个女婴，1 个儿子约 5 岁时从房子的二楼摔了下来，大约 5 个月后死了。我来之前，第一个老婆

---

① 这意味着她可以被用来换成别的东西。
② 她那时已嫁给了第一任丈夫。

还有一个 5 岁的女儿也死了。我怀孕生了一个孩子,1 岁就死了,后来我又生了。

227

当我第二个孩子出生时,第一个老婆的妈妈去世了。那个老婆很感激我为她做的事情。我们相互之间并不憎恨。我们在一起生活了很久。第一个老婆几年前才离开人世,我叫她"姐姐",她叫我"妹妹"。我孩子们叫她"大妈"。当我大儿子分家出去时,他负责照料她(第一个老婆),直到她几年之后离开人世。①

当革命来到时,尽管我们没有一点地,只因为我们同地主是朋友,我们最初被划成了"富农",一年后来了另一个定成分的工作队,我们才被定为"中农"[这个成分不会带来同样的污名和惩罚性后果]。

1958 年,我那个头高大的老公饿得慌,并因营养不良而浮肿[所有成年人不论个头大小,固定口粮是一样的]。党支书帮他从做豆腐的人那里搞来了豆腐水,并从供销合作社为他搞到了买糖、油及其他东西的额外票证。他就是那样才活下来的。

我们都不识字[现在 70 来岁],但我们所有孩子都读到了 8 年级或更高。我们相信,教育能带来好机会,所以,我们省吃俭用,穿旧衣服,精打细算,以便省下钱来供孩子们念书。我们告诉孩子们,我们希望他们过得更好,所以他们必须努力学习,他们的确这样做了。他们中的一半人读到了高中,其余人全读完了 8 年级。

长大成人之后,受过更好教育的孩子(儿子们和一个女儿)找到了从事脑力劳动的职业,受过 8 年教育的孩子成了工人或农

---

① 按中国传统,假如结发妻子没有生育的话,可以要求领养二房或妾的孩子。参见张戎(1991)提到过的大老婆想行使这种权利的一个例子。

民。他们的儿子都不是农民,一个女儿当了农民,并招了上门女婿。这个女儿同他们生活在一起,最初使用其兄弟的空房子,后来她同丈夫又盖了新的房间。在 20 世纪 90 年代初,这对老年夫妇同其子女及其配偶和孩子共用一个院子。到 90 年代中叶,大儿子在靠近马路的一块单独地块上盖起了一幢时髦的新房子(花了 3 万人民币)。爱林去昆明时常住在一个已婚女儿那里,后者是那里有户口的工人。尽管一开始很悲惨,爱林现在的家庭生活似乎很幸福而成功。

令我感到惊讶的是,这桩一夫多妻制婚姻在那么多年的时间里一直存在,那时法律上要求实行一夫一妻制婚姻。我最初以为,一夫多妻关系的持续存在只不过是因为没有其他亲属来照料可能是智力迟钝的第一个妻子,假如他们离异的话,村里就不得不供养她。就我所知,这个村悄悄容忍了这么一个男子。他的第二个妻子帮他照料第一个,还要管家和养育孩子。[①] 这两个妻子之间的关系似乎是合作多于竞争。我怀疑过这在早些年或在困难期间是否确实如此,但给我的印象是,第一个妻子活过了困难时期并活到了老年。还是一个女童时就被卖掉并再次被卖的爱 ²²⁸ 林,在集体化时代努力劳作,不断进取,到晚年是一个有活力的儿孙绕膝的奶奶。她依然健壮,并很有个性。但在后来的访谈中,家庭和婚姻幸福的图景就变得不那么乐观了。

几年后的一天,当我们单独在一起时,我终于问起爱林她后来能否容忍一夫多妻的问题。她给我的回答很令我惊讶。她并未轻而易举地接纳同她现任丈夫的婚姻。她现在开始谈到强迫的性活动和暴力殴打等问题,否定了她先前描述的和谐关系。她

---

① 这不是一个我可以容易探究而又不至于引起难堪的主题。

指着深深的疤痕说起她第二个丈夫如何打她和踢她的事情。在她改口的叙述中，她解释说，当新《婚姻法》生效后，她靠一个妇联女代表（一个外人）的帮助，同第二个丈夫离了婚。[①] 她自己单独生活了近两年时间，把大点的孩子留给她父亲，自己带着更小的孩子并租了一个地方单过。然而，她丈夫没有放过她，他不断闯入她家并伤害她。她再度怀孕后去向当地求助，但他们告诉她，他们保护不了她，并劝她回去同他一起生活并抚养孩子。因为别无选择，她不情愿地回去了，并生了更多孩子。那时的当地官员显然不但没有贯彻反对一夫多妻制的法律，而且也没有支持一个妇女的离婚权利。

使这个悲剧更为复杂化的是，爱林被抓去当兵的第一个老公并未战死。他终于回来了，发现他母亲已将爱林卖给了另一个男人。他们俩相互之间仍有感情。爱林的两个老公打了起来，但第二个赢了。她第一个丈夫挨了打并蹲了6个月的监狱。许多年之后在他去世前不久，她再次见到了他。他已结婚并有了孩子。他问起她老公是否还打她，她说："不打了""现在孩子们都大了，所以他不再动手了。"

听完这个故事后，我见她总是设法避开她那年迈的丈夫，并且意识到她其实一贯如此，只是我以前不曾注意到这点而已。作为一个坚强的人，她幸存了下来，并养大了对父母双方都很孝顺的能干子女。当然，她对其第二个丈夫（一个受人尊敬的男子）的感情无疑是很复杂的。正如叙述女巫时所揭示的，所有人际关系都是多方面的，很难以今天的标准去评判半个世纪以前的事情。同时，我们切勿忘记，在父权制家庭团结和谐的外衣之下，许多妇

---

① 尽管是个文盲，但她知道婚姻法和解除非自愿包办婚姻的新权利。

女面临着掩藏其情感的压力。爱林个人痛苦的经历既揭示了革命前的某些"封建"习俗，也反映了在实现革命承诺的某些基本权利上妇女所面临的种种困难。

婚姻与母女纽带：20 世纪 90 年代的从妻居

在云南，人们对入赘婚最通常的表述是"上门"，按字面意思，这可以被译为"在门口"。这一表述对于来自城里的我助手来说，似乎潜在具有无礼或令人不悦的含义，她在使用时总是压低音调免得使人难堪。① 当我试图获得关于其涵义的更多信息时，一想到一个男人以这种方式进门时，她就显出十分尴尬的样子——这几乎就像是在谈论侵犯父系家庭之防御庇护所的一个窃贼、一个入侵者或是一个不受欢迎的访客。然而，在对云南其他村落的村民进行访谈时，我感到，他们对这个术语并未表现出显而易见的不安，甚至他们自己也很平常地提到，压根没有以悄悄话的形式来表达。在禄村，通常用来描述这样一种婚姻的表述是"招姑爷"，可翻译为"寻找女婿"，这或许负面含义较少些。这同用于从夫居婚姻的"讨媳妇"一词颇为类似。这两个术语都强调父母在为子女寻找伴侣上所起的作用。

1990 年，我在禄村的最初两次访谈都发现了入赘婚，它们都出现在既有闺女又有儿子的家庭中。就其族群背景而言，这两例完全是汉族，其中一户透露出儿子和女儿在家庭财产问题上发生了冲突。最初这两例的共同情形是，母亲守寡较早，大女儿结婚后待在家里帮助抚养年幼的弟弟妹妹。就如第五章、第六章中描

---

① 费孝通和张之毅写道，这类婚姻"总是被看作不光彩的"（1945：260）。

述的黄女士和高女士的个案，十几岁的女儿有可能留在家中帮父母，而父母则将成年男劳力招到家里来。这最有可能发生在父母患病或残疾的情况下，或者妇女守寡并有其他年幼的孩子需要抚养时。但下面的几例，连同前面描述的宋女士的女儿以及党支书的家庭（序言中）都表明，入赘婚发生在各种各样的情形之下。

寡妇、女儿与兄弟姐妹

安珠华37岁，招了上门女婿，有3个10多岁的孩子。她同其母亲共用一个院子，但母女俩相处得不好。珠华是长女。她母亲很年轻就守了寡，带着3个小孩子。到珠华该结婚时，她母亲劝珠华招上门女婿以便帮母亲抚养2个弟弟，珠华答应了。而且在缺钱时，珠华及其丈夫借了2000元来供养这个家。

230

如今，珠华的2个弟弟都成家了，并住在同一个拥挤的院子里（还有另外非亲非故的两家人）。其中一个弟弟同母亲在一起生活，另一个分开过。两个兄弟都与姐姐及其丈夫反目，并要求他们离开。他们都不愿偿还分家前为供养他们而借的钱。珠华母亲同女儿的关系也变僵了。

珠华丈夫出生在同一县的其他村落。他在北方当过6年兵，是个能干而勤快的男人。假如兄弟们不还借来的钱，他们照样可以过得很好，但珠华很不开心，她同住在隔壁的娘家人有冲突。我注意到，当问及插秧与她换工的人时，她并未提到她母亲或弟弟。

在这个家里，维系父系继承权的显然不只是偏爱儿子的父亲。在这个个案中，在涉及有限的家庭资源（特别是房屋）和债务责任的纷争中，母亲和心生嫉恨的兄弟试图将姐姐及其丈夫赶出去。因为兄弟俩都同姐姐及其丈夫反目，他们在争夺中拥有了某些权力。然而，我的助手说，假如他们就此问题上法庭的话，法院会支持女儿继承权的，但使人们和平共处却是法庭难以办到的。

贝女士 60 岁，正如前一例，她的父亲过世较早，母亲很年轻就守了寡。作为长女，贝女士留在家中帮助抚养年幼的弟弟妹妹。她母亲为她招了一个上门姑爷。贝女士最终继承了她父亲的房屋。她现在是个寡妇，同一个 30 岁的未婚儿子生活在一起，后者因童年时得过脑炎智力有些迟钝。她两个女儿和另一个儿子都在婚后都搬走了，有一个女儿因其丈夫在另一个省份工作而同其孩子一起回来住了较长时间，并同母亲一起做豆腐生意。当丈夫远离时，她没有待在丈夫的村里。这可能意味着，她是继承母亲房屋的一个候选人，但可能也要负起照料弟弟的责任。

缺乏男性后嗣虽然常常被看作是入赘婚的一个条件（正如费氏提到的），但有许多年幼弟弟妹妹要照料的姐姐留下来，显然也是相当普遍的另一种现象。下面的一例很好地表明了这一点。

方女士是一个 6 孩之家的次女。她解释说，她和姐姐都招了上门女婿，因为父母需要她们帮助照料其年幼的孩子。现在家里有两个已婚的弟弟和一个未婚妹妹。包括房屋和院子在内的家庭财产将 231 在两个姐姐和两个弟弟之间分割。妹妹估计是要嫁出去的。

明家：两代人都是入赘婚

老年的明女士是个一儿之家的唯一的女儿。她父亲是个独生子，是大约可上溯 18 代的一个知名官员的后裔之一。老年明女士唯一的兄弟 13 岁就死了。由于她是唯一幸存的孩子，她父母安排她"在家"结了婚。她丈夫正式上门，并改姓为明。他来自禄丰西北部约 5 公里处稍微多山的一个地区。他们俩一共有 7 个存活的孩子，2 儿 5 女。老大是儿子，生于 1942 年，接下来是两个女儿，一个儿子和 3 个女儿。最小的生于 1969 年。

大儿子姓明，得到了一份公立学校教师的工作。他的户口从村里转到了禄丰。长女明洁新生于1944年，正像她母亲一样，她不到20岁就在家结婚，她丈夫也改姓为明。明洁新同她最小的妹妹年龄相差25岁，在最小这个妹妹1989年结婚之前，明洁新及其丈夫在抚养年幼的兄弟姐妹上显然帮了很大忙。在其余6个孩子中有5个（4个女儿和一个儿子）如今在禄村生活，另一个女儿住在去城里路上的下一个社区。所有5个孩子都姓明，但次子采用了其父亲原先的姓。

明家不仅两代人都招了上门姑爷，而且女儿当中村内婚的比例也较高。他们几个人住得非常近（几乎是隔壁），每天都有往来。在许多姐妹、大小姨及其子女之间串门总是一件令人愉悦的事情。长子（住在城里）、长女和小儿子分得了房屋继承权。这些家庭生活在一幢老式的两层楼房里，合用一个院子。明洁新有4个孩子，3个女儿都姓明，一个儿子取了其父亲原先的姓。她两个大女儿同其母亲（老年明女士）两个最小的女儿年龄相仿。不像已描述的第一个个案，这个大家庭和谐共处，彼此有大量合作和开心事。这个家庭有趣的一个方面是，两姐妹和一个侄女的丈夫都在城里同一家财政机构工作。总的来说，这个家庭正从依赖有限的农业资源转向相互合作，从而在不断扩展的城市部门获得了职业。

这些叙述揭示，年长的女儿往往被留在家里照顾年幼的弟弟妹妹，这些女儿分担的责任除照料孩子外，还包括为家里种粮食和挣工分。一个年纪较大的妇女说："我的家务活包括浇菜、挑水、做饭、喂猪和照看弟弟妹妹，在农忙时节，我还要插秧和种豆。"

有弟弟妹妹的姐姐们

将禄村同滇南的一个村落相比，费孝通和张之毅写道："禄村存在着富裕阶层的农民招上门姑爷的更多例子。这可能是由于禄村妇女在农田管理上起了更大的作用,所以,为了家庭事业的连贯性,人们有更大兴趣努力把能干的大姑娘留在家里"(1945:260)。下面的例子表明,将女劳力留住的愿望仍影响到婚姻策略。而且,父母在决定女儿将选择何种婚姻上仍起主要作用。招婿的妇女有一些社会优势,但正如我们在第五章黄女士女儿的个案中已看到的,这些未必是女儿们自己所选择的安排。

宾女士生于 1964 年,是招上门姑爷的较年轻妇女之一。1980 年她 16 岁时,父母安排她同来自另一个地区的一个男子成了亲。他比她大 13 岁。她说,她父母定了这门婚事是因为他们家缺劳力:她弟弟那时年仅 7 岁。由于她家境贫寒,更出众的男子不愿来她家。她被迫接受了她父母喜欢的这个男人。她丈夫来自村外,但属于同一个县。她的婚事办得很简单,没有本章嗣后要描述的那种经济交易:"那时我们俩都去打临工挣钱。我们买了一套新衣服就结婚了。我们没有任何东西。"当她弟弟长大之后,他们分了家。这个家庭至今仍很穷,因为她丈夫背部不好,他不能到外面干重活,或干家里和田里的许多活。他的残疾使沉重的负担落到了她的身上。她讲,假如他能够在家里努力干活的话,她很乐意到外面去挣钱。由于他背痛,她丈夫需要干轻快点的活,但由于他在禄村没有任何亲戚和朋友,他在那里又找不到这样的工作。

一个独生女

李女士 41 岁,没有任何兄弟姐妹,所以,1976 年 21 岁时"在家"结了婚。她丈夫是同村的,他们俩都是农民。他们共同赡养与其一起生活的 73 岁的守寡母亲。当李女士同她丈夫结婚时,

233

双方都没有钱用于婚礼的开销。她和丈夫一起管钱。

上面的各个例子会让我们意识到禄村入赘婚的频率和多样性。禄村的入赘婚发生在各种环境之下。一些人是因为没有儿子,而另一些人有儿子,但他们太年幼了。在某些情况下,儿子为了更好的工作离开了,父母转向靠女儿支持并分担农田劳动。虽然在家结婚的禄丰妇女毕竟是少数,但同我所研究的中国北方村落相比,我在这里更频繁地碰到这种妇女。

居住的政治

政府对户口的管理对婚姻策略也有影响。在招婿的一些个案中,丈夫是在妇女稀缺或者妇女机会很有限的地方生活和工作的。男人可能难以娶到老婆,除非他答应她可以同其娘家人待在一起。下面的这例涉及一个矿工。他有正式的工人身份,而妻子却是禄村的农业户口。政府通过限制人们获得非农户口的机会,来管理人们向城市迁徙。假如她带着农业户口去矿区生活的话,她将不能够得到正式工作或享受城市福利。尽管她可以保留在禄村的土地,但她在那里得不到耕地。在丈夫与妻子户口不同(非农和农业户口)的婚姻中,非农业户口是不能扩及配偶的,这就像不可转让的公民身份一样。当父母退休时,只有一个子女可以顶职。

嫁给一个矿工

麦女士是嫁给煤矿工人的一个禄村中年妇女。这个矿工来自附近一个城市并在煤矿生活。她丈夫从未将他户口转来禄村,因为他拥有被认为更优越的非农身份。户口管理规定不允许将

234

她的户口改成他的，所以，她仍留在娘家村、在她自己及其子女分到的土地上耕作。她丈夫一年回家来住 2 个月。她 3 个孩子都跟她姓，户口都落在禄村。麦女士从未上过学，因为她家中有许多兄弟姐妹。她参与继承了父亲的房屋；房子在她、她哥哥及妹妹之间分成了 3 等份。

入赘婚模式

1990 年，禄村有 2943 人。总的来说，禄村保持了费氏 50 年前观察到的入赘婚的重要性。我对大禄村所有成年人户口登记资料的分析表明，22％的妇女招了上门女婿。[1] 男性当上门姑爷的比率要略微低点，但仍接近 1/5（表 7.1）。

表 7.1　禄村的婚姻类型（18 岁及以上的成年人）

婚姻类型	男性（百分比）	女性（百分比）
从妻居	18	22
从夫居[a]	76	73
新居制[b]	6	5
总　　计	100（人数＝666）	100（人数＝761）

资料来源：1990 年村户口登记资料（含 15 个队）。

注释：表中不含未婚、守寡、离异或转移出去的成年人。它只包括根据姓氏和出生地，其婚姻与居住信息看上去清楚的人。无法判断的男女婚姻类型所占的比例不到 1.5％。

a. 这些家庭指夫妇俩生活在丈夫的村里，并将他们自己确定为他家成员，不管他们是否同父母保持共同的家庭预算。

b. 新居制的家庭指住在一个新的地点，独立于配偶双方的父母。

---

①户口簿记录了每户的姓氏、个人名字、年龄、性别、文化程度、出生地、迁入或迁出日　*270*
　期以及死亡日期。户口簿并非总是含有最新信息，或是完全准确的信息，但它们对
　村里的成员做了相当好的记录。我能向村民核实一些异常的情况。

我将这些发现同我对禄村所有 15 个队基于随机抽样的 86 户访谈资料做了交叉检查。这个样本强力支持这里普遍存在较高比例从妻居婚姻的看法。在 86 桩婚姻中有 21 宗，占 24%，属于入赘婚的范畴。

父系制和从夫居婚姻

235上文中尽管强调入赘婚，但这不应掩盖以下事实，即父系制和从夫居婚姻依然是禄村占优势的惯习。既然对中国许多村庄家庭组织的这些方面已有丰富的描述，我对其内部动态就不再过多地予以关注了。从广义上讲，禄村的从夫居婚姻类似于在中国各地发现的那些情形。

家谱的父系制根基

由于对父系制观念的影响力感兴趣，我在访谈中常常问起人们家里是否有"家谱"。大部分人都回答他们那么贫寒，所以，不会有任何纪念有名先祖的家谱。他们指出，家谱是富人和有权势者关心的事情。很难知道从严格意义上讲这是真的，还是人们想起了"文革"时期的压制，那时候祖先崇拜和阶级起源的这些迹象是会受到严厉抨击的。然而，我最终见到了一份家谱，它记载了该村历史上最显赫的家族。这本 53 页的家谱描述了在明代取得了帝国官职的一位祖先，并追溯了这位祖先的男性后裔。尽管有"文革"的压制，到 20 世纪 80 年代中叶，关心此事的家庭成员努力根据年长者收集的残存的信息片段重续了族谱。对于一些后裔而言，这一显赫的祖先仍是自豪与激励的源泉。

如今的宗族团体显然不如费氏研究时代那么强大了，那时候,许多宗族都有拥有族田、托管资金和祠堂。同过去相比,人们公开表述宗族团结的声音已大为减弱了,但父系制的家庭组织仍是社会景观和亲属结构的一个重要组成部分。石头墓碑证实了祖先的地块。已故父母的照片通常还高高悬挂在主屋的墙上,至少在特殊的仪式场合,许多人还要烧香祭祖。

婚姻距离和亲属支持

对家庭制度的比较研究揭示,较之要求妇女生活在陌生人当中的制度,婚后同娘家亲属仍保持密切联系的制度,为妇女提供了获得土地、保护和资历的优势。[1] 因此,衡量妇女同娘家亲属的距离,不管以公里计算,还是根据到她娘家所花的时间,都成为妇女得到社会支持的一项间接衡量指标。

在入赘婚中,妇女连同其所有或大部分孩子依然生活在她们娘家人的父系家族中。这些妇女的婚姻距离为零。在与同村人结婚的从夫居婚姻(村内婚)中,妇女同其娘家亲属之间的婚姻距离也接近于零。使妇女远离其娘家亲属群体的从夫居婚姻,被认为对妇女更为有害。

禄村的婚姻模式(表 7.2)显示,半数以上(55%)妇女在距其娘家 1 公里以内的地方结婚并生活。对于男性而言,这一比例要高得多,达到了 92%,已婚男性在婚后迁居超过 1 公里的仅占8%。虽然多数男性和妇女都受益于近亲的帮助,总的来说男性显然处于优势。在婚姻距离刻度尺的另一端,离开其娘家亲属 20 公里以上的婚姻都属于"远途外婚"。1990 年,禄村

---

[1] 关于父系制体系中内婚制与外婚制对妇女的相对益处,参见阿加沃(1994:317—318,330—331)有关妇女财产权以及施坚雅(1997:77)和卢蕙馨(1975)关于死亡率的叙述。

远途外婚的妇女占 9％，男人占 4％。不管是第一代还是第二代，这些外来人都是像张大舅或女先知黄女士（第五章）那样的个人，她们最有可能遭到有亲属支持的那些人的欺负甚或被剥夺财产。

是讨媳妇还是结婚？

牛女士关于其儿子新近结婚的叙述，可能揭示了新旧态度之间的冲突：

> 我儿子和儿媳妇是 10 多天前结的婚。他们俩都是中学老师。儿媳妇的父母也是中学教师。最近，她父母花了 5—6 万块钱买了一小块地盖了一幢 3 间的房子。因为这块地挨近那个中学，他们盼望女儿就住在附近。他们不希望我们讲"讨儿媳"，当我们使用"讨儿媳"这个说法时，他们讲，说"讨儿媳"是不准确的——这叫"结婚"。他们说："我们的女儿是像男孩子一样养大的。她也不同你住在这里。"盖房子的时候，儿媳妇的父母都来帮忙建房子，每天晚上他们都来这里吃饭，前后有 2 个多月时间，每天如此。

237

表 7.2　禄村人的婚姻距离

婚姻类型	妇女（百分比）	男性（百分比）
当地的（0—1 公里）	55	92
非当地的（超过 1 公里）	45	8
远途外婚（超过 20 公里）	（9）	（4）
合计	100（人数＝106）	100（人数＝106）

资料来源：1990 年调查。

儿媳妇父母的态度显然刺痛了牛女士。前者强调他们的女儿不是嫁入一个联合家庭。新娘父母无疑是想限制其亲家的权威，部分原因是为了确保他们对房屋地皮的大量投资以后不会被牛女士家占有而是属于其女儿所有。

我在村里的好友之一，也讲述过**娘家**与**婆家**之间的不同。我第一次碰到她时，她尚未结婚。她婚后告诉我："你说得对，即便你有一个非常好的婆婆，她从来就不会和你自己的妈是一样的。"这位年轻女子周末同其丈夫住在城里的一个公寓里，工作日就住在婆婆家，因为这里靠近她教书的村学校，但她常常回到位于这两者之间的她自己的娘家。

远途婚姻与迁出

在从夫居制度下，通过迁往更富有的地方，妇女可能将婚姻视作改变其命运的一个大好时机（雷伟立，1991；克罗尔 1994）。但是，当妇女同远方的男人结亲时，亲人还要对其安全问题多担一份心。欺骗、诱拐和买卖妇女的案件见诸报端，并揭示了将西南云南省同中国北方连接起来的拐卖妇女的一个特殊模式。据杰华报告：

> 正像中国共产党以前担忧的，彩礼增高的影响之一是维持并强化了将妇女看作是父系制家庭所买卖之商品的观念。将年轻女子拐卖去当新娘最明显地揭示了这一点。据一份报道，仅四川省每年被拐卖的妇女和儿童就几乎达到10 000人次。（杰华 1997：62）

从这段话中我们看到，父母卖女儿同陌生人拐骗往往是交织在一起的。虽然新娘在这两种情形下可能都没有什么发言权，但至少在前面一类中，父母可能会将女儿的利益放在心上。韩起澜和贺萧以类似的口吻写道：

> 将南方妇女卖给北方村民的做法看起来很普遍。虽然有关拐卖的[新闻]报道没有解释南北流动的原因，但多数案件似乎都涉及南方贫困、边远地区的妇女被拐到北方村落，那些地方太穷了以至于吸引不到当地的新娘……南方的当地政府也表达了对妇女从他们地区外流的关切。《云南日报》一篇报道称，1982 年，大姚（Dayao）县法院每天都接报有五六个妇女离开该地区。1—3 月，"约 750 名已婚和未婚妇女离开该县前往山东和河南省，其中 60％尚未达到法定婚龄，约 10％是已婚妇女。这些妇女中 95％以上是没有正式登记就结婚的"。某些案件并不涉及南北迁移：从四川、湖北拐卖到河南，从浙江的一个地方拐到另一个地方，从湖北拐到广西也都有报道。（韩起澜和贺萧 1988：289—290）

这 2 篇报道表明，中国西南为适婚妇女较匮乏的中部和北部贫困地区供给妇女，而妇女在这一过程中没有任何能动性。官方报道往往将对拐卖的关切、向外迁移、未到法定婚龄及结婚不登记等问题结合在一起。但事实上很难将非自愿迁徙从自愿迁徙中剥离出来。在禄村，少量妇女的确迁往山东（距云南约 2000 公里，得坐 6 天火车）等遥远省份。禄村虽有少数男女来自四川（多半在革命以前来的），但没有任何来自山东的新娘。婚姻迁徙的当地模式，同妇女朝中国北方流动的现象似乎是一致的。然而，也存在着这样一种倾向，即把妇女在各个地区之间的净流动同拐卖妇女混淆在一起，从而未将后者同妇女向中国更富裕省份的自

238

愿迁移区分开来。

1996年,我同一个年轻的招了上门女婿的女店主在一起时,向她提起了禄村妇女外嫁到遥远省份的问题,她对禄村年轻人十分了解,她说:

> 禄村有十多个妇女外嫁到山东。起初,一个妇女去那里结了婚。她后来回来将当地其他年轻妇女也带去山东结婚了。出去的女青年被介绍给山东当地的男人。假如男的不满意,他们就介绍另一个;假如他们满意便结婚。这里还有另外四五个妇女嫁到了浙江省的山区。在嫁到外省的妇女当中,有些人嫁得不错,有的不怎么样。有一个相当笨的女孩嫁到了山东,找到了一个对她很好的丈夫,他不让她干累活。很有讽刺性的是,也嫁到山东的另一个更聪敏、非常能干的女孩,却碰到了一个懒丈夫。这两个女孩的父母都去看望她们了。那个更聪敏女孩的父母对他们所见到的很不高兴。他们很伤心。

这一陈述使我们看到,有的妇女是自愿通过婚姻市场去山东寻求更好生活的。这听上去不像是被索要最高彩礼的父母诱骗或"卖掉的"。然而,在她们所选择之男人的品行方面,她们可能会受蒙骗。这个问题在所有婚姻中都存在,但对禄村这些妇女来说,更为严重的问题在于她们远离了任何亲属支持,而且,农村地区的人们对离婚几乎没有容忍度。

我们也看到,禄村父母关心其女儿婚后是否生活得好。一旦女儿嫁出去之后,他们并没有忘记她们,尽管他们很难帮生活在如此之远的女儿做任何事情。我曾同一位60岁的前队长在路上一边走一边聊。他有5个孩子,2个是远嫁的女儿:一个嫁到了

239

山东省,另一个嫁到勐海(Menghai)——滇南一个较遥远的县。嫁到山东的女儿、女婿及其2岁的儿子最近回来住了30天。我就一些妇女被骗到东部成婚的问题,请他谈谈看法,他谈道:

> 我女儿不是被骗去结婚的。她是自愿到那里结婚的。我们到那里去拜访朋友——我的一个老战友。我有一个干女儿,她已嫁到了那里。她将我女儿介绍给女儿后来所嫁的那个男人。她嫁入了山东一个以出产苹果而闻名的地区。她和她丈夫承包了一个果园。我想他们的收入不错。她是一路坐火车过来的——6天的路程——回来参加弟弟的婚礼并过春节。她丈夫和2岁的儿子也同她一起来了。

女儿嫁给一个山东男子的另一位家长是这样描述其女儿的婚姻安排的:

> 我女儿帮我儿媳妇照看儿子,并带他上街去玩。她在那里认识了我女婿。女婿是山东人,正在当兵。当他复员时,他在我们家待了一个月,然后将我女儿带回了山东。他们有5间砖瓦房。她婆婆待她就像自己的亲生闺女。我女儿每年都回来探亲。她有2个孩子,都是女儿,她还想再要一个。

当然,这些陈述是由其父母而不是妇女本人讲述的。但它们表明,这些远嫁的女儿同其父母之间存在着很费钱的跨省越县的探访。这些都是女儿们没有被诱拐或卖作"商品"的重要证据。

提出不是去山东的所有女儿都是被拐卖去的这种见解,我并不是说拐卖妇女与女孩当新娘、拐卖小男孩当继承人不是一个严重问题。云南省妇联镇一级的干部已前往东部试图寻找并解救她们认为被拐卖或受奴役的年轻妇女，但此举并不十分成功。①然而，我得不到有关禄村的任何具体信息。在河南省，我曾对来自中国西南地区因受骗被中间人卖去结婚的妇女进行过访谈，其中有一人的女儿被拐卖了。可能是出于羞愧，这些妇女中的一些人从不告诉其父母她们的实际遭遇。

结婚费用与婚礼

前面对远途婚姻的讨论，促使我们去注意如何将婚姻市场同买卖妇女的市场区分开来的问题。将以彩礼和嫁妆为表现形式的结婚费用，同违背妇女意愿将她们卖入婚姻区分开来谈何容易？我在前面解释宋女士的叙述时就碰到过这个问题，这个老妇曾两度被卖为人妻。第二次她可能是乐意嫁给买她的那个男人的，因为那时她被婆婆雇出去干日工。假如她仍同婆婆生活在一起，她的地位将只是一个无子女的年轻寡妇。这一买卖成为给一

---

① 镇妇联主任告诉我，约有 10 例没有得到回信。妇联代表和公安人员前往安徽和江苏寻找禄丰镇的两名妇女，但没有找到她们。这个主任说，通常而言，她们要么被拐去条件更差的地区，要不丈夫年纪较大或是品行不良的。丈夫付给媒人 4000—5000 元来安排结婚。一些钱归父母，一些归媒人，有的时候，假如他被逮住的话，丈夫会要求把钱拿回来。这个主任还解释说：

这里的习惯是，妻子的父母可以去看她，假如她不幸福的话，她可以回来。但在外省就不是这样了。他们把她锁在屋子里，也不办理更改其居住地的正式手续，但把她当作他们"家里人"对待。这个问题在 1989 年达到最高峰，到 1990 和 1991 年就变得不那么严重了。我们已开始对青年人进行教育。

当我问及追踪失踪妇女所面临的困难时，镇妇女主任说，当"外地人"来问起这些事情时，村里每个人都不作声。村妇女主任没有权力，有时也参与这种骗局："假如她对那个被囚禁的妻子确实做了任何事情，她会受到乡民们斥责。他们通常把这个妇女关在屋子里，直到她生了孩子，然后他们开始让她外出去上市场。"她提到有个 18 岁的女孩，她嫁给了江苏的一个男子——她是在禄丰县碰到他并同他回去的——她发现那里非常穷，所以她后来回了家，但不得不将儿子留下。假如她40 岁的丈夫来接她的话，恐怕她很难不回去。

个处于育龄期的从属者包办婚姻的一种方法。伊丽莎白·辛恩(Elizabeth Sinn)对 19 世纪香港华人妇女的描述，类似于这里老年妇女描述的禄村及周边地区 20 世纪 30 年代流行的习俗。

> 中国每个妇女都必须被某个人所拥有的观念特别盛行……中国社会的另一个特征是……几乎每一种社会安排——订婚、结婚、纳妾、领养、当佣人——都是公开建立在金钱交易之上的。鉴于他对其他家庭成员的绝对权力以及握有人身财产的权利，家长卖其子女的权利是不容置疑的。不论刑事法规是什么，即使是将妻妾或女儿暂时抵押给另一家当仆人在中国也是不受法律干涉的。这就导致了人可以被买卖这样一种普遍的信念。不仅从事买卖的那些人秉持这一观点，就连被卖者也都是这么认为的。使用明卖(意味着公开、合法地买卖)这个术语，再加确保这一买卖的书面契约，都清楚地揭示了这一制度是得到广泛认可的。据说在1949 年中华人民共和国成立之前，中国有世界上最具综合性的人口交易市场之一。(辛恩 1994:142)

在 20 世纪 30 年代，婚礼的花费是一项主要的家庭开支。费氏简短描述过一个平常很节俭的一家，但他们在其儿子的婚礼上却十分挥霍。他注意到，婚礼开支可能超出了这个家的年收入，从而使这个家庭背负债务，所以，一些男人负担不起结婚的费用(费孝通和张之毅 1945:103)。他指出，主要用于婚礼仪式的这些巨额开销，部分是用于家居的翻新。但他没有提到彩礼，即新郎家给新娘的协商好的礼金。事实上，他压根没有提到禄村的彩礼问题。

禄村的婚姻交易

自主婚姻的观念在当代禄村是得到公认的,但是妇女对其婚姻的叙述表明,她们常常通过接纳或拒绝由父母所选择的对象来行使其选择权。即使在男女双方自己相识的情况下,他们也总是找一个"媒人"或者让一个或更多中间人参与进来,由后者同双方父母谈话,并代表年轻夫妇方面进行协商。这些媒人往往是朋友或亲戚,而不是花钱雇来的专职人员(我在禄村没有碰到过付钱的情况)。协商的结婚条件包括婚居类型(是采取标准的从夫居还是招上门女婿),新郎和新娘家将给这对年轻夫妇的金钱与货物的数量等。下面的表 7.3 和 7.4 表明了禄村新娘和新郎从其父母那里得到的金钱和货物种类。这一信息按 10 年期来排列,以便能够识别货物和金钱稀缺而且共产党反对婚姻交易的时代。在革命初期的几十年,这种交易通常被谴责为是浪费或被当作是买卖新娘。

表 7.3 显示,在从夫居婚姻中,新郎方通常要提供床和大部分铺盖。没有任何新娘家提供婚床的,但他们提供其他家具,像柜橱、桌子和脸盆架等。在更为个人化的物品中,多数新郎家都给衣服,通常还有鞋子。有时候,新娘家也给鞋子。① 20 世纪 80 年代以前很少给珠宝和手表,而且这更为通常是由新郎方提供的。像自行车、缝纫机及洗衣机等现代物品到 80 年代才有,任何一方都有给的。而入赘婚则有些不同了(见表 7.4)。在这种情况下,新娘方要投入更贵重一些的东西,如床、柜子、桌子、脸盆架

---

① 例如,在某些情况下,新郎给新娘父母衣服和鞋子,而她则为他的父母缝衣做鞋。

等家具;新郎方更多的是提供被褥。上门女婿给了钱的只有一例,但没有任何招上门女婿的新娘家报告说给了新郎家礼金的。

242   这些表格揭示,在禄村,双方家庭都提供了家具和衣物,尽管东西因社会性别和结婚地点不同而有差别。礼单并不能说明婚姻是新郎家买新娘的单边交易,但要估计每一方的花费是困难的,因为其过程往往将它们掺和在一起。比如,在以往的一些婚姻中,由新郎买布,而后由新娘缝成衣裳或做成鞋子作为她嫁妆的一部分。同样,给新娘家的钱也可能被用于制作家具作为她的嫁妆。

  婚姻交易的标准内容之一是被叫作"**彩礼**"的礼金,这是订婚时由新郎方给新娘父母的。① **彩礼**一般用于购买新娘随身带走的作为嫁妆的物品。假如以这种方式使用彩礼的话,这可以被看作是"间接嫁妆"(古迪和坦姆比亚[Goody & Tambiah] 1973)。表 7.5 显示了 20 世纪 30—90 年代的样本婚姻中彩礼的价值。新娘父母在置办嫁妆时,一般会在这一数额之外再加点嫁资,但他们投入的数量无需协商,因而是不明确的;这取决于他们的自行决定和能力。② 然而,当新娘父母为女儿筹办嫁妆时,他们的投入通常接近于彩礼的数额甚至超过彩礼。展示给女儿的嫁妆毕竟是父母为他们自己及其女儿赢得声望的一个重要机会。

---

① 《汉英拼音字典》(*The Pinyin Chinese-English Dictionary*)(北京外国语学院 1988:62,326)把**彩礼**译为"betrothal gifts(即新郎给新娘家的礼物)和 bride-price"(聘礼)。这个字典举了一例:"抵制收受彩礼的旧习俗"。**嫁妆**被译为"dowry"或者"trousseau"。

② 阎云翔研究过黑龙江省的彩礼和嫁妆。他注意到:"对于彩礼总是存在一种社会认可的标准,尽管标准本身是不断变化的;相反,各个家庭不得不就嫁妆应有多奢华以及提供什么样的礼物作为嫁妆做出他们自己的判断。"(1996:189—190)

1997 年花销的估算

比较一个儿子或女儿结婚时的净花销能够揭示,同儿子相比,女儿是否被看作是其家庭的一个更大经济负担(就像印度通常那么声称的)。假如儿女的结婚花销存在重大差异,从理论上讲,这会影响到父母的计划生育和性别偏好。为了估算新郎方还是新娘方的结婚花费更大,我采用了各种方法来收集每一方投入的金钱数额以及每个家庭的净开支。这一信息并非总是很完整或是毫不含糊的,但它提供了结婚花费的大致印象。

新娘随身带到新郎家的物品并不是唯一的结婚费用。宴请亲戚和乡里乡亲对于双方都是另一笔大花费。双方家庭通常在自己村里办酒席。这些婚宴当然是一笔主要开支。在改革时代,随着宴请的客人越来越多,要估计主人家的净花销是比较困难的,因为多数酒席也要收受来喝喜酒的客人们所送的礼钱,而后者可能可以支付大部分费用。新郎和新娘方的酒席"桌"数(每桌约坐 8—10 人)在各个时期大致相似。[①]

表 7.3　从夫居婚姻的分类礼单:新郎和新娘家提供的物品　*243*

	30 年代	40 年代	50 年代	60 年代	70 年代	80 年代	90 年代	合计
新郎家	3 家	2 家	6 家	13 家	17 家	17 家	6 家	64 家
床	3	1	6	11	16	16	6	59
柜子/桌子	3		1	7	3	7	6	27
被子	2	2	5	11	15	14	6	55
床单			2	1	9	4	1	17

---

① 仅采用了报告了桌数的这些个案,20 世纪 80 年代的平均数,女方是 20 桌酒席,男方是 22 桌,1990 年的客人平均数要略高一些。

新郎家	30年代	40年代	50年代	60年代	70年代	80年代	90年代	合计
	3家	2家	6家	13家	17家	17家	6家	64家
脸盆								0
衣服	3	1	6	11	16	15	6	58
鞋子		2		1	4	11	2	20
珠宝	1					8	4	13
手表		1	1					2
自行车						1		1
缝纫机						3		3
洗衣机							1	1
礼金	2			7	8	13	5	35
酒席桌数	2		3	8	15	17	5	50

新娘家	3家	2家	6家	13家	17家	17家	6家	64家
床								0
柜子/桌子	2	1	4	7	15	13	3	45
被子	2	1	1	2	4	13	3	26
床单				1		1	1	3
脸盆	2	1	1	4	1	11	3	23
衣服			1	2	9			12
鞋子	1		2	3		3	1	10
珠宝				1				1
手表				1				1
自行车						3		3
缝纫机							2	2
洗衣机						2		2
礼金								0
酒席桌数	2		3	8	17	16	4	50

资料来源：1990年的调查。

表 7.4　从妻居婚姻的分类礼单：新郎和新娘家提供的物品　　*244*

	50 年代	60 年代	70 年代	80 年代	合计
新郎家	**4 家**	**4 家**	**8 家**	**5 家**	**21 家**
床	1		2	2	5
柜子/桌子			3	1	4
被子	1	1	7	5	14
床单	1	2	6	1	10
脸盆					0
衣服	2	2	6	4	14
鞋子			1	1	2
珠宝		1			1
手表				1	1
自行车				1	1
缝纫机					
洗衣机					0
礼金				1	1
酒席桌数	1	1	6	4	12
新娘家	**4 家**	**4 家**	**8 家**	**5 家**	**21 家**
床	3	4	5	4	16
柜子/桌子	2	3	3	2	10
被子	2	3	3	5	13
床单	1		2	2	5
脸盆	1	3	1		5
衣服	1	1	3	2	7
鞋子		1	1	3	5
珠宝					0
手表				1	1
自行车					0
缝纫机					0
洗衣机					0
礼金					0
酒席桌数	3				16

资料来源：1990 年抽样调查。

1997 年我在禄村进行访谈时，要求人们估计当前的结婚费用，其中包括新郎方给的**彩礼**和新娘方给的**嫁妆**。[1] **嫁妆**的平均估计数为 2762 元，**彩礼**是 2121 元。在所有人的估计中只在**一例**中，嫁妆的估计值是**彩礼**的 1.5—2 倍，[2]虽然嫁妆上的花销显然高于**彩礼**的开销，但当地人使用的**嫁妆**这个词似乎既包括了来自新娘父母的礼物，又包含用新郎父母给的**彩礼**所间接资助的礼物。我试图询问新娘家的"净"花销，但我的大部分努力都以困惑而告终，因为人们不习惯那样说。

245

表7.5 新郎方给新娘方的彩礼(不同年代礼金的平均数)

年代	数目	平均数(元)
30 年代	2	185
40 年代	0	—
50 年代	0	—
60 年代	7	72
70 年代	8	139
80 年代	13	315
1990 年	5	393

资料来源：1990 年抽样调查。

[1] 这些估计为的是表明"上升率"，并不代表特定的婚姻。一些人对此不很清楚，家里最近有人结婚的其他人则给出了一个范围。

[2] 这基于 1997 年访谈样本(50 个)的最初 16 个访谈。在这些访谈中，有 8 人估算了嫁妆，7 人对彩礼作了估计。根据估计计算平均数时，我取了中位数。

271

关于结婚费用失衡对社会性别关系的影响，迄今已有许多争论。正如我们在这里可以看到的，结婚花钱的过程很复杂，要作一些直接的比较似乎是很难的。而且，婚礼开支较大，大体而言，相当于男性和妇女通过非农劳动能挣到的年收入（第四章）。同时，婚礼费用似乎远低于各家力图为新婚夫妇结婚时或婚后提供的新住房的价值。然而，对于禄村妇女来说，最为重要的是，她们没有成为商品，从一个父系家庭被卖入另一个父系家庭。她们也没有成为家庭的累赘，结婚时索要巨额嫁资。对待她们当然不同于对待她们的兄弟，但他们的父母和兄弟都十分关心她们的福祉，为她们提供可观的嫁妆，并维持同她们的关系。我不曾遇到过禄村人把女儿嫁给"出价最高者以便赚够钱为儿子讨媳妇"的证据（韩起澜和贺萧 1988：96），尽管有迹象表明，父母和女儿们都对能过上好日子的男人感兴趣。

婚　礼

下面我要简单介绍一下我参加过的几个婚礼。因为整个过程往往持续好几天，我没有一个是从头坚持到尾的。每个婚礼都提供了一个机会来观察双方亲属之间的互动，并获得对婚姻决定的不同见解。从夫居婚姻的婚礼过程一般是，在新郎及其随行人员来接新娘之前，新娘家要招待客人喝酒并公开展示嫁妆。随后 ²⁴⁶新娘就同新郎及她自己的送亲者从她自己村来到他的村里。新郎村里的宾客会聚在一起观看他们伴随鞭炮声进入庭院和屋里的激动人心的场面。嫁妆也仪式化地被搬进新郎的家里。在司仪的指挥下，通常有一简短、未经排练的结婚仪式，其中包括向祖先行拜，酒席随后开始。接下来几个小时的主要事项似乎就是吃喝。为许多桌的客人端上食物，并拿来喜糖和葵花籽。新郎和新娘必须为每个客人敬酒倒茶，客人们则在闲聊。有的可能还雇请了乐手，但通常没有舞会。翌日，在新娘的亲属和护送者离开之前还有类似的酒席。通常是 3 天之后，新娘和新郎要回新娘的娘家参加另一个小型的酒席。因新郎和新娘家之间的距离、他们的经济状况以及每个村的当地习俗不同，婚典版本也各不相同。

一桩从夫居婚姻：1990 年举行的闵先生儿子的婚礼

这个婚礼是在雨季举行的，所选择的日子是个吉祥日。由于下雨，这家人将所有事情往前提了几个小时。我来得太晚，因而没有看到新娘及其陪伴者来到新郎家的情景。

照片 7.1　禄村村民正在队打谷场享用婚宴

新娘来自西边约 15 公里处的一个村落。她和她的随行人员是一路走来的,花了约 3 个小时时间,因为靠近他们村的火车通到不到禄村。由于下雨,他们没有用卡车将嫁妆运来,要等天气变好、路干了之后再送过来。到达禄村后,在完成进入新郎家的仪式之前,她们聚集在别人的家里。

我来的时候,大家正坐在屋内的两个房间里,刚刚吃过午饭。我把我的礼物——一个床罩送给了他们,并进入一个房间,我在那里碰到了新郎家的许多成员:新郎母亲的一个妹妹,她来自玉溪(南边的一个城市,坐公共汽车要 5 个小时),她丈夫没来,但由一个孙子陪着;另一个来自安宁的妹妹(东边靠近昆明的一个城市,坐公共汽车要一个半小时时间);住在禄丰县城的一个姐姐;就住在附近的一个兄弟。他们都相当有礼貌,也不害怕同我说话。新郎父母家似乎更喜欢远途婚姻。

我不久见到了新郎,他穿着一套漂亮的西装,汗流浃背紧张地小跑着招待客人。他头发看上去是湿的,可能用了润发油或发胶。他 29 岁,是这个家的长子。像他父亲和弟弟一样,他读过 8 年书。最近几年他一直离家在建筑行业当临时工。按习俗,他给我们分了糖。我也碰到了媒人,她是来自新娘所在地区的一个妇女。这是她第一次做媒。有人开玩笑说坐在她身旁的那个妇女已做过 6 次媒,这样她死后可以变成一只猫,这被认为是最好的事情。媒人很健谈,但比新郎家的人粗俗得多。

后来,有人带我穿过男人们正在打牌的一个隔壁房间,来到了新房,这里刚刚粉刷过,有一张很贵的新双人床和一张新桌子。隔壁房间摆放了一个非常奢华的新木头柜,大约有 2.4 米宽 2.4 米高。这些是新郎方提供的主要物品。新郎的妹妹送给他们一盏具有当地风格的手工制作的台灯,灯座上粘上了一些小药瓶

（给猪注射青霉素的瓶子），瓶子里塞了一些五颜六色的东西。

我被带进了卧室，引介给新娘。她穿着一套灰色的长裤套装，还没有穿上新娘的红色衣服，她看上去有点紧张。她的随行人员逐渐进来了。她们显得很土气，穿得像乡下人；她们都害怕同我说话（或许他们以前没有见过外国人）。他们中的一些人几乎听不懂新郎亲属讲的话（后者讲的是更标准的普通话）。我的助手根据他们的口音猜测，虽然新娘本人是汉族，但陪她来的一些妇女可能是彝族的。

248　　　新娘的随行者处于陌生的境地。我问起新娘其娘家村的情况。他们告诉我，那里的山略微多一些（在当地人的观念中这几乎是"更贫困"的同义词），但种的主要庄稼是一样的，她们还采蘑菇，并种少量烟草（但似乎并未因此而富裕）。新娘将头发烫成卷发。她试图克服其不适，使自己显得彬彬有礼，但她还是十分害羞，时不时把她的脸盖住。她有两个**伴娘**，可能是来自她村里的姐妹或同学。

新娘在 5 个姐妹中排行老五，并有 2 个弟弟。新娘方有她 4 个姐夫。这些姐姐的丈夫们看上去比新娘的女眷属和陪伴者显得更老练。新娘父母不来新郎家参加婚宴，但她的兄弟姐妹可以来。她父母来似乎是极其不合适的。因此，新娘开始的时候会得到一些保护和陪伴，但没有人会对新郎父母的权威提出挑战。我问新娘要呆多久才回娘家去，她说一个星期或一个月，主要看她婆婆怎么说。结婚之后，当她丈夫家农忙时的农活干完之后，她将回娘家去帮忙。

问及他们求婚的故事，我得知，新郎在新娘村的一个建筑工地劳动和生活了半年多时间，他就是经人介绍认识她的。新娘父母到新郎家来过两趟，新娘或许来得更多。在我的户访中我得知了更多关于他们的事情。新郎的父亲闵先生1931年出生在靠近新娘娘家村的一个村子里。他的老朋友都了解新娘家。[①]

我助手和我注意到，新娘福气不错——嫁入了一个有好房子的家庭，到了一个位置较好的村庄，并且其丈夫出自一个更老于世故的家庭。她既不特别漂亮，也不特别富裕，并且没有受过良好的教育，但正如我助手指出的，她很年轻，才21岁，配得上新郎家的财产。相反，新郎29岁，对于新郎官而言被认为是年岁较大的。他在外头挣了钱之后回家务农。他还有两个弟妹在家里，一个24岁的妹妹，一个18岁的弟弟。

新郎母亲在屋里招待客人，父亲在筹备酒席。最后，我们离开了新房。新娘换上了一套新衣服，准确地讲，并不是大红的，而是铁锈红的西装。新娘新郎都戴上了红丝带和一朵红花。在屋子里或大厅中我都没看到或听见任何正式的婚礼宣誓（或许进行得非常快）。新娘新郎一起给我们分了传统的喜糖和葵花籽。拿到的糖应是成对的或是偶数的以便带来好运。 [249]

我们后来冒着小雨成群结队穿过泥泞的路来到一所中学，新娘和新郎已恭候在那里。他们在门口迎接我们，并递上更多的喜糖和葵花籽。在入口处，客人们经过一张桌子，有人在登记谁带来了什么，谁给了多少钱。在屋里的主门附近，一个男子也在做这项工作。[②] 接待室里摆了许多桌子，有一间房子里或许有10

---

① 林先生是一个上门之父的儿子；他和他父亲都随他母亲姓。就他这代人而言，他受过良好的教育。他在部队服役5年，尔后在铁路系统工作过。后来县政府将他派来禄村工作，因为那里需要一个受过教育的人。作为一个赘婿之父的儿子，他可能已感觉到他对母亲家继承权的诉求是不牢靠的，有可能会引起争议。

② 来自城里的我助手感到，这是相当物质享乐主义的，但我在多数农村婚礼中已见过这种做法。然而，这不像河南举办的婚礼，那里的族旗是飘在桌子上面的。阎云翔（1996）详尽地研究过村里的礼单。

张，另一个房间也有 10 张。许多菜被端上了桌子，有不少是肥肉。有一道菜是裹了粉的炸肥肉，上面还撒了白糖。另外还有鸭子、牛肉片、银耳蘑菇配火锅鸡汤、油炸蚕豆、卷心菜、绿豆粉条及猪肉菜肴等。新娘和新郎来到每张桌子前为客人敬酒，我们则为其幸福干杯。我助手祝愿他们早生贵子（并笑着告诉我说，这或许正是他们希望听到的）。翌日，在新娘的眷属晚上回家之前，还会吃更多顿饭。

次年我得知，他们结婚时新娘已有 6 个月的身孕，她已生了一个男孩。我助手逗她婆婆说，她很有福气得了一个孙子。有人告诉我，他们几个月前就合法登记了，后来将婚礼定在一个方便的日子。

1993 年的同一天——一个吉祥的偶数日子——恰好有两场婚礼，我都应邀参加了。我尽可能在每个婚礼上多呆些时间。孟家是为其长女刘华招上门女婿。她所嫁的那个年轻男子来喜，来自约 30 公里以外一个更贫困的地区。

一个入赘婚的婚礼：镜像

在当地，人们说，入赘婚的婚礼"招姑爷"恰好是"讨媳妇"的镜像。他们用的这个术语确实相似，新娘及其伴随者去他的村里将他带回来。在镇里，听说过这一特殊婚礼的人们告诉我，从车上一下来，新郎和新娘应迅速跑到屋里去，谁先到那里谁就当家。由于上午作了较长时间的访谈，我没看到新娘同新郎从他村里回来的情景，但我见到了运送他亲戚的小型公共汽车。

当我达到举行婚礼的院子时，新郎已在屋里了，但这次我看到了宣誓和鞠躬。院子里有许多转来转去的人们，他们都是快要

250

入席的观望者。有朋友领我进到了屋子里，一群人涌入了有新家具的客厅，一边坐着新郎的亲属和随行人员。他们在新娘方给我安排了一个位置。我在新衣柜前为新郎新娘拍了一些照片。突然间，仪式毫无征兆就开始了。参与村里演出的一个男子，以发号施令般的声音开始宣布，新娘和新郎向老一辈，向父母鞠躬，并且相互鞠躬。站在有镜子、电视机及有 4 根点燃之红烛的新柜子跟前，他们向她的祖先、她的父母鞠了躬，并相互鞠躬。这种鞠躬只涉及头部和肩部；并不像我在北方看到过的磕头，北方的人们要将其前额碰到地上。① 这个过程很快就结束了。当然，婚礼包括整个一系列仪式——鞠躬，夫妇俩给大家分喜糖，帮手招待大家吃东西，这对夫妇给大家倒酒等等。在 1996 年晚些时候举行的一次婚礼上我得知，各家一般要雇请一个"司仪"，随着婚礼仪式的进行，他会告诉每个人做什么，但即便如此，婚礼看上去有些混乱，人们很容易错过某些仪式。

招来的新郎很年轻，穿着时髦的黑色双排扣西装，在他的翻领上还有一枚金别针。他的黑色西装和皮鞋符合国际上男性着装的规范；这明显不是中国特色的。新娘穿着鲜红色的长裤套装，她的头发做成高高的蓬松状，上面撒了五彩缤纷的小金属片，并且是用发网包住的。她相当显眼地戴着一根项链，挂在了脖子上和大衣里面，链子上有一面大而圆的剃须镜，直径约有 12.7 厘米。镜子的目的是"避邪"。新娘的红衣服、镜子、裤子和发式，都符合当地中国人的新娘标准——红颜色代表幸福，但在 1993 年，这还不是象征女性气质的着装。

---

① 卡玛·辛顿(Carma Hinton)在其执导的纪录片《小喜》(*Small Happiness*)中展现了婚礼中碰地型磕头的一个佳例。当有人大声念着丈夫祖先的名字时，新娘不断地把头磕下去。

新郎带来了几只箱子,一些热水瓶和水壶,作为他的"嫁妆"。这比妇女通常所带的少得多,但显眼地摆放在房屋的一侧。就像对待出嫁的新娘一样,新郎的父母在儿子结婚时,通常不来参加新娘家的仪式。一般只有他的兄弟姐妹、舅舅及其他亲戚同新郎或新娘一起来。在这个婚礼中,他的妹妹、弟弟们和外婆来了。这个新郎的父母在60年代就去世了,他是由别人养大的,所以,无论如何都不会有父母来参加他的婚礼。那天下午的许多时间他们都在忙于招待客人吃喝。

251 　举行婚礼的那天晚上,一群本地和外来客人待在这对夫妇新房里"闹洞房",还演奏了民间音乐。较之外头的凉夜,人群的热闹气氛和明亮的灯火十分赏心悦目。能唱歌或奏乐的村民们肩并肩挤在一边,而来访者包括送行来的那些人,则挤在对面的墙边。新娘走来走去给客人们一把把分糖、拿瓜籽并倒茶。4个男人在演奏二胡,村里的男男女女唱起了深受欢迎的老歌。村民们给自己和客人找乐,一直闹到深夜。尽管在房间里我有几个朋友,但作为唯一的外国人,我被当地村民对其音乐曲目表现出的强烈熟悉感所淹没。我意识到,随着庆祝活动的继续,处在满是陌生人村里的新郎陪伴者,或许同样会感到不知所措,而且会因一个外国妇女坐在他们中间而感到更加"陌生"。

从夫居婚宴

在上面描述的婚礼举行的同一天,我不得不冲去参加支书侄子的婚礼。这个婚礼采取了儿媳妇上新郎家的典型从夫居形式。这个新娘来自去昆明方向、距禄村60—70公里处的一个村庄。

　　我又一次来得太晚了，以至于没有看到他们下车并跑进房间的情景，但我去看了新房。一些人同新娘的亲属在那里坐了一会。不久，每个人都前往学校后面的打谷场，约有 250—300 个村民，再加上两家的亲属都席地而坐或坐在小板凳上。一层层鲜绿的松叶被井井有条地散布在地上围成了一个个大圆圈，用它们来当吃饭的"桌子"和坐的地方。这是"干净的"，既没有灰尘，也没有泥泞。

　　客人们坐在那里等着，帮忙者逐渐给每群人送来了约有 10 碗不同热菜的大托盘。一些群（并非所有群）是按年龄和性别安排的。老年妇女都坐在一起。我坐在一张混杂的桌上，但妇女们通常挨着坐，那样是为了避开抽烟的男人。送来的食物包括猪肉、鲜鱼、辣椒、莲藕、各种蔬菜、八宝饭及地瓜。在酒席上，新郎的男性亲属忙来忙去以确保每个人都有吃的，并有松叶可坐。他们洗了一大堆饭碗，厨师准备了大桶大锅的食物，一堆堆竹蒸屉被叠在锅上。许多客人在地上高兴地坐了一个多小时，热菜盘和酒瓶不断被送过来。 ²⁵²

　　多数来客都穿着普通的日常服装，并不是我们所谓的"盛装"。装扮起来的主要是新娘、新郎及其亲属。新娘穿着豌豆绿的裤装和粉红色的短上衣。她的头发是蓬松的风格。新郎穿黑色的。他们不得不绕到各圈的客人当中为每个人敬了甜酒。

　　晚饭后，天已变黑了。因婚礼而聚集在一起的新郎家的老年亲戚拍了一张大的全家福。在许多兄弟姐妹中最年长的一个 80 多岁姐姐坐在中间，5 个兄弟都站在后排，他们每个人的妻子都站在他们前头。在拍这种家庭照之前我得知，他们会将自己安排得有点像三维的父系家谱。坐中间的是他们年长而受爱戴的姐姐，里头还有当了上门女婿的兄弟，后者同他的父系亲属仍保持联系。

新娘的送别酒席

1996 年，我应邀在禄村吃了一次送别喜酒。有一家为嫁给另一个县一个男子的女儿送行。新娘家准备了酒席并宴请了许多客人来祝贺女儿结婚。家中备了来客礼帐簿，赴宴的客人们所送的礼金都被仔细登记在册。他们等待着新郎及其随行人员的来到，当新郎到达时放了鞭炮。这个年轻妇女的嫁妆包括 4 个沙发、一个手提箱、一张矮茶几、一个电水壶、一个热水瓶、一个柜子、一个茶壶、一个电饭锅、一个脸盆架、一袋 50 公斤重的大米，还有被子、床单、枕头、枕头套等。这些物品在装上运往新郎村的卡车之前都集中摆放在院子里。

这次婚礼的时尚物品已不同于 20 世纪 90 年代初的那些。新郎穿着灰色西装、白衬衣并系着领带。他的头发上了油，并撒上了五彩缤纷的纸屑。新娘穿红色的，但过去长裤套装的时兴式样现在已让位于长裙装了。她外头还穿了一件白色丝绸的短上衣。新娘的女性气质已朝西方性别传统迈进了一步，她们开始穿上白色衣裳，这些也是中国城市青年文化的象征。来喝喜酒的老年村民不如年轻人变化得那么快。至于仪式，他们雇请了一个男人来安排各种事宜并进行指挥。但党支书和我助手私下里都谈到新郎缺乏对新娘父母的客套；他本该给他们鞠躬的。

新郎来自更靠近昆明的一个更大的镇。在修筑好的公路上坐小车或公共汽车约需要 1 个小时时间。新娘和新郎相遇的故事对于禄村人来说是新奇的。他们是不到一年以前自己碰到的，那时他们俩都开始上花钱很多的驾驶课，以便拿到驾照。既然会开车的男性或妇女都有较好的挣钱机会，对于双方父母来说这显然看起来是门当户对的。新娘和新郎已购买了小型货车，估计在他们去新郎村子之后将开始以此谋生。对于女儿上驾校的投资，是新近出现而且很实用的资助。基于其他省份女司机较少的情形，这可能看起来是令人怀疑的，但在云南，自 20 世纪 90 年代初以来，出租车和卡车(私人客车依然较少)的女驾驶员已相当普遍了。在第四章里我们已看到，禄村的另外两个女青年已拿到了驾照。

照片 7.2　在禄村一个新娘的送别酒席上，嫁妆都堆在外头　　　*254*

烧锅仪式

结婚典礼不是同建立新家庭有关的唯一仪式(和开销)。有一天，有一小队人走在从城里通向禄村方向的路上，带着用红布包起来的东西和一些包裹,但不是大宗货物。一个村民告诉我,人们举行的这个仪式叫"烧锅底",这是当女儿从其婆婆或嫂子家里分出来的时候举行的。这时她娘家亲属组织一队人来到她家,他们要送给她锅及其他炊具以帮助她建立自己的独立厨房,因为她不再靠婆婆了。"烧锅"指的是开始使用一个新锅烧东西,这个锅显然是她的——这是已婚妇女生活中一个单独的生命周期仪式。这并不靠丈夫的男方亲属为妇女提供这种厨房"资本";礼物主要由她娘家亲属和朋友提供,组织者通常是她的母亲。向我解释此事的那个妇女,为她已婚女儿举行过这种仪式。

虽然我以前在有关中国典礼的文献中不曾读到过有关这一仪式的情况,但云南其他地方的人们显然已听说过。[①] 阎云翔描述过远在中国东北的黑龙江省满汉杂居的边疆存在着一种非常类似的仪式,那里的村民称之为"温锅"(字面意思是说"把锅烧热")。

> 这是一个传统的小型家庭庆典,只有最亲近的亲戚和最好的朋友来参加。在这种场合下,所赠送的礼物是炊具和生熟食物,主人用烟茶来招待客人——不设酒席,也不留礼单。这是一种典型的小庆,或者说是礼物交换中的小仪式。(阎云翔 1996:58)

尽管它可能规模较小,这种仪式通常是妇女**娘家**在她出嫁之后同女儿保持联系的另一种表现。这同认为妇女娘家人对嫁出去的女儿只作一次性嫁资投入、此后在经济上不再同她们有瓜葛的普遍观念是相悖的。包括结婚在内的多数人生仪式,都涉及礼

---

① 来自昆明的一个女友也知道这一仪式。

物和经济交易。

为女儿提供礼物的第三个场合是孩子的降生。这套礼物叫作"竹米"。除了给婴儿的礼物外，娘家人还会为分娩后的新生儿母亲送来几袋米。虽然我在禄村没有目睹过，但妇女娘家人在其坐月子期间送来大量新鲜鸡蛋给她吃，当然也是众所周知的习俗。我在云南其他村落见过这些送物队列。这些习俗表明了妇女婚后同娘家亲属相互联系的持续性。正如前面对婚礼的描述 *255* 中可以看到的，妇女的娘家亲属特别是她的兄弟姐妹，要给彼此长大成人要结婚的孩子赠送礼物。

葬礼显然是另一个重要的仪式场合。死者的家庭要举办一个大型酒席，来吃饭的客人会为死者带来纸钱和食品。一个妇女给我看了一块红绸布，就像一个床单那么大，这是她母亲下葬时有人带来墓地的。纸制品就在那里烧掉，但许多布的礼品将被带回来留给其子女。不清楚是否所有应邀前来的客人都会带礼物来。许多人前来参加了这个妇女母亲的葬礼，共有 40 桌，将近400 人。① 这类仪式包括给死者烧纸钱，这显然是为了安慰生者。我的朋友解释说，虽然这是风俗，但她本人并不相信有来世，不相信她"会在晚上撞见鬼"。

分家与继承

1993 年，我就继承权问题对舒琳巧进行了访谈，因为她家一直经营着很赚钱的一门生意。她在 4 个女孩中排行老二，还有一

---

① 1991 年办酒席的价钱大约是 800 元，那个临终母亲在医院所花的医疗费是 1000元。

个弟弟。

问：你认为你父母会给你一份继承物(或财产)吗？

答：不，他们不会给我任何东西的。财产是他们的。假如女儿同他们一起干活，那么，他们会给一份薪水的。

问：他们会把所有财产都给你弟弟吗？

答：是的。他们会将所有东西给我弟弟的。他们不会给我妹妹。我认为他们也不会给她们任何东西的。在我们这里，只有当女儿履行赡养老人的义务时，按传统人们才会给女孩东西。但这只有在没有那么多儿子的情况下才能顺利进行。并且，女孩子不能去争夺。我不能回去说我要财产。虽然政府说男女孩都一样，但这是这里的传统——从封建社会到现在都是一样的。这仍然是习俗：女孩子不能回去要继承权，除非她是招上门女婿的——那样的话，她们可以提出要求。女孩嫁出去了——在这些情况下——她们就不能回来要求得到任何东西了。

问：你就在附近结婚的。你每天都可以回家照料你父母，这类"嫁出去"同"招女婿"有何不同？

答：你或许可以说这两者没有任何大的区别。但我们"嫁出去"是定了的，哎！我们不能盘算得到家里的财产，我们不能去争夺。我姐姐经常回来帮忙。只要忙的时候，她就来帮他们。当没有足够的人手干农活时，她也来帮忙。她没有去店里工作，因为她没受过足够的教育。我妹妹同我爸爸住在家里，她在商店干活。是否嫁出去是人们自己的决定，不受这些经济问题的影响。我们担心我们以后可能不能很好地相处。可能会出现问题的。假如女

256

336

孩子的生活在某个方面不好的话，她父母仍会帮她一点的。娘家人还是关心他们女儿的。

问：你父母"又勤快又富有"，他们的钱足够在 5 个孩子中分的，你认为他们会平等地分给你们吗？

答：我认为这是不可能的，因为我们都已出来了，都有独立的家庭。假如我两个妹妹招女婿上我们家的话，她们可以。那是有可能的。

这一对话并没有比较琳巧结婚时所得到嫁妆的价值同她弟弟后来得到的财物。女儿出嫁时的嫁妆有时被认为是女儿享有的可代替不动产的权利；通过结婚，嫁妆有时也促进了她对其丈夫的财产提出诉求。但我很吃惊的是，5 个孩子中只有一人将得到家产的最大份额，而在这个家变富之前出嫁的女儿们的所得会少得多。然而，随着时间的流逝，计划似乎已有所变化。

1996 年，隋女士（舒琳巧的母亲）谈到了她的看法：①

这些孩子没有经历过生活中的任何严重困难；他们没有挨过饿。他们一切都很好；他们心里不想这些事情……他们真的认为他们将总是有钱的。我们没有告诉过他们我们这些老的在旧时代是如何吃苦的。提到劳动，当然是我们老两口挣的钱……哎！

这些房屋是个问题。我们只有一个儿子，在我们分家之前或许不会有任何问题。我们只想有一个大家庭，以便每个人都不用担心。将来，我们会分家的。我儿子不想分，但**儿媳妇**想。我们两个小女儿在念书。假如她们没考上学会怎

----

① 这是相当长陈述的一个浓缩和转述部分。

么样呢？她们可能不愿嫁出去。假如不愿意的话，她们想住在这里吗？我们不能说"你是女孩子，所以你必须嫁出去"。我们也有可能为她们中想回到这里来住的招一个姑爷。但是，假如我们招女婿来这里的话，就有可能带来女婿同儿子之间的矛盾。从我们老人的心里讲：我们儿子和女儿就是一切。这只能由他们的妹妹来决定。我们不能决定。当我们想到需要帮手时，有个大家庭是最好的，但这是非常困难的。我是根据经验这么讲的。我们可能需要分家。

你一旦分了家，闲话就多了。我老公还没有认识到这点。他正在为他们盖房子。现在他们的孩子还小，需要我们带。等以后小孩子长大、我们老了时，必然会有事的。到那时，我儿媳妇可以自己作出家庭决策。这个家的生意是我们搞起来的。现在我们还有点钱。以后总有把财产分给他们的时候。以后当我们不能劳动、等别人给我们东西吃的时候，事情就会发生变化的。我没有许多需求。

我老家伙说："他怎么敢不帮我！假如他不帮我，我就把房子卖掉！"我说："假如你我都退出来的话会怎么样？你有一个儿子和几个女儿。假如你卖掉房子，你能给他们什么东西？即便你把房价降一半，仍没有人敢买的"。我说："女儿离家也好，在家也好，这没什么关系"。

1996 年，隋女士及其丈夫刚同儿子分了家。他们唯一的儿子及其妻子决定分开过，他们结婚几年了，有个小孩子。隋女士说，分家的原因是其儿媳妇春丽想自己管家里的钱。春丽提出了最后通牒:要不分家,要不就离婚。隋女士感到很烦恼,她发现儿媳妇的态度叫人难以理解。她说,每当春丽要钱时,他们都给她,买药、给孩子看病等等。他们希望同儿子及其家庭待在一起,并在年老时依靠他们。

儿子也想摆脱父亲,从而更加独立。他没有直接参与父母的生意。他现在开一辆长途卡车在云南省各地跑,挣了不少钱。他母亲很担心,因为他开始在城里赌钱。她担心他会在某些赌场开始吃"白面",这是当地人对毒品的叫法。云南是缅甸同中国香港之间众所周知的毒品走私路线,所以存在着很多机会。隋女士感到,只要她儿子仍处于他们的控制之下,他们还能制止他;现在她担心儿媳妇没有足够的能力这样做。他姐妹们对他现在的社会行为显然也很不满。他交了一些对他有很坏影响的朋友,常在外头呆到很晚。他已被发现在城里的旅馆里同另一个女人在一起,有一天晚上他没有回家,给出的理由说不通。隋女士说,她将不再管他了;必须管他的是他老婆。她伤心地讲:"或许她现在很幸福"。

随着儿子行为发生了这些变化,父母分割其财产的计划已有所改变。儿子最初是他们房屋和生意的主要继承人。如今,他们已将卡车(保守估计值 5 万元)给了儿子,后者应付给他们 2 万元。他们把大的旧房子给了儿子,自己还住在被他们的厂房所包围的小土房里。他们有两个院子,一些地基是留给他们第三、第四个女儿的(假如她们要的话)。如果她们不要,她们可以将空地给其兄弟或卖掉。第三个女儿是个学生,老四刚学会开小货车。他们两个大女儿都嫁在附近。这对父母留下了一幢很大的两层楼新房给自己养老。如今,这房子被用来做生意。他们计划再做 10 年左右时间生意,然后就主要靠一个孩子来生活。

分家协议是在村干部的监督下签定的。协议的副本给了每个子女。春丽的母亲过来"烧锅"了,并给了她许多东西。隋女士认为,这样做使她及其丈夫很丢脸,因为他们已经给了儿子及其妻子很多东西。

不清楚这一讲述表明这个家或更大社会(伴随商业化和物质主义的盛行,社会正在发生那么急速的变化)对社会性别态度的转变,还是仅仅反映了对儿子的失望。然而,在受更多教育和上驾校方面对后面两个女儿的投资,同前面两个女儿相比的确发生了较大转变,后两者在初中毕业(8年级)之后就结婚了。

禄村人的名字

名字里包含了有关社会关系的有用信息。人类学家华若碧(1986)揭示了过去中国人的姓名如何常常体现了性别不平等。男人有可能在其生命周期不同阶段(比如他们入学或工作时)择取或得到更多的名字,每个名字都为他们增添了光彩。相反,极少有妇女去上学或得到过任何与众不同的个人名字。有时候,女孩子要不缺乏独特的名字,要不她们名字所显示的是重男轻女的现象,比如她们被取名为招弟等。然而在禄村,我没有碰到过取了招弟这类名字的女孩。

按辈分取名

在禄村,各个家庭给儿子和女儿取同样的辈分名字(通常是名字中间的那个字,是按传统取名系统选取的)是很寻常的,而在更为传统的父系制盛行的地区，这些名字通常只是为儿子保留的。[1] 实际上，**所有**家庭（不管是从夫居抑或从妻居的）记录的全名（有时候小孩子只有非正规的名字）都表明了这一现象。我注意到有一家，两个女儿的辈分名字**不同**于其两个兄弟的。然而，总的来说，假如儿子和女儿有相同姓，他们也会有同样的辈分名字，甚至有一例，即便姓不一样，但他们还具有相同的辈分名字。[259] 这显然背离了人们期望的父系制模式，因为在父系制之下，妇女的辈分关系不太可能具有重要性。例如，对山东省 3 个村进行过研究的朱爱岚谈道："人们有**可能**给女儿取个像其兄弟一样的辈分标记，尽管**通常不**这样做"（朱爱岚 1994：56，斜体为作者所加）。同样，在描述四川一个村时，葛瑞峰写道："尽管一个继嗣群体内的兄弟和堂兄弟都有一个相同的辈分名字，但姐妹和堂姐妹通常都没有。人们常常给女孩子取诸如素珍、淑芬等一般性的名字"（葛瑞峰 1998：179 注释 7）。

很大一部分妇女同她们娘家亲戚关系密切以及给女儿取辈分名字的事实表明，妇女相互之间作为姐妹和堂表姐妹的关系是重要的。这同女眷们在日常任务和仪式场合中相互合作是吻合的。插秧需要帮忙时，妇女通常会招呼其姐妹。当她们的孩子结婚时，姐妹们也来送礼。当然，就像在任何其他方面，姐妹之间也有可能会争吵和相互争夺，但在禄村的经济与社会生活中，妇女之间的姐妹关系显然是有用的。当我了解到一个朋友母亲的葬

---

[1] 人类学家孔迈隆指出，给女儿取辈分名字的做法，可能是 1949 年后中国各地的做法，不只限于西南地区。我从河南村里得来的信息表明，他在某种程度上是正确的，虽然不同地方采用这一制度的**程度**有所不同。然而，进一步研究使带有历史维度的这一现象变得更为复杂化了。我云南的助手见过她母亲家的家谱，她发现，革命前滇南汉族各代中都含有女儿的名字，这些女儿也有辈分名字。

礼时，我发现了姐妹关系中意想不到的一个方面。

结拜姐妹和干妈

革命以前，人们有时成为"结拜姐妹"或"结拜兄弟"，尽管费氏没有为此写过任何东西。我朋友的母亲曾属于一个有 10 个结拜姐妹的一群人。她母亲排行老十。在她去世的时候，只剩下 4 人：一个在昆明，一个在北边的村里，两人在禄村。我不能对她们任何人进行访谈，所以，我仅从她们成年子女那里得知了一点有关她们的情况。

> 你知道我妈——她是春节后刚过世的。她 64 岁。她生了太多的孩子，一共 14 个。她死了之后，我一直非常不习惯。我沿街走下去的时候，常常想着我妈还在那里，就坐在大门口。你也知道她。但她现在不再在那里了，当我到那里时，我仍会去开门并去找她。我突然觉得她还坐在门口。

> 我妈死的时候，好几个姨妈——我妈的结拜姐妹都过来哭了。她是 10 个结拜姐妹中的一个。有老大、老二和老三……我管她们都叫"姨妈"。我不认识在远方的那些人。在禄村和附近一个村里，我还有三姨妈和四姨妈。另一个村还有七姨妈。我总叫她们姨妈，因为对年纪大的人我们不喊她们的名字，所以我记不得她们的名字了。三姨妈现在约 70 岁。在昆明还有一个排行老七的，她本人有 8 个亲姐妹。

> 当我妈活着的时候，这些姨妈常来我妈家一起做饭，一起吃，然后回家。她们的孩子也过来玩。当我结婚时，她把

260

她们当客人请过来。她们相处得非常好。我妈擅长缝纫,当她们衣服坏了,她就帮她们修补。我妈去世时,她们都很伤心,都哭了。其中一个说:"以前要是我需要什么东西,就来这里找,现在我能上哪里去?"如今,我这里的两个姨妈都老了,她们不外出了。四姨妈的大儿子就住在村里,我管他叫哥哥[我想去看他妈,但她到外地去了,她儿子没有她的更多消息]。我不知道她们什么时候结拜的,我甚至不知道她们丈夫的名字。两人的丈夫都是解放前很早就死了。这些妇女不是真正的亲戚;她们起初没有关系。她们只是喜欢待在一起的女友,但后来决定结为姐妹的。按照年龄,年纪最大的成为大姐。我不知道她们是如何计划,如何开始行动的。一些人结婚后就住到其他地方去了。我只知道她们共有 10 个姐妹。

那一代妇女剩下的已不多了,没有别的人可以告诉我更多关于革命前结拜姐妹的情况。据 70 岁的宋爱林说:"像其他一些人一样,我没有任何结拜姐妹。要是你小时候很穷,你是不可能这样做的,因为你负担不起请大家一起吃饭。"她女儿约 35 岁,也没有任何结拜姐妹,但她说,她的确有一群很好的女性朋友。然而,我们回想起第五章中描述的女先知黄师娘,她在禄村曾有一个结拜姐妹。

妇女之间虚拟亲属关系的另一种形式是"**干妈**"。干妈是一个像教母一样的术语,但同**姨妈**是不同的。后者是结拜姐妹的子女用来称呼她们的术语,尽管这两者皆指女性朋友之间的关系。干妈可能只有一个,而不是一群人。干妈的选择是基于同一个特定孩子的关系。**干妈**应是**成年人**,而不是基于儿童期或青少年时期的友谊。村里有个男人估计,约有一半人有干妈。这种关系因而是普遍的,但不是强制性的。为何这种关系而不是结拜姐妹一直延续至今呢？较之结拜姐妹或兄弟，一对一的关系或许政治嫌疑比较少，前者过去同三合会或帮派有关联。禄村年轻一代对结拜姐妹的了解仅仅像我那位朋友那样是十分有限的，其他人则在电影里见过。比如，他们根据电影认为，举行结拜姐妹和结拜兄弟的仪式时必须用鲜血和酒。

离婚和通奸

正如在中国大部分地区，离婚在禄村颇为罕见。在我 1990 年的样本中，已婚的 198 人中只有 4 人是离过婚的，每个离婚者又都再婚了。当我在那里时，我试图得到有关离婚后果的信息，但不容易找到这种例子。一个女干部向我描述了下面一个例子。

> 今年有一对 40 多岁的夫妻离了婚。他们有两个孩子。老大 20 多岁，小的 10 多岁。这个男人不好；他经常打他妻子魏仙。这个妇女的眼睛几乎被打瞎了。两个孩子都决定跟那个男的，因为他给他们钱。魏仙单独留下了。现在她已离开村里去做临时工。那个男人也离开打零工去了。两个孩子跟奶奶一起过。魏仙在村里有地，所以，农忙时她回来种地并在一个女友家里睡觉。当他们离婚时，法庭裁决她丈夫必须付给她 300 元钱，作为她应得的他们一居室房屋的份额。仅有一个房间的屋子是他们 5 个人唯一可以分割的东西。她的一份约值 300 元，但迄今为止他还没有给她。

这个离婚案背后的故事是，这个男人另有新欢。那个女的也是已婚的，其丈夫最初声称魏仙是他的老婆，当魏仙拒绝调换配偶时曾挨过他的打。这个可怜的妇女被两个男人打过。她已失去了她的孩子和家,甚至没得到法院判给她的 300 块钱。

张丽都是我访谈样本中极个别的离异妇女之一,她做了简短的叙述。她是 1992 年 44 岁时离婚的。丽都说她是 1964 年自己自由选择结的婚,那年她才 16 岁。1992 年因丈夫的恶习而同他离了婚:他爱赌博并欠下了太多的债务。她现在同最小的 20 岁女儿在一起生活。较大的儿子和女儿都各自结婚走了。因其丈夫赌博引起的贫困意味着这个家庭不能在分别在 1992 年和 1996 年结婚的儿子和女儿身上投入任何钱。他们招待不起客人吃饭,只提供了茶水。她和她女儿靠种地、干体力活和修路维生。

离婚的第三例是因丈夫一年大部分时间在外打工而妻子通奸。在这一例中,丈夫离婚并留下了女儿。法院划分了房屋,这个妇女仍留在她前夫的队里,因为她正式落户在这里。双方最终都再婚了,分别从村外带进了新配偶。这个男的娶了一个寡妇,并生活在他父母家中,而他的前妻先是租房住,而后盖了房屋。

每一性别的离婚者都有可能被看作是不甚理想的婚姻伴侣, ²⁶² 所以,当他/她们再婚时,他们通常同丧偶者或另一个离异者结婚。我碰到过一家,男的和女的以前都离过婚,结婚之后重组了一个混合家庭,有他的 3 个孩子和她的 2 个孩子。禄村离婚和再婚的情况很少,一些人是以更为悲惨的方式摆脱不幸家庭的。

自　杀

我原先没有打算把自杀放在婚姻与家庭关系的范围之内,但当我碰到有关女性自杀的许多叙述之后,我记起了卢蕙馨(1975)对中国妇女与自杀的著名分析。卢蕙馨揭示,不像男性有较高自杀率的欧洲国家和日本,中国妇女的自杀率同男性一样高。但中国妇女的自杀模式也同男性的不同，因为妇女自杀的高峰期是成年之初，约为 20—24 岁，然后逐渐下降到 35 岁左右，在 60 岁以前并没有上升多少。相反，男性的自杀率在成年早期并未急剧上升，在育龄期这些年处于平稳状态，到老年时才达到高峰。这些观察对于更近期关于欧洲与中国的研究都是适用的。1990 年，26 个欧洲国家男女性自杀性别比的中位值是 2.8，而中国城市地区是 0.9，农村地区是 0.8（赵石青等，1994：45—46）。1989 年，20—24 岁年龄组年轻女子的自杀率是年轻男子的两倍多。

　　卢蕙馨将妇女的高自杀率同她们在家庭内部不断变化的地位联系起来。特别是，她把女青年的高自杀率同结婚时离开娘家并进入一个新家的压力联系在一起。到了新家，她们被期望辛勤劳动和生孩子。卢蕙馨相信在从夫居或入赘婚家庭中，生儿子为防止年轻妇女自杀提供了一些保护性的条件。随着妇女生了孩子，她们的地位将得到改善，直到自己儿子结婚、儿媳妇娶进来之后才会受到挑战。对于 45 岁以上的妇女而言，卢蕙馨将自杀率的上升同年轻人对母亲/婆婆权威的反抗关联起来。这在联合家庭中最易发生，此时儿子开始将他对母亲的感情转向其妻子，而妻子则挑战其婆婆的权威。虽然我碰到的个案并不完全支持这些推测，但这同生活在联合家庭中导致妇女较高自杀率的一般观点是吻合的，特别是当妇女没有机会离开家并在家外独立生活时更是如此。当一对以上成年人或将成为成人者开始争夺家庭权力时，这对妇女来说似乎是最为关键的时刻。①

①在这里，我们也可能会回想起第五章中女巫的女儿，当她还是一个少女时，母亲逼迫她接受一门包办婚姻，她试图通过吸鸦片来自杀。

梅火与季珠

我对生活在有许多兄弟之大家庭中的一个年轻妇女作了访谈。她渴望得到更多教育,并希望推迟结婚。她谈起了"大男子主义"的问题。我后来得知,这个女青年有一个姐姐叫梅火,后者嫁到了禄村另一个小村庄,并在几年前自杀了。梅火同丈夫发生了争吵,那时她住在婆婆家里。吵架之后她服毒身亡。梅火留下了一个6个月大的男婴;这个男孩一年后不明原因死了。梅火的妹妹听说,梅火同她丈夫的关系"不坏",但她自己那时还太小,不怎么懂这些事情。按照生男孩提高青年妇女地位的观点,梅火的婚姻应该不错。她在家里的压力必然来自其他方面。在这同一家,我听说了另一起自杀事件。一个年轻媳妇有个姐姐季珠自杀了,季珠也是一个年轻母亲,有个15个月大的女儿。人们认为季珠自杀是因为她丈夫离家太多了。他指责季珠在他外出时有了外遇。季珠是招上门女婿的,以便帮母亲抚养弟弟妹妹。

我同村里3个19、20和25岁的年轻妇女讨论过自杀的问题,并问她们女青年为何喝农药自杀。她们谈到了来自社会的压力,比如对任何离异或未婚流产妇女的非难。一个青年妇女提到,她有个中学同班同学怀孕后吃安眠药自杀了。我问她这个同学为什么不去做人流,既然做人流在中国那么普遍。她回答说,医院的人要求出示证明,并需要得到村干部的批准,这个妇女或许还必须交罚款。后来,当我就此事询问村里的女干部时,她们说这不对,你不必告诉你的姓名(假如你没有碰到你认识的任何人),你可以秘密做掉。我不知道哪一种说法是对的,但即便是女青年得到了错误的信息,她们对性越轨引起的社会谴责的巨大恐惧显然左右了她们的行为。

264

当我问及**青年**妇女何以那么经常选择自杀时，这些年轻女子使我确信，这是因为社会总是谴责妇女方面的任何性独立。她们感到，没有人能理解她们及其面临的问题。假如她们婚前或婚后犯了错误并陷入名誉受损的险境时，她们就没有任何解决办法了。她们说，她们相互之间并不能给予这种支持。虽然女青年在中学时有朋友，但毕业之后她们就分道扬镳了。假如她们是嫁出去的，婚后就更孤单了。然而，前面提到的季珠是在家结婚的，她并不是生活在一个新家里的儿媳妇。对她们性名誉的侵害看来有可能是一个主要原因。

梅帮

我访谈样本中碰到的另一例自杀，涉及一个快 50 岁的妇女梅帮。她有 5 个刚成年或处于青少年末期的子女。她丈夫当过兵，也做过干部。他们俩最初都不是这个村里的。在她去世之前，梅帮很愤怒，因为丈夫没有帮她干重活，特别是把肥料运到田里去。他们打了好几天架，最后她喝农药去世了。随着女儿外嫁，她丈夫现在同两个未婚儿子在一起生活。这个例子并不涉及同婆婆公公的冲突，但它发生在一个含两代成年人或接近成年人的家庭中，而且在劳动的分配上出现了冲突。

此事发生后，嫁入了一个联合家庭的儿媳妇，向我描述了有类似家庭结构的另一例。她丈夫的父母吵架之后，婆婆服毒自尽了。这发生在她公公婆婆分别 37 和 34 岁左右时。他们有 3 个儿子和 1 个女儿，后者那时处于 6—15 岁之间。我不知道他们那时是否同这个丈夫的父母生活在一起，但这一位母亲生于另一个行政村，或许在附近没有任何亲戚。

林五佳

在对一个老年妇女作访谈时,我再次问到了自杀这个敏感的问题。她首先提到了她听说的邻村一例,并解释说:"在过去,像那样的事情的确在地主的子女中发生过"。她接着告诉我,几年前在她小村庄有个老年女亲戚自杀了,这一例同阶级政治无关,而同家庭政治有很大的关系。 ²⁶⁵

> 在我们队有一个老人叫林五佳,她同小儿子沈布辉在一起生活。这个小儿子的妻子多华很爱唠叨,她不断责骂这个老妇人。大儿子沈布耀也受其媳妇的控制。这个母亲曾说:"沈布耀,我来你家同你一起过吧。"但大儿子说:"这不行。"而后她回到小儿子那里,并向他抱怨,但儿媳妇再次骂了她。林五佳想,路都走不通了。不过,她还出去割了蚕豆,回来后没有吃东西。她就这样离开了。林五佳独自一人时拿了一根小绳子走上楼梯吊死了。她是大概5年前65岁左右时死的。她是那天上午死掉的。这些现代的人们!老年人辛辛苦苦似乎是白将他们拉扯大了,这个老母亲的死没有引起他们伤心。

给我讲这个故事的这个老年妇女本身,同其儿子和儿媳妇相处也存在一些困难;她很同情这位老妇人。

尽管这些个案的每一例都很独特,发生在禄村的这5起自杀中有3起是生活在有两代成年人的联合家庭中的妇女。另外两例有许多孩子,家里还有几个未婚的年轻成人或青少年。除了这些个案,我还听到过有关女性自杀的另外两个特殊例子,但没有适当机会了解背景信息。有人只是告诉我,一个约18岁的未婚男青年在最近几年自杀了,但他的家庭成员没有人在我的样本中。这几个案例发生在一个约有3000人的社区中似乎比例很高

（我碰到的女性自杀个案比离婚的还要多），但孤立地看，这种信息并不能被用于支持任何推论。村里的记录并没有把自杀同其他死因区分开来，我选择了用不直接发问的方式来进一步调查这个敏感问题，免得让人觉得我似乎只寻找乡村生活的阴暗面。然而，关于全国自杀率的最近信息表明，导致妇女尤其是农村妇女高自杀率的环境在中国农村仍是普遍存在的。[①] 第九章我将讨论禄村人在一场小品表演中呈现的一个妇女威胁要服毒自杀的剧情，这是农村地区最通常采用的一种自杀方法。

对老年人的照料

266　　西方人和中国人有时抨击西方国家忽视老年人。批评者将西方的制度安排同儒家和谐家庭的理想相提并论，在后一种情况下，老年人靠其子女来赡养。在中国农村，年轻人照顾老年人是习以为常的。但下文对 19 世纪的观察表明，在中国人的现实生活中，在赡养老人和达到儒家理想方面长期以来始终存在困难。

> 从理论上讲，中国人对于尊敬老人的确附加了重要意义……儿子也确实在赡养老年的父母；但就我的经验所及，在履行这一义务时，几乎没有什么真正的爱或尊重可言。这一责任与其说是源于真正的感情，倒不如说是源于中国的继承法。后者除了规定财产的传承，还授予一家之主终身对其家人拥有并行使某些权力和特权。当然，没有什么比子女冷

---

① 何兆雄提到，在农村地区，1989 年女性的年自杀率每 10 万人中有 47 人，而男性仅为 23 人（1997：85）。这一比率相当于并超过了 50 岁及以上这个年龄组男女两性的总和。

漠甚或虐待其老年父母更显眼的了。后者的依赖状态通常被加以利用以向世人证明，他们在赡养父母方面做得有多好，从而把非做不可的事情装成出于好心而为之。与此同时，他们却使可怜的老人们（只要他们还能劳作的话）成为家里的苦工。（库珀[Cooper] 1871：427—428）

库珀在从印度经由西藏、云南北部及四川到重庆的旅途中作了上述评论。

在 20 世纪 30 年代，费氏很少描写对家里老年男性和妇女的印象；当时村里只有 6 个人上了 70 岁。他提到，许多人一直劳动到 50—60 岁（费孝通和张之毅 1945：38）。他也谈到了（102—103）儿子们给一个富裕的老妇人做"寿"活动的巨大花销，但他在很大程度上忽略了贫困家庭赡养老人的负担。

在当代禄村，一个嫁到丈夫家的妇女描述了对其公公婆婆的安排：

> 我老公公分家出去后同大儿子过，婆婆同我们一起生活。在我们村，父亲通常跟大儿子过，母亲一般跟小儿子。我同婆婆的关系一般。他们人不错，但"好"不了太多……同婆婆交谈与同你自己父母谈话是不一样的。假如婆婆在家，我害怕说话，即便当我应该说时，我也不说。

在这一个案中，老年一代的负担因将父母分给两个已婚儿子而有所减轻。

一个较富裕的年长妇女讲了她对晚年生活和负担赡养两个父母的忧虑：

> 老年人需要有一定的财产。假如我们老了，我们必须保留一些财产。假如我们女儿说："我不想嫁出去，我要留在家

里"。那怎么办,我们就去招女婿吗？如果女婿招进家了,他同我们的儿子势必有冲突,那时你再想分开吗？如果你分出去,你是跟女儿还是跟儿子过？假如我们俩都跟儿子过,他的负担就会很重……或者,你可能说:"我想同女儿一起生活"。但她或许不能做主；她丈夫可能是说了算的人。你怎么决定是否同他们一起生活呢？在村里,人们说:"不要盖大房子；另外再建一栋房子"。那也很难,真的很难。在这个村,这个问题真的是存在的。有些人养了五六个儿子,当他们小的时候他们似乎很喜欢自己的父母。当他们长大成人、你也变老了的时候,他们就不管你了！每个人都想逃避,把负担推给另一个人。没有一个人要老年人的。

将父母分别安排在儿子和女儿家里住,在禄村并不普遍。有一家同 70 来岁的父母共用一个院子。那个老年母亲同大儿子和大儿媳过,老父亲与同在一个院子里、招了上门女婿的女儿一起过。老母卧床多年,她老伴每天都来给生病的妻子喂饭。通过将赡养父母的责任分配给同住在一个院子里的两户,这个家庭似乎找到了照顾老年人的一种可行办法。

在中国北方的许多村庄,我碰到过不同兄弟姐妹轮流照顾老年父母的做法,但在禄村我没有遇见过。他们也听说过这种办法,但没有人认为这是可行的。正如我们已看到的,老年父母有时候可能分开过,一人同一个孩子生活并由后者照料,另一人同另外一个孩子生活并由后者照料。但一个女干部认为这个想法是令人失望的,她提到,在有 31 天的月份里,老年父母在第 31 天会被置于"骑墙状态",一个孩子说:"时间到了",而另一个则说:"明天才到"。她说,让老年人居无定所,不断在一家和另一家之间挪动不是一个周全之计。

住宅激增与家庭规模变小

自 20 世纪 30 年代以来,禄村家庭有所变化的一个方面是家庭规模。费氏揭示,由于征兵和男性外迁,在 1938—1939 年一年时间里,禄村的平均家庭规模从 5.7 人下降为 5 人。费氏将 122 户定为记账和共同消费的单位。1938 年,官员给了他一个低得多的 95 户的数字——每户平均 7.3 人(费孝通和张之毅,1945:19,38)。这一差异揭示了为了回应政府政策而在报告上体现出来的差异。在 20 世纪 30 年代末,税是根据户而不是按人头征收的。这就鼓励了各家推迟正式分家,即便他们已非正式分开了。

在 20 世纪 90 年代,大禄村的平均家庭规模下降为每户仅有 268 4.2 人。[①] 下降的一个重要原因是政府的计划生育政策,即限定一对夫妇生两个孩子,我在第八章中将进一步讨论这个问题。假如超生,或者未遵守 4 年间隔期的规定,在计划生育政策下,实际上各家会少报孩子数,但如今隐瞒"超生"的孩子就像费氏研究时代将他们隐藏起来免于征兵一样困难。现行土地分配政策产生了相反的效果,假如他们想得到土地的话,各户就要登记其所有合法成员。这一土地政策也允许已婚的年轻夫妇将他们的农田从父母那里分出来,因为土地是村里而不是父母拥有和分配的。

---

① 1988 年,禄村中心(8 个队)有 410 户 1680 人,平均家庭规模是 4.1 人。在各个小村庄,平均家庭规模是 4.5 人。小村庄更多地依赖土地获取收入,因而比在中心的家庭稍贫困一些。所以,他们可能会推迟分家。中心的青年夫妇可能更易于找到挣工资的工作和在公路上运输建筑材料的机会,因而通常更能够在结婚时盖起新房,并在婚后不久就分家。

因此，从父母那里尽早独立出来，并不像革命前时期那样具有失去土地继承权的风险。

人们为何更喜欢小家庭呢？正像很难激发每个人都努力为集体劳动一样，中国家庭或许总是发现很难管理联合家庭中的成员，正如费氏观察到的：

> 当一个新儿媳被娶进家门之后，旧单位就变得不稳定了，以前同这群人没有任何关系的新成员不易于适应同老成员的生活。只有通过不再完全靠关系亲密和利他主义联合起来的成员平等地分担责任和特权，这样的经济单位才能得以维系……发展起来的新关系几乎必然必须建立在自身利益之上，它们同先前存在的这些模式将是不相容的。要在这样的基础上建立一个顺利运转的经济单位，即使不是不可能，也是一项困难的任务。（费孝通和张之毅 1945：115）

在当前的改革时代，使家人都聚在一起已变得不那么必须了。早分家是年轻夫妇获得日益增长的自主权和成功的一个重要标志，因为这重新界定了年轻新娘同她婆婆、青年男子同其父亲以及夫妻之间的关系。就像上面所讨论的，早分家鼓励了**结婚**而不是**讨媳妇**的婚姻模型。晚分开表明了年轻人的贫困和依赖，说明他们不能积累个人资源（甚至在富裕之家）以建立自己的家庭，这也表明父母不愿放弃财富和权力。因此，家庭小型化的趋势可以被看作是一个日益增长的机会来摆脱严格的联合家庭管理。在联合家庭中，家庭成员之间因权威和劳动分工导致的冲突，可能会引起强烈怨恨和苦恼。越来越多年轻人现在能重新协调他们同其长辈的关系。这一转变的后果可能会增加老年人的脆弱性，尤其是在靠农业劳动获得其许多收入的家庭中。

在改革时期,家庭小型化出现在云南省和全中国。① 在云 *269*
南,平均家庭规模在 1982—1990 年间从 5.2 人降为 4.5 人(云南
省统计局 1991:4)。在 20 世纪 80—90 年代,财富的增加刺激了
住宅建设,而计划生育政策则促进了人们少生孩子并拉大生育间
隔。关于人口问题的下一章将描述禄村的计划生育及其社会性
别影响。

总之,在描述有别于刻板定型化的汉族婚姻与家庭制度时,
我不愿争辩说禄村代表了云南各地的普遍化模式,或从另一个方
面说,它是云南或仅仅是云南一个河谷特有的现象。昆明西边云
南汉族地区发现的婚姻习俗,的确似乎有异于昆明东边汉族地区
所发现的那些。② 这些差异不太可能只是汉族被少数民族文化
同化程度不同的产物。我认为这些差异同不同地区的经济与政
治历史也有关,其中包括导致男女截然不同角色的家庭经济上的
差异。农作、家庭纺织生产以及战乱与迁徙的历史,都塑造了不
同的地区和像禄村这样的村落。费氏及我本人 50 多年之后在禄
村观察到的婚姻习俗表明,中国"正常的"东西远非普遍化的。与
此同时,像较高的女性自杀率、不断缩小的家庭规模等禄村家庭
生活的诸多方面,同中国农村大部分地区所呈现的趋势都是一
样的。

---

① 中国南北方的许多地区都报道过家庭规模变小的现象。有关的民族志讨论,参见 *272*
　郝瑞(1993:81)、詹森(1993:134)、弗里曼等(1991)、葛苏珊(1993)及杰华(1997:
　56)。
② 雷伟立目前正致力于研究云南东部人口变动的特征。一项有关生殖健康的研究描
　述了昆明东边 136 公里处陆良县的家庭(王绍贤和李祯[Wang and Li] 1994)。

第八章 人口变动、计划生育与性别偏好

问一问在我们自己的国家,因压倒性的羞耻感或是有私生子的可怕后果,母亲们有时是否也会被迫杀害她们自己的后代呢?(莱伊[Lay]1843:60)

多少个世纪以来,来自中国不同地方的迁徙者流入了边疆省份,并在肥沃的平原上定居了下来。他们带来了多子多福的传统观念。这在使云南人口在较短时间里上升到饱和点方面,想必同在中国其他地方一样有效。(费孝通和张之毅 1945:11)

中国媒体周期性地将杀婴视为一个问题,并且是中国人公开谈论的一个主题。每个人都有自己的故事,要么是他们自己目睹的,要么是他们认识的某个人见到过被遗弃之活的或死的女婴。(克罗尔 1994:202)

大约 1988 年,当我在城里医院生第一个女儿时,有个女婴被丢在厕所里。后来,医院的一个医生把她给了一个没子女的姐妹。给她上户口非常贵,花六七千元人民币。(禄村妇女,1996 年)

1990 年夏天,我在禄村各个小村庄进行入户调查,村计划生育专干有时陪我和我助手走各村的小道,她帮我联系样本中处于

偏僻小村的家庭。有一天,我们邂逅了一对已婚夫妇,他们将一个小女婴放在其自行车上。计划生育工作者带着热情的微笑轻轻地拍了一下那个女婴,并问起了她的情况。令我非常惊讶的是,我们得知这个婴儿是这对夫妇领养的,他们7年来一直想生个孩子,但没有成功。计划生育专干同这对夫妇谈起了这个女婴,但也注意到这个妇女现在正在怀孕。她于是停下来履行她作为一个专干的职责。她提醒这个妇女,既然她已有了一个领养的孩子,那么只允许她自己生一个而不是两个孩子。随后的话题包括第一个领养的孩子同第二个未出生孩子的"间隔"以及告诫她在第二个孩子出生后应同意去做绝育。计划生育专干告诉他们,孩子出生后若不做绝育是要挨罚的。这对夫妇似乎认为这并不十分公平。花了少许时间澄清规定之后,我们继续上路了。这一相遇是友好的,并未引起任何公开的敌意。这个计生工作者告诉我,这个女婴是昆明的陌生人给的,这对夫妇花了300元人民币。我在寻思收养了这个女婴的那个妇女的心情。她或许觉得假如她能生的话,她有资格要两个孩子。村干部按照政府政策在其管辖范围内给人们施加了无可规避的压力,但流动和交换的机会使人们找到了通过"黑市"实现家庭生育目标的办法。

人口学、人类学与生育决定

　　作为旨在加快或减缓人口增长之政治行动的一个领域,人口政策始终是引起争议的。1979年,中国采取了一对夫妇只生一个孩子的计划生育政策,对遵守政策的那些人给予奖励,对违反的那些人予以处罚。最初的独生子女政策遭到了相当多抵制。后来符合条件的农村人口和少数民族被放宽为可以要两个孩子。这一政府政策在整个 20 世纪 80 年代都是行之有效的，从那时以来，在不同年份和不同地区的执行上出现过程度不同的强化或松动，它对中国的出生率产生了重要影响（班尼斯特［Banister］1987；葛苏珊和李佳丽［(Greenhalgh & Li]1995；霍尔 1997；周晓 1996）。人口学家约翰·艾尔德（John Arid）强调，这是一项强制性的政策（1990）。

中国国家政策同中国家庭发生了正面交锋。正如费氏在上面的引文中提到的，中国人的家庭观念和农村经济长期以来一直很重视高生育率和多子多孙。被计划生育政策所掩盖的是有关社会性别、妇女作为生育者、女孩成为较不理想性别等重要问题。政府将这一政策展现为通过降低人口增长来提高人均产出的一项社会性别中立（gender natural）的政策。正如葛苏珊和李佳丽指出的，

275 按照政府的观点，假如发生了杀害女婴的现象，那是因为传统的文化价值观仍延续至今。然而，在政策实施和政策造成的后果中，社会性别是逃脱不了的因素。人口学家已确认了失踪女孩问题并分析了定量数据，但家庭经济与家庭生活的复杂性，呼唤更多的人类学关注（科尔和班尼斯特［Coale & Banister]1994；葛苏珊和李佳丽1995），因为个人的生育决定毕竟是在家里作出的。

人类学家一般很少利用人口学的成果，但将人口研究与民族志研究结合起来，可以为理解各种推断性解释提供有价值的见解和有效的核实。人口研究可以表明出生、死亡、健康及家庭规模等聚合模式同人们行为的文化、社会及经济模式是不是关联的；通过揭示类似的情形在总体人口中是普遍存在还是罕见的，它们可以平衡个人感情因素的影响。反之，人类学家能向人口学家表明，定量数据有时如何被误报和曲解以及人口变动理论同人们的实际想法与行为之间为何有可能出现不一致。

对社会性别偏好的历史审视

围绕中国人口、独生子女政策及失踪女孩的论争都可以在禄村这个微观世界中得到检视。全国、省及乡镇各级的人口证据可以揭示并确定不平衡的性别比,而村级的个案研究则可以进一步确认促进人们歧视女童的压力何在、何时及为什么变得更强或更弱了。禄村在费氏时代和革命时期的证据,有助于确定共产党执政前和独生子女政策生效前人口模式的类型。革命数十年并未强调生育控制,但当代的改革时期在全国范围内将计划生育政策和生育控制付诸实践。今天人们的计划生育决策当然是回应当代政策而作出的,但它们也融入了当地人的价值观、知识、记忆及经历。

正如第三章中对缠足的分析,当地的社会史和经济状况有助于揭示性别比在某些地区何以比另一些地区更不平衡,并有助于理解哪些因素促成了强大的社会性别偏好以及在男女孩之间作出困难的伦理选择。国家政策和关注大规模人口问题的发展计划者,通常都不理解人们为何以及如何根据他们自己的经历与价值观作出选择。在像禄村这样一个地方,重男轻女究竟达到了什么程度? 它的人口史如何影响到它当前的人口状况?

正如本章开篇的第一条引语揭示的,革命以前(冯客[Dikotter] 1995:116—121)人们就意识到了中国人口过剩问题。费氏也将人口过剩确定为共产党执政前和有争议的独生子女政策实施之前中国存在的一个问题。在他对禄村的经济分析中,我们可以看到导致人均资源下降的一个关键性因素是人口的不断增长,这使人们不得不在太多的继承人之间分割家庭资源。他认为,农村家庭鼓励生育的思想和实践导致了其后代的贫困。

276

　　观察 20 世纪 30 年代末的禄村,费氏认为,由于生了许多孩子,各家减少了他们每户土地继承的份额,就获得生育成功并养育了若干儿子的那些人而言,这导致了他们下一代的向下流动。伴随村里人口的不断增多,禄村农田的规模也在缩小,所以,30年代最大的农田比起上一代最大的农田小多了。费氏推论,即便将富人的土地重新分给穷人,因人口增长之故不久也不会有足够的土地可分。然而,他没有明确建议采取生育控制措施。

　　关于革命前的生育控制活动几乎找不到什么信息。[①] 除了像节制或"分开睡"等有药物之前的老式选择外,许多史料提到杀婴成了使家庭摆脱不愿要之孩子的最普遍方法。此类文献就像格格不入的考古文物,很少提供其地点、时间及环境的信息。实际上,杀婴(这是非法的)的那些人,竭力掩盖其踪迹并将他们死掉或遗弃的婴儿放到别人的后院。杀婴的叙述在 19 世纪末很流行,柯乐洪(Archibald Colquhoun)1883 年在穿越中国南方(包括云南)的旅途中写过下面一段话:

　　　　白天,有个可怕的东西漂过来,挨近了我们的船只——那是一具新生儿的尸体。非但没有引起船夫们的任何怜悯或同情,这似乎还给他们带来了很大乐趣。杀婴行为的执行者通常是孩子的父亲。助产婆和私家朋友一般拒绝为之,认为这不关她们的事,她们不想将来为此受指责,或者有令人不快的回忆。总的来说,母亲更愿意把孩子送走而不是杀

---

① 革命前时期有关性行为的话语,将保存精子(性交时)描述为男性预防精力耗损的一种策略。假如得到成功实施的话,这些想法可能具有避孕的效果,但我们缺乏证据表明未受过教育的农村人接受这些观念的程度,或者倡导这些观念的精英们对其有效性(不管是避孕措施还是保存男性活力)的看法。见迪科特(1995)、裴达礼(Baker 1979)及柯临清(Gilmartin 1994)。

掉。然而,有时父母都赞同杀掉而不是将其女婴给别人以便
使它免于贫穷或耻辱的生活。(柯乐洪 1883 I:237)

柯乐洪并没有特别提到引起他注意的那具遗体的性别,但他 ²⁷⁷
以此为契机开启了有关中国人如何"通常"杀婴的一个常见叙述。
这种信息显然来自各种无名的阐释者(西方和中国的),后者只是
对其他人所写的进行概括。虽然人们普遍同意中国革命前存在
杀婴习俗,但由于执行的隐秘性以及缺少父母和受害者的认定都
意味着,我们对杀婴在什么地区或什么阶层的人群中最为普遍和
最得到认可以及在哪些地区或人群中是罕见的尚缺乏可靠的信
息。所以,关于使人们能选择不同替代办法的各种社会与经济环
境,我们也几乎没有什么信息。

同样能使家庭摆脱不想要之女孩的一种替代杀女婴的办法
是遗弃或卖掉。基督教传教士 20 世纪 30—40 年代在昆明为被
遗弃的女孩(年龄大点的)建立了两个收容所:一所是收容奴婢
的,另一所是针对盲女的(史密斯 1940;贾斯乔克 1994)。关于这
些女孩的背景资料(她们已大到足以讲述其故事)显示,当一方父
母死亡而另一方不能供养她们,或者父亲是个烟鬼时,身为小姑
娘的她们常被卖为家奴。由于身体受虐或生病,她们一旦丧失了
家务劳动的能力,就会遭到主人的虐待和抛弃。

革命前的云南省就像其他一些地区一样,就现有农田面积以
及维持生产率水平而言,当然存在人口过剩的问题。杀婴、遗弃
和卖掉显然是都存在的。但这并不意味着它们在全省范围内是
均衡分布的。为避免这被当作外国人类学家对主流汉文化吹毛
求疵的另一个理由,我要在此援引昆明的一位撒尼(Sani)妇女同
人类学家司佩姬谈到的有关杀婴问题:"汉族人杀其女婴,我们撒

尼人既杀我们的男婴也杀女婴。"①这一陈述引导我们去思索,人们执行计划生育或杀婴决定的方式是否也是一个族群标志? 但这说明杀婴的并非只有汉族。

云南始终存在许多文化多样性,这不仅出现在它当地人口(少数民族)中,而且在其汉族移居者中亦如此。后者在不同时代来自不同的省份,并在经济资源和生态环境不同的地区定居下来。汉人不像我们通常想像的那么整齐划一,禄村只代表了云南汉族中所发现的一种模式。

费氏的记述着眼于成年人;他没有描述生育和婴儿死亡率,更没有涉及杀婴或弃婴主题。作为来自太湖地区的东部人,他可能将汉人社会性别价值观的假设带到了禄村,但他没有呈现女孩不受欢迎的证据。不像那么多关于中国农村的其他民族志报告,②贬抑女性的轶事和表述女性卑微与无用的当地谚语并没有出现在他的叙述中。这仅仅是一种疏忽,还是他的沉默意味着重男轻女在当时的禄村并不突出?

追溯费氏研究时代禄村的人口变动,能使我们对经济与政治制度同生育与生存的家庭模式之间的关系看得更深。历史视野提醒我们,像战争、瘟疫、饥荒及迁徙等大环境,对当地人口并对家庭期望都产生了影响。这些环境可能会显著影响到人口中特定的年龄与性别群体。革命前的禄村人口中出现了什么样的社会性别模式? 从费氏有关儿子与女儿和男性与妇女价值与脆弱性的人口数据中,我们可以搜寻到什么线索? 禄村数据是否表明女婴有更高的死亡率? 数据可靠性如何? 什么样的扭曲和事件

① 同司佩姬的个人交谈。
② 裴达礼(1979)、卜凯(1957)、甘博(1954)及其他许多人都援引过这种谚语。

可能已影响到了她们？谁幸存下来了？

战时的禄村

当费氏 1938 和 1939 年进行研究时,因抗日战争(第二次世界大战),人口是不稳定的。费氏依据了乡长编制的人口清查数据。乡公所是民国时期县与保(按理想是 100 户的一个单位)之间的一个行政级别。这个乡长在 1938 年进行了人口清查,他对每家的成年人很了解。1938 年的清查包括其眷属仍留在村里的缺席者,但不包含家眷不在的那些人。费氏相信,这一人口清查就人口而不是户数来说是相当可靠的,因为村民们懂得税是按户征收的。为了逃税的目的,长辈们聪明地将其家人合在一起(或者不登记为分家的)。因此,官方计算的户数是 95 户,但费氏统计的是 122 户,这表明约有 27 家是精明的逃税者。[①]

官方的人口数字不仅受到担心征税的影响,而且受到了征兵的影响。费氏记录的 1938 年村人口清查和他 1939 年第二次来访之间的人口状况显示,战争导致了成年男性人口的急剧减少。常住人口下降了 12％,从 694 人降为 1939 年的 611 人,这主要是由于成年男性的大批离去。总人口的性别比从 100 个女性有 107 个男性,降为 92 个男性。16—40 岁服兵役和劳动迁徙的男性,在流失的人口中占了多数(费孝通和张之毅 1945:38)。因此,禄村在一年间从一个有剩余男劳力的社区骤然变成了劳力短缺的社区(见下面的表 8.1)。战争对家庭生计与社区生活的间 *279*

[①] 费氏并没有特别说明这 122 户中分家的家庭是同其继承人正式分割了财产,还是仅仅让晚辈单独吃住。

接影响是严重的。这个很容易被忽略的统计数据,掩盖了许多家庭悲剧,其中的一些悲剧在活过那些岁月的禄村老年人的生活史中浮现出来了,她们回忆起因强迫征兵而失去的兄弟或丈夫。[①]

表 8.1　禄村抗日战争期间的人口变动(1938 和 1939 年)

年龄	1938 年 3 月			1939 年 10 月		
	男性	女性	男/女×100	男性	女性	男/女×100
0—10	˙92	79	116	88	77	114
11—20	65	50	130	51	49	104
21—30	72	52	138	54	49	110
31—40	54	57	95	39	51	76
41—50	33	37	89	23	33	70
51—60	28	42	67	25	41	61
61 以上	15	18	83	13	18	72
合计	359	335	107	293	318	92

资料来源:见费孝通和张之毅(1945:38),根据表 3 改编。1938 年 3 月的数据是乡长收集的,1939 年 10 月的数据是费氏第二次调查时通过计算每户迁入迁出的人口统计出来的。费氏提到,这一方法或许不完全准确,"尤其是对儿童而言"(1945:37)。

　　然而,因抗战造成的男人损失不仅仅反映了中国历史上的一个瞬间,也不只是影响这些村民的一次性经历。第五章中黄女士的女儿提到了"三丁抽一"的方法,这指的是她丈夫老家湖南省的做法。[②] 这是中华帝制时期和民国时期通常采用的从农民家庭招壮丁而又不完全摧毁纳税和生产谷物之家庭经济的一种方案。于是乎,一个家庭在考虑他们想要多少后代时,就必须将征兵考虑进去。高死亡率可能平均夺取了约一半孩子的生

---

① 例如,回想一下第七章中宋爱林的故事。
② 根据中国古代民间故事改编的迪士尼 1998 年流行影片《花木兰》(Mulan),表明了中国男人被征兵的漫长历史。

命。在幸存的儿子中,家庭还不得不准备为征兵牺牲一个或更多的儿子。

即使是国家或军阀庞大的军队没有将儿子带走,地方层面的纷争和无法无天状态也意味着,各家都需要儿子准备好保卫家庭不受土匪袭击。讲述了他们生活史[①]及其他故事的许多禄村人揭示,在 20 世纪初期,云南的土匪很猖獗。诚如我们已看到的,战争和土匪是 19 世纪和 20 世纪初云南游记中的一个普遍主题(柯乐洪 1883;史密斯 1940)。当回民起义摧毁了滇西的许多村镇时,禄丰镇和禄村也遭受了重大毁坏和人口骤减。这些回忆和经历通过奶奶们讲故事流传了下来,可能都会激发各家生许多儿子以自卫。它们也有可能促成了人们作出服役年龄的儿子比女儿或许有更高死亡率的合乎情理的预期,传统的战争通常选择男性作为能动者和牺牲者,从而导致了男性比女性更高的(直接)死亡率。[②]

1938 年的年龄与性别分布

人口的年龄分布勾勒了年轻和成熟的成年人感受到的经济负担。这显示了年幼孩子和他们应赡养的老年父母的数量。人口的性别分布反映了同社会性别相关的各种变量——就业模式、父母对孩子的性别偏好、产妇死亡率、战争伤亡数以及两性因事故、暴力、饥饿、疾病或自杀引起的不同死亡率。导致人们迁入或迁出社区的婚姻与工作模式,也影响到当地和更大社会的性别比。

[①] 见第五章中"女先知"黄师娘的生活。

[②] 我在这里加上"直接"这个词来表明作战时男人主要是杀男人,而疾病、饥荒及流离失所造成的后果提高了全体人口的间接死亡率。

禄村 1938—1939 年的年龄与性别分布显示,它的人口非常
年轻,1938 年,21 岁以下的占 41%(286/694 人),1939 年,21 岁
以下的占 43%(265/611 人)(表 8.1)。在此期间,妇女生育和养
育了许多孩子,因为极少有人上学,儿童特别是女童很早就开始
劳动。到 1939 年,抗日战争导致了男性人口的显著减少,这在
11—50 岁所有年龄组的男性中都较为明显(见表 8.1)。这一减
少主要是因为征兵和男性外出,40 岁以下男人死亡的只有 4 例。
我无法估计服役回来的男性有多少,但生活史表明,许多人不曾
回来,或许是死了。

在 0—10 岁年龄组的儿童中,男孩略多一点,但样本量非常
小;这种变异可能是偶然发生的。费氏关于 1938—1939 年间出
生与死亡数的记录(0—6 岁)显示,出生是 10 人,死亡 10 人(费
孝通和张之毅 1945:38)。出生的女孩比男孩多 4 个,死亡的女
婴比男婴多 2 个。这些小数目不足以对革命前时期的性别偏好
下定论。费氏谈到,他对有关儿童的数据没有很大的把握。
而且,假如他的男性被调查者对男孩比对女孩记得更清楚是
不足为怪的。这作为暗示女儿可能处于劣势的证据是欠缺说
服力的,特别是同战争导致男性流离的更强有力证据作比较
时就更为明显。事实上,假如费氏 1938—1939 年的数据是准确
无误的,说明战争可能夺走了一些婴儿和儿童的生命。既然死亡
与出生数是相等的,这显然是异常的情况,或者说人口增长不会
成为一个问题。

在倾听生活史时,我对禄村重男轻女(或漠视女孩)的迹象
很警觉,尽管我没有提这个主题,这主要是担心官员们可能认
为我会出去说从而使他们村丢脸。而且,我不想听到有关"旧
社会"罪恶的由固定套话构成的回答。我碰到的唯一直接证

据是第六章中已引述的袁女士的陈述:"袁家人对我不好是因为我最初生了两个女儿。一个女儿因疏忽而死了,第二个刚出生就死了。当我第一个女儿得病之后,他们没有给我任何钱给孩子去看病。假如她是个男孩,他们是会给钱的。有一次我外出时,他们甚至将我 7 个月大的女儿扔到沟里。我只有第三个女儿幸存下来了。"

袁女士的陈述对于她前夫家(他们是禄丰城里而不是禄村的居民)歧视女孩的偏见提供了鲜明的证词。在革命前中国的农村许多地区这种观点当然是有案可稽的,但在禄村及周边村庄当地文化的情境之下,这家的情形可能是异常的。要证实这是村里的一种普遍化的态度还需要更多的信息。

我求助于 1990 年对禄村老年妇女生育史的调查,作为一种替代性的信息来源,来看一看她们的报告同费氏较小并有些不可靠的样本中男性剩余的情况是不是一致的。图 8.1 列出了存活的和假如死了的话、至少活到 21 岁的儿童人数。我 70—80 岁母亲(1920 年以前出生的)的样本也非常小。它只包括 4 个母亲的16 个孩子。在这些母亲的孩子中,每个妇女平均有 1.7 个儿子和 2.2 个女儿。下一个年龄组 60 来岁(生于 1921—1930 年)的 7个母亲,共有 35 个孩子,每个人平均有 2.6 个儿子和 2.4 个女儿。加在一起,1930 年以前出生的 11 个妇女共有 51 个孩子,其中 26 个是女孩,25 个是男孩。尽管存在着像禄丰袁家那样的态度,这显然不能说明禄村重男轻女的情况。1990 年,14 个 50 来岁的母亲(生于 1931—1940 年)共养了 55 个孩子,平均每人有1.9 个儿子和 2.1 个女儿。这些妇女中最年长的几个人可能在革命之前几年就开始了其生育生涯,但她们大部分生育生活都处于1949 年之后的革命时期。当革命开始之后,没有证据表明性别偏好的存在。[1]

同样地,在我 1996 年的禄村调查中,50 个 55 岁及以上的妇女(生于 1940 及 1940 年以前)总共报告有 226 个存活的孩子,性别比正好是 100。同样是这些妇女报告说,死了 52 个儿子和 45 个女儿。把活的和死的孩子加起来,这些妇女共生了 165 个男孩和 158 个女孩,性别比是 104,十分接近人们期望的没有干预状况下的 105—107 的比率。[2]

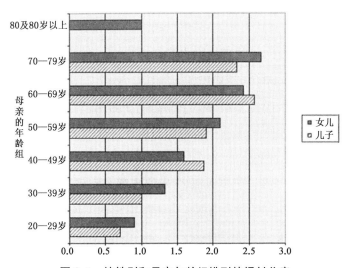

图 8.1　按性别和母亲年龄组排列的禄村儿童

资料来源:1990 年的禄村调查。
注释:所抚养儿童的平均数包括所有存活的被抚养儿童和至少活到 21 岁的任何其他儿童。

---

[1] 请注意较高的男性差异死亡率将减少一个"自然"样本中存活儿子的数目,特别是对老年妇女而言。
[2] 105—107 的性别比一般被公认是欧洲和亚洲人口中自然预期的出生性别比范围(见米勒 1981:40;艾尔德 1990:137)。在加拿大,1999 年 0—4 岁儿童的性别比是 105(加拿大统计局,CANSIM 矩阵 6367)。

现有有关革命前时期禄丰县（包括禄村）的有限人口数据是
不足以得出定论的。① 关于革命前云南其他农村地区婴儿和儿
童性别比的资料极少。滇中呈贡县（昆明南边约 20 公里处）的数
据显示，1940—1944 年男女婴的死亡率是一样的。② 然而，就像
缠足在云南不同地方不尽相同一样，重男轻女的程度在各地同样
是有差别的。

革命时期

很难得到地方各级 1950—1980 年间的官方人口信息。全国
人口普查数据和更早时期幸存者的资料，可以用来重构对人口变
迁的某些理解。就大致轮廓而言，有关中国的人口文献显示，在
20 世纪 50 年代的革命初期出现了急速人口增长，或可称作一种
婴儿潮。紧接着是一场全国性的困难时期，即"大跃进"（1958—

① 下面是禄丰县性别比的演变史。很显然，这些数据深受**成年人**迁移模式、征兵、战
争伤亡以及各种报告偏见的影响，因而不能被视为这期间影响死亡率的**儿童**性别
偏好的可靠标记。

禄丰县人口与性别比（1857—1987 年）

年份	数量	性别比
1857	53 690	110
1919	148 947	109
1938	152 289	99[a]
1943	136 528	97
1949	187 287	100
1953	195 762	95
1964	241 376	105
1982	362 974	105
1987	372 486	105

资料来源：禄丰县志编委会（1997：103—104）表 4 - 10，4 - 11。
a. 1938 年的数字被印为 108.9，但根据此表中和第 97 页表 4.1 中的其他数据
在这里被更正为 98.6。
② 呈贡县的粗出生率是 24.9‰，活产男婴的死亡率是 212.1‰，女婴为 211.1‰（班尼
斯特 1992：168）。

283 1961 年)后的困难时期。60 年代中叶出现了又一波婴儿潮。在
70 年代中叶实施了一些生育计划,生育率随之有所下降。80—
90 年代国家强制推行的生育控制大为强化(班尼斯特 1987:
352 - 353;科尔和班尼斯特 1994;葛苏珊和李佳丽 1995)。与此
类似的是,禄丰县 1958 年以前出现了人口增长,但在"大跃进"的
4 年中,死亡数超过了出生数。1962—1964 年,出生率达到 40‰
以上,自那时以后缓慢下降,80 年代在生育控制政策之下出现了
更急速的下降(禄丰县志编委会 1997:99—100)。这些趋势总的
来说体现在禄村人口的年龄分布上(见图 8.2)。

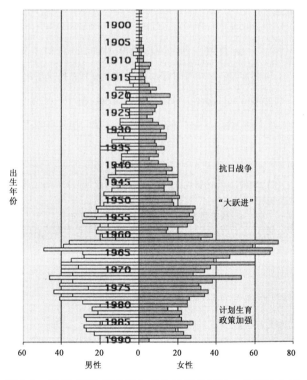

图 8.2 禄村 1990 年按出生年份排列的年龄—性别分布图
资料来源:1990 年村里户口登记。

"大跃进"后的困难时期

"大跃进"是一场大规模的集体化运动,这场群众运动在全国各个省份随后所有年龄—性别的条形图中都留下了其深深的缺口。[1] 禄丰县报告的死亡数从 1957 到 1958 年增长了一倍以上,死亡率从 15‰急速上升为 51‰(禄丰县志编委会 1997:97—100)。在禄村中心,1952 年有 776 人,在 4 个"贫乏"的年份下降为不到 700 人,1962 年以前没再超过 700 人(钱成润等 1995:133)。饥饿对非常老和非常小人口的打击是不成比例的。老年人所遭受的痛苦很快就从数据中消失了,伴随老年人死去,人口金字塔的顶部自然地缩小到一个点。不管是否经历了饥饿,随后的人口普查显示,老年人不久后会死于其他原因。婴儿和小孩的丧失进入 21 世纪后依旧明显。由于 1958—1960 年出生的孩子存活下来的较少,他们这一年龄组的人口仍比此前和此后出生的要少。值得注意的是,那些年男孩和女孩都有失踪的,全国或省一级没有任何清晰证据表明,重男轻女给男婴提供了免于饥饿的更好保护。[2]

"大跃进"及其影响中国农村人口的故事,在别处都得到了记录和描述(贝克尔[Becker]1996;斯米尔[Smil]1993:80—81)。某些影响在第六章鲁女士的个案中也碰到过了。在此,我要呈现一对夫妇坦诚描述困难期间家庭关系所发生的变化。他们夫妻俩在困难期间各自失去了一个父母。死去的两人都是"婚入"的

---

[1] 见《中国人口地图集》(*The Population Atlas of China*)(人口普查办公室 1987)。

[2] 科尔和班尼斯特(1994)分析了中国全国人口普查数据和生育率调查中"失踪女性"的数据。他们谈到:"大跃进"饥荒的影响表现在年龄更大的女童而不是女婴不成比例的丧失上。饥荒那些年男女婴的出生人数都急剧下降了。不清楚那些年的婴儿性别比为何比更大孩子的性别比更为平等。

一方:一个是"倒插门"的丈夫,另一个是从夫居的妻子。即便这仅是单个例证,但它也表明,不管对于男性还是妇女,在其家乡村的生活可能享有抗御困难的更多保障。与此同时,兄弟姐妹之间的竞争可能会加剧:这个妇女父亲的兄弟们和她母亲的一个姐妹希望将其同胞排挤出经济资源。

赵女士(生于 1950 年)

解放前,我娘家没有一点地。我们只是为别人干活挣饭吃的。家里有 4 个女孩,没有兄弟。我爸是从泸西来的,他是个上门女婿。由于他婚出了(他的父系家庭),他自己家的男性亲属骗了他。他有几个兄弟。他们都得到了土地,但他们不给我爸任何地。我妈有个继母,当我妈招进老公时,继母为此很生气。我妈的姐姐也招了一个丈夫。这个姐姐不像我母亲,她经常打骂继母。

285　　　1958 年"大跃进"时,我 8 岁,我爸和那时才 2 岁的妹妹都死于饥饿。我妈照顾我姐姐、我和妹妹们。我姐姐上学上到了 8 年级,我只读到 2 年级[因困难和失去父亲,她受教育的机会被打断]。"大跃进"期间,成年人只能吃 100 克(2两)粮食,孩子只有 75 克,都不够吃的。我老公把这叫作"大锅稀饭"。为了让我们有足够吃的,我父亲饿死了。

我婆婆在 1959 年"大跃进"期间也饿死了。在禄村,每个人都吃公共食堂。他们主要喝稀饭。他们也吃树根,用树根做薄饼吃。一些地方甚至不许我们挖树根。我婆婆死的时候,我老公才 10 岁。她妈把她自己的食物给孩子们吃。她妈离世之后,他爸照料 3 个孩子并同奶奶一起生活,后者当时一百多岁了。

赵女士及其丈夫各自都回想起当自己还是小孩时,父母如何放弃食物以便使子女能生存下来。同时,在每一个案中,去世的一方父母(一男一女)都是婚入家庭和村里的外来者。①"外人"一词也适用于因阶级成分不好而被革命者歧视的村民。有个其父亲被打成地主的中年村民向我解释说,他父亲死于"大跃进"期间的 1958 年,那时他被带去修水库。毋庸说,在那些年禄村有许多人饿死了,重构饥饿对当地的影响是令人感兴趣的。但即便到了1996 年,许多人对公开承认因这一计划失败而对他们造成的损失仍感到有些不安。我不能够收集到困难时期禄村有多少成年人去世的系统信息,但通过关注 1957—1959 年间出生村民的数量的相对缺乏,仍有可能发现它对婴幼儿的影响(图 8.2)。②

当我寻找饥饿造成男女童不同死亡率的当地证据时,我并未发现禄村儿子比女儿过得更好的任何迹象。村里没有那时的任何记录,所以,主要的证据来源于后来的人口普查和人口报告。后者揭示了生于 1955—1960 年(1990 年在 30 至 35 岁之间)的存活成年人的性别比。然而,对其后成年人性别比的探究,并不排除困难时期过后两性不同的死亡率可能已抹平了先前存在的不平衡。这也并不能表明有多少人从其他地区找了配偶。30 岁男女的性别比相同,也可以通过从其他地区吸引伴侣来实现。然 *286*
而,上面的图 8.2 显示了禄村 50—59 岁母亲(1960 年困难时期

---

① 施坚雅(1997:77)对一大片日本村庄的分析支持了以下一般性的解释,即一对夫妇中外婚的成员往往死得更早些,特别是当同一性别的长辈要是长寿的话更是如此。因此,假如婆婆长寿的话,儿媳妇的寿命就更短些,而对于从妻居的女婿,假如岳父活得更久,他们的寿命就会更短一些。
② 图 8.2 是根据 1990 年禄村所有在册居民的数据建构的。20 世纪 50 年代末出生的人数较少,这在我 1997 年访谈样本的成年人年龄分布(缺少 30 来岁的人)中仍很明显。

20—29 岁的母亲，到 1990 年已 50—59 岁）抚养子女到 21 岁的平均数。那个年龄组妇女所抚养孩子的性别比，同其他年龄组人群抚养孩子的性别比并没有呈现任何显著不同。鉴于中国人重男轻女的普遍观念以及父母被限制只能生一两个孩子时作出的性别选择，这是令人惊讶的。这意味着在困难时期父母并没有选择性地让女儿挨饿以便喂养其儿子。

改革时期：生育控制与不断上升的性别比

就像全国各地一样，改革时期强化的全国计划生育政策对禄村的人口状况产生了重大影响。人口学家用"粗出生率"（crude birth rate）来指代平均每千人中出生人数的比率。人口学家估计，在革命前的 1929—1931 年，中国总体的粗出生率为 41 ‰，而自 20 世纪 30 年代以来开展的地方性研究揭示，不同地区的粗出生率在 48‰ 到 25‰—30‰ 之间波动（巴克利［Barclay］等 1976；班尼斯特 1987：5）。在禄村，革命前 1938 年的粗出生率约为 28‰，但 1992 年已下降到只有 13‰。[1] 这一转变来得并非特别顺利。《禄丰县志》显示，该县 1956 年的粗出生率上升到了 46‰ 的高度，但在"大跃进"期间骤降为 9‰ 的低谷，1962—1966 年反弹到 40‰ 以上，然后逐渐下降，到 1979 约为 20‰，此时正是国家严格的生育控制政策开始实施的前夕（禄丰县志编委会 1997：99）。

1980 年以后，禄丰县的粗出生率进一步下降，1980—1987 年

---

[1] 1938 年的估计是建立在费氏的数据之上的。这一较低的出生率同来自云南其他地方的信息是一致的。滇中呈贡县 1940—1944 年的出生率为 25 ‰（班尼斯特 1987：79）。禄丰 1953 年的出生率为 22‰，这是革命后有数据的第一年（禄丰县志编委会 1997：99）。

在 15‰左右波动(禄丰县志编委会 1997：100)，而全国的比率
1984 年下降为 20‰左右，并在持续的政府压力之下维持在较低
水平。10 年后的 1994 年，中国和云南的出生率已分别稳定在约
18‰和 21‰(国家统计局 1995：384；云南省统计局 1999：65)。到
1998 年，中国的出生率已下降为 16‰，云南为 20‰(国家统计局
1999：113)。楚雄彝族自治州(含禄丰县和禄村)的出生率低于
17‰的全国平均水平，尽管仍没低过禄丰县 1998 年 14.5‰的比
率(班尼斯特 1987：352；国家统计局 1995：384；云南省统计局
1995：73；云南省统计局 1999：65；禄丰县年鉴编委会 1999：346)。[287]
禄村和周边地区的粗出生率通常低于全省或全国的平均水平。

生育控制政策显然是有影响的。但是，它们对社会性别的影
响是什么呢？限制孩子数量对禄村的性别偏好有影响吗？

禄村的性别比

有关大禄村的记录显示，1988 年的人口性别比非常平衡，99
个男性对 100 个妇女，10 年后这一比例下降为 96 个男性对 100
个妇女(见表 8.2)。1988 年，禄村的小村庄缺少妇女，但到 1998
年又略有富余。禄村中心一直妇女过剩。这一差异可能反映了
两个地方妇女们不同的婚姻策略。生活在中心的妇女可能不愿
远嫁。通过选择入赘婚或是本中心的村内婚，她们可以避免迁移
到更不方便的小村庄去，而身居更边远小村庄的妇女们，则更喜
欢嫁给中心地区的男子。[①] 由于村里记录的迁入和迁出数据并
没有特别标明性别，所以，要证实这一假设是很难的。[②] 当然，男

---

① 这同雷伟立(1991)对四川女性婚姻迁移的观察是一致的。

② 我常常在想，他们是否故意通过不记录性别来维持迁入者和迁出者类别的含混状
态，以便使当地人口报告能平衡总数并调整差异。

女不同的生存率在这里也是起作用的。

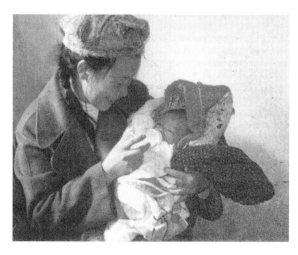

照片 8.1 外嫁到邻村的一个母亲,在坐完传统的月子
之后,带着她刚出生的女儿第一次外出回到了娘家赴宴

表 8.2 禄村各队的户数与人口(1988 和 1998 年)

禄村	户数	总人口	男性	女性	性别比男/女×100
1988 年					
中心各队(1—8)	410	1680	817	863	95
小村庄各队(9—15)	283	1263	649	614	106
合计	693	2943	1466	1477	99
1998 年					
中心各队(1—8)	440	1776	860	916	94
小村庄各队(9—15)	348	1382	686	696	98
合计	788	3158	1546	1612	96

　　资料来源:1988 年村里基本状况的记录;1999 年收集的镇记录。各队的规模从 28 到 121 户不等。

　　注释:1988 年的村报告显示,禄村有 2943 人,其中 2891 人是农民,非农成员有 52 人。为了使这些数据能同费氏的作比较,前面的 8 队合在一起大致相当于 1938 年的禄村。现在处于禄村管辖之下的剩余 7 个队,并不包含在费氏当年的研究之中。全村 99% 的人口是汉族,1998 年,少数民族成员中有 24 人是彝族,6 人是白族。

全村总人口平衡或较低的性别比,可能表明了一个社区并不存在杀女婴、弃婴或者歧视女童的其他形式。然而,成年人的行为也有可能抵消儿童期不平衡的性别比。越来越多的男性和妇女有可能为了季节性或永久性的工作而离开。在云南,男性通常外出从事矿业和建筑业的劳动。在中国从夫居的婚姻制度下,妇女结婚时一般要离开其家乡的村里,因此,养女儿较少的社区可以通过将年轻女子娶进来当老婆或招来当雇员或者通过往外输送男劳力来恢复其平衡。正如我们从历史上已看到的,战争或其他政治环境也有可能会突然耗尽男性人口,从而消除了先前存在的任何剩余男子。

研究出生性别比和婴幼儿性别比可以揭示婴儿和儿童生存方面是否存在社会性别偏见。生物学上期望的出生性别比约为每 100 个女性对应 106 个男性。1990、1996 和 1997 年我对不同年龄段妇女的调查所得到的出生数,只提供了有限的证据,因为处于特定育龄期妇女的样本量较小,但它们能够用来核实同官方报道之统计数字的一致性。就像先前讨论过的,我 1996 年对 50 个老年妇女的调查显示,革命前时代出生的存活孩子,其性别比恰好是一样的。关于 20 世纪 80 年代的出生人口,我 1990 年对 86 户的抽样调查显示,17 个妇女共有 50 个存活的孩子,10 岁及以下的男孩 24 个、女孩 26 个。在这组母亲中,只死了一个孩子,那是一个只活了 7 天的男婴。与此不同的是,我 1997 年对 20—55 岁年龄组 15 个妇女的调查显示,1990—1997 年只有 13 个妇女生了孩子,加起来有 12 个男孩和 3 个女孩。由于计划生育政策的成功实施,出生人数太少以至于没有统计的意义,但不断上升的性别比同官方最近报道的禄村出生数是吻合的。

禄村出生性别比的官方记录令人饶有兴趣,因样本量较小,所以解释时必须小心。1992 年,禄村记录的男女婴出生人数是一样的,都是 19 个,性别比为 100,低于预期的性别比。表8.3 列出了 1995—1998 年禄村出生并登记的所有婴儿的性别。此表呈现了一幅反差鲜明的画面。出生的男孩有 107 个,女孩 92 个,出生性别比是 100 个女性对应 116 个男性,远远超出了生物学上预期的 106 的性别比。在 1997 和 1998 年,在 86 个登记的出生人口中,男婴比女婴多了 10 人。要对禄村的社会性别偏见得出肯定性结论还为时过早,尽管来自调查数据和来自官方报道的小样本都对男孩有利。

这个社区出生的婴儿没有被登记是不可能发生的。1999 年在村部很大的一间公共会议室里,沿着后墙有一块大黑板,上面列出了当年所有有怀孕资格的那些人及生了孩子的那些人的名字。为了生孩子又不被人发现,妇女不得不逃到社区外头去。假如孕妇躲起来偷生孩子,干部们就得准备着去寻找她们。尽管干部有时可能"篡改"数据,或者不登记某个女婴,但迄今为止,我在禄村还没有发现这种情况的任何直接证据。

最近,孕妇能到城里医院花钱用 B 超技术检查其胎儿。尽管官方禁止为流掉不想要的胎儿提供性别鉴定服务,但这似乎仍有可能发生。1999 年,我在县医院见到过一个年轻妇女及其丈夫正在用一台新进口的 B 超机(一年前购置的,堪比西方医院里的现行技术)查看胎儿。B 超技术在禄丰算不上全新的东西,因为医院职工告诉我,他们以前就有一台不同的机器,已用了约 10 年了。那台旧机器仍可以用来看胎儿的基本位置,但几乎没有别的更多用处。新的 B 超机在技术性能上更进了一步。一个熟练的操作者很易于查出 18 周甚至早至 16 周胎儿的性别,此时还可以轻松做个流产。[1] 在干部的敦促下(他们必须将出生人数控制在配额范围之内),人工流产一般是县里的计划生育所或医院做的。人们花大约 40 元(或者说 5 美元)就可以很容易做一次 B 超检查,然后去不同的诊所做人流。据楚军红(Chu Junhong)报告,在华中农村 820 名已婚妇女的样本中,她们普遍使用 B 超来鉴定胎儿性别,并进行性别选择性人工流产(2001)。

表 8.3　禄村不同性别的出生人口(1995—1998 年)   *290*

队号	总人口 1998	出生人口							
		1995		1996		1997		1998	
		男	女	男	女	男	女	男	女
1	190	0	2	2	3	4	0	4	0
2	173	2	0	0	3	3	3	0	1
3	189	1	1	2	1	2	4	2	1
4	193	6	1	2	1	0	0	1	1
5	151	2	2	0	2	1	0	1	1
6	121	1	0	1	0	1	1	1	1
7	279	1	5	4	2	4	1	3	2
8	480	3	2	1	5	3	3	3	2
9	263	3	2	5	2	2	2	2	2
10	104	1	1	0	2	0	0	1	1
11	143	0	2	1	1	1	1	0	0
12	131	1	1	1	1	0	1	1	1
13	155	1	1	4	1	0	2	1	0
14	308	4	2	5	2	1	2	1	1
15	278	3	3	2	3	2	1	3	3
合计	3158	29	25	30	29	24	21	24	17
性别比[a]		116		103		114		141	

　　资料来源:1998 年的村规划。出生人数出自村里的计划生育登记记录。
　　a. 性别比是男/女×100。

---

[1] 我走访了医院,一个在美国受过训练的产科医生为我提供了对日本制造的 B 超机性能的评估。这同楚军红(2001:269)的观点是吻合的。

可疑的性别比:镇与村的比较

表 8.4 显示了 8 年间(1983—1990 年)镇里的总和出生性别比,并将像禄村那样属于同一个镇的所有行政村也进行了分解。基于 390 个出生婴儿的样本,此表显示,禄村有高达 127(每 100 个女婴对应的男婴数)的值得怀疑的总和性别比。然而,即便有足够的样本量,偶尔也总出现一些与平均水平相去甚远的情况。就这个例子来说,在一个有 390 个新生儿的样本中,性别比与平均水平相差甚远的概率约为 1/13,或者说几乎占 8%。[1]

291 表 8.4　按性别、年份和行政村(含大禄村)排列的镇出生人口(1983—1990 年)

行政村	合计		出生性别比[a]
	男	女	(男/女×100)
A	50	61	82
B	100	79	127
C	53	57	93
D	274	244	112
E	211	191	110
F	263	279	94
G[b]	9	10	90
H	223	214	104
禄村	218	172	127
J	84	83	101
K	111	111	100
L[b]	8	4	200
M	79	80	99
合计	1683	1585	106
年份	禄村样本		出生性别比[a]
1983—1990	官方记录	390 个	127
80 年代	随机抽样的访谈	51 个	96

资料来源:1983—1990 年的数据得自禄丰镇派出所,它管辖着禄村和另外 12 个行政村。1990 年 12 月 31 日以前的数据是在 1991 年 6 月搜集的。80 年代的数据来源于 1990 年进行的 86 户的随机抽样访谈。

a. 性别比意味着 100 个女性对应的男性人数。

b. 镇政府后来将这些行政村同更大的行政村合并了。

---

[1] 这是相当高的概率,其结果源于随机变异。

表8.4中镇出生人口的总数(1983—1990年)显示,所有12个行政村的出生人数加起来同生物学上期望的106的性别比是相称的。这表明含禄村在内的不同社区里性别比的高低是随机变异的。鉴于样本量太小,许多村的数字看上去让人怀疑是带有偏见的。20世纪80年代出生的51个孩子(出自我1990年访谈样本)的性别比是96,因为有个男婴死于婴儿期,存活孩子的性别比下降为92。

正如表8.4中表现得非常明显的,不同时期性别比的变化和样本量的大小可以很易于拿来支持不同的解释。在最近一些年,该镇出生性别比上升了(见表8.5)。然而,小样本量的随机变化意味着,人们有可能选择看上去对女孩糟糕的一些特别年份或对男孩不那么好的其他年份。更难解释的是,1995—1998年间镇性别比从上个10年的106上升到了114,而大约同期,禄村的性别比却从127下降为114。这些截然不同的趋势表明,我们不能对此作简单化的解释。虽然20世纪最后一年的前一年,即1998年,镇里和禄村都呈现了超过140的较高性别比,但只有依靠跨越较长时间的连续数据和较大的样本量,才能确定这是一种随机变化,还是一种有统计意义的趋势。

鉴于中国的人口变动模式,关切不断攀升的性别比是有正当理由的,因为全国人口数目是如此庞大。但就禄村和周边社区而言,人们可以发现相当大的波动性,这表明人们的偏见并不是那么始终如一的,或者说或许存在较弱的、间歇性的重男轻女现象。断断续续出现的社会性别偏见是人们颇难想象的。总的来说,人们的态度不像水龙头那样是可以打开或关掉的。这种不甚一致的数据自然导致了人们努力去寻找这样一种"把手",即开启和暂停导致女儿们短缺之行为的一种方法,所提议的一个方法便是政

292

府政策及其不同的强度。

表 8.5 按年份排列的镇出生人口与性别比(1983—1990、1995—1998 年)

年份	出生人数	性别比[a]（男/女×100）
1983	353	115
1984	386	100
1985	342	111
1986	412	112
1987	442	114
1988	485	93
1989	445	100
1990	403	112
1983—1990	3268	106
1995	540	124
1996	517	98
1997	491	99
1998	431	143
1995—1998	1979	114
所有年份	5247	109

资料来源：1983—1990 年的数据是从禄丰镇派出所得来的。它管辖着禄村和另外 12 个行政村。

1990 年 12 月 31 日以前的数据是在 1991 年 6 月收集的。1995—1998 年的数据是 1999 年 9 月收集的。男婴出生总数为 2737 人，女婴出生人口为 2510 人。

a. 性别比意味着 100 名女性对应的男性人数。

293　政策对出生性别比的影响可以同年度生育报告结合起来加以间接研究。来自陕西省的研究表明，出生性别比的年度变化可能反映了生育控制政策的变化，特别是不同年份政府执行政策的强度(葛苏珊和李佳丽 1995)。这一理论预言,在严格执行政策降低了出生数的年份,性别比将随着人们要坚持要生儿子而上升。相反,在执行松弛、允许生更多孩子的年份,更多人愿意先生个女儿或将女儿留下,并认为他们可以以后再生一个儿子。

　　令人惊讶的是,这一理论并未得到我手头的村镇数据的支持。镇里的年度总和性别比和村里的年度性别比(见表 8.5 和 8.6),都未表现出同每年的出生数具有意义重大的相关性。[①] 虽然我并不确切了解村、镇及省政府各个级别执行政策松与紧的时间,现有数据并不能表明,因严格执行生育控制措施而导致出生数较少的年份不成比例地导致女婴人数变得更少了,或者说这激起了人们对儿子的偏好。数据所揭示出来的女儿缺乏,似乎是由其他原因引起的。

表 8.6　按年份排列的禄村出生人口(1983—1990,1992, 1995—1998 年)

年份	出生人口	男性	女性	性别比(男/女×100)
1983	52	27	25	108
1984	40	25	15	167
1985	50	24	26	92
1986	53	33	20	165
1987	52	31	21	148
1988	52	31	21	148
1989	46	19	27	70
1990	45	28	17	165
1983—1990	390	218	172	127
1992	38	19	19	100

① 对村或镇出生人数与性别比之间关系的回归检验,都没有发现显著的相关性。

年份	出生人口	男性	女性	性别比(男/女×100)
1995	54	29	25	116
1996	59	30	29	103
1997	45	24	21	114
1998	41	24	17	141
1992—1998	237	126	111	114
所有年份合计	627	344	283	122

资料来源:镇派出所和村里的报告。

注释:缺少 1991、1993、1994 年的数字。有些数字是在不同的田野研究(1991、1993 和 1999 年)中收集的。早些年的数字并不总像最近一些年那么容易得到。其中空缺的年份反映了我多次调查之间的间隔,并不是成心不想采用某些特殊年份。现有年份中的出生总数为 627 人,其中男婴 344 个,女婴 283 个。

294 　　女孩缺乏表明女孩们死亡了吗? 这个镇里的村民们有没有通过性别选择性流产、杀害女婴或弃婴而歧视女孩呢? 这些都不是通过询问就能得到坦率回答的问题。所以,人们希望数字能提供一些线索。① 出生性别比的波动很大,时而接近于 106 的期望水平,时而高或时而低,即使最近的数据指向了歧视,这一事实不允许我们得出一个确凿的结论。通过漏报女孩和只给儿子上户口,村民们或村会计有时会少报出生数以实现他们的计划生育配额,这种现象是有可能的。鉴于第四章中讨论过的土地继承政策中嵌入的偏见,我们便很容易理解人们给儿子上户口就类似于一个家庭对村里的土地提出了长期诉求。然而,有了在附近城镇医院用优质 B 超机查看胎儿性别的新机会,假如所怀的不是儿子的话,这就使得妇女有可能选择堕胎。重男轻女本身可能还不足以

---

① 基·安·约翰逊(1996)对中国非正规收养的研究揭示了可能被采用的各种方法。

克服对杀婴或者遗弃刚出生的女孩的厌恶,然而,一旦早期性别鉴定成为可能,重男轻女可能就足以让人们在任何早期阶段将女性胎儿流掉。

依据地方人口变动资料找到的性别歧视的证据,得出了重要且具有挑战性的发现。这也引发了关于国家政策与社会性别之间关系以及国家数据得以建构的村一级数据之价值等进一步的问题。村里的人口统计可以对这一关系的复杂性提供新的洞见。

在禄村和镇附近的一些村庄,不断波动且不确定的性别比使人们注意到了最近一些年女孩短缺的问题。假如存在人为操纵的话,这是由于采取了诸如抛弃女婴,杀害女婴及性别选择性流产等**极端**的措施,还是作出了推迟给女婴上户口,将她送掉,把她送到亲戚那里或卖给外人收养等**温和**的决定? 总的来说,云南这个镇比中国大部分地区有更低的生育率和更低的出生性别比。这一发现促使我们要问一问,一些地区是如何设法抵制主流模式的? 当村民们易于获得 B 超服务后,这种抵制还将持续下去吗? 我们知道,新技术外加堕胎使夫妇们在选择女儿或儿子的生物轮盘赌时有了更多翻转机会。但更为重要得多的是去了解村里的社会性别偏好是如何形成,何时及如何生根,它们变得有多强大以及它们何时及如何消失的。

禄村的计划生育工作

295

甚至在改革以前,计划生育就是禄村妇女关心的一个重要问题.隋女士(第五章中介绍过的)在下文中描述了她在 20 世纪 70 年代节育时碰到的问题:

> 他们最初实行计划生育时只是表面上的,并没有铺开。

我生了第五个孩子之后[35岁]，就很坚定地决定必须去做手术。假如我不做的话，我可能还会再生两三个以上的。我的经血很多，我很害怕再生了。那样的话我们该怎么活？我总是在生完几个月后就再次怀孕。不管怎样，你不可能采取什么预防措施。假如你讲起某事，他们是很难听进去的[指她丈夫或一般男人]。这些男同志——[生了孩子之后]三四个月，他们都是这样。[性交]两三回，你又有了孩子。这种事是那么可怕。你都被逼死了！3年中我有了2个孩子。那时我们家的日子还过得那么难，我要是那年做绝育就好了。

老婆婆不让我做。她说："你怎么能做那样的事情！人的身体就是人——又不是猪你可以去阉割掉。我不让你去做。"我老头子自己害怕去做——他害怕做绝育会伤他的健康。他自己不去做。我总是很担心。我说，无论如何，假如我不做手术的话，我实在没办法了。

那时有些人戴了环，但她们一些人失败了。有些人不适应，她们会感到晕眩，并抱怨说腰和背疼。这种状况就像这个[怀孕]一样会把你逼死的！唉，你怎么活呢？

我为做手术的事情想了很多。这的确会马上得罪很多人的。那些年我们正在养猪。我说："今年我们不杀猪了，我们不吃猪肉了。我们要把大猪卖掉。"我卖猪得到了一些钱，并去楚雄市做了手术。结果，我老婆婆发火了，她恶毒地说我的闲话；她的话很不中听并且很伤人。

隋女士1979年做了绝育。

到了20世纪80年代，禄村开始实施国家的计划生育政策。1990年，35岁的枸女士，有两个女儿，分别4岁和2岁。1979

年,她怀了第三个孩子。两个女儿都是在医院生的,但第三个是由助产士在家里接生的。她的老三是个儿子,但按政府政策,他是"超生的"。她家挨了罚,不得不连续 8 年每年交 250 公斤粮食。枸女士说,假如她到 1980 年还没有做绝育的话,罚款会高得多。枸女士家被认为是村里最富裕的两三个家庭之一。她丈夫在建筑行业挣了钱,他们付得起罚款。

1991 年,禄村计划生育专干讲述了她如何获悉村民不合时宜 ²⁹⁶ 或是超出定额的妊娠,如何劝说并陪着妇女去做人流以及奖励遵守规定和惩罚违反规定的那些人等情况。在她描述的一些个案中,我们可以看到无儿户所采取的策略。但我们也可以看到,禄村一些居民是乐意收养女儿的。下文能使我们对她的工作有些了解。

> 我们一个小村庄有个 24 岁的妇女怀第二胎已 6 个月了,但生育间隔只有两年。不到规定的 4 年间隔,每月要罚 100 块。罚款加起来共 2000 多元,所以她害怕了。昨天,这个妇女一开始同意去医院做引产。因为她不知道怎么登记和办手续,她要我同她一起去。最后她又变卦不去了。也许她还没有定下来。

> 我常到群众中去听听是否有人能告诉我谁正在怀孕;这种事人人都知道。这项工作真不容易,很招人恨。大多数人都知道政策并会加以考虑的,但少数人可能会威胁要报复。在另一个行政村,某人砍倒了计生干部家种的烟草。这类事情这里还没有发生过。大多数男性干部也都很支持我。

> 我们还有一个已有两个女儿的妇女。去年她做了人工流产,今年又怀孕了。明天,我将要求她去医院做人流。队里做了许多工作说服她,动员她去做绝育。队里给了她 100

元钱补贴，并给她报销手术费，但她不同意做。她认为绝育会影响她的健康。那样的话，她就不能到地里干活了。她家的生活很困难，所以，她只愿意戴环。她和她丈夫都没受过什么教育，两个人都读到 3 年级左右。她丈夫是本地人，她是从另一个村过来的。当她怀孕后，她甚至都不知道。两个多月过去了她才去医院。医院不给怀孕 80 天以上的妇女做人工流产，所以，只能等 4 个半月之后采用盐溶液做引产。总的来看，第三胎的罚款在 2400—25 000 元之间。对于富裕的"万元户"，其罚款数额是不固定的，因为主要的目的是不让他们多生。在禄村，已有 7 年没有人生第三胎了。我们只是必须惩罚生育间隔太密（不到 4 年）的那些人。去年，罚了两个人。有一个被罚了 2500 元人民币。

在禄村的一个小村庄，一个妇女领养了一个女孩。事情是这样的：一对来自外省的夫妇已有了两个女孩。他们是来禄丰做生意的。这个妇女第三次怀孕。他们怕人们看出来，所以这个妇女只在晚上才出来。他们后来又有一个女孩，所以，就把她给了禄村小村庄一个无子女的家庭。镇里的计划生育干部来调查这件事。双方都不承认。所以，政府的人开始时认为，这个外省人或许把孩子弄死了。他们之后承认了。这个女婴被我们小村庄的一个家庭收养。领养了孩子的这个妇女后来自己生了一个女孩。既然她有两个孩子，她说不再生了，并做了绝育。他们没有罚她。

邻近两个行政村比我们村有更多家庭领取了独生子女证。禄村去年有个妇女生了一个女儿后做了绝育，并领了独生子女证。镇上为此奖给她 1500 元补助金。

上面的例子表明,有两个女孩的一些家庭可能还试图生个儿子(尽管计划生育干部坚持说不断怀孕的妇女只不过是由于无知,不是仍在为生儿子而努力)。其他人愿意在生了两个或甚至一个女儿之后就做绝育,一些人则愿意领养女儿。计划生育干部的叙述也揭示了儿童的"黑市"是如何运行的。对于非得生儿子的一些家庭,为了掩盖其不合规定的妊娠,他们会走得远远的,希望以后作为一个既成事实带回来一个小男孩。然而,我没听说过禄村有任何这样做的家庭。

在20世纪90年代,计划生育政策继续得到了严格执行。据一个妇女讲,1996年是禄村许多妇女做绝育的一个特殊年份。政策要求所有45岁以下、有两个孩子的妇女都做绝育。这次是在医院做的。那次做了绝育的一个妇女说,她后来没感到任何不适,很快就恢复了。总的来说,禄村妇女以坦率、实事求是的方式谈论节育问题,不带道德色彩或宗教话语。然而,这并不意味着她们对流产与绝育手术没有过焦虑(她们表达过),或者对终止的妊娠没有遗憾(她们没有吐露过)。

1997年50个妇女的随机样本(访谈之时都在55岁以下)提供了有关大禄村现行计划生育活动的一些信息。[①] 总的来说,这50个妇女有过147次妊娠、116个活产(9个死亡中,6个男婴,3个女婴)及30次流产(有一例妊娠结果不明)。30个妇女曾经放过环,16人做了绝育:7人的绝育手术是在20世纪70年代做的,一人在80年代,8人在90年代。以下是妇女们对其节育经历的一些评论:

---

① 这个样本不完全是随机的,因恶劣气候我们难以前往最偏僻的小村庄,从那里所抽取的两例被删除了,我又从中心随机选取了2例取而代之。这就有可能对禄村中心造成某种偏见。这个样本按计划包括了50户。

我做过一次引产和一次人工流产。生了两个儿子之后，我又怀孕了。当你生得太密时，他们就让你做人流。上面不允许生第三个孩子。他们对每个人都要进行检查。他们不让你偷看是男孩还是女孩，所以，我也不知道。引产之后，我又怀孕了，所以，我又去做了一次流产，然后戴了环。在生儿子之前我们结婚14年了，当我生了大儿子之后就有人在传闲话。他们说我在撒谎，说儿子不是我生的，他是领养来的。我们最初只打算要一个孩子，后来，我很讨厌这种闲话，所以又怀孕了，我得让他们看看我讲的是不是真话？他是不是领养的？当我大儿子2岁时（大约1990年），我戴了环。当他4岁时我摘了环，于是又来了月经。两年过去之后，我怀了第二个儿子。生完之后，我又戴了环，我发现这个方法很方便。

［有3个儿子、经历过多次小产和流产的一个妇女说了以下这番话］当计划生育开始的时候是有药可吃的，但吃药不是很合适，你可能会不停地流血。所以，我不敢吃药，戴了环。放环20多天之后，我的月经就来了，流了8天血。他们第三次给我放了，环真的是很差。到38岁最终做绝育之前我走了那么多弯路。

1987年，他们给我放了环，从来没失效过。但在1995年，"上面的那些人"要我们做绝育，于是，他们给我做了绝育手术。3个月之后，他们将环取出。这是上面的政策。所有已生了两个孩子、40岁及更年轻的都必须做绝育。

我生了大女儿一年后做了流产。1988年当我生了第二个孩子［一个男孩］后，他们给我上了环，但放得不好，结果又怀孕了,所以又做了一次流产。他们又一次给我戴了环。这次[1992 年]放好了。后来他们又号召我们,因为政策要求我们都做绝育。我现在没有生育能力了。他们已把我的环取出来了。做女人太麻烦了,一会儿这样一会儿又那样。

一个有 1 岁零 3 个月男婴的妇女谈到,她还想要个女孩。她已用 B 超查看了环是不是还在里面。他们用 B 超查了两次。

因为我不知道环掉了,结果我怀了两次孕,做了两次流产。第三次他们才给我放好。直到现在环还在[这个妇女约40 岁,已不想再要孩子了]。

有了儿子以后,我就没有月经了。由于不知道,我又怀了孕,但还没有达到生第二胎所要求的间隔期,所以做了手术。之后,他们给我放了环,但大概一个月左右,我的环就掉了。我的背还疼(绞痛),所以,我开始吃药。生第二胎的间隔结束后,我就停药了。我又生了一个孩子。有了第二个孩子以后我一直吃药,直到 1995 年做了绝育。

1979 年我做绝育时允许生 3 个孩子。当我怀第 4 个孩子时,我去医院做了绝育。在做绝育之前我已生了 5 个孩子。有 2 个没有养大,他们还是婴儿时就死了。

这些及没有放在这里的其他陈述都揭示了使用像环这样的避孕方法失败的频率以及"计划外"妊娠的发生、被查出及流掉。

许多妇女说，她们是在 1996 年的动员中做了绝育的。

对禄村人口变动和生育控制实践的这一研究，使我们得以理解社会性别与生育在特定的文化与经济场景下是如何互动并被塑造的。与此同时，重要的是要识别哪些特征在中国可能是相对罕见的、哪些是广泛存在的。

县当局报告的成功

下面是 1999 年《禄丰县年鉴》(*Lufeng County Yearbook*)对1998 年计划生育工作的总结：

> 1998 年初，区里下达了指标：出生人口须控制在 6200人以下。计划生育率要超过 96％，出生人口的登记率要达到 100％，避孕措施使用率必须达到 90％。实际结果是：一年中有 5858 个出生人口……避孕率为 94.48％，出生数比指标少了 342 人。领取特殊生育证的比率是 99.04％，避孕技术的应用率达到了 96.31％。一年中发了 3687 张一胎证，2139 张二胎证。（禄丰县年鉴编委会 1999:346）

《年鉴》还报告，在 82 246 个已婚妇女中，70 882 人采取了避孕措施。绝育的有 31 108 人，上环的有 37 889 人。1998 年，有2111 人做了绝育，1850 人采取了"补救措施"，估计是指流产，比上一年减少了 479 例(1999:347)。正如我们已看到的，这些枯燥的实情报告证实了对村妇个人生活和身体较高程度的干预。

云南和中国的人口性别比：数字游戏还是过高的女性死亡率？

禄村有多典型？禄村的人口性别比需要放置在云南省乃至

全国变动模式的情境下来进行解读。1953 年,云南有 100 个女性对应 97 个男性的较低性别比(见表 8.7)。男性比较少或许是由于抗日战争和 20 世纪 40 年代内战中男性伤亡比较多。在 50 年代,性别比稳步上升,1958 年达到 101,困难时期之后的 1961—1962 年降回到 97。这表明云南省从困难时期中幸存下来的妇女比男性多。1963 年性别比再度上升,1964—1979 年稳定在 100 左右,这表明每一性别的人数大致相当。

表 8.7 云南和中国人口性别比的变化与差异 (1949—1998 年) *300*

年份	云南	年份	中国
1953	97	1949	108
1958	100	1959	108
1969	100	1969	105
1979	100	1979	106
独生子女政策开始生效后			
1989	104	1989	107(106)
1994	106	1994	107(105)
1998[a]	107 (102)	1999	(104)

资料来源:国家统计局(1995:354,根据表 4-1 改编)。这一资料基于公安部门的人口年报。括号内中国的数字基于 1990 年的人口普查和 1994 年 1‰人口随机抽样调查。公安人口年报第 358—373 页的表 4-5 有中国各省份性别比随时间推移而发生的变化。

国家统计局(1999:111,表 4-1)。1998 年 1‰抽样调查是建立在"分层、系统、整群、概率抽样方法之上的,计算了 124 万人口"。它指出:"1990 年以后的数据是根据有关人口变动的抽样调查收集来的数据估计的。其他年份的数据是根据居民户口登记收集的"(1999:110)。该年鉴显示,1998 年云南有 102 的较低性别比(上面括号内 1998 年的数字,见第 114—115 页表 4-4)。

云南省统计局(1999:63,表 4-1)。表 4-1 脚注中提到"全省年末人口年表"并解释说:"从 1983 年起,总人口是根据抽样调查估计的数字。分组指数是根据年度人口统计报告估计的。"这一解释有些混乱,但表明像全国年鉴一样,它是根据各组男女性的户口登记资料估计的,或来源于公安年报。

注释:性别比是男/女之比×100。括号内的数字基于每年 1‰抽样调查,其他数字来源于公安年报。

a. 国家统计局(1999:114—115)显示,云南的总人口为 41 995 000 人,男性 21 239 000 人,妇女为 20 756 000 人。云南省统计局(1999: 63)显示,云南省人口有 41 438 000 人,其中男性 21 390 000 人,妇女为 20 048 000 人。

在改革时期,云南的性别比开始上升,这同政府实施限制生育的新政策是重合的。1980 年,性别比上升到 102;到 1990 年,略高于 105;到 1994 年,达到 106(云南省统计局 1991:4;1992:96;1995:70)。云南人口足够多,假如数据准确的话,这一规模的增长是具有意义的。假如不是省际迁徙或带有偏见的报道导致这一转变,那么,这些数据同重男轻女的复苏是相一致的。这说明了父母们有可能不要女儿以便再做生儿子的努力。

301 然而在 20 世纪 90 年代,一些证据表明,不断上升的性别比可能是个错觉,至少是部分如此。人口和性别比报告最近出现的差异表明,这方面可能存在着有重大意义的扭曲,特别是自 1979 年独生子女政策开始实施以来。这些差异是如此之大,一份报告提到性别偏好似乎在增强,而另一份报告则说,性别偏好几乎是不存在的(表 8.7)。

从两个不同的官方渠道可以得到 1998 年的云南人口,它们明显采用了不同的计算人口的方法。《云南统计年鉴》(*Yunnan Statistical Yearbook*)报告的性别比是 100 名妇女对应 107 个男性,而 1999 年《中国统计年鉴》(*China Statistical Yearbook*)中给出的云南性别比数字只有 102。就一个 4100 多万人口的省份而言,这个出入是较大的。《中国统计年鉴》报告的云南人口比云南年鉴报告的约多 55.7 万,但男性少了 15.1 万,女性多了 70.8 万。《中国统计年鉴》中男性人口较少,或许是没有统计服役人员,后者被包括在全国而不是省级人口总数之中(国家统计局1999:114)。然而,《中国统计年鉴》中记录了多得多的女性人口表明,《云南统计年鉴》采用的方法并未记录所有女性。性别比方面一个类似但更小的差异之处也出现在全国一级的人口普查报告中。表 8.7 括号内 1‰调查的数字揭示了以往 10 年中国有更低、更平等的性别比。

那么,云南和中国的性别比上升了没有? 这种矛盾的数据似乎源自两种不同的方法:一种采用了全国 1‰人口抽样调查数据(中国统计部门在逢"0"年份开展人口普查,逢"5"年份开展 1%人口抽样调查,其他年份开展 1‰年度人口变动情况抽样调查——译者),另一种采用了公安人口年报。后者利用了村干部提供的户口登记资料。公安人口年报部分是由存在利益冲突的当地干部建构的。他们具有少报人口的动机,因为他们负责人口政策的实施,因而希望得到更高层政府的认可。与此同时,父母们想确保给其儿子报上户口,他们可能会逃避给女儿上户口以便再生个儿子。因此,云南人口性别比迅速上升的部分原因可能在于年度村报告造成的一种错觉。

相反,全国 1‰人口抽样调查不受当地干部报告的影响,它们可能包括了公安部门没有登记的人口。这些调查显然采用了较小的样本量去估算总人口,但它们可能避免了比方说不给女儿或妻子上户口这样的性别偏见。假如云南失踪女性问题是普遍少报女性出生人口而不是杀婴的结果,那么,我们期望全体人口中有更正常的约 102 的性别比。① 这正是 1998 年 1‰人口调查

① 科尔和班尼斯特提道:"在 1990 年的人口普查中,所记录的男女性比率是 1.066;正常的出生性别比和正常的生存差异所产生的比率将不会超过 1.02。在中国,同男性相比,女性死亡率显然是高得反常的。"(1994:460)

所报道的。在生育控制政策之下云南的实际性别比是否上升到107,是很难通过间接证据和人口统计推断来决定的。女性死亡率过高的程度仍是值得怀疑的。

与云南不同,中国历史上已有过较高的性别比(见表 8.7)。1949 年时,全国性别比高达 108,1959 年以前一直处于稳定状态。中国的性别比 1962 年下降为 105(这表明全国因严重困难而失去的男性比妇女多),在 1969 年以前保持不变,然后逐渐上升为 1979 年的 106 和 1989 年的 107(国家统计局 1995:354)。

公安部门的全国数据表明,在 20 世纪 60 年代,女性死亡率同男性相比下降了,但在 70—80 年代有所上升,90 年代初仍保持高位。1982 年以来公布了两套人口数字,一套是建立在公安部门的年报之上的,另一套基于全国人口普查和人口抽样调查。1994 年这两个渠道的数据显示了较大的不同。公安部门年报给出的性别比是 107,而人口抽样调查数据显示只有 104.5(国家统计局 1995:354)。[1] 这里的出入类似于云南数据中的那些差异。然而,全国性别比一直在 105 及以上,一向比云南和禄村的性别比高得多。令人遗憾的是,90 年代的不同资料来源仍使我们对中国性别比上升抑或下降存有疑问。

出生性别比

20 世纪 90 年代报告的出生性别比和婴幼儿(0—4 岁)性别比一直异常高,云南为 110,中国是 118,这对女孩们是很不利的。中国的数据显示,1990—1995 年间出现了急剧上升

---

[1] 自 1986 年以来,人口普查数据中总人口的性别比一直在下降,1986 年时高达 107。人口普查调查数据(比公安数据显示了更多人口)可能包含了公安部门遗漏的女孩和妇女(国家统计局 1995:4,354;国家统计局 1996:4)。

（表 8.8）。在农村地区，出生性别比甚至升得更高。1991 年
云南农村的出生性别比攀升到 100 个女婴对应 123 个男婴，
而在城镇只有 92 个男婴（表明了女孩过剩）（云南省统计局
1992：104，见表 8.9）。

表 8.8　云南和中国出生性别比与婴幼儿性别比（1990 和 1995 年）

年龄	云南 1995 年	中国 1990 年	中国 1995 年
0	110	112	116
1	110	111	121
2	111	110	121
3	110	109	119
4	111	108	115
0—4	110	110	118
5—9	108	108	110

资料来源：云南省统计局（1997：26，表 1－2）；全国妇联妇女研究所等
（1998：34，表 1－18）。

表 8.9　基于云南抽样调查的分性别与地区的出生人口（1991 年）　*303*

地区	男性	女性	性别比（男性/女性×100）
市镇	56	61	92
县	681	555	123
合计	737	616	120

资料来源：云南省统计局（1992：104，表 4－14；1991 年抽样调查）。这
一资料没有具体说明抽样数，但它似乎约为 1.6‰。

　　中国 1994 年的人口调查显示，在城、镇及县（农村地区）各
级，在 1975 年以来出生的各个年幼年龄组中，男性比例一直在上

升(表8.10)。① 对于0—10岁年龄组的城市人口来说,其性别比超过了生物学上预期的106的水平,而县镇级就更不平衡了。县镇级人口的性别比自1990年以来急剧上升,在最年幼的年龄组中,镇级的性别失衡超过了村里。人口学家安斯利·科尔和朱迪思·班尼斯特(1994)认为,这些比率不断上升是性别选择性人工流产引起的。②

我们很难确定这些较高比率说明流掉女胎、杀害女婴、遗弃或领养女孩增多了,还是意味着人们不给女儿上户口。所有这些都有可能发生,然而,了解每一种原因的相对比例将是有益的,因为它们对女孩的影响是截然不同的。即便是这些可能性中最无危险性的因素——不给女儿上户口,也表明这些女儿日后在获取政府提供的正规服务上将面临歧视,尤其是在上学方面。

死亡性别比

假定这些报道在某种程度上是准确的,对女孩偏见的程度也会体现在婴幼儿的死亡率上。

304
在多数社会中,男性有较高的婴儿和儿童死亡率。较高的男婴死亡率被认为源于男婴出生时的生物脆弱性,而文化与生物因素相结合最有可能影响到幼童其后的生存。227个国家婴儿死亡率的世界统计数据显示,在几乎所有发达和发展中国家,男婴

---

① 在这20年中,计划生育政策变得更严格了,尤其是对城市居民而言(李佳丽[Li]1994)。
② 性别比的上升先出现在城镇,而后出现在县里的农村地区,正如已谈到的禄村情况,这同超声技术的传播是一致的(科尔和班尼斯特1994:475)。

死亡数都比女婴要多。一个主要的例外是中国。^① 1999 年,中国婴儿死亡性别比是 100 个女婴对应 78 个男婴。据报道,那年总共有 815 431 个死亡婴儿,死掉的女婴比男婴多 100 297 个(美国人口普查局 1999,表 8.11)。一般而言,云南和中国在最年幼的年龄组似乎存在着"过高的女性死亡率",特别是在生命第一年,死亡率是最高的(表 8.11)。比较全中国 1990—1995 年的变化显示,死亡性别比正下降到 100 以下,这意味着女婴死亡率相对男婴而言增高了。这些数据不太可能是多报女婴死亡人数引起的。假如死亡记录准确的话,那么,这一证据支持了计划生育政策之下女婴处于风险之中的观点。

表 8.10　中国 1994 年分年龄组和地区的人口性别比
（阴影部分的性别比超过了 107）

出生年份 年龄组	1975—1979 15—19	1980—1984 10—14	1985—1989 5—9	1990—1994 0—4
地区				
城市	105	108	110	110
镇	104	111	113	125
县	106	107	109	117
中国合计	106	107	110	116

资料来源:国家统计局(1995:6—7,表 1-3)。基于 1994 年对所有省份 752 431 人的全国人口抽样调查(国家统计局 1995:3)。县域人口主要是指农村人口。

注释:"县"包括大部分农村地区(村庄)。

---

① 美国人口普查局(U. S. Census Bureau)的统计数字显示(1999),227 个国家中只有中国、朝鲜(North Korea)、不丹(Bhutan)、巴布亚新内亚(Papua New Guinea)的女婴死亡率高于男婴(女婴死亡率在马恩岛[Isle of Man]、泽西岛[Jersey]及澳门[Macao]也更高,但那些地方的数字如此之小,以至于这些比率是微不足道的)。又见科尔和班尼斯特(1994:460)。

表 8.11　不同年龄婴幼儿死亡性别比:基于云南和中国的抽样调查数据
　　　　　(阴影部分说明有过高的女性死亡率)

年龄	云南(数量)			中国(数量)			
	1990	1995	1995[a]	1990	1994	1994[b]	1995
0	113	93	485	97	84	417	
1		100	46		92	54	
2		116	26		92	25	
3		144	22			122	20
4		200	24			100	14
0—4		99	603	98	87	530	95
5—9		132	58	147	275	45	137

　　资料来源:云南省统计局(1997:34,表 6-1;见第 1 页的解释);全国妇联妇女研究所等(1998:37 页表 1-21)1990 和 1995 年的数据;国家统计局(1995:66 页表 1-18)。国家统计局(1995)的表格显示,0—4 岁的死亡性别比(出自 1‰抽样调查)是 87(共 530 人),5—9 岁的死亡性别比是 275(共 45 人,男孩 33 人,女孩 12 人)。一个补充性表格(国家统计局 1995:33)显示了1990 年中国和云南每千名男女婴的死亡率。中国每千人婴儿 33 的死亡率比云南每千人 71 低了一半。

　　注释:死亡性别比(男性/100 个女性)同分性别的死亡率是不同的,后者是比较特定年龄组中男性人口中的男性死亡数和女性人口中的女性死亡数。见国家统计局(1995:66)。

　　a. 云南 1995 年的数字出于 1.06% 人口抽样调查(云南省统计局1997:1)。

　　b. 1994 年中国的数字基于 0.63‰调查(国家统计局 1995:3)。这里列出的是样本数而不是推断数(国家统计局 1995:66 页表 1-18)。

305　　　　1% 和 0.63‰调查中有关婴儿死亡率和儿童死亡率的样本量都比较小,尽管死亡率较低,但其结果仍表明了对女婴的偏见。由于婴儿死亡数在禄村那么稀少,也由于有关人口变动的现有村报告并不报告死亡的年龄,所以,我们不可能核查那里的女婴死亡率是否在上升。

总　结

尽管同全国其他汉族村落在社会、经济及政治上有许多相似之处,禄村和云南省的人口性别比一直都比全国的要低。我对1990年以前禄村出生性别比与儿童性别比的抽样调查,并未揭示女性的高死亡率,但官方报告显示,20世纪80年代的出生性别比要比90年代高,而这两个10年又比一般情况下要高。然而,镇里更大的数据集扭转了这一趋势,显示出这20年的出生性别比由正常变高了。禄村和镇里重男轻女迹象的不一致性,同因国家计划生育政策导致生育率降低的量化与质性证据形成了鲜明的反差。在20世纪90年代,云南的人口性别比与出生性别比似乎都在上升,但主要的政府信息渠道提供了互为矛盾的信息。最后,云南和中国分性别的婴儿死亡率和儿童死亡率的调查数据显示,最近一些年女性婴幼儿比男性婴幼儿面临更大的死亡风险。

在我自己的访谈和会谈中没有发现杀害女婴或死于婴幼儿期的女孩比男孩更多的任何证据,我不能推论说,禄村人诉诸杀害或忽视其女婴。然而,得知B超技术开始被用于性别选择性流产,也并不令我感到惊讶。所以,我的结论不是说重男轻女并不存在,因为如同中国其他地方,禄村人也有许多同样的政治制度。相反,我认为,它没有那么根深蒂固。在我1999年来该村作研究期间,我碰到了一个女儿约6年前在家结婚的前干部,问及他女儿是否已有孩子了,他回答说她有了两个,都是女儿。假如任何人都有进行性别选择性流产的知识和手段,想必这将是可以作出这种选择的一个例子,但他们并没有作出这样的决定。有关这一主题的坦诚会话可以提供更好的答案，但在中国就像在其他地方一样，违背公共政策和道德价值观的行为是不易于被讨论的。

　　将这些研究发现放在一起来看，禄村及禄丰镇的人口证据似乎不比整个中国的情形对女孩更加不利。然而，在 20 世纪初，禄村、禄丰县和云南省可能都同更大的中国模式合流了，它们表现出较高的人口性别比、较高的出生性别比及较高的女婴死亡率等人口状况。即便如此，我们仍不能假定所有村都以同样方式、同样强度作出反应，而且同国家制度和国家政策是同步的。家庭表现出的重男轻女似乎因地而异，甚至因家庭而不同，取决于他们自己的当地文化与经济传统。在某些地区，人们对杀害或遗弃女婴的可接受性可能存在着一致的看法，而在其他地方，这些选择可能会遭到抵制。像送掉、卖掉、寄养或不给女孩上户口可能都会遭到谴责。干预的门槛也有可能因简单得如同购进一台更好的 B 超机这样的事情而有所改变。假如胎儿（不像儿童）被看作是可以任意处置的，这就可以将有关生与死的困难选择推向道德底线的另一侧。

　　我认为禄村比中国其他地方的村庄赋予其女儿更高的价值。这一观点是多年来同官方统计数字、我自己的统计数字以及我同村民互动的大量努力中得出的。这也是建立在历史资料中性别偏见较弱的质性证据之上的。当然，任何这种评估都是暂时的。不同的方法与样本量会使作出定论具有危险性。将这些告诫记在心中，我旨在表明，禄村只代表了回应地方环境与历史环境的中国文化的另一种表达方式。这种选择无疑不是云南的村落所特有的，当然也不是云南**所有**地方汉族村庄的特征。实际上，云南的村落通常接纳了来自中国其他地方的迁徙者。这些个人带来了他们自己关于社会性别的观念和关于儿女的价值观。他们也对农作、贸易、技术及政治权威等方面的当地环境作出反应,所有这些都以不同的方式有助于在家庭、村庄和社会来塑造社会性别。

性别比不断上升的最新迹象是令人不安的。它们是否表明了中国农村趋同压力的强度?假如最近较高的出生性别比最终证明不只是随机变异或是少报了女性,那么,这将标志着禄村,或许更一般地讲还包括云南农村,都屈从于主流文化,并采用了中国农村许多地方持续已久的更具弹性的性别歧视方式。这当然是一种悲观的观点。更乐观的见解是,发展带来了抵消性的压力,特别是像城市化等。尽管封闭或落后地区的农村社会可能仍恪守儿子具有价值,其他农村社会则采取城市化的生活方式,并为一个更为流动、以知识为本的未来社会在作准备。在未来社会中,儿子可能会失去其特殊价值,父母也会失去其对儿子的控制。

透过村人口变动的这个棱镜对社会性别所作的这一研究,表明了在同已知的社会、经济与政治情境可以进行比较的地方审视人口变迁的价值。探究随着时间流逝而出现的人口变化将是特别有益的。回顾禄村从20世纪30年代到20世纪末的人口变动,揭示了同社会性别与发展相关的生育率与婴儿死亡率下降的重要性,还表明了强制性国家生育控制政策和新生育技术的影响。虽然所报告的出生性别比揭示了中国失踪女婴比例的不断上升,但禄村喜忧参半的证据表明,这里的女孩可能比其他地方的女孩得到稍微好点的保护。一些指向了禄村同中国其他地方趋同的最新数据,恰好说明了更好地理解这些社会性别动态的紧迫性。

第九章　政治与政治文化

> 人们传统上讲，"升官发财"，这似乎仍是正确的。（费孝通和张之毅 1945:130）

> 如今，干部的头脑中还是相当重男轻女的。现在，当他们选干部时，他们只选年轻男性。新队长都是干部选的。最近有 4 个老队长退下来了，干部们选了新队长，[低声地讲到]他们都不是群众选的。请你别让人知道这些事情是我讲的，我有点害怕。我现在要走了。（禄村居民）①

> 对多数农村妇女来说，同其丈夫或父亲相处要比同当地干部打交道容易得多。后者几乎全是男性，而且不是家里人。家庭经济是父权制的，但在集体制之下则是双重父权制的。（周晓 1996:207）

干部碰头的地方

中国农村每个行政村都有某种综合性建筑。它们通常是由呆板的直线构成的建筑物，这是在提醒村民们同政府更高层的联系。禄村行政总部位于主街上，几乎是在村子椭圆形聚落的中心

---

① 这段陈述是 20 世纪 90 年代初一位不愿透露姓名的人所讲的。

点上。这是一幢两层的水泥建筑物，显示出质朴的社会主义风格，它在主街上占据了显著的位置。在宽敞的楼前台阶上，成群脸色灰白、双手粗糙、身穿蓝布衣衫的老年男性常聚在那里下棋或打牌。一家卖农用物品的店面朝街开着，有一条狭窄的车道通入院内。从二层的阳台上，你可以俯视下面的街头生活。

在一楼里边有个院子、贮藏间、会议室、男女厕所（通常只有 ^{312} 一个开着，并处于正常使用状态）。院内大得足以举行全村大会，而且还有个可以用来排练文艺节目的舞台。这幢建筑物也有自来水、电灯、为大群人做饭的烹饪设备以及桌椅等。楼上是村干部的各种办公室和一间大会议室。人数较少的会议就在楼上召开。办公室里有木桌椅、几个柜子以及一摞摞文件。在大会议室内，椅子和小茶几被摆成了一圈，中间留了一块空地。

到了 20 世纪 90 年代，俭朴的象征正在被繁盛和娱乐的象征所取代。村里添盖了一间很大的新会议室，院子中间一个很大的环形水泥楼梯通到那里，从而象征性地脱离了之前的线性设计。到 1993 年，尽管还没有电话和复印机，村里已购买了电视机和录像机，干部们因而可以在办公室看视频。1999 年，院子另一侧的一个房间里开了一个小保健站。

像多数客人一样，当我第一次来到时就被带到了这个场所。这是我每次来禄村都要光顾的一个地方。我在这个综合性建筑物里参加过会议并吃过饭（我的自行车也放在这里），我也在那里亲手抄录村里的报告，有时只是来同朋友聊聊天。取决于你在村里所处的位置，这里给人的感觉既威严又亲切。我多次在那里作研究期间，我从来没有在其围墙内见过任何真正的冲突。在我描述 20 世纪 90 年代那里所发现的一些政治活动和活动者之前，我要回顾一下费氏研究时代的政治结构。就像家庭经济和家庭组织一样，禄村在这个方面既表现了连续性，又展示了变化。

20 世纪 30 年代的村治

费氏所描述的禄村 1938 年的政治组织是保甲制度，后者可以追溯到清朝。历史学家史景迁提到过：

> 一保有 1000 户，是由 10 个甲构成的，每甲含 100 户。中国所有家庭都应登记在保甲组织之中，并受"保长"的监督，后者是从他们自己人中轮流选出的。这些保甲长应核查每户登记表的准确性（后者列出了家庭成员的性别、年龄、关系及职业），并确保当地的法律执行和秩序维持。保甲长也监督修筑堤防、看护庄稼或民兵活动等社区活动（史景迁 1990：125）。

正如史景迁所描述的，民国政府依靠"类似于过去清朝保甲制的家庭责任制。社区应及时选出保甲长和地方自治会；实际上，这些行政人员是由县令从上面任命的"（1990：368）。

费氏并未详细说明禄村保甲长和地方自治会是由当地选举还是任命的。他简短的概述①表明，保甲长是任命的，但他没有指出有任命权的那些人是谁。被叫着"甲"的单位似乎像是当代队的前身，在 20 世纪 90 年代约有 50 户。更高一级组织——保——类似于今天的大禄村行政村。

> 禄村 95 个官方承认的户……构成了本区第 5 保中的 9 个甲。另外两个村（一个村有 3 个甲，另一村有一个由四川

---

① 参见费氏"税费"部分（费孝通和张之毅 1945：97—98）。

新移民构成的甲)也被包括在这个保之内。正如人们可能想到的,各村在政治上的主导地位取决其在数量上的优势。保长总是从禄村出的,有3个甲的那个村出了副保长,而那个移民村只有一个甲长,它在保一级中没有代表。(费孝通和张之毅 1945:97—98)

费氏没有详尽勾勒村里的政治职位,但他提到了村里的保长、副保长、征税者及一个"公学的校长(他在老百姓的眼里是一个官员)"(费孝通和张之毅 1945:65,130)。在解决土地争端时,村民们就得去找地方法官(估计是位于禄丰的更高一级官员),后者保存着法院判决记录(79)。

正规保甲制下的行政人员负责贯彻执行更高各级政府的政策。然而,许多地方事务是通过村里非政府的社团来管理的,比如土主庙(它的租金收入用于公益事业)和负责维持灌溉系统的其他团体。正规行政人员的最主要职责是在每个村征税并保存耕地簿。税款被用于支付公共安全与军事服务、灌溉、村级教育、人口清查、公共粮仓以及补贴性款项等。此外,各户要为修筑滇缅公路或其他公共建设工程提供(强派的)劳役(99)。

公学是村里的责任。但费氏注意到只有极少数父母利用了 *314* 这一机会。"当我们向房东提议他们12岁的女儿(她完全是个文盲)应送去上学时,她母亲解释说,没有女儿的帮助她管不了家。"贫穷人家孩子们送去上学的机会就更少了(130)。费氏研究时代受过教育的那些人主要是富庶人家的年轻男子。

费氏在描述政治制度时完全没有触及妇女,这同妇女出现在他整个经济分析中形成了鲜明的反差。由于缺乏任何相反的证据,我相信禄村妇女在当时政治等级中没有担任任何直接、正规的角色。像拒纳妇女的科举考试一样，民国政府及其保甲制下的地方部门似乎也完全将妇女排斥在外。直到共产党革命的到来，才发生了戏剧性的变化。

20 世纪 90 年代的村治

禄村当前的主管机构是由两套人马构成的。执行委员会是由 8 个干部构成的一个核心小组。人数更多的村委会包括执委会成员加上 15 个队的队长，总共 23 人，他们定期聚在一起。[1]像全国各地的村落一样，禄村也有两套领导班子：党支部和村民委员会。从理论上讲，它们是不同的，但这两者之间又有相当多重叠之处。村委会的许多成员因而也是党支部的成员。[2] 这些领导者共同负责组织农业生产，分配耕地与宅基地，管理灌溉系统，提供有关新技术、化肥及农药的信息等。他们也负责落实计划生育政策（对模范家庭给予奖励），管理当地学校，协助进行人口普查以及招待政治上的来访者。通过落实政策和定期提供经济活动与人口变动的报告，执委会成员充当了同镇和更高各级政府沟通的联络员。

村干部的活动范围自改革以来已大为缩小了。自 20 世纪50 年代一直到集体解体，干部负责将全体人口组织在生产队之

---

[1] 我尚未发现用于当地村治机构的一个标准术语。朱爱岚（1994：77—81）描述了山东一些村的村委会（通常由 5—8 人构成）。其他人（如布鲁格等［Brugger］1994；奥格登［Ogden］1995）并没有具体说明村委会之下运作的其他职位，如队长等。白思鼎提到："最低层级——生产队——的消失，在某些地方，虽然队仍在组的名称之下继续存在"（1992：143）。

[2] 朱爱岚在她研究的村里没有发现"20 世纪 80 年代初中国倡导的党政分离已变得富有成效的任何证据"（1994：78）。

内,并监督作为一项集体努力的生产劳动。他们必须给村里从事农牧业生产的劳动力派活,对不同类型的任务给予奖励并记录日工分值,记录资产与产出,随后还要把酬劳分给大家。干部监督劳动,收割之后要按工分把收成分给大家。村民们得到的收入部分是谷物,部分是现金。村里还须按要求向国家交售公粮。

改革时期在包产到户制之下,村领导不再管理日常劳动了,这一责任回归到户内的个人。在按(较低的)固定价向国家交售定购粮之后,各户被允许保留其剩余粮食,假如他们愿意的话,可以拿到市场上去卖。干部仍能召集村民来开会,但他们不再一大早叫人们出工了。农户又一次可以由自己安排劳动了。

然而,通过资源的分配,干部继续在农业生产中扮演了重要的角色。干部们管理灌溉系统,修建并维护田间道路与沟渠,分配有补贴的化肥与农药,购买并贮存收获物,购猪及向政府交付定额。他们必须确保农民有机会了解新种子与杀虫剂,并了解何时、到何处买化肥和塑料薄膜。村干部一整年都要召集各种会议,宣布并解释灌溉、沟渠维护、化肥与农药使用以及新种植策略等事项。在收割结束之后,村委会成员要碰头以评估取得的成就和遇到的困难。干部要详尽记录各队和各户生产的情况,把履行合同向国家交售其粮食的小册子发给农民,并把按合同交粮得来的钱付给村民。

有一天,当我正坐在村办公室抄录出纳给我的一些资料时,一位中年农妇拿着收据走进了会计室并把它交给了出纳,后者立即打开他的现金盒,数了一大笔钱出来,他付给她的是向国家售粮的钱。我发现,妇女来村里同出纳交涉此事是饶有兴趣的,这表明妇女不仅从事了许多田间劳动,而且也有权利自己来领取现金收入,而不是派作为户主的男人来取。

各队的差异和领导的选择

在改革时代,队长的作用已大为削弱了,因为他们不再控制劳动或农业剩余,但一些村民相信,各队之间经济成就上的差异同队领导有关。一个在城里工作的男子解释说,他是"B"队的,就不如"A"队富裕。他相信他们队较不富裕的原因是他们队长在位时间太久、年纪太大了。他说甚至在单干以前就有了差异。A队有更年轻、更能干的队长,他的管理水平更高,所以,他们的农业剩余也更多。结果,A队队员手头有更多现金,一旦得到允许,他们就投资于城里的企业。B队还没有追上来,缺乏来自农业剩余的资本使他们需要更长时间迈入商业企业中。他的这一解释将商业投资归诸更大的农业收益外加领导能力。

领导者的选择

镇党委的当权者指定村党支部书记,支书是村里最有权势的职位。正如在中国的大多数村落,他的权威显然超过了正规的村委会主任。委员会的其他7个成员从理论上讲是由各队队长选出的。而队长按理是由他们自己队的队员选的,但是,假如这些队长没有犯严重错误,他们将继续无限期地干下去。村领导讲,15个队长都是由他们自己队选出来的。村里1984年第一次进行了选举,自那时起已选上了一些新队长。一个村民在评论他们队时暗示,队长是"从上面"选的,好像不是队员选的。没有任何容易的办法可以证实队长是自选还是任命的不同说法。我猜测他们在某些情况下是选举的,在另一些情况下又是任命的,但一旦开始任职,他们就有可能一直当下去,直到去世、残疾、到了正式退休年龄或者犯了"错误"才结束其生涯(公正地讲,这一任职权同我们看到的美国众议院的做法并没有很大不同)。

在副主任的协助下,主任负责村务管理。会计和出纳记录村里人口与生产的变动。在别的村并不普遍存在的技术员,负责向农民传授农业技术。计划生育专干负责执行计划生育政策,妇女主任负责有关妇女的事宜。

年龄与社会性别

在执行委员会中男性明显占有优势,尽管村行政班子不再像革命前那样是清一色的男性。执委会成员和队长多半是中年男子。1990年在村委会领导岗位中,任职的男性占83%(23人中有19个)(见表9.1)。在7个有酬劳的执委会职位中,男性占据了最高职位——党支书和主任——以及管理村经济的那些岗位。妇女担任的3个岗位中有两个是专门处理妇女和计划生育事务的,它们在执行中被认为是妇女的领域,因为其多数技术干预都是针对妇女的。这些妇女中没有一人能对男性直接行使权力。技术员负责传递技术信息,但她无权过问村民的收入或资源。然而,在由8个成员构成的执委会中有3个妇女的存在,使得禄村妇女在村政中有较高的能见度。这足以将她们提升到象征性地位之上,并使她们在参加村务会议时感到很自在。我们可以将这种情况同人类学家已研究过的妇女处于更边缘角色的其他许多村落作个对照(见表9.2)。① 当然,队长的职位几乎都被男性所垄断,在15个领导职位中,他们占了14个。

---

① 钱斯(1991)、西博尔特(1996)及朱爱岚(1994)都提到村治中的社会性别问题。

表 9.1 禄村 1990 年"两委"干部和各队队长

序号	职位	年龄	性别	文化程度	在职年限	服役年限	所在位置
1	党支书	52	男	4	26	5	中心
2	主任	31	男	8	6	4	中心
3	副主任	34	男	6	6	4	小村庄
4	会计	29	男	12	6	6	中心
5	出纳	43	男	9	6		中心
6	计生专干	40	女	6	6		中心
7	技术员	26	女	9	3		小村庄
8	妇女主任	51	女	6	9		中心
1	队长	33	男	5	6		中心
2	队长	58	男	6	16		中心
3	队长	50	男	6	24		中心
4	队长	50	男		21		中心
5	队长	71	男		34		中心
6	队长	45	男	9	18		中心
7	队长	59	男		24		中心
8	队长	35	男	8	2		中心
9	队长	40	男	4	3	2	小村庄
10	队长	36	男	9	2		小村庄
11	队长	41	男	9	2		小村庄
12	队长	35	男	9	12		小村庄
13	队长	61	女		24		小村庄
14	队长	26	男	9	2		小村庄
15	队长	45	男	9	2		小村庄
总数	23 人	平均43 岁	男性占83%	6	11		

资料来源:1990 年的村记录与访谈。

表 9.2　中国北方一些村落的社会性别与参政状况

村名	村委会		党员	
	男	女	男	女
张家车道(山东)	5	0	44	"若干"
前儒林(山东)	5	1	30	3
槐里(山东)	5	0	34	1
半月村(北京)	5	1	15	0
侯华(河南)	无资料	无资料	34	6

资料来源:山东几个村见朱爱岚(1994:78—81);北京的村,见钱斯(1991:43—45);河南的村见西博尔特(1996:101)。

干部的文化程度与阅历

1990 年,村干部的平均年龄为 43 岁,受过 6 年正规的小学教育,已任职 11 年。4 个干部是文盲,8 人完成了某些小学教育(4—6 年),10 人念完了初中(8—9 年),仅 1 人读了高中(12 年)。干部中只有 7 人任职年限少于 6 年。其中 5 个男性当过兵,这些前军人中有 4 人是执委会成员。

女干部的年龄和文化程度同男性的非常相似,[1]但她们都缺乏从军经历。以前当兵的经历对于当队长几乎没有什么意义,队长中只有一名男子在部队待过,但村执委会中前军人占支配地位的情形表明,当兵同(有酬劳的)政治职位是相关联的,这可能是源于上级权威人士认为这是一个重要的资格。受过服从命令培训的这种男子具有村外生活的经历,通常还得到过额外的文化与技术教育。当兵经历也给了他们接触村外广阔网络的机会。

---

[1] 平均来说,妇女 44 岁,受过 5 年教育。

1990 年，执委会和队长中包含几个"老手"，其中包括党支书，到 1996 年他已在那个岗位供职 32 年了。[①] 总的来说，任职期较短的年轻干部具有较高的文化程度。所有不识字领导者的任职期都超过了 20 年，而任职 6 年或以下的人平均受过 8 年教育。像年纪较大的男人一样，在一个小村庄当了许多年队长的一个女干部也是个文盲，而供职仅 3 年的年轻女技术员读过 9 年书。

对于村妇而言，在执委会 8 个职位中获得 3 个、15 个队长中有一个女队长，这距离男女平等显然还有漫长的道路，但较之过去完全没有妇女的局面已好多了。这也比中国其他许多村落的情况要好，在那些地方，妇女根本不占有任何职位或者只占据妇女主任这个唯一的岗位。[②]

表 9.3　禄村 1998 年的领导班子

职位	年龄	性别	文化程度	任职年限
1. 党支书	45	男	9	1
2. 主任	48	男	6	4
3. 会计	36	男	12	14
4. 出纳	51	男	9	14
5. 计生专干—妇女主任	48	女	6	14
6. 农业技术员	46	男	6	10
1. 队长	34	男	9	6
2. 队长	50	男	6	7
3. 队长	57	男	8	35
4. 队长	52	男	6	25

① 西博尔特(1996：89)描述过一个同样长久任职的党支书，他在位达 30 年之久。
② 见钱斯(1991)、西博尔特(1996)及朱爱岚(1994)。

续表

职位	年龄	性别	文化程度	任职年限
5. 队长	35	女	9	1
6. 队长	52	男	9	25
7. 队长	26	男	12	1
8. 队长	42	男	9	9
9. 队长	35	男	9	1
10. 队长	45	男	9	8
11. 队长	48	男	6	4
12. 队长	46	男	6	1
13. 队长	45	男	6	2
14. 队长	34	男	9	7
15. 队长	51	男	6	20
总数 21 人	44	男性占 90%	8	10

资料来源:村记录和访谈。

　　20 世纪 90 年代领导成员的变动表明,妇女已不能够在村领导班子中扩展她们的角色了。执委会最初的 8 个职位已缩减为 6 个(见表 9.3)。现在担任农业技术员的那个男子过去是副主任。当他们撤掉他的那个职位时,他不干已有两年了。以前当农业技术员的满女士因第四章中提到的原因辞职了,前副主任终于得到了那个职位。当年长的那个妇女告退而被提升到那个岗位的一个较年轻妇女被迫辞职时,计划生育专干和妇女主任这两个岗位就合二为一了。因此,在 1990—1998 年间,执委会中的女代表从 8 人中的 3 个(占 38%)下降为 6 人中的 1 人(占 17%)。在队长中,一个长期任职的老年妇女 1996 年前后眼睛瞎掉之后由一个 45 岁的男子取代了。一个年纪较大的男队长后来被一个

320

35岁的妇女所取代,她正好是在执委会任职的那个妇女的妹妹。其净结果是,在15个队长中仍只有一个妇女。领导班子除了性别构成的变化外,文化程度略有提高,任职年限则略微下降了。1998年,在6个执委会成员中,4人是1990年以来届满留任的,这表明了任职上的高度连续性。

共产党

村党支部是村内另一个主要的政治权力中心。像中国大多数村落一样,女党员的比例比男党员低得多。我1990年的随机抽样户中包括9名男党员,但没有女党员。据村委会一个女成员(她本人也是党员)讲,村里大约有20个党员,中心有9个。后来,一份更详尽的村报告显示,1990年,在75名党员中只有13个(占17%)是妇女。1997年,党员人数增至91人,18个(占20%)是妇女。很显然,党在20世纪90年代努力吸收新成员,包括女党员。党支部成员和各队队长常聚集在一起交流汇报每个队的情况。每个党"小组"一个月碰一次头,主要是学习政府出版物中的文章,吸收新党员,奖励表现突出的党员及支持政府政策。

在村领导班子中为妇女设立角色,削弱了男性对村领导职位的垄断,但干部们所关心的事情已发生了转变。20世纪30年代不像今天,国家在生育方面没有扮演任何直接的角色,军事保障对于领导是更重要得多的当务之急。当时中国正同日本交战,各地男子都受到了征兵的影响。

自从妇女遭受排斥的革命前日子以来,妇女在禄村村治中的代表增多了。她们还参与了党的政治,尽管男人继续在这两个方面占主导地位。这一变化中的一些是革命岁月里对女性参与的激进要求所引致的,一些则源于改革时代政府管理农作和计划生

312

育的持续努力,后两者皆要求政府同妇女打交道。在 20 世纪 90 年代初,我参加了各种村会议,其中包括各队女代表参加的会议、村干部总结生产和土地变更的会议。基于我的田野笔记,下面我将叙述一下那些会议中的一些,以揭示村治和当代妇女参与的不同侧面。

1993 年女代表的年度会议

有干部告诉我,各队女代表的会议中午将在新楼 2 层会议室召开。但现在已是下午 2 点了会议还没有开始,只有约 10 个人到场。其中一个富有经验的女领导把我介绍给来参会的她外甥女。来到的妇女中,有 4 人在做布鞋,而另外 2 人在编织。最后,大禄村妇女主任宣布会议开始,总结了那一年的工作。会议开始之后,3 个男性进来了,他们是村支书、村委会主任和会计。会场上现在有 12 个女性、3 个男性村干部,加上我和我的助手。

发展经济

第二个讲话的是村支书。他讲得很慢,声音也很轻,有时还喃喃自语,只有一些强调词讲得比较重。他大谈通常的政治话题,不时使用像"集体""团结"等社会主义的好词。他称赞妇女的工作和家庭生产"相当好"。他特别提到了妇女养猪的劳作,并提及他自己家养了许多猪,这项工作主要是靠妇女。他也提到村里宣传的科学耕种方法。

妇女们静静地听着,但不是非常专心的,多数人都低着头,她们手头在干着某个活。人群中有点窃窃私语。她们总的态度类似于人们在宗教仪式上坐着听漫长的布道,不过会场上有更多沙沙声,人们也显得更漫不经心。给我的印象是,大多数人是出于道义责任来参会的,并非有很大的兴趣。她们看来有趣的事情却

322 是散坐在屋子里的两三群妇女中传来传去的闲话。一个妇女代表(她是前队长)和她女儿(现在是村委会成员)来晚了。支书并不理会她们漫不经心,自己继续讲下去。他继续评论了妇女在农田劳动、经济计划及计划生育中的重要性及妇女经营的豆腐生意。他提到了各个小村庄前一年烟草生产的数字,并讨论了他们所生产的三类谷物及其在当地和其他城市的价格。他随后比较了过去 10 年生产上发生的变化,还谈到了 2000 年的目标。

到下午 2:30 分,当他继续谈论农业工作时,妇女们显得很茫然。他在几乎结束时加了一句:"我们需要妇女的支持来发展经济,难道不是吗?"然后,他又谈了一会儿关于建造新办公室和缺少女厕所的问题。在整个讲话过程中,他的声调和举止很谦和,而且通情达理;他既没向其听众夸耀,也不威吓她们。

计划生育

支书和另外两个男性离开之后,负责计划生育的那个妇女开始兴致勃勃地谈了起来,其他妇女则不断插嘴并作出回应。屋子里的气氛发生了变化。妇女们由听众变成了讲话者。她们开始大声叫唤不同妇女的名字,并点数出生人数,有 18 个"第二胎",总共出生了 30 多个婴儿。妇女们讲起她们各自队里的出生人口,她们在提到特定的个人时不叫名字,而是用亲属称谓,如"某兄弟的媳妇"等。有人会问:"哪个媳妇? 哪个儿媳妇? 我不知道她的名字。"在与会的代表中,我注意到有两个姐妹是代表不同队的。另一个女领导的儿子娶了两姐妹中一个妇女的女儿。我在想假如我对其他人有更多了解的话,我将会发现其中有多少亲属纽带和姻亲关系。代表们讨论了一会儿二胎的问题,过了一遍各队妇女的名字及其婴儿。这个会议成为妇女们参加、妇女们讨论涉及她们生孩子权利的一次会议。这些人都成了管理者,从某种意义上讲,妇女代表取代了传统的婆婆对调节生育的关切。①

一个妇女谈到了目前有资格生孩子的那些人,其中包括她的儿媳妇。小村庄的代表汇报了她们那里的出生人数,计生专干在一个红色的笔记本上作着记录。有个妇女走过去坐到计生专干身边私下里谈了一会儿一个特殊情况。妇女们没有对政策本身作任何讨论,仅仅是执行记录和规划生育的要求。到会议结束时,她们已定下来年谁可以生孩子。这涉及 30 多个家庭和 18 个二孩。在一年中的每个月,她们都要登记出生人口。

计生专干离开了房间,妇女主任再次开始讲起话来。她谈到了村里超生罚款的事情。随后,她从计划生育转到了生产和照顾老人的话题。接下来,她讨论了各种庄稼及种植蚕豆、小麦及油菜的详尽情况,"油菜现在长得更高了"。诚然,我发现会议的这一部分很枯燥无味,但种植这些庄稼的细节事实上是"妇女的事情"。妇女主任继续快速讲着,当她们讨论养猪、养鸡、猪的价钱及总体价格等当地详情时,我就听不明白了。妇女主任提议她们应种更多烟草,因为其价格比较高。

"五好"家庭奖

会议的下一个主题是授予"五好"家庭奖。妇女们开始讨论哪些家庭应获得"五好"家庭奖。"五好"家庭的门上会钉上一块特殊的金属小牌匾。现在是下午 3 点 30 分,会场处于混乱状态。只剩下 13 个妇女了,多数人都成双成对在聊天,一个领导走来走去记下每队代表提名的"五好"奖的妇女名单。我和我助手问紧挨着我们坐的妇女"五好"包括什么?她们也记不住,想了一会,她们说包括:"计划生育好,邻里关系好,孩子教育得好……"说到

---

① 考德威尔等(1988)在对南印度农村的研究中谈到,过去年长妇女通过控制年轻儿媳妇同其丈夫在哪里睡觉或睡在另一张床上来控制年轻妇女的生育率。我在禄村过去没有发现类似传统的任何证据。

这里，她们认为应去问一问那个领导，但我们说不要去打断她。假如这五好是全国标准的话，那么，它们同朱爱岚（1994：278）所列的那些应该是一样的。它们包括在以下几个方面表现良好：

1. 热爱社会主义，热爱集体，遵纪守法；

2. 勇于改革，敢于创新，爱岗敬业；

3. 发挥优势，勤劳致富，带头助人为乐；

4. 实行计划生育，教育好子女；

5. 尊老爱幼，家庭民主和睦，邻里和谐相处。

324 代表们似乎很自然地（假如说不是很任意地）提议"五好家庭"。她们并没有参照 5 项正规标准，而是采用了其他非正规的标准，比如是否把家庭事务管好。最后，当一个女领导宣读获奖家庭的名单时，用的全是妇女的名字。我忍不住想，这听起来像是"好管家"奖，这为妇女保留了一个传统的领域。但在禄村，好管家意味着很多东西，而不只是室内装饰和食谱。好管家意味着把家庭生产、生育及人际关系都管理好。除了作为当地干部认可她们的一个象征，我并不觉得这些奖对村里各户实际上有什么重要的意义。但女领导似乎仍感到，将家庭管好是值得承认的一项重要工作。

我注意到参会的 15 个女代表都穿着深棕或深蓝的裤子。她们或穿着布鞋或穿着胶靴，她们才刚刚开启时尚革命，但到 1996 年甚至是老年女干部，也开始穿颜色更明亮的印花衣裳了。最后散会时已是下午大约 4 点 30 分了，此时已没有人再集中注意力听了。在整个会议期间，她们听了一个鼓舞士气的讲话，报告了出生人数，定下了生育指标，还选出了年度五好家庭获奖者。[1]

---

① "双文明"户也是要授奖的，但我并未发现这种奖依据什么条件。朱爱岚也讨论过"文明户"（1994：277），但没有详尽说明其标准。

年度生产评议会议

我也目睹过年度生产评议会议的情况，这是评估一年中各队农业生产状况的干部会议。下午，镇长来到禄村，解释了移栽烟草的事情。他谈了 3 个小时，每个人只是听。禄村种的烟草极少，省政府大力提倡是因为烟草为省里创造了那么多税收。

前一天，每个队的队长汇报了生产状况，各队党代表汇报了其活动。比如，他们提到这一年水管理做得很好，插秧插得很快，他们仅用了 15 天就完成了任务。他们使用了化学除草物，这是一项改进。他们再次采用了"窄行"插秧法，稻谷因而种得很快。他们说"通风式"种法也很好，因为那样谷粒成熟得好。他们对这两种方法作了以下解释。

以前，是几个妇女一组以相同的速度排成一行来种植的。现在，她们用线把地分成几块，每个插秧者自己来来回回地完成一块。据说这样干更快。她们完成同样多的数量，并且还是一起干，采用这种方法，干得快的人似乎不太会被干得慢的人拖后腿，而且能看得更清楚谁干了什么，尽管她们自己并没有说明这些理由。还有，她们过去种水稻时，一排排稻谷与风向是垂直的，所以，一排排迎风的水稻就像军队一样。现在，她们顺着风的方向一排排插秧，风因而能吹过一排排作物；这样的话，风也不太可能将水稻吹倒并造成作物受损。

插秧管理上的这些实验对于农民当然是有益的，但我发现最有趣的方面是村镇管理者不间断对农田管理所作出的贡献。虽然他们不再直接监督劳动了，但他们以特殊方式敦促人们管理好其工作。他们为何仍有这么大的兴趣呢？在包产到户之后，村仍是土地的基本所有者。村镇各级干部希望提高农业产量，因为他

325

们靠村里的农田和企业获得收入。

灌溉与合作

当他们解释这些农耕技术时，我询问一个干部插秧时合作的原因。为什么妇女要一起劳动而不是单独干？他的回答是，假如所有地都由她自己来种，这将不符合水控制的要求。水控制系统涉及在不同时间按时浇灌不同的地块，这就需要协调与合作。当水情好的时候，农民必须将每块地的秧苗迅速插完，然后把水放入下一块田。我最初猜想，插秧时联合作业是为了稻谷成熟得更均匀些，因为同时去收割全成熟了的稻谷会有更高的效率。这可能是收割期间进行合作的一个因素，①但灌溉上所需的协调也限制了插秧的时间。稻作对灌溉系统的极大依赖因而促进了当地的社会组织和亲属关系，后者使人们得以在农忙高峰期召集许多劳力。干部则在村与村、队与队以及特殊的地块之间安排水源的分配，其中的一个结果便是我们在第四章中看到的户际换工和村际的雇工制度。

326   生产队会议

我参加的生产队会议之一是在队里的场院举行的。在这样一个地方召集会议是司空见惯的事情，因为每个队都有它自己公用的打谷场和存放农具的房屋。在这次会议上，领导人在屋里慢慢念着大多数人都听不见的通知。有人告诉我，假如不去参加会议，就会被罚3块钱。假如他们去了就能得到一张票，以后可以

---

① 稻谷均匀成熟是促使插秧时合作性劳动一个理由的观点，有别于费氏的见解。后者认为，将插秧的日期错开促进了劳动交换，因为庄稼不会同时成熟。这两种观点可能都是对的：不同地块的稻谷是在不同时间成熟的，但假如任务迅速完成的话，一块地里稻谷成熟的时间可能是相同的。

交上去证明到会了。每户派一名代表参加,但假如一户有 4 亩以上土地的话,他们就得派两名代表。参加这次会议的有 17 个男性和 24 个妇女。领导人在读一篇关于包产到户的东西,像往常一样,多数妇女都在编织或纳鞋底。有些妇女在清理蔬菜,而男人们闲着,或在抽烟,孩子们则跑来跑去的。会场上至少有 6 个小孩子。那个领导念得结结巴巴的,使人很难理解。他念了约半小时才完。随后,另一个男子为那些不识字者大声宣读了家庭承包合同新手册的前面 2 页,这本册子名为《农业承包合同》。上面列出了户主的名字、村名以及村委会、合作社或队。接下来是日期和 2 页特别的规定。有一页是用来更改老册子内容的。老的合同书只列了土地数量。新手册有一栏记录了每一块地的名称及其面积,右边一栏的空白处是填写生产定额的。

队长接下来谈了插秧方法,约 80% 已采用了新方法。队长鼓励每个人都努力提高产量。之后是出纳讲话,讨论了他们是否种得太密或太疏的问题之后,他表扬了该队插秧插得又好又快。他解释说,他们今年已雇了劳力去维修水渠,不用派各户去干这一工作了。他建议队员不要用农药,鼓励他们商讨并尝试新推荐的科学方法。他随后通报了最近村务会议的情况。

我注意到当领导人谈论一般主题时,听众总是在闲聊,但当他们从一般性介绍转入特定事项时,人们就不觉得那么无聊了。一些妇女抱着睡着了的婴儿,挨着我坐的那个妇女在织一件红毛衣。好几个孩子在打哈欠,一个坐着的男子用他那有 60 厘米长的竹子水烟筒在吸烟,发出长长的汩汩声,而队长则不断使用“发展经济”这个词,这是在那么多村级会议上被反复提到的一个术语。

队长提议村民们应试一试饲养某些品种的猪并采用某些生

327

产策略。他讲到当地猪价低廉，建议大家养老母猪并卖小猪崽。他提到今年谷物价格较低，并建议人们不要太依靠种粮食，也需要做些别的事情，比如做豆腐、做点小生意或小买卖。他说话的时候，一些人大声地进行评论，偶尔也开开玩笑。随后，在屋外场院中心的几个男性领导接过了话题。他们要求群众提建议，并鼓励他们谈谈存在的问题和获得成功的努力。领导人也点了名并给与会者发了确认到会的红色票。两个男子提到为一堵墙发生纠纷的问题，一个男子为保护他家院子里的果树砌了一堵墙，他的邻居抱怨这面墙挡了他家的阳光，所以将墙推倒了，两个男子可能打了起来。现在他们在队会上把问题提了出来，队长答应周五去看看谁是对的。提到的另一个问题是，一个70多岁的老年男子有个心理失常的儿子，所以没有子女可以照料他。这个男子过去给国民党当过兵，是作为招进来的丈夫来到禄村的。我没听到人们对这个问题作出了什么反应，但某人提出来了，因为他们觉得这个男子需要得到支持，并想知道队里提议该怎么办。然而，会议在一片喧闹混乱之中就结束了，我看不出他们是否已作出了决定。

这次队会表明了将农民组织在一起共同解决生产与生活问题时面临的一些挑战和取得的成功。这队显然既负责生产活动，也负责街坊四邻的一般性的管理事务。领导者在使社区成员一直保持兴趣方面仍面临困难，后者一直保持被动，直到某个问题唤起了他们的关注，这很像我们自己社区中的公民对当地政府作出回应的方式。队员们显然有机会获得有用的信息并提出他们关心的问题。但是，他们并非总是想花时间来参与的。有时候，他们派资历较浅或不再劳动的家庭成员来参加，仅仅是为了避免不参加挨罚。这些会议的领导者和参与者都是街坊邻里，无论是不是被选上的,领导人都必须在队员中维持和平并体现出效率。给我的印象是,他们真诚地努力这么做。村民们好像没有公开表现出不满;他们似乎只是在权衡参加会议同干其他事情之间的价值。

一个小村庄重分土地的会议

1990 年 7 月末,当我那年的田野考察快结束之际,村民们所谓的土地重调过程开始了。在一个星期二的上午,我在一个小村庄参加了一次有组织的队会,村民们被告知了过程,并讨论了这个问题。谁将放弃土地,谁将得到更多土地? 失去成员的家庭将从他们所持有份额中减去土地。这些家庭包括家里有人去世的,有女儿出嫁的,或者其后代中有人在村外获得永久性职业和户口的。增加了成员的家庭将获得新地块,这主要发生在娶了新媳妇或生了孩子的情况下。队长按照计划生育条例进行这一重调,所以,还没有交付"超生"罚款的家庭,超生的孩子将得不到土地。[①]

当我们沿着一条泥道步行来到这个小村庄时,我发现像往常一样人们又在等待和闲聊。队员们聚集在场院旁边泥砖筑成的队部,在自己带来的椅子或秸秆做成的凳子上坐着,有的带来了其编织物、做鞋的材料及小孩子。当他们在等待时,一些人在屋子里进进出出的,而另一些人则聚在外面布满尘土、地面还散落着稻草的空地上。他们的四周是农田和常见的景观,并可嗅到乡土生活的气息。

在这个小村庄的第一次组织会议上,其过程不很顺利,因为 329

---

① 给那些孩子报上户口的总价钱不很清楚。生得太密也是要挨罚的。1990 年,在必须最少有 48 个月间隔的政策之下,每月罚 10 元被认为太低了,后来被提到了更高的数字。

一个新领导是刚到任的。参会的主要是农妇,男性的比例较低。这位年轻的领导宣读了各户成员构成的新名单,以确保得到参与者的认可,同时还作了一些更正,这花去了很多时间。随后,这位领导解释,他们需要把小册子收上来以决定谁拿出哪块地、谁得到哪块地。我见过他作记录的小册子,一些家庭有多达16块分散在各处的小地块。经过一阵混乱之后,这位年轻的队长(和正在指导他并努力控制住这个相当无组织会议的前队长)决定,每6—10户推选一名代表来帮助作出这些决定。在选出的6名代表中有一人是妇女。随后,这个会议就结束了。此后3天队里没有进一步开会,但他们到村委会开会了,所有这些代表前去同禄村执委会干部碰头作出分地决定。当我离开村里时,这个过程尚未完结。

女干部

革命年代促进男女平等的官方话语在禄村可能已产生了一些影响,但还有许多例子表明了政治领域中的不平等待遇。例如,村妇女主任告诉了我一个令人难以置信的情况,她是村委会干部中唯一一个没有固定酬劳的。每次召集会议时,她可以拿到两元钱,但她没有被列入薪酬单中。她说,镇上共有14个妇女主任,但只有4人是专职的,其他10人都不脱产,因而没有任何薪酬。这个妇女主任主要靠农田劳动和在家养猪谋生。她当干部已有30多年了,起初当小队会计和队长,1971年入了党,从那时起到1979年改革开启之前,她一直都是队长。她是那些年当队长的3个妇女之一,她还当过许多年妇女主任,过去还管过计划生育。她说男人们过去笑话计划生育工作,现在他们更重视了,因为政府赋予了它重要性。

在下面的几个例子中,我要描述当过村干部的几个妇女和男性。这些例子连同先前提到的其他人(见第四章中的隋女士和满女士),使我们对村干部面临的挑战有了更全面的印象。

一个长期任职的小村庄女领导

高女士是新中国成立后成长起来的最早的女干部之一。她的故事向我们传递了她从一个小村的政治经历中品尝到的一些滋味。

> 解放时我 20 多岁。不久"四清"运动就开始了。起初土改时,我们队只有几户人家。我们小村庄主要有 3 家,有 3 个领导职位。禄村现任副主任的妈妈在我们小村当保管,另一家的一个男子当会计,我当队长。我们队有 60 多人,我们管得很好,但我没有什么经验。后来,又搬来了 3 家,小队就变得更难管了。我还邀请了其他家庭加入我们队。他们来了,但很狡诈,他们来后引起了许多冲突。队里变得那么混乱,他们使我们很生气,我们都不能容忍了。早先这里只有这六七家。后来,孩子们长大并分了家,人口就增多了。

> 队长、保管和会计都是选举的职位。每个人聚在一起举手表决。会计必须是识字的——他受过一点教育,但保管和我都是文盲。他们要求我当保管,但我拒绝了,因为我害怕处理经济事务,我以前没有接触过经济问题。保管要接管收成,我干不了,因为我不识字。我也不是一个敢做敢为的人。在那些日子里,队长领着大伙在地里干活,主要是进行农田劳动。那些时代,我们真的吃了很多苦头,在田里干得很辛

苦。早些年是最艰难的，我们受了罪，后来变得更好了。每天晚上我们都要同其他人一起做事。如今，我们已不再记那种账了，但那时这是非常重要的。

土地重分到各户之后，他们不要以前的领导了，并通过举手表决选出了新领导，但我还继续当下去。选举是为了看一看他们最想要谁当。因为保管有点手艺，他想集中精力种好家里的粮食并管好土地，所以他不想干了。过去，女队长比现在多，两个小村庄和中心一个队都有女队长，但只有我还在干。我一旦离开，就没有女队长了。最近，许多领导都更换了。

过去，我们当队长时得罪了一些人。现在，这些人仍记恨我们。早先给一些人戴了地主和富农的帽子[以确认阶级成分不好的那些人]，一些人的儿子和女儿心里还记着，当队长时我们当中有多少人冒犯了他们？现在，当他们说话时总是找我们的岔。我并不在意，还在当呀当呀。我没有别的选择。当干部总是最困难的——人们会来来去去地诅咒你。就这样，我当得很好，但我老了，需要更年轻的人来好好干。

过去人们常常谈团结，现在不谈了。人都变得那么自私自利。村委会办公楼中间有一个花坛，支书养了玫瑰花花苗。到开花的时候，他见别的人都去摘，他于是说，"我不能容忍了"，他砍掉了玫瑰花枝条，这真的是很可惜。现在当我要退时，其他人都想找一个男的，我不知道人们为什么会那样。

去年我自己掏了10块钱叫5个人在庙的聚会处砌了一堵墙，但有人说了些很可恨的话。管理你的村难道都得那样吗？我在想这件事：我独自管这个地方，但不管是多是少，我

331

也不想再管了。假如你叫人家去砌墙,他们至少应该来,或者应交费。结果,现在墙还是没任何人管。

高女士谈到了她年轻时最初被选为队长的一些环境,特别是她所在的小村庄住家少、缺乏合格的人选以及需要投入较长时间等情况。她指出,当干部有时会树敌并遭人怨恨。她还谈到了最近一些年公益精神式微的情况。她也相信,对男女平等的承诺正在削弱,新选上的女队长极少。然而,在高女士告退后,别的队又有一个妇女当上了队长。

村妇女主任

大禄村的妇女主任也描述了女干部在行使领导权时面临的一些阻力和困难。她也是一位长期任职的干部,当被召唤时也习惯于在大庭广众之下讲话。她忠心为党服务了许多年,这也使她家摆脱了极度贫困。

> 解放前我妈独自抚养 3 个孩子,并靠做草鞋为生。生活非常困难,我们常常没有足够的东西吃。解放后,他们给我妈、兄弟和我一些土地,生活也变得好了点。

> 1958 年("大跃进"期间)队里的男人都被派去城里当工人或修水库。那时队里的妇女比男人多。在多数时间里,所有活都是妇女干的。我也去水库干了 8 个月,活真的很累,但我自己还是非常乐观的。我每天干体力活回到家里还常常唱歌(她是村里出名的歌手)。从 1958—1980 年,村里的男人总是非常少。他们多数都去矿山、铁路或钢厂工作了。我也去一个矿上劳动了半个月,我在那里当厨师。重新分田单干之后,村里男性的人数才开 ^332

始多了起来。

因为我是队长和党员，我总是得带头打谷或背稻谷。当我回到家里时，我自己还得做其他事情。作为一个队长，我必须挑稻挑粪。当我自己只有47公斤时，我过去挑的稻谷或泥土最重达到150公斤，我一般挑100公斤。随着人变老了，当队长也就变得太累了。所以我辞职不干了，随后当了出纳。当队长的时候，我过去每个月挣30个工分。但到1979年，我身体变坏了，背部疼痛。

我当队长时，有些男社员瞧不起我。假如我让社员把粪送到田里去，我自己也必须干。有些男人故意把地里的肥挖出来再挑出去[这是为了表明他们不愿服从她的领导]。有时必须在晚上浇地时，男人们让我也必须亲自去，否则他们就不干[按习惯妇女夜里是不浇地的]。所以，我必须安排几个知青(她们是从城里来的)同我一起去。其他男队长对我的评价总是非常高的，他们都支持我。他们也努力保护我，不让我扛米袋或犁地。但队长是负责生产的，完成生产指标总是要靠我自己带头。如今当队长非常轻松，你只需要完成上级的生产指标、传达上面的指示，并把群众的建议反映上去就行了。

这一叙述隐含地谈到，假如要求妇女晚上在户外劳动，必须有两三个妇女在一起，要不然她们有面临性骚扰的危险。这个妇女在其整个成年期都在当干部，当过队长和妇女主任。她还有一个哥哥在禄村中心的一个队当了14年(1971—1985年)队长。就像中国各地的其他村落，与同样担任了政治职位的亲属有关系，对于禄村妇女和男性(包括前支书)行使并保持政治权力都是一个重要因素。①

干部的培养与免职

1995 年,我得知一个较年轻的女干部被免职了,尽管年纪大的一些干部一直想把她培养成下一届妇女主任。这个妇女向我解释说,虽然她是已婚的,但有人不公正地指责她同跟她密切合作的一个已婚男干部有风流韵事。基于道德上的理由,领导们作出了她不再适合做她工作的决定,并将她免职了,但他们并没有辞退被指责同她有这种关系的那个男子。她不仅失去了工作,她丈夫也很生气,打了她,还要求离婚。她心烦意乱,并为她的孩子担忧。

在我后来的几次调查中,这个被免职的女干部都不在村里。我有好几年都得不到关于她的更多消息。我后来见到了传闻中外遇事件"另一方"的那个男子,那天他作为一名干部和社区中有良好声誉的成员来参加一个婚礼。村里的其他妇女似乎确信这件风流事发生过,这个妇女是咎由自取。在后来的几次调查中,我都没有任何得体的方法得到更多关于她或她行踪的消息。除了她自己的母亲外,村里似乎没有人站在她这边。尽管人们由于担心丢脸而故意隐瞒这个故事,但它所反映出来的却是北美人所熟知的故事,即妇女和男性在涉嫌性行为不检点时通常面临不同的后果,包括解职或者降级等。

1999 年我终于得知,尽管被免职了,这个能干的妇女已解决了她面临的一些困难。她离了婚,获得了一半房产,并在她和前

---

① 西博尔特(1996)描述了一个任职期很久的党支书,这个例子似乎同他有身居高位的亲属密切相关。同样,秦兆雄(Qin 1998)揭示了一个党支书的政治升降同他兄弟在他人眼中的重要性有关,后者是一个在海外学习过的民族志学者。

夫各自一半的房屋中间垒起了一堵墙。作为受过良好教育的一个妇女,在深受干扰的日子里,她到县城接受了辅助医疗的培训,她现在在一个小村庄当医生,养活自己和孩子。她还有一份农地,也自己种着。

干部与亲属关系:姐妹与女儿

在禄村,就像在中国农村其他地方(戴玛瑙 1975;葛瑞峰 1998),干部的职务似乎不成比例地落到了某些家庭圈子里,兄弟姐妹和姻亲为他们获得职务铺平了道路。例如,窦长富当队长 14 年(1971—1985 年),尽管他不曾上过小学,但当他当兵时,他参加过半年扫盲培训,因而能读点东西。这个男子是在村委会中任职的一个妇女的哥哥。窦长富的妹妹[1]在公共场合讲话充满了自信,我见过她颇有权威并沉着地主持妇女代表会议,在公共场合讲话却不是多数村妇习惯做的事情。就像男人一样,在社区内拥有具有影响力的亲属可能给了她自信。就妇女主任来讲,她在社区内的职务不仅因她哥哥(他本人是队长),而且也因其儿子而提高了。她儿子娶了隔壁的一个女孩,从而使她家[2]同村里一个老地户联了姻。该户有许多亲戚,其中一些是干部,并且在村里拥有相当大的影响力。同样,当农业技术员的那个年轻妇女是以前当过队长、妇女主任及宣传员的那个妇女的女儿。

1999 年干部队伍中出现了有亲属关联的另一例。刚被选上接管计划生育工作的那个年轻妇女,不是别人正是村委会主任的已婚女儿,这就使一家有两个成员在执委会任职。新的计生专干

---

① 窦女士 20 世纪 90 年代初是妇女主任。
② 这位妇女主任和她的兄弟都出生在禄村之外,这是很不同寻常的。

只有 26 岁,村民们发牢骚这涉及偏袒和她明显缺乏经验。虽然执行计划生育条例或许需要一个妇女有强大的后盾,但这也表明干部主要还是信赖自己的亲戚。

党支部书记:兄弟情谊

禄村党支书夏文丁长期担任该村权力最大的一个职务。但令人惊讶的是,1964—1997 年间一直任职的夏书记是婚入他妻子家的。按照费氏的观点,这种婚姻形式通常是贫穷和前景黯淡的标志,这在村里本该将他贬到低微的地位。那么,夏氏的成功是阶级地位革命性反转的产物吗? 从前的地主已被废除之后,革命将贫苦农民提升到政治岗位上,这可能只是这个故事的一部分。但官方对阶级分析和地产财富分配的强调意味着,基于亲属网络的权力关系已变得不那么明显了。

在 1938 年,族地的存在表明了村内家族的权力。禄村有几块集体的族产,它们隶属于一个朝廷官员后裔的各个房支。一份有 28 亩的族产是属于夏氏家族的。夏书记及其他干部家庭的长期任职,表明了权力更替的连续性。[①]

夏文丁出生在一个有 10 个孩子的家庭,从一张结婚照上可以看到,他 8 个幸存的兄弟姐妹都已届中年。即便他父母当初拥有足够多的财产,假如把地产均分给 5 个儿子并为 3 个女儿都提供嫁妆的话,那么,留给后代的份额也会是较少的,这是费氏所描

---

① 费氏没有对这个家族作进一步讨论,他将大部分注意力投向了与他有更多接触的另外两个望族。或许是因费氏苏州乡音的缘故,导致了英译名字的错误(费孝通和张之毅 1945:55),致使现任支书同那个拥有地产家族间的关系被遮蔽了。只是当我拿着中文原文比较了名字之后,我才发现现任支书属于 20 世纪 30 年代相当富裕的一个家族。

述的 20 世纪 30 年代向下流动的一个过程。第五个儿子继承房屋或土地的可能性微乎其微。入赘婚为这样的年轻兄弟们提供了一个有吸引力的解决办法(卢蕙馨 1972)。然而,通过上门与同村的一个妇女结婚,夏文丁仍同他(父系)亲属保持了密切的联系。再说,他妻子的母亲是个只有一个女儿的寡妇,夏文丁在家中的地位因而没受到一个年长男性的挑战。鉴于他没有同村内其兄弟们争夺土地,他同兄弟的纽带会给他提供支持。

335

革命使夏文丁作为一个穷小子的命运发生了重大转变。在有许多儿子的家庭中,兄弟们在分割家庭土地方面受到的挤压因土改而得到了解决。村民们被划分为地主或贫农,与其说是受父母这辈财富差异的影响,毋宁说可能还受到了瓜分遗产的兄弟数目的影响。从这个意义上说夏文丁因祸得福,而父亲拥有同等数量土地、但没有兄弟的男子可能会被划成地主,从而被当作阶级敌人来对待。

夏文丁 4 个兄弟中的两人、3 个姐妹中的一人仍住在禄村,但属于不同队。他最小的弟弟在禄丰一个工厂获得了非农工作。此外,他姐妹中有一人嫁出去,并迁到了昆明。这一联系可能为他提供了额外的资源。然而,对他政治生涯影响最大的兄弟莫过于他的三哥。这位兄弟 1954 年以前在另一个行政村担任过村支书。1960 年,他被派到外省任职,而后到了一所党校。此后,他在禄丰镇不同的行政村及其他附近的县里当过多年支部书记。他最后在禄丰县林业部门供职,直到 1989 年退休。这位三哥的成功似乎极有可能帮助了夏文丁及其弟弟分别成功当上村支书和城里工人。夏文丁是这样描述他兄弟如何影响到他本人对更广阔世界的了解:"因为我兄弟去过许多地方,我也到许多地方去看过他。"这种超越他出生村的更广泛经历,连同早先当过兵、或

434

许给了他洞察力以及同更大政治结构的联系。而这一切都有助于他在这么长时间里一直执掌权力。

显赫的明家

有一家或许能说明禄村干部职位互为交织的状况。这家是知名朝廷官员之后裔的一个房支。这家的女儿们都设法不嫁到村外去。例如，明女士是负责计划生育的一个干部，后来成了妇女主任。她丈夫是前支书的儿子，现在是位于镇里的一个当地储蓄所所长。她儿子在铁路上有正式工作，妹妹成了一个队长。她大姐的女儿在另一个镇获得了公办学校的一份教职。另一个妹妹嫁给了前干部的儿子和侄子。很显然，在一些特别家庭（像美国政治舞台上的布什和戈尔家族），其直系亲属和姻亲集中当干部或拥有其他政府工作的比例是相当高的。

336

教育、宗教与文化中的政治

行文至此，我对村落政治的描述主要涉及领导机构和村级管理行为，特别是有关农作和计划生育的情况。除了这些经济与人口事项外，政治领导者和当地行政机构在教育、宗教和文化上也扮演了重要的角色。更具体地讲，共产党领导下的政府开展了面向大众的公共教育，促进了社会主义文化的发展，并适当管理了宗教活动。

学校教育

村一级在提供面向大众的学校教育以及小学阶段对女童的平等教育上取得了令人瞩目的成就。20 世纪 30 年代在民国政府治下,禄村的公学刚刚起步。村里有 1 所提供 1—4 年免费教育的小学。再往上学的话,学生们就得步行去禄丰城里读书。那时,甚至被送去当地学校念书的女孩子都极少。费氏提到禄村只有两个学生去城里学校读书。继续上中学的学生需要得到家里和家族的财政资助,而这却是大多数村民无力承担的。禄村有一个大学毕业生,他是费氏在燕京大学(以前写为 Yenching University)的同班同学,他得到过家族和教会奖学金的资助(费孝通和张之毅 1945:130)。费氏对基督教传教士资助教育的情况没有写很多东西,但值得注意的是,基督教传教士那时正在禄村积极促进教育。但在革命以前,大多数男人和几乎所有妇女都是文盲。到 1990 年,这一状况已发生了戏剧性的变化。

1990 年,20 岁及以上禄村成年人的平均受教育年限是 4.4 年。对社会性别差异的分析显示,男性平均受过 5.2 年教育,而妇女的上学年限为 3.7 年。由于男性读书时间比妇女约多 1.5 年,他们更有可能达到约 4 年教育这个保持中文识字技能的阈值。这是因为中国的孩子们不能够仅仅通过记住 26 个字母的发音就具备读写能力了。相反,他们需要花数年时间记住如何读写几千个中国字。即便书写简化之后,这仍是一项令人生畏的任务。禄村按年级排列的入学记录显示,男女童的入学率非常接近平等(表 9.4)。镇记录显示,这并不是禄村的一个异常现象;镇里的总和性别比是平等的 50 对 50,尽管各个年度之间有微小的变动(见表 9.5)。

妇女教育的改进在 15—30 岁年龄组(1990 年)这个群体中也很明显,这群人的识字率达到了 89%,剩下的皆为半文盲。尽管"文革"期间(1966—1976 年)教育受到了冲击,这个年龄组妇女的平均受教育年限达到了 6.8 年。很显然,多数女孩已读到了初中(现在是 6—8 年级)。在这一级以上受教育的人就不那么普遍了。这是基于我 1990 年的访谈样本(有 272 个 20 岁及以上的成年人)得出的印象。例如,党支书的一个女儿在镇里当老师。计划生育干部的外甥女受过中学以上的培训,也在村外获得了一份公办学校的教职。尽管禄村多数学生现在都完成了初中教育,而在初中以上继续求学的那些人一般来说都是父母在商业或政府职位上获得成功的那些人。反过来,这些受了更多教育的孩子又往往能在城里找到工作。

正像全国各地大多数村庄一样,男女童接受平等教育的全国和地方性政策已然在禄村开花结果了。全国女孩子的小学入学率是男孩子的 95%。这同印度和巴基斯坦等其他农业大国形成了鲜明的反差。在那些地方,女孩的小学教育大大落在男孩之后,分别为 55% 和 74%(联合国开发计划署 1995:52—53)。中国农村女性有较高识字率的现象表明,平等教育的官方政策得到了贯彻执行,至少在小学阶段是如此。从长远来看,这导致农村妇女在获得知识、机会和权力方面出现了一个非常重要的转变。

表 9.4　禄村 1991 年分性别与年级的小学入学情况

年级	男孩	女孩	合计	女孩所占的百分比
1	28	19	47	40
2	18	20	38	53
3	20	20	40	50
4	38	23	61	38
5	45	34	79	43
6	36	46	82	56
合计	185	162	347	47

资料来源:1991 年禄村记录。

表 9.5　禄丰镇 1991 年分年级和性别的小学入学情况

年级	男孩	女孩	合计	女孩所占的百分比
1	242	224	466	48
2	233	255	488	52
3	256	225	481	47
4	309	291	600	49
5	387	247	734	47
6	377	433	810	53
合计	1804	1775	3579	50

资料来源:1991 年禄丰镇政府提供的资料。

照片 9.1　禄村学校里的男女孩 (1989 年)

宗教情况

党支书说,革命以前禄村一直有个庙,里头有一尊大佛像。他岳母以前会去参加庙会。他回忆说,假如天旱的话,人们就会做一个大龙舟,将一只狗放在上面,然而开始泼水:"泼呀,泼呀,于是天就该下雨了。"他的描述令我们回想起第五章中看到的村民们早先对超自然力量的信仰。但新中国成立后,他们开始厌恶起庙来了。在整个中国,宗教抑制行动的长期影响颇为不同。宗 教仪式的复兴和寺庙的重建在一些地区比其他地方更快一些。迄今为止,禄村人对复兴宗教活动比其他一些地方的人似乎更为冷漠。

　　1938年,费氏评论说,禄村的土主庙具有"一个礼拜场所的所有附属设施"(费孝通和张之毅1945:54)。在20世纪90年代,残存的村庙和宗族建筑物被用来存放像打谷机之类的农用设备,要不然就是被改成了多户合用的住所。90年代初禄村几乎没有宗教活动的任何迹象(当然,我春节期间没有在那里待过)。少数人在家里烧香供神,或设立了小型祈祷祭拜之处,但他们还没有建新庙。而且,费氏作研究时家里有基督徒的家庭,现在也都否认有那种隶属关系,他们表现得让人觉得那里好像从来没有多少基督教影响。上了年纪的一些妇女偶尔去城郊的一个佛寺,那里以前是为许多村服务的。这个寺庙得到了修复,里面有崭新、漆得鲜亮的诸神塑像(取代了被毁掉的那些),但我前去了几次发现,总的来说去的人很少。在一个宗教节日里,那里只有约30个妇女,从禄村去的就更少了。老年妇女喜欢在每月初一和十五一起去吃一顿素食。党支书过去带着他上了年纪的岳母去那个庙。在20世纪90年代初她去世之前,他让她坐在自行车后头带她去那里,这表明甚至是党员现在也能对宗教更加容忍了。这个寺庙过去有尼姑,现在仍有几个岁数很大的妇女。年轻人显然对仪式了解得很少,他们对去寺庙的那些人没有表现出很大兴趣。年轻人更向往城里的新时尚、音乐及电影。

文化与社会主义道德

禄村在戏剧表演、音乐和舞蹈方面的文艺成就在镇一级是获得公认的。就禄村人来说,对艺术表演感兴趣当然不是新鲜事,费氏记录过一个道教音乐协会拥有 14 亩地产来资助其活动(费孝通和张之毅 1945:55)。在讨论"有闲阶级"时,费氏曾提到,属于该阶级的一个青年人在一个夜晚"同许多乡村重要人物待在附近的庙里。他是作为音乐家参与他父亲组织的一场盛大仪式的,目的是祈求'免遭敌机的轰炸'。在开展仪式的两个月期间,他日日夜夜都在庙里尽义务,因为他不必下田劳动"(42)。

340

共产党成立 70 周年文艺表演竞赛

1991 年 7 月,插完秧之后,为了参加镇里的表演竞赛,禄村约有 30 人开始进行小品和舞蹈的排练。这个竞赛将在镇中心礼堂举行,该镇的每个行政村都将登台表演。禄村的演出包括若干少数民族舞蹈(由身穿艳丽服饰的汉族青年表演)和两个小品。参加表演的约有 10 个演员和 20 个舞蹈者。表演者每天都来村部花许多时间和精力进行排练。楚雄彝族自治州州府的一些艺术指导甚至还来了几天给他们出主意。因排练花费的时间,他们可以得到每天约 4 元的补贴。这一演出是为了庆祝共产党建党 70 周年。在镇礼堂演出的那天晚上,我注意到,大多数滑稽短剧都类似于禄村人表演的两个节目——它们都是道德剧,旨在向人们表明处理社会问题的正确方法,比如处理为老年人介绍婚姻、腐败及对残疾人的偏见等问题。下面我要简单介绍一下禄村表演的两个小品。

（不曾晤面的男女）初次会见

第一个小品涉及一个中年男子和一个中年妇女，他们都未婚，他们前往一个专门指定的拐角处会面（就像不曾晤面男女的初次见面那样）。他们各自都在雨中等待着陌生人的到来。两人都有点误解，每个人都想着对方不是自己该见的人。后来当他们开始交谈时，这个妇女抱怨说，她卖鸡蛋，但没有足够的蛋可卖。这个男子则解释说，他养了鸡但不能把鸡下的所有蛋都卖掉。他们终于意识到自己碰到了被告知去等待的那个人。他们决定结婚，从此过上幸福的生活。小品中有许多幽默的双关语，但有趣的是，经济追求的互补性促成了这桩美满姻缘。该剧的主题是，³⁴¹给无配偶的中年男女介绍对象是非常困难的。但该小品将他们刻画成自己能够作出选择并能在一起平等交谈的伴侣。它也隐含地将商业活动当作正当的活动（"文革"期间的情形可不是这样的）。

一个干部的腐败妻子

第二个小品讲述了一个村干部妻子的故事，她因能够影响村果园承包合同的授予而索贿。她希望有钱供其儿子念大学，但担心当干部的丈夫挣不到足够钱。她丈夫发现之后大发雷霆，在他发愤时，她威胁要喝农药，她尖声叫着："我要喝敌敌畏！我要喝敌敌畏！"①她最终没有喝，她正直的丈夫把东西退了回去。在演到她威胁说要喝敌敌畏时，全场观众都笑了起来。这真的不令我感到很惊讶，但吃惊的却是人们的不敏感性。在我过去几年作的访谈中，我碰到过好几例禄村妇女喝农药自杀的个案。这一威胁显然是众所周知的一个主题。然而，我忍不住觉得非常不安。为

---

① 敌敌畏是 DDV（Dichlorvos）的汉语发音方式，这是当地人人都熟悉的一种农药。

什么观众会对这个妇女的威胁感到那么熟悉、那么好笑。到小品快结束时，这个妻子认了错，应得到果园承包合同的那对夫妇签订了合同，党支书给她丈夫提了薪，其妻子受贿的诱惑消失了，儿子能够上大学了。

在镇里演出的面向大量观众的这两出小品，表明了党试图将娱乐同道德寓意与幸福结局结合起来。政治与文化的这一结合塑造了整整一代人的乡村文化。当我应邀参加晚会和婚礼时，我发现（中年）乡村歌手所唱的许多民歌都是标准的革命歌曲。这些歌都是他们还是年轻干部时在宣传队里学会的。其中一个干部告诉我，1956年在一次省级歌咏比赛中她还进入了决赛。1991年，禄村在镇文艺竞赛中再度夺奖，因而给村办公室的收藏品中再增添一条纪念性的获奖横幅。

对腐败的担忧

342 据传一个当地司机因偷了1000多元钱被抓进了监狱，听说他是在支行与储蓄所之间转钱时窃取的。没有人愿意多说这些情况，我也没有强迫人们告诉我细节。

或许由于我没有做任何努力去暗示人们我对这种传闻感兴趣，因此没有人向我特别谈及村里领导的腐败问题，虽然人人都知道有关系是经济上获得成功的关键所在。相反，有关土改、"大跃进"严重困难及"文革"的苦涩回忆却不时浮现出来。正如我们在上面描述的文艺表演中看到的，对腐败的普遍关切成了当地文化甚至是官方主办的文艺演出的一个组成部分。

结束语

自费孝通研究时代以来,禄村的正规政治与政治文化已发生了相当大变化。尽管如此,有迹象表明,在家族获得权力职位和一小簇家庭不成比例地成功获得官职上仍存在着潜在的连续性。在村里占据行政岗位和教职的这个群体,同费氏描述的旧绅士(包括土地所有者、保甲长、收税者及小学校长)有某种相似之处。

一个重要的变化是一般家庭的妇女开始参与队会,女代表们一起聚到村部讨论同妇女有关的政策:农作和计划生育。在由队长和执委会成员构成的村领导中,男性仍占绝对优势,但禄村妇女比中国农村其他地方的妇女有更高的参政比例。而且,禄村妇女在党内构成了一个不小的少数派。

现行政治制度保留了传统父系继嗣和从夫居的不平衡根基。这在地方政治中依然给村里男性提供了获得亲属支持的优势。同样,积极参与政治的少数妇女,正是在村里拥有异常强大亲属网络的那些人,这同 20 多年前戴玛瑙(Diamond 1975)呼吁人们注意中国农村存在这一情形几乎还是一样的。禄村的女领导都是嫁给同村男人的那些妇女,他们的父母、兄弟姐妹也都生活在附近。从那个意义上 ³⁴³讲,在当地行使政治权力的少数妇女同在政治上活跃的男性很像:她们的周围都是其亲属及自孩提时代起就熟悉的人们。

假如我们就当地干部对村民生活行使权力作一番研究的话,我们会发现他们的权力较之集体化时期显然小多了,但他们在管理农业资源和税收方面仍保留了权力。他们组织土地的分配、提供农田水利灌溉、化肥、农药并安排其他各种农业任务。通过批准结婚、符合一定年龄与间隔的生育以及限定每对夫妇的孩子数,他们也控制了生育率。尽管改革时期出现了种种自由化,国家依然是村落和家庭舞台上一个强有力的行动者,比起费氏研究之时要强大得多。

在日常生活中,村干部并没有摆出独裁者的姿态。我见过他们敦促、劝说和警告人们,也见过村民们对领导指示的漠视、不理睬及逃避。在正常的情况下,干部的权力似乎取决于被管理者的被动认可。村民们对当地干部的期望是,他们既能提供合理的服务,又会贯彻并缓冲来自上面的命令。然而很显然,像"文革"和"大跃进"等过去的时代,有着政治僵化和身体胁迫的痛苦记忆。更大的强制性权力和权威存在于更高级别的镇政府之手。总的来说虽然镇里官员流露出村民中罕见的一种自信,但我最为熟悉的镇长,当他同村民们交往时更喜欢愉快地开玩笑。然而,镇干部享有更明显得多的权力象征:车辆、司机、电话、复印机及地图等。他们的网络还延伸到不为人所知的领域和权势人物。

村治建立在父权制的古老基石之上,但它也引进了教育与生育制度,以期盼有不同类型的社会。这种社会将有更多知情的公民和小型化的家庭。鉴于任职的年限及党对干部任命的总体控制,现行的村行政班子由村民自由选举的程度是不确定的。然而,地方政治精英在许多时候似乎都在诚心诚意增进村民的利益,因为这些人包含他们的邻里和亲属。禄村领导本身在实现更高级别政府所要求的提高农业生产率与降低生育率方面是受到很大限制的。当这些要求与农户的期望或要求之间的差距变得过大时,领导人或许只得诉诸变通的办法。然而,随着时间的推移,受过教育的男性和妇女人口的比例正不断提升,他们对更广阔的政治社会也获得了更好的理解。他们对于问责制和参与的期望也会随之增加。

第十章　给中国农民松绑

　　尽管对中国农村社会性别问题的研究已开展许多年了，但这一主题迄今仍是一个大谜团。本书着眼于这个谜团的重要部分之一，即对区域变异的民族志研究。从一开始我就勾勒了用于解释中国农村妇女尤其是北方妇女遭受这种限制并处于从属地位的一般理论，并就导致或强或弱的父权制控制和更大或更小程度男女不平等的社会经济传统与环境提出了问题。

社会性别与发展

　　发展理论家以前忽视了妇女，现在，我们希望发展研究去记录妇女经济角色、社会适应及家庭策略的多样性。妇女被整合进或被排斥出市场经济的方式是重要的主题，这些方面将她们同男性区分开来。这些方面都太复杂了以至于不是一个简单的公式化方法就能搞清楚的。社会性别缓慢地被整合到了对中国经济发展、对其劳动密集型的经济、社会分层以及人口问题的研究当中，但总的来说，对中国社会性别与农村发展的研究依然处于初级阶段。

　　本研究采用的民族志方法本身并不能对中国**所有**农村地区作出笼统的断言，然而，它使我们能重新审视普遍存在的概括和刻板印象,并表明什么时候符合,什么时候不符合这些印象。民族志研究对于增进对中国农村不断演变的**社会性别**制度的理解因而是至关重要的。费孝通和张之毅对不同类型的村落(它们对工业化挑战和不断变化的世界市场作出回应)展开的一系列民族志比较研究,对于今天的人类学家就像对 20 世纪 30 年代的人类学家一样是具有意义的。这些研究中没有一个本身就能够代表整个中国,但综合在一起,它们可以表明多变的地方环境下的宏观社会过程。费氏在 20 世纪 30 年代对禄村作了翔实的研究,因此,他的研究成果被人们反复用来透视革命前时期。由于他的巨大影响力,重温许多同样的话题有益于我们进一步理解作为一种社会性别制度的禄村经济。在整本书中,我都以他的著作作为一个出发点,验证和更正他给我们留下的印象。因此,禄村可以继续为我们探究中国的区域变异提供洞见。

建立在费氏的研究之上,我的研究探究了可以同中国其他村落作比较的当地历史发展进程。农田经济、社会性别劳动分工、婚姻形式及不平等性别比之间的关系,因而就变得更易于理解了。得益于全国视野或民族志视野,我们现在可以用禄村跨越 60 年的大量证据来同关于这种关系的总体假设作个对照。就中国妇女与农村发展的比较研究而言,这是一项独特的资源。

检视 20 世纪很大一部分时间里禄村所发生的变化,揭示了更大社会及世界经济中的变化引发这些变化有多频繁。费孝通和张之毅将对云南村落的早期比较研究冠名为《乡土中国》,正好突出了村民们被束缚在土地上的方式。即便云南是布满长途贸易路线的一个省份,但多数人口大部分时间里都待在原地,希望依靠土地为生,并以地产的形式将土地绑定在自己身上。同时,由于缺乏机会和对外面世界的了解,他们被束缚在他们的村里从事农业生产。然而到了 19 世纪末，遥远国度的世界贸易和工业革命已开始对云南村落产生巨大的影响。一些村庄开始专门种鸦片，而另一些则放弃了棉纺活动，专门从事棉织业。我认为，这些变化对农村家庭产生了巨大的影响，这促使他们在不同活动结合上重新配置其男女劳动力。

贸易与纺织革命

工业纺织品的大规模生产是分阶段进行的，但较廉价纺织品的交易却迅速沿着新老商路蔓延到了世界各地。全球贸易意味着大部分农村地区在当地生产纺织品已变得越来越不划算了。在 20 世纪，纺织品生产上的这些变化消除了社会性别化缠足经济中的关键性因素，这种经济曾使所有阶层的那么多妇女困于家中，她们病态的脚被束缚在布里，手却自由地在纺车和织机上劳作，或进行刺绣。她们生产的布匹将她们同当地和遥远的市场联系在一起。在禄村和早就转向依靠买布的其他村落，这种地方的妇女比坚守织布的其他妇女更早具有强烈动机走出庭院经济。在战时和革命期间，尽管商业活动受到了干扰，家庭纺织生产到那时已行将消亡。通过革命的强制性机制，也通过服装市场重新开放，人们最终放弃了家庭纺织。正如在欧洲一样（帕克 1989），将中国妇女束缚在家中的针线、纺车及织机，在中国农村的大部分地区被废弃了。我希望我对禄村缠足消亡时间同云南贸易模式之变化这两者之间关系的思索，将激励研究者去探索中国农村其他地方的这种关系。

市场与国家

19 世纪业已开辟的工业品买卖的渠道加速了 1911 年大清

帝国的崩溃。20 世纪由全球商业企业不断翻新的工业产品在各地泛滥。在中国境内，19 世纪轮船和铁路方面的交通革命，到 20 世纪末最终被汽车、飞机和电子通信所取代。20 世纪前半期已离开农村前往城市的男性和妇女发现自己被迫留下来甚至回到农村去，再度被束缚在土地上，成为国营集体中的农民，体力劳动在这里得到了礼赞。在整个 80—90 年代，改革将许多农村劳动者从辛苦的农田劳动中释放了出来，废除了此前的极端限制，允许农村男女迁徙到城里去做买卖和工作。但是，给中国农村社会松绑是正在进行中的一个未竟过程。土地和住房市场的开放只是刚刚开始起步，村妇们进入市场的机会还不能被认为是理所当然的。

社会性别与中国区域农业对比

当伯顿·帕斯特纳克和珍妮特·萨拉福（1993）写到汉人方式时（第一章中讨论过），她们指的是集约化家庭农作的农业传统。虽然对禄村的研究表明了影响全中国的更大转变过程的特殊运作，但它也揭示了理解社会性别同区域农业环境、不同种植系统及棉纺织业劳动需求之间相互关系的重要性。

在禄村，继冬小麦之后种夏稻的复杂日程安排意味着稻田的备耕与插秧同冬小麦的收割正好是重合的。从历史上来看，这种劳动瓶颈表明，一年两熟的作物种植有可能使**所有**家庭劳动力包括妇女劳力都投身于农田劳动。而且，要迅速将稻秧插到大片稻田里去，还需要有可靠的非家庭劳力来帮忙，而生活在邻近村庄的妇女的亲属们通常可以提供这种劳力。

在中国北方，冬季大部分庄稼都上了冻，小麦是作为一种夏季旱地作物种植的，这正是造成社会性别劳动分工不同的基本模板。除了收割之时具有压力外,小麦的田间劳动较少需要动员家里所有劳力。在一年只有一熟作物的地区,不存在收割和种植同时进行的劳动瓶颈。同时,北方人对保暖衣服和被褥的需求必然总是超过南方人的。对于北方人来说,纺织品与其说是为了装饰,毋宁说是生存之物。除非同专门致力于布匹生产的地区有可靠的联系,要不然他们就不得不将更多资源投向棉布生产,不但要种棉花,还要为满足自身的需求生产棉布。种棉花的劳动集约化程度比小麦高得多,它通常促使妇女来到田间参加劳动。棉衣生产也仍是劳动密集型的。工业化以前的棉布生产实际上需要每个家庭中的妇女在户内劳作,致力于纺纱、织布、染布以及为家人缝制暖和的鞋子、衣服及被褥。她们也要为买卖和纳税而生产棉布。在北方,冬季是妇女集中精力从事土布生产之时,而这时男性则致力于建筑或运输工作,或迁徙出去寻找季节性工作。因此,北方农村生产中的两大事项——粮食和棉布——解释了中国北方地区所发现的区域态势,即历史上妇女较少参与大田劳动,但作为纺纱和织布者她们却受到更严格的家庭控制和束缚。 *251*

　　简单化的南北差异之说认为,妇女对中国南方种稻区的农业作出了更大的贡献。这被用来表明南方妇女是更平等的伙伴,而北方妇女则是较无经济价值的被赡养者。由于更长的种植期和更丰富的降雨,南方的两熟制更为普遍,稻谷农业为男女两性提供了更稳定的全年就业机会。许多人都对妇女在南方农作中更倾向于同男性肩并肩劳作作出过评论。陈翰笙(Chen Hand Seng)甚至论及 20 世纪 30 年代广东出现的农业"女性化"问题(1936:107,华若碧在 1994:27 引述过),这一概念如今在发展中国家已广为使用。

　　在只有一熟的北方地区,妇女在 19 世纪和 20 世纪初仍在家里致力于纺织,她们抵御了产业化纺织产品的侵袭。军阀混战、抗日战争及解放战争使贸易受到了干扰,这意味着边远村落家庭纺织的消失比较晚,因为当时其他替代物的供应只是断断续续的。但试图维持传统劳动分工(这使她们在户内劳作)的许多不幸妇女,面临着家庭织机上的劳动回报变低并呈不断下降之势。这就从总体上导致了妇女价值的下降以及人们不愿意对女孩子进行投资。

禄村体现了农业中社会性别化的劳动,对它的研究有助于重新评价南北差异之说。这并不是根据经纬度坐标或当前两熟种植的分布或者是种水稻还是种小麦就可以加以描绘的一个简单化划分。研究特定地区不断变化的农业活动史及棉布生产的特性(作为自制产品或贸易商品),使我们能将社会性别理解为将家庭劳力分配到竞争性经济活动中去的一种制度。虽然地方性的家庭经济总是动员男性和妇女致力于有用工作的复杂组合,但迄今为止,整体审视地方家庭经济的发展经济学家和人类学家仍屈指可数。

技术与社会性别

在比较封闭或靠当地进行调节的经济中,因新技术或更好更廉价货物的新式运输方式导致一些传统的社会性别化职业突然失去其价值时,男性和妇女都有可能经历对其传统生计的震撼性冲击。在 20 世纪,由于来自革命的猛烈推动,从家庭纺织生产中转移出来的妇女又被整合到村落的农业劳动中,这恢复了她们对农业经济的价值。如今,就吸引劳动力的需求而言,农业部门业已饱和。实际上,由于农业方面的技术变革,即便说剩余劳动力没有泛滥,也饱和了。在过去,传统道德观认为妇女是依附于孩

352

子们的,妇女和孩子都需要得到保护以避免户外的危险。男人于是率先在家外,村庄之外和当地市镇寻找工作。由于这种流动的经历,他们比妇女更能适应不断变化的经济环境和不断变动的劳动力市场。

更多男性在村外寻找并找到工作如今仍旧是事实,但妇女比过去受到的教育更多、孩子更少、所受的道德束缚也更少了。在基本法律与秩序得到维持的城镇,妇女越来越愿意冒险迁徙出去并在新的经济部门寻找机会。尽管许多农村妇女在餐馆或美容院从事没有前途的工作,但她们也越来越了解如何在城市环境中求生并去利用各种资源。

缠足的终结

我重新研究禄村的目的,是想过重新探索共产党革命之前的社区来增进我们对当代社会性别关系的理解。通过重温费氏提出的洞见并通过对老年妇女的访谈加以深化,通常推动文化变革的经济力量之更清晰图像就成了焦点。对村一级早就消失了的缠足习俗(在那么长时间里一直是中国妇女地位低下的一个标志)进行分析,为解开一个古老的谜团提供了新洞察。强调所缠之足具有性爱吸引力或通过使其感到疼痛来灌输女性屈从意识的心理学解释,导致了缠足妇女的经济活动并不重要的错觉。不管心理学方法对于阐明心理状况的水平有多高,它们目前尚未对缠足在中国各地为何分布得如此不均匀以及在 20 世纪前半叶为何衰落得如此迅速作出令人信服的解释。通过研究禄村和滇中缠足消亡时间的不同,并通过同中国北方更早出现的这一过程进行对比,我揭示了缠足的终结是如何同国际贸易中新交通技术的兴起以及同家庭纺织业的消失同步发生的。也就是说,缠足习俗 *353*

是被纺织业方面的工业革命消灭掉的。

这是一个雄心勃勃的断言，但我并没有说传教士布道、民族主义的辞藻以及民国时期警察执法并没有产生任何影响。相反，我提出了更加关注革命时期经济和技术变迁的理由，因为它们通常会刺激社会、文化及政治领域的决定性活动。不了解纺织和交通方面工业革命不可思议的威力及其对家庭纺织生产者的毁灭性影响，我们就会错过了变化的动力，并期望仅仅通过改变人们的观念或通过执行法律就能改变根深蒂固的习惯。当妇女的家庭劳动失却价值时，一些家庭经历了极其困难的生活，这迫使妇女背井离乡加入 20 世纪向城镇进军并从事非农工作的行列。与此同时，作为这一过程组成部分的缠足，逐渐开始衰弱并最终消失了。这些结果乍一看似乎是无关联甚至是矛盾的，其实显然是一个历史进程的组成部分。

土地和农田劳动力

禄村土地的分配自费氏研究迄今一直是人们关心的一个问题。费氏对 1938 年土地问题的解释考虑到了人口增长和儿子分割遗产的问题。他预言脱贫之路需要非农的解决途径。他对禄村的研究反映了对土地和粮食的强调。总的来说，他较少注意商业活动与贸易，或者像针线活之类的手工艺。

谨慎地回顾禄村的农地制度表明，尽管人们普遍否认妇女有直接的土地权利，但她们有时也被看作是所有者，这通常发生在她们寡居以及甚至能增加其田产之时。然而，男性和妇女都受到村庄和家族社会关系的制约，所以土地的市场交易是受到限制的。几乎不存在朝更资本主义化的农作方式转变的任何迹象，不管是大规模抑或小规模的,但同附近村庄妇女娘家亲属的联系,促进了他们出租村里的土地,以实现多元化。

重温了革命时期土地所有权斗争中的社会性别问题之后,我提出按土地所有权贴阶级标签遮盖了年龄与社会性别的影响。划分地主成分并声讨地主的革命实践忽略了年龄,这可能有利于年轻人。更有可能雇佣劳力而不是自己到地里干活的寡妇和老年人被定成了攻击目标。这一社会性别—年龄维度在多数研究 *354* 中都没有被明确提到。

根据斯里兰卡的数据,罗素·伯纳德(Russell Bernard)就评估无地状况的方法论问题提供了一个经典的例子:

> 1957年,萨卡尔(N. K. Sarkar)和塔姆比(S. J. Tambiah)根据问卷调查发表了关于斯里兰卡一个村落经济社会崩溃的研究。他们的结论是,约2/3村民是无地者。英国人类学家埃德蒙·里奇(Edmund Leach)对那个研究发现并不苟同(里奇1967)。他深入该地区做了参与观察式的田野作业,并了解到村民们是实行婚后从夫居的。按照当地习俗,年轻男子或许能使用其父亲的土地,即使父亲在世时合法的土地所有权可能尚未传给他们。(伯纳德1994:141—142)

土地如今仍是村里的财产。村里按长期合同把土地分给各户。1995年以前,村里定期重调按户口分给每户的土地数,不管性或年龄,每个人得到的数量是一样的。这种平等的政策并没有在全国所有地方得到贯彻执行,有利于男性的例外情形在中国东部的不同村落都得到过报道。最近颁布的不允许土地重调的政策,有效延长了承包期限,并使土地更像私有财产,但这一政策可能会危及嫁入的妇女增加家庭承包地的数量。假如每户分到的土地是固定的,那么,未来拥有土地的大小将取决于后嗣的数目。在计划生育政策的限制之下,每家至多只可能有两个继承人。假如家里仅留一个儿子或女儿作为继承人而另一个婚入不同的家庭,那么,他们的土地就不会被进一步细分了。但假如许多家庭的两个儿子或女儿都要在家结婚并希望得到同等的土地份额,这就最有可能产生问题。假如仍保留父系制原则,儿子将有可能反对女儿的土地要求。

给农民松绑:城里工作与商业的吸引力

20 世纪 30 年代显然比较成功的一个萨满女巫的生活史告诉我们,妇女要走非传统的独立之路以及一旦获得成功后要聚敛财富是多么罕见和艰难。这个女先知能挣取相当可观的收入,但官员和土匪也找到了盘剥她的办法。当她丈夫和年幼的儿子去世后,她寻求家庭保障的希望被击碎了。这个女先知是 30 年代在禄村占据了显著位置的极少数妇女之一,如今村里已没有任何招魂算卦的妇女了。

如今,单身妇女在农村独立积累财富可能仍然面临严重困难。虽然一些年轻女子正在追寻商业机会,总的来说,她们是作为已婚妇女这么做的。据许多村民讲,银行系统并不把个人账户同家庭账户区分开来。假如村妇想留出其丈夫不能控制的单独储蓄,她们无法简单地以她们自己的名字开一个账户。

禄村妇女已目睹了合法保护其财富和个人权利上所取得的一些进步,但对多数人来说,家庭关系依然是最重要的保护形式。受过教育寻求独立收入的年轻女性有更广泛的机会,这些机会不太可能是像做鞋这样的手工艺。妇女有当老师、店主、售货员的,也有在城里的医院和工厂工作的。一些人甚至到省城昆明这个迅速现代化的城市里去闯荡。她们在这些新职业中获得的现金收入使她们在家里赢得了尊重和影响力。

有年幼或成年子女而年纪较大的已婚妇女最有可能从事田间劳动、园艺和养猪活动,这些构成了她们作为农民的职业。尽管这些妇女不能卖掉土地,但她们对于分到的土地拥有相当可靠的权利。需要照顾受赡养者、小孩子及年迈的父母将她们束缚在家,妇女就最有可能滞留在农业部门。农田劳动有过光荣的历史,但它迄今仍是回报较低的体力劳动。许多家庭继续看重粮食及其提供的保障,但年长妇女发现她们越来越难以劝说更年轻的一代妇女取代其位置了。我们可以将把一句老话改述为:"一旦见过昆明,你如何能将她们留在农田里?"受到电视、广告及城市生活中各种新幻想濡染的更年轻一代,越来越不安分于农田劳动,她们只是在农忙季节投身其中。许多人在商业、教育、交通及通信方面寻求更干净、更轻松的替代性工作。根据 1999 年末当地中学和城市大学计算机教育的火爆情形来推断,计算机时代的来到已为时不远了。

经济、家庭与人口

中国实行严厉的计划生育政策在西方引起了很大关注,这既得到了谨慎的赞扬,又难免受到了抨击。面对喜欢多子多福的农村家庭传统,中国政府制定了农村地区允许生二孩的计划生育制度。这对妇女有何影响呢? 各种不同的研究表明,计划生育政策导致了农村人口回归重男轻女的传统以及杀害或遗弃超生的女儿。面对农民的抵抗和逃避,政府诉诸奖励与强制

356

性的政策落实，这引发了相当多的反对，特别是人口普查数据显示了越来越异常的性别比。但详尽探讨这些问题的田野研究仍很罕见，这正是我的地方一级数据分析带来了一定启示的另一个领域。

政府政策同出生性别比的关系在禄村并未引起其他许多地区所报道的女孩缺乏的同样问题。尽管政策执行很严格，但所公布的性别比是处于正常变动范围内的。这表明，同其他地区的中国村民相比，禄村人并不那么痴迷于要生儿子或需要男性继承人。在探讨禄村性别比更平衡的原因时，我提出必须对当地经济与社会的其他特征予以考虑，其中包括妇女参与农耕、庭院生产、养猪等既定传统以及有较高比例的入赘婚等。父母同女儿家的关系一般是很牢固的。招上门女婿是禄村得到公认的一种替代性选择。村内婚的比例较高也促成了这样一个社区，即年轻的妻子同其娘家亲属维持了密切的联系，这使她们在农活特别繁忙时能同后者换工（或临时照看孩子）。同中国其他地方相比，在这个社区生两个女儿似乎通常不会被看作是一件可悲的事情。这可能是源于妇女长期以来在种稻谷、种蚕豆及养猪上发挥的重要作用，更不用提 20 世纪初她们在鸦片种植上的作用了。然而，即便我这么说，我也意识到许多当地环境是可以改变的，禄村可能已开始同中国其他许多地方所发现的令人不安的情形趋于一致了。在那些地方，没有儿子意味着这个家庭会招致厄运，从而也使女儿不幸。

我并不是说，使用女性家庭劳力插秧的中国南方所有稻作区都有类似高比例的入赘婚，而且同样都同周遭社区里的妇女亲属都有密切合作。种稻谷只是农村家庭经济的许多要素之一。我们还必须考虑到其他因素，其中包括家庭种植的其他作物、从事的手工艺、饲养的牲畜以及男性为做生意、上矿山或从事建筑活 ³⁵⁷ 动而迁徙的传统。

对禄村的研究表明了采取更严谨的人类学审视的优势。本研究考察了当地缠足传统同农业生产与棉纺织生产相结合的家庭经济，并审视了推动当地人重新配置家庭劳力的技术变迁的时间。将禄村同云南其他村落作比较之后，我提出家庭纺织传统消失得越晚，当地妇女被束缚在大为贬值的无利可图经济部门的时间就越长。在产业化纺织品之世界贸易的影响之下，她们的女性气质（由缠足界定的）受到了冲击，她们的工作变得没有价值了。农村妇女从纺织技能转向其他新的工作形式并非易事，就像女性气质的转变以及在家外胜任新工作需要花时间是一样的。由于她们对直接参与竞争性的市场经济缺乏准备，这或许还需要一代以上妇女到家外去发展新的就业和社会技能。在妇女仍不能在更有活力的经济部门参与竞争的农村地区，人们存在更强烈的重男轻女观念是意料之中的。

同中国其他村落相比，禄村的父权制可能并不十分强烈，但它在很大程度上仍遵循了父权制模式。父权制家庭结构牺牲妇女的一些方面已得到了研究。过去卖女儿或儿媳妇的现象显然是存在的。虽然卖妻子、诱拐或婚姻欺诈的惊人报道在改革时代的中国再度浮现，但迄今没有证据表明这是改革时期禄村女儿们面临的一个问题。禄村村民一般都同她们比较了解、就住在附近的某个人结婚。一些婚姻可能仍是由父母和亲属操办的，后者要进行经济条件方面的协商，但禄村儿子和女儿结婚较晚，受过更多教育，她们享有合法且日益得到公认的权利去拒绝介绍给她们的对象。在过去几十年里变得普遍化了的电视之影响，无疑强化了年轻人坠入爱河并选择他们自己婚姻伴侣的渴望。

我所碰到的家庭制度中最令人不安的方面是女性自杀报道的数量。这些个案中包括有婴儿并从事繁重大田劳动的年轻母亲,也包括有许多青少年子女的中年母亲以及同儿媳妇发生冲突的老年妇女。在倾听这些故事时,我注意到,她们似乎都是过度操劳并缺乏家庭成员合作、支持或尊重的不幸妇女。即便她们在附近有亲属,其亲属或许并非总是富有同情心的。生活在扩大或大家庭中的农村妇女,其体力劳动负担通常是非常沉重的。人们也提到责难或与妇女性行为有关的流言蜚语是自杀的原因。禄村妇女自杀的发生同中国农村妇女自杀现象是一致的。通过削弱父权制家庭以无报酬有关劳作将妇女孤立起来并使其超负荷运转的权力,城市就业似乎为妇女提供了一些改善。

妇女的政治参与

在费氏的叙述中,禄村没有任何妇女担任公认的政治角色。最值得注意或者说最有影响力的妇女是一个年迈的女家长和那个女先知——尽管我们无从对费氏姨母这样外来妇女的角色有许多了解。费氏姨母作为基督教传教士曾在那里呆过。在当代政治体制中,尽管妇女在村执委会中的角色仍很有限,但她们还担任了队长、妇女主任、计划生育专干及农业技术员等。在很长时期中这一制度设法维持妇女在禄村村委会、党支部及各种村务会议中的政治存在。在 1990—1998 年间,随着村委会本身削减了两个职位,妇女代表的比例从 17%降为 11%。相反,随着党员的增加,女党员的比例从 17%上升到了 20%。

在这些情境下以及在公立学校与医院里,人们已变得习惯于看到当地妇女在大庭广众之下行动和讲话了。人们也变得习惯于看见妇女公开聚集在男女混合的群组中,尽管老年人中非正规的性别隔离仍很普遍。这或许夸大了这类活动的意义,因为革命前的禄村妇女肯定也去市场、参加婚丧嫁娶及其他仪式。然而,值得注意的是,同农业、土地分配及计划生育指标有关的许多村庄事务也都号召妇女的公开参与。然而,在政治上变得有影响力的妇女一般都是在本村长大的那些人而不是娶进来的妻子。更好地理解禄村的政治权力及其对妇女的限制,还有待更仔细地研究入党、服兵役的作用以及同镇上官员的关系——这些是我研究范围之外的话题。然而,在文化层面,妇女作为演员、歌手和舞蹈者显然已充分融入到国家支持的表演之中。妇女在"民间艺术"中的高度参与度可以追溯到革命之初、共产党支持培养文艺宣传队的时候。在 20 世纪 90 年代,作为"文艺工作者"的工作继续得 *359* 到了国家的资助。

职业与收入范围的不断扩大

对费氏观察的仔细回顾并结合对禄村妇女的访谈揭示,20 世纪 30 年代的妇女致力于各种形式的非农劳动。她们在小客栈和店铺等家庭企业中劳动;她们还当搬运工和佣人。她们也生产手工艺品,在市场上卖东西,甚至通过放债来获得收入。许多这种活动在革命期间被禁止了。大多数妇女成了农民,在生产队参加劳动。随着集体耕种的终结,妇女继续从事农业劳动,但是,对商业有强烈兴趣的那些人重新开启了被放弃或限于黑市的兼业活动。一些妇女加入了食品加工、做豆腐、开商店及做买卖的行列。少数人以其他体力劳动(像筑路)来补充农业劳动,许多人在塑料回收厂找到了非正式工作。到 20 世纪 90 年代末,交通的改进(有了更多自行车、马拉出租车和公共汽车)使村妇们往返于村镇之间参加工作变得更加容易了,她们的工作包括政府办公室的工作、教书、到工厂劳动以及从事商业活动等等。尽管有全日制非农工作的妇女还不及男性的一半,妇女在工厂、商店、政府及保健职业中已有相当多人。从事建筑和交通运输工作的妇女仍很少,这两个行业在许多西方国家也存在同样的性别隔离。然而,即便在这个方面,禄村妇女(以及我在禄丰及其附近看到的其他妇女)已开始向传统的刻板印象发起挑战,一些年轻女子已展示了她们在驾驭马车和小型货车方面的技能。令我惊讶的是,村里的年轻妇女已在城里的计算机商店中找到了工作,这使她们同最新技术开始有了密切的接触。虽然总的来说禄村妇女的现金收入被认为比男性低得多,但 1997 年 20 岁出头工作妇女挣的钱与其同龄组男性实际上是一样多的。这是因为同老年妇女相比,年轻妇女受过更多教育,这使她们能很好地胜任教育、政府、保健及商业方面的城里工作。

改革时期就业上出现的这些最初变化导致了农作的女性化,这使许多已婚妇女留下来负责农活,而男性则在农闲时外出挣现金。年轻女子在城里就业的猛增表明,妇女作为小农的时代可能行将结束,这就像家庭纺织时代的落幕是一样的。更年轻的妇女越来越抵制走农业之路,除非它有利可图。随着家庭变小、就业选择增多,农业可能已变得更难吸引劳动力了。这最终会提升农业劳动力的成本,并刺激机械化。假如劳动成本上升得太高的话,放弃农业或更多依靠机械化的压力将会增大,技术也将适应当地的环境。然而,在像禄村这样的地方,推迟这一进程的可能是来自山区的更贫困农民,他们愿意为低工资而耕种他们的土地。到 20 世纪 90 年代末,许多村民在收割时开始雇佣外来的农业劳动者,这是费氏在 20 世纪 30 年代就注意到的一个现象,那时地主家受过教育的儿子就不愿亲事稼穑。1999 年,有几个村民开始尝试雇请大型机械化稻谷收割机的操作员。假如地块够大的话,收割机能以较低成本完成任务。

禄村贫富差异的重现是很明显的。正如在费氏研究时代,有足够田产的农民能"勉强生活",但不足以发财。人们热切寻求外面的现金收入来源,男人们是最先努力去寻求的。然而,许多年轻女子似乎也渴望走同样的路。积累资本并变成富裕企业家的机会迄今仍是以男性为中心的,但这已开始使这些男性家里的妇女受益,因为这些家庭越来越多地投资于女儿的教育和培训。男女不平等继续存在着,如今因阶级差异而变得更复杂化了。

研究禄村的意义

作为中国西南汉族村落的一个例子,禄村是相当有代表性的。当然,正如 1945 年问世的《乡土中国》所表明的,云南有许多与众不同的其他汉族村落,更不用说全中国了。然而,禄村并未率先开放,在中国政府试图展示其成功时,它也没有被当成一个模范村。禄村似乎也不曾是任何特殊补贴或是灌输社会主义价值观的任何不寻常努力的受益者。它没有逃过"大跃进"后的困难时期,也没有幸免"文革"的骚乱。它如今的生活标准接近于该省的平均水平,而云南本身一般被视为中国较贫穷、较不发达的一个省份。

自改革时期开启以来的过去 20 多年时间里,该村在物质福祉上所取得的不容置疑的进步也已遍布中国农村。在禄村,从费 ^361^ 氏研究时代到 20 世纪 70 年代末农业产量本质上一直处于停滞状态,自那时以来每单位土地只增长了 20%,每单位劳动力翻了一番。同期村里人均收入的实际年增长率约为 4%。当然,所有这些数字都受气候条件、报告的偏见及其他许多因素的影响。很显而易见的是,像中国大部分农村人一样,禄村人有了更多机会享用电视及现代交通工具等。简言之,他们迅速获得了各种现代产品、技术及选择,这一切是上一代人无法想象的。贫困尚未消失,但它已明显减少了。

与此同时,并且也是为了回应这些影响,社会性别关系在若干方面已有所改变。更大的经济自由已为多数妇女的劳动提供了更多物质享受,假如说不是财富的话。禄村妇女似乎总体上是获益的,这很可能与这里父权社会即使在费孝通研究时代就不像中国其他许多村落那样严格有关。虽然我希望妇女非农机会不断增多及对"束缚于地"的农业劳动力需求不断缩减,将继续有益于促进更大的物质福祉、更大的性别平等并实现阿马蒂亚·森称之为"作为自由的发展",但没有人能确定这些趋势将持续下去。可以肯定的是,就像在发达国家一样,未来多数妇女的日常生活将不再会围着农业打转了。

正如在西方,在经济发展和迅速社会变迁的不确定性中,强化家庭价值观和限制妇女权利的保守势力将持续存在。中国市场的开放和家庭控制的松弛,对中国农村妇女来说代表了充满风险和机遇的一个巨大挑战。在像禄村这样的社区以及父系制偏见更严重的村落里,我们可以观察并比较国家同市场、亲属群体与个体以及男性与妇女之间的紧张关系。只有这样,我们才能更好地理解农村发展对中国妇女意味着什么。

本研究强调经济、家庭与人口之间的联系,然而,未来最大的一些挑战来自政治领域。虽然农村妇女已参与到当地村治当中,但到目前为止,还没有任何迹象表明出现了一个支持妇女对抗根深蒂固利益的自主妇女运动。持续依赖父系亲属群体来取得保障和发展,将会使妇女处于弱势地位,除非她们自己的亲属就在附近。妇女对发展的投入,她们寻求教育和外面就业的动机以及生育更少孩子,都同国家促进就业机会,保障妇女财产权、人身自由及公民权方面不确定的能力与意愿相关联。

术语表及缩写词

术语表

bai xiongdi 拜兄弟　become a sworn brother

baochan daohu 包产到户　household responsibility system

baolai 抱来　to adopt a child

caili 彩礼 bridewealth

chang bi dui 长臂队　Long Arm Team

chaosheng haizi 超生孩子　out-of-quota child

cubu 粗布或叫手织布　rough, or handmade cloth

cunmin 村民　village citizen

cunmin xiaozu 村民小组　villagers' small group

da jiemei 结拜姐妹　become a sworn sister

dama 大妈　aunt, or literally "big mother"（a polite address for elderly woman）（对年纪较大妇女的尊称）

da guofan 大锅饭　big rice bowl

da guo xifan 大锅稀饭　big bowl of thin rice gruel

dan 担（1 担 ＝10 斗 ＝ 350 升）

dou 斗　the（nonstandard）Lufeng dou is thrity-five liters（非标准化的禄丰 1斗是 35 升）

duizhang 队长　team leader

fandong 反动或反革命分子　counterrevolutionary

fang yin 放阴　release the underworld

fei nongmin 非农　nonagricultural

fen 分 one-tenth of a mu（1 亩有 10 分）

fengfeng diandian de 疯疯癫癫的　crazy

funong 富农　rich peasant

ganbu 干部　a government official or bureaucrat

ganma 干妈　dry mother, godmother

getihu 个体户　individually owned enterprise

gong 工　a measure of land area, 0. 4 mu (1 工＝0. 4 亩)

gonggong 公公　father-in-law, for a woman

gongshe 公社　commune

guma 姑妈　paternal aunt

guye 姑爷　son-in-law

huanggua jiao 黄瓜脚　cucumber foot, a shape of bound foot(裹足的一种
形状)

hukou 户口　household registration, official residence status, urban or rural
（农村或城市的正式居住身份）

jiebai 结拜　become sworn brothers or sisters

jiemei 姐妹　siblings, sisters

jiapu 家谱　family tree

jiazhuang 嫁妆　dowry

jiehun 结婚　to marry

jiejie 姐姐　older sister

jiti 集体　collective

jin 斤　1. 1 pounds, or 0. 5 kilogram(1 斤＝1. 1 磅＝0. 5 公斤)

jiujiu 舅舅　maternal uncle, or mother's younger brother

jiu shehui 旧社会　the "old society" before 1949

kuaiji 会计　accountant, treasurer

laodong gaizao 劳动改造，"labor reform", also laogai 也叫劳改

lao zuzu 老祖祖或老祖先　the older ancestors

li di bu li xiang 离土不离乡　leave the soil, not the village

luohufei 落户费　resettlement fee

mao 毛 one tenth of a yuan,1 元有 10 毛

meimei 妹妹　younger sister

mixian 米线　rice noodles

mixin 迷信　superstition

mu 亩　a unit of land, "mow" 土地单位

nainai 奶奶　paternal grandmother

niangjia 娘家　mother's home, usually a married woman's natal kin

365

nongmin 农民　farmer, or peasant; literally agricultural person/people(字
面意思是指从事农业的人）

nvwu 女巫　female witch

peitong 陪同　a companion，or escort

pojia 婆家　mother-in-law's house

popo 婆婆　mother-in-law

po-xi 婆媳　mother-in-law，daughter-in-law relations

sancun jin lian 三寸金莲　"three inch golden lily"，A tightly bound foot（裹得很小的脚）

shangmen 上门　uxorilocal，a man who marries into wife's family（入赘，指男人婚入妻子的家庭）

shao guodi 烧锅底　"burn the pot bottom"，a ritual to establish a separate kitchen（分灶吃饭的一种仪式）

shao guo jiao 烧裹脚（布）　burn foot bindings

sheng 升　a liter

shengchan dui 生产队　production team

shiniang 师娘　mistress, skilled woman, a term of respect（对有技能妇女的尊称）

shiniang po de hanzi 师娘婆的老公　old lady's husband

shumai 赎买　ransom

shushu 叔叔　paternal uncle；or father's younger brother

shun jiao 顺脚　smooth feet

tao lai 逃来　to escape；to seek refuge

tang-ki 童乩　（in Taiwan）a shaman，diviner（台湾对萨满巫师的称呼；在普通话中称为童乩）

tao xifu 讨媳妇　to ask for a daughter-in-law

tongyangxi 童养媳　adopted daughter-in-law（raised together with future husband（同其未来丈夫一起被抚养长大的儿媳妇）

tufei 土匪　bandits

waiguoren 外国人　foreigner

wailaide 外来的　outsiders

waipo 外婆　mother's mother，grandmother

wupo 巫婆、女萨满　female shaman，seeress，or witch

xifu 媳妇　daughter-in-law，or the young wife in a family

xiaogong 小工　casual labor

xiaozu 小组　small group

yexing 野性　wild

yi ku 忆苦　to recall bitterness，"speak bitterness"

zhao guye 招姑爷　seek a son-in-law，find an uxorilocal husband for a daughter（为女儿找上门女婿）

zisha 自杀   suicide

zhong nan qing nu 重男轻女   male superiority；literally，men are [366] important，women are trivial(字面意思是男人重要，妇女微不足道)

zhongnong 中农   middle peasant

缩写词

说明：本参考文献使用了以下缩写词。

ACWF   All China Women's Federation(全国妇联)

LCY   *Lufeng County Yearbook* (《禄丰县年鉴》)

LCG   *Lufeng County Gazette* (《禄丰县志》)

NPSY   National 1‰ Population Sample Investigation，Material For Yunnan(云南省1‰人口抽样调查资料)

SSB   State Statistical Bureau(国家统计局)

YPSB   Yunnan Province Statistical Bureau(云南省统计局)

USCB   United States Census Bureau(美国人口普查局)

参考文献

Agarwal，Bina. 1994. *A Field of One's Own：Gender and Land Rights in South Asia*. Cambridge：Cambridge University Press(比娜·阿加沃：《自己的田地：南亚的社会性别与土地权利》,剑桥：剑桥大学出版社,1994 年)。

Ahern，Emily. 1973. *The Cult of the Dead in a Chinese Village*. Stanford，Calif.：Stanford University Press(芮马丁：《一个中国村落的祭祀》,加利福尼亚州斯坦福：斯坦福大学出版社,1973 年)。

All China Women's Federation (ACWF). 1991. *Zhongguo funv tongji ziliao* 1949-1989 (Statistics on Chinese Women，1949-1989). Beijing：China Statistical Publishing House for the Research Institute of All China Women's Federation and Research Office of Shanxi Provincial Women's Federation(全国妇联妇女研究所和陕西省妇联研究室编：《中国妇女统计资料(1949—1989)》,北京：中国统计出版社,1991 年)。

The Research Institute of All China Women's Federation and Department of Social，Science and Technology Statistical Bureau，1998. *Zhongguo xingbie tongji ziliao* 1990-1995. Beijing：China Statistical Publishing House (全国妇联妇女研究所和国家统计局社会与科技统计司编：《中国性别统计资料(1990—1995)》,北京：中国统计出版社, 1998 年)。

Arkush，David. 1981. *Fei Xiaotong and Sociology in Revolutionary China*. Cambridge，Mass.：Council of East Asian Studies，Harvard University (欧达伟：《费孝通与中国革命时期的社会学》,麻萨诸塞州剑桥：

哈佛大学东亚研究会，1981 年）。

Attwood，Donald W. 1995. *Inequality among Brothers and Sisters*. Center for Society，Technology and Development（STANDD）. Working Paper，Gender and Property Series，McGill University(唐纳德·阿特伍德："兄弟姐妹之间的不平等"，社会、技术与发展中心，麦吉尔大学社会性别与财产系列工作报告,1995 年）。

Baker，Hugh. 1979. *Chinese Family and Kinship*. London：Macmillan（裴达礼:《中国的家庭与亲属关系》,伦敦:麦克米伦出版社,1979 年）。

Banister，Judith. 1987. *China's Changing Population*. Stanford，Calif.：Stanford University Press(朱迪斯·班尼斯特:《中国变动中的人口》,加利福尼亚州斯坦福:斯坦福大学出版社,1987 年）。

——1992. "China's Changing Mortality" In *The Population of Modern China*，ed. Dudley L. Poston Jr. and David Yaukey，164-224. New York：Plenum("中国变化中的死亡率",小达德利 L. 鲍思顿和大卫·约基编《现代中国的人口》,纽约:普莱南出版社,1992 年,第 164—224 页）。

Barclay，George W.，Ansley J. Coale，Michael A. Stoto，and T. James Trussell. 1976. "A Reassessment of the Demography of Traditional Rural China,"*Population Index* 42:606-35（乔治·巴克利、安斯利·科尔、迈克尔·斯托托及詹姆斯·特鲁塞:"对传统中国农村人口统计的重新评估",《人口索引》,1976 年,第 42 期,第 606—635 页）。

Barnett，A. Doak. 1993. *China's Far West：Four Decades of Change*. Boulder，Colo.：Westview(鲍大可:《中国西部四十年的变迁》,科罗拉多州博尔德:西部视点出版社,1993 年）。

Becker，Jasper. 1996. *Hungry Ghosts：China's Secret Famine*. London：Murray(杰斯帕·贝克尔:《饿鬼:中国的秘密饥荒》,伦敦:默里出版社,1996 年）。

——1999. "Home Truths about One-Child Policy." *South China Morning Post*，Internet Edition. < http://www. scmp. com/Special/

Template/PrintArticle. asp＞.（March 31，1999）(《关于独生子女政策的大实话》,《华南早报》[网络版]1999 年 3 月 31 日)。

Beijing Foreign Language Institute. 1993. *The Pinyin Chinese-English Dictionary*，Hong Kong：Commercial Press(北京外国语学院:《汉英拼音字典》,香港:商业出版社,1993 年)。

Benedict，Carol. 1996. *Bubonic Plague in Nineteenth Century China*. Stanford，Calif.：Stanford University Press(班凯乐:《十九世纪中国的鼠疫》,加利福尼亚州斯坦福:斯坦福大学出版社,1996 年)。

Bernard，H. Russell. 1994. *Research Methods in Anthropology*，Thousand Oaks，Calif.：Sage(罗素・伯纳德:《人类学的研究方法》,加利福尼亚州千橡树:塞奇出版社,1994 年)。

Bernstein，Thomas P. 1992. "Ideology and Rural Reform：The Paradox of Contingent Stability." In *State and Society in China*：*The Consequences of Reform*，ed. Arthur L. Rosenbaum，143-165. Boulder，Colo.：Westview(白思鼎:"意识形态与农村改革:暂时稳定的悖论",阿瑟 L.罗森鲍姆编《中国的国家与社会:改革的后果》,科罗拉多州博尔德:西部视点出版社,1992 年,第 143—165 页)。

Berreman，Gerald. 1962. *Behind Many Masks*. Lexington：University of Kentucky and the Society for Applied Anthropology(杰拉尔德・贝雷曼:《多重面具的背后》,列克星顿:肯塔基大学和应用人类学学会,1962 年)。

Blake，C. Fred. 1994. "Footbinding in Neo-Confucian China and the Appropriation of Female Labor,"*Signs* 19，no. 3：676－712(柏桦:"中国新儒学下的缠足与对女性劳动力的占用",《标志》,1994 年,第 19 卷,第 3 期,第 676—712 页)。

Bloomberg，Ltd. 2001. *China CPI*. Bloomberg Professional Service，www. bloomberg. com(彭博资讯有限公司:中国消费者物价指数,彭博专业服务,2001 年)。

Boserup，Ester. 1970. *Women's Role in Economic Development*. New

York：St. Martin's(埃斯特尔·博塞鲁普：《妇女在经济发展中的作用》,纽约：圣马丁出版社,1970年)。

Bossen，Laurel. 1975. "Women in Modernizing Societies"，*American Ethnologist 2*，no. 4：587-601(宝森："社会现代化过程中的妇女"，《美国民族学家》,1975年,第2卷,第4期,第587—601页)。

——. 1984. *The Redivision of Labor：Women and Economic Choice in Four Guatemalan Communities*. Albany：State University of New York Press(《劳动再分工：危地马拉四个社区的妇女与经济选择》,奥尔巴尼：纽约州立大学出版社,1984年)。

——. 1988. "Toward a Theory of Marriage：The Economic Anthropology of Marriage Transactions,"*Ethnology 27*，no. 2：127-44("迈向婚姻的理论：婚姻交易的经济人类学"，《民族学》,1988年,第27卷,第2期,第127—144页)。

——. 1990. "The Han Gender System in Yunnan." Paper presented at American Anthropological Association Meeting，New Orleans，December 2("云南的汉人社会性别制度"，1990年12月2日在新奥尔良举行的美国人类学协会会议上报告的论文)。

——. 1991. "Changing Land Tenure Systems in China：Common Problem，Uncommon Solution,"*Sociological Bulletin：Journal of the Indian Sociological Society* 40，nos. 1-2：47-67("中国变化中的农地制度：常见的问题,不常见的解决办法"，《社会学公报：印度社会学学会杂志》,1991年,第40卷,第1—2期,第47—67页)。

——. 1992. "Chinese Rural Women：What Keeps Them Down on the Farm?" Paper presented at the international conference on "Engendering China：Women，Culture and the State," Harvard University and Wellesley College，Cambridge，Mass，February 7-9)("中国农村妇女：什么原因使她们留在农田?"，在哈佛大学和韦尔斯利学院1992年2月7—9日在麻萨诸塞州剑桥联合举办的"以社会性别视野审视中国：妇女、文化与国家"国际会

议报告的论文)。

369　　——. 1994a. "Chinese rural women: What keeps them down in the farm?" in *Gender and China*, ed. Li Xiaojiang, Zhu Hong, and Dong Xiuyu, 128-54. Beijing: Shenghuo-Dushu-Xinzhi Sanlian Shudian〔SDX Joint Publishing Company〕("中国农村妇女:什么原因使她们滞留在农田?"载李小江、朱虹和董秀玉主编《性别与中国》,北京:生活·读书·新知三联书店,1994 年 a,第 128—54 页)。

　　——. 1994b. "Gender and Economic Reform in Southwest China." In *Women, Feminism and Development*, ed. Huguette Dagenais and Denise Piché, 223-40. Montréal: McGill-Queens University Press ("中国西南的社会性别与经济改革",载休格特·达格奈斯和丹尼丝·皮彻编《妇女、女权主义与发展》,蒙特利尔:麦吉尔皇后大学出版社,1994 年 b,第 223—240 页)。

　　——. 1994c. "The Household Economy in Rural China: Is the Involution Over?" In *Anthropology and Institutional Economics*, ed. James Acheson, 167-91. Monographs in Economic Anthropology, no. 12. Lanham: University Press of America("中国农村的家庭经济:过密化结束了吗?"载詹姆斯·艾奇逊编《人类学与制度经济学》,经济人类学专题论文第 12 卷,拉纳姆:美利坚大学出版社,1994 年 c,第 167—191 页)。

　　——. 1995a. "All Words and No Deeds." Centre for Society, Technology and Development, Working Papers, Gender and Property Series, McGill University("全是言语,没有行动",社会、技术与发展中心,社会性别与财产系列工作报告,麦吉尔大学,1995 年 a)。

　　——. 1995b. "Unmaking the Chinese Peasantry—Releasing Collected Energy?"*Anthropology of Work Review* 16, nos. 3-4: 8-14("恢复中国农民的本来面目——释放集结的能量?"《工作人类学评论》,1995 年 b,第 16卷,第 3—4 期,第 8—14 页)。

　　——. 1998. "Trade and Beauty: The Demise of Footbinding in Rural

Yunnan. " Seminar paper，Department of Anthropology，McGill University，
November 23("贸易与美丽：云南农村缠足的终结"，1998 年 11 月 23 日在
麦吉尔大学人类学系研讨班上报告的论文)。

——. 1999. Women in Development. In *Understanding Modern
China*，ed. Robert Gamber，293-320. Boulder，Colo. : Rienner ("妇女参与
发展"，罗伯特·甘伯编《理解现代中国》，科罗拉多州博尔德：瑞纳尔出版
社，1999 年，第 293—320 页)。

——. 2000. "Women Farmers，Small Plots and Changing Markets in
China." In *Women Farmers and Commercial Ventures：Increasing Food
Security in Developing Countries*，ed. Anita Spring. Boulder，Colo. :
Rienner("中国的女农民，小块土地与不断变化的市场"，阿妮塔·斯普林编
《女农民与商业活动：增强发展中国家的食物保障》，科罗拉多州博尔德：瑞
纳尔出版社，2000 年)。

——. n. d. "Deciphering Fei's Rosetta Stone：Calculating Lu Village
Output per Mu in 1938. " Author's files. ("破解费氏的罗塞塔石碑：计算禄
村 1938 年的亩产"[作者卷宗，未注明日期])。

Bradley，Neville. 1945. *The Old Burma Road：A Journey of Foot and
Muleback*. London：William Heinemann(内维尔·布拉德利：《老滇缅路：徒
步和骡背上的旅行》，伦敦：威廉·海涅曼出版社，1945 年)。

Brandt，Loren. 1989. *Commercialization and Agricultural
Development：Central and Eastern China*，1870-1937. Cambridge：
Cambridge University Press(劳伦·布兰特：《华中与华东的商业化与农业
发展(1870—1937)》，剑桥：剑桥大学出版社，1989 年)。

Bray，Francesca. 1997. *Technology and Gender：Fabrics of Power in
Late Imperial China*. Berkeley：University of California Press(白馥兰：《技
术与社会性别：晚期帝制中国的权力结构》，伯克利：加利福尼亚大学出版
社，1997 年)。

Brugger，Bill and Stephen Reglar. 1994. *Politics，Economy and*

Society in Contemporary China. Stanford, Calif.: Stanford University Press(比尔·布鲁格和斯蒂芬·雷吉拉:《当代中国的政治、经济和社会》,加利福尼亚州斯坦福:斯坦福大学出版社,1994 年)。

Bruun, Ole. 1993. *Business and Bureaucracy in a Chinese City: An Ethnography of Private Business Households in Contemporary China*. Berkeley: Institute for East Asian Studies, University of California(奥利·布鲁恩:《一个中国城市的商业与官僚体制:对当代中国个体户的民族志研究》,伯克利:加利福尼亚大学出版社,1993 年)。

Buck, John Lossing. 1930. *Chinese Farm Economy*. Chicago: University of Chicago Press(卜凯:《中国的农场经济》,芝加哥:芝加哥大学出版社,1930 年)。

——. 1937a. *Land Utilization in China: a Study of* 16,786 *Farms in* 168 *Localities, and* 38,256 *Farm Families in Twenty-two Provinces in China*, 1929-1933. Shanghai: University of Nanking(《中国的土地利用:1929—1933 年对中国 22 个省 168 个地方 16,786 个农场和 38,256 个农家的研究》,上海:南京大学,1937a)。

——. 1937b. *Land Utilization in China: Statistics*. Shanghai: University of Nanking(《中国土地利用统计资料》,上海:南京大学,1937 年 b)。

——. 1957. *Land Use in China*. New York: Council on Economic & Cultural Affairs(《中国的土地利用》,纽约:经济与文化事务委员会,1957 年)。

——. 1966. *Food and Agriculture in Communist China*. Stanford, Calif.: Hoover Institution(《共产党领导下中国的粮食与农业》,加利福尼亚州斯坦福:胡佛研究所,1966 年)。

Butler, Steven B. 1985. "Price Scissors and Commune Administration in Post-Mao China." In *Chinese Rural Development: The Great Transformation*, ed. William Parish, 95-114. Armonk, N.Y.: Sharpe(史

蒂文·巴特勒:"1976 年后的价格剪刀差与公社管理",白维廉主编《中国农村发展:巨大的转变》,纽约州阿蒙克:夏普出版社,1985 年,第 95—114 页）。

Caldwell, John, P. H. Reddy, and Pat Caldwell. 1988. *The Causes of Demographic Change*: *Experimental Research in South India*. Madison: University of Wisconsin Press(约翰·考德威尔等:《人口变动的原因:对印度南部的实验研究》,麦迪逊:威斯康星大学出版社,1988 年）。

Carter, Colin, Funing Zhong, and Fang Cai. 1996. *China's Ongoing* 370 *Agricultural Reform*. South San Francisco, Calif. : The 1990 Institute(科林·卡特等:《中国正在进行的农业改革》,加利福尼亚州旧金山:1990 研究所,1996 年）。

CBC Radio. 1997. November 1, 1997(加拿大广播电台,1997 年 11 月 1 日）＜http://www. radio. cbc/programs/quirks/archives/97-98/nov197. thm.＞

Chambers, Robert. 1983. *Rural Development*: *Putting the Last First*. New York: Longman(罗伯特·钱伯斯:《农村发展:以末为先》,纽约:朗曼出版社,1983 年）。

Chan, Anita, R. Madsen, and J. Unger. 1992. *Chen Village under Mao and Deng*. Berkeley: University of California Press(陈佩华、赵文词和安戈:《毛邓体制下的陈村》,伯克利:加利福尼大学出版社,1992 年）。

Chance, Norman. 1991. *China's Urban Villagers*: *Changing Life in a Beijing Suburb*. Fort Worth, Tex. : Holt, Rinehart and Winston(诺曼·钱斯:《中国的城市村民:一个北京郊区的生活变化》,得克萨斯州沃斯堡:霍尔特、莱因哈特和温斯顿出版社,1991 年）。

Chang, Jung. 1991. *Wild Swans*: *Three Daughters of China*. New York: Anchor Doubleday(张戎:《鸿:三代中国女人的故事》,纽约:双日出版社,1991 年）。

Chang, Pang-Mei Natasha. 1996. *Bound Feet and Western Dress*. New

York：Doubleday(张邦梅：《小脚与西服》，纽约：双日出版社，1996 年)。

Chen，Hand Seng. 1936. *Landlord and Peasant in China*：*A Study of the Agrarian Crisis in South China*. New York：Interntional Publishers(陈翰笙：《中国的地主与农民：华南农村危机研究》，纽约：国际出版社，1936 年)。

Chu Junhong. 2001. "Prenatal Sex Determination and Sex Selective Abortion in Rural Central China,"*Population and Development Review* 27，no. 2：259-281(楚军红："华中农村产前性别鉴定与性别选择性流产"，《人口与发展评论》，2001 年，第 27 卷，第 2 期，第 259—279 页)。

Coale，Ansley，J.，and Judith Banister. 1994. "Five Decades of Missing Females in China,"*Demography* 31，no 3：459-79(安斯利·科尔和朱迪斯·班尼斯特："中国失踪女性的 50 年"，《人口统计》，1994 年，第 31 卷，第 3 期，第 459—479 页)。

Cohen，Myron. 1993. "Cultural and Political Inventions in Modern China：The Case of the Chinese 'Peasant',"*Daedalus*：*Journal of the American Academy of Arts and Sciences* 122，no. 2：151-70(孔迈隆："现代中国的文化与政治发明：以中国'农民'为个案"，《代达罗斯：美国艺术与科学学院学报》，1993 年，第 122 卷，第 2 期，第 157—70 页)。

——. 1999. "North China Rural Families：Changes During the Communist Era," Etudeschinoises，16，nos. 1-2：59-153("华北农家：共产主义时代的变迁"，《中国研究》，1999 年，第 16 卷，第 1—2 期，第 59—153 页)。

Colquhoun，Archibald R. 1883. *Across Chrysë*：*From Canton to Mandalay*. *Being the Narrative of a Journey of Exploration through the South China Border Lands from Canton to Mandalay*. 2 vol. London：Sampson Low，Marston，Searle，and Rivington(柯乐洪：《横穿克里塞：通过华南边疆从广州到曼德勒旅行记事》，2 卷本，伦敦：Sampson Low，Marston，Searle，and Rivington 出版社，1883 年)。

Cooper，Eugene. 2000. *Adventures in a Chinese Bureaucracy：A Meta-Anthropological Saga*. Huntington，N. Y.：Nova Science(顾尤勤:《在中国官僚体制中的冒险经历:一个元人类学传奇》,纽约州亨廷顿:新星科学出版社,2000 年)。

Cooper，T. T. 1871. *Travels of a Pioneer of Commerce in Pigtail and Petticoats：Or an Overland Journey from China towards India*. London：J. Murray(托马斯·库珀:《一个商业先驱从中国到印度的陆路旅行》,伦敦:约翰·默里出版社,1871 年)。

Croll，Elizabeth. 1981. *The Politics of Marriage in Contemporary China*. Cambridge：Cambridge University Press(伊丽莎白·克罗尔:《当代中国的婚姻政治》,剑桥:剑桥大学出版社,1981 年)。

——. 1983. *Chinese Women Since Mao*. London：Zed(《毛泽东时代以来的中国妇女》,伦敦:泽德出版社,1983 年)。

——. 1994. *From Heaven to Earth：Images and Experiences of Development in China*. London：Routledge(《从天堂到人间:中国发展的图象与经历》,伦敦:劳特利奇出版社,1994 年)。

——. 1995. *Changing Identities of Chinese Women：Rhetoric，Experience and Self-Perception in Twentieth Century China*. London：Hong Kong University Press(《中国妇女不断变化的身份认同:中国 20 世纪的言辞、经历与自我认知》,伦敦:香港中文大学出版社,1995 年)。

Davies，Major H. R. 1909. *Yun-nan：The Link Between India and the Yangtze*. London：Cambridge University Press(亨利·戴维斯:《云南:连接印度和长江的纽带》,伦敦:剑桥大学出版社,1909 年)。

Davin，Delia. 1975. "Women in the Countryside of China." In *Women in Chinese Society*，ed. Margery Wolf and R. Witke，243-73. Stanford，Calif.：Stanford University Press(迪莉娅·达文:"中国农村妇女",卢蕙馨和罗克珊·威特克编《中国社会中的妇女》,加利福尼亚州斯坦福:斯坦福大学出版社,1975 年,第 243—73 页)。

——. 1976. *Woman-work*:*Women and the Party in Revolutionary China*. Oxford:Clarendon(《妇女—工作:中国革命时代的妇女与党》,牛津:克拉伦登出版社,1976 年)。

——. 1985. "The Single-Child Policy in the Countryside." In *China's One-child Family Policy*, ed. Elizabeth Croll, Delia Davin, and Penny Kane, 37-82. London:Macmillan("农村的独生子女政策",伊丽莎白·克罗尔、迪莉娅·达文和彭尼·凯恩编《中国独生子女的家庭政策》,伦敦:麦克米伦出版社,1985 年,第 37—82 页)。

Davison, Jean. 1997. *Gender, Lineage, and Ethnicity in Southern Africa*. Boulder, Colo.:Westview(吉恩·戴维森:《南部非洲的社会性别、宗族与族群》,科罗拉多州博尔德:西部视点出版社,1997 年)。

Diamond, Jared. 1997. *Guns, Germs, and Steel*:*The Fates of Human Societies.* New York:Norton)(贾雷德·戴蒙德:《枪炮、病菌与钢铁:人类社会的命运》,纽约:诺顿出版社,1997 年)。

371 Diamond, Norma. 1975. "Collectivization, Kinship, and the Status of Women in Rural China." In *Toward an Anthropology of Women*, ed. Rayna Reiter, 372-95. New York:Monthly Review Press(戴玛瑙:"中国农村的集体化、亲属关系与妇女的地位",雷娜·赖特编《迈向妇女的人类学》,纽约:每月评论出版社,1975 年,第 372—95 页)。

Dietrich, Craig. 1972. "Cotton Culture and Manufacture in Early Ch'ing China." In *Economic Organization in Chinese Society*, ed. W. E. Willmott, 109-135. Stanford, Calif.:Stanford University Press(克雷格·迪特里希:"中国清初的棉花文化与制造业",威廉·威尔莫特编《中国社会的经济组织》,加利福尼亚州斯坦福:斯坦福大学出版社,1972 年,第 109—135 页)。

Dikotter, Frank. 1995. *Sex, Culture and Modernity in China*:*Medical Science and the Construction of Sexual Identities in the Early Republican Period*. Honolulu:University of Hawaii Press(弗兰克·迪科

特：《中国的性、文化与现代性：民国初期医学科学与性身份的建构》，火努鲁鲁：夏威夷大学出版社，1995 年）。

Drèze，Jean and Amartya Sen，eds. 1989. *Hunger and Political Action*. Oxford：Clarendon（让·德雷兹和阿马蒂亚·森编：《饥饿与政治行动》，牛津：克拉伦登出版社，1989 年）。

——. 1996. *Indian Development：Selected Regional Perspectives*. Delhi：Oxford University Press（《印度发展：地区视野文选》，德里：牛津大学出版社，1996 年）。

Eades，J. S. 1998. "Eastern and Western Research in Rural China." Paper presented at the International Congress of Anthropological and Ethnological Sciences，Williamsburg，Va.，July 28-Aug 2)（杰里·伊兹："有关中国农村的东西方研究"，1998 年 7 月 28 日—8 月 2 日在威廉斯堡举行的国际人类学与民族学大会上报告的论文）。

Ebrey，Patricia Buckley. 1990. "Women，Marriage，and the Family in Chinese History." In *Heritage of China：Contemporary Perspectives on Chinese Civilization*，ed. Paul Ropp，197-223. Berkeley：University of California Press（伊沛霞："中国历史上的妇女、婚姻与家庭"，罗溥洛编《中国的遗产：关于中国文明的当代观点》，伯克利：加利福尼亚大学出版社，1990 年，第 197—223 页）。

——. 1991. "Shifts in Marriage Finance from Sixth to Thirteenth Century." In *Marriage and Inequality in Chinese Society*，eds. Rubie Watson and Patricia Buckley Ebrey，97-132. Berkeley：University of California Press（"6 到 13 世纪婚姻财务的转变"，华若碧和伊沛霞编《中国社会中的婚姻与不平等》，伯克利：加利福尼亚大学出版社，1991 年，第 97—132 页）。

——. 1993. *The Inner Quarters：Marriage and the Lives of Chinese Women in the Sung Period*，Berkeley：University of California Press（《内闱：宋代的婚姻与妇女生活》，伯克利：加利福尼亚大学出版社，1993 年）。

——. ed. 1981. *Chinese Civilization and Society*：*A Sourcebook*. New York：Free Press(《中国文明与社会资料汇编》,纽约:自由出版社,1981 年)。

Elliot，Alan. 1955. *Chinese Spirit Medium Cults in Singapore*. Monographs on Social Anthropology, no. 14. London：London School of Economics and Political Sciences(阿伦·埃利奥特:《新加坡华人的灵媒崇拜》,社会人类学专题论文,第 14 卷,伦敦:伦敦政治经济学院,1955 年)。

Elvin，Mark. 1972. "The High-Level Equilibrium Trap." In *Economic Organization in Chinese Society*，ed. W. E. Wilmott，137-72. Stanford, Calif.：Stanford University Press(伊懋可:"高层平衡的陷阱",威廉·威尔莫特编《中国社会的经济组织》,加利福尼亚州斯坦福:斯坦福大学出版社,1972 年,第 137—172 页)。

Endicott，Stephen. 1989. *Red Earth*：*Revolution in a Sichuan Village*. Toronto：University of Toronto-York University Joint Centre for Asia Pacific Studies(斯蒂芬·恩迪科特:《红土地:一个四川村庄中的革命》,多伦多:多伦多大学—约克大学亚太研究联合中心,1989 年)。

Fei Xiaotong (Fei Hsiao Tung) 1949. *Peasant Life in China*：*A Field Study of Country Life in the Yangtz Valley*. London：Routledge and Kegan Paul. (Also published in 1939 as *Peasant Life in China*：*A Field Study of Country Life in the Yangtz Valley*. New York：Dutton)(费孝通:《中国农民的生活:长江领域乡村生活的一项田野研究》,伦敦:劳特利奇出版社,1949 年;1939 年也以《中国农民的生活:长江领域乡村生活的一项田野研究》之名,由纽约的达顿出版社出版)。

——. 1983. *Chinese Village Close-up*. Beijing：New World Press(《三访江村》,北京:新世界出版社,1983 年)。

——. 1991. "Revisit to Yunnan's Three Villages"，*Chinese Social Science* 12，no 1：169-178("重访云南三村",《中国社会科学》,1991 年,第 12 卷,第 1 期,第 169—178 页)。

——. 1992. *From the Soil : The Foundations of Chinese Society*. A Translation of Fei Xiaotong's *Xiangtu Zhongguo* with an Introduction and Epilogue by Gary G. Hamilton and Wang Zheng. Berkeley : University of California Press(《乡土中国：中国社会的基础》[英文版论文集]，韩格理和王政分别作序并写了后记，伯克利：加利福尼亚大学出版社，1992 年)。

Fei Xiaotong [Fei Hsiao Tung] and Zhang Zhiyi [Chang Chih-I]. 1945. *Earthbound China : A Study of Rural Economy in Yunnan*. Chicago : University of Chicago Press(费孝通和张之毅：《乡土中国：对云南农村经济的研究》，芝加哥：芝加哥大学出版社，1945 年)。

——. 1990. *Yunan Three Villages*. Tianjin : Tianjin People's Publishing House(《云南三村》，天津：天津人民出版社，1990 年)。

Fitzgerald，C. P. 1941. *The Tower of Five Glories : A Study of the Min Chia of Ta Li , Yunnan*. London : Cresset(费子智：《五华楼：关于云南大理民家的研究》，伦敦：克雷瑟特，1941 年)。

Franck，Harry A. 1925. *Roving through Southern China*. New York : Century(哈利·弗兰克：《漫游华南》，纽约：世纪出版社，1925 年)。

Friedman，Edward，Paul Pickowicz，and Mark Selden. 1991. *Chinese Village , Socialist State*. New Haven, Conn. : Yale University Press(弗里曼、毕克伟、赛尔登：《中国乡村，社会主义国家》，康涅狄格州纽黑文：耶鲁大学出版社，1991 年)。

Gamble，Sidney. 1954. *Ting Hsien : A North China Rural Community*. Stanford, Calif. : Stanford University Press(甘博：《定县：一个华北乡村社区》，加利福尼亚州斯坦福：斯坦福大学出版社，1954 年)。

Gao Mobo C. F. 1999. *Gao Village : Rural Life in Modern China*. Hong Kong : Hong Kong University Press(高默波：《高家村：现代中国的乡村生活》，香港：香港大学出版社，1999 年)。

Gates，Hill. 1989. "The Commoditization of Chinese Women," *Signs* 14，no. 4：799-832(葛希芝："中国妇女的商品化"，《标志》，1989 年，第 14

卷,第 4 期,第 799—832 页)。

——. 1991. "Narrow Hearts and Petty Capitalism." In *Marxist Approaches in Economic Anthropology*, ed. Alice Littlefield and Hill Gates, 13-36. Lanham, Md.: University Press of America("小气量与小资本主义",艾丽斯·利特菲尔德和葛希芝编《马克思主义的经济人类学方法》,马里兰州兰汉姆:美利坚大学出版社,1991 年,第 13—36 页)。

——. 1993. "Cultural Support for Birth Limitation among Urban Capital-owning Women." In *Chinese Families in the Post-Mao Era*, ed. Deborah Davis and Stevan Harrell, 251-76. Berkeley: University of California Press("对城市女资本拥有者生育限制的文化支持",伯克利:加利福尼亚大学出版社,1993 年,第 251—276 页)。

——. 1995. "Footloose in Fujian: Economic Correlates of Footbinding." Paper presented for "Workshop: Fukien and Taiwan in the Nineteenth and Twentieth Centuries: Contacts and Contrasts," Leiden University, Leiden, The Netherlands, July 5-8("福建的放足:缠足的经济相关性",1995 年 7 月 5—8 日在荷兰莱顿大学举行的"19—20 世纪的福建与台湾:联系与对比研讨会"上报告的论文)。

——. 1996. *China's Motor: A Thousand Years of Petty Capitalism*. Ithaca, N. Y.: Cornell University Press(《中国的发动机:千年的小资本主义》,纽约州伊萨卡:康奈尔大学出版社,1996 年)。

——. 1997. "Footbinding and Handspinning in Sichuan: Capitalism's Ambiguous Gifts to Petty Capitalism." In *Constructing China: The Interaction of Culture and Economics*, ed. Kenneth G. Lieberthal, Shuen-fu Lin, and Ernest P. Young, 177-94. Ann Arbor: University of Michigan Press("四川的缠足与手工纺纱:资本主义给小资本主义的模棱两可礼物",肯尼思·利伯索尔等编《建构中国:文化与经济的互动》,密西根大学出版社,1997 年,第 177—194 页)。

Gilmartin, Christina. G. Hershatter, L. Rofel, and Tyrene White, eds. 1994. *Engendering China*: *Women*, *Culture and the State*. Cambridge: Harvard University Press(柯临清、贺萧、罗丽莎及泰尔恩·怀特编:《用社会性别视野审视中国:妇女、文化与国家》,剑桥:哈佛大学出版社,1994 年)。

Goody, Jack. 1990. *The Oriental*, *the Ancient*, *and the Primitive*: *Systems of Marriage and the Family in the Pre-industrial Societies of Eurasia*. Cambridge: Cambridge University Press(杰克· 古迪:《东方、古代与原始的:欧亚前工业化社会中的婚姻与家庭制度》,剑桥:剑桥大学出版社,1990 年)。

Goody, Jack, and S. J. Tambiah. 1973. *Bridewealth and Dowry*. Cambridge: Cambridge University Press(杰克·古迪和斯坦利·坦姆比亚:《彩礼与嫁妆》,剑桥:剑桥大学出版社,1973 年)。

Gould-Martin, Katherine. 1978. "Ong-Ia-Kong: The Plague God as Modern Physician." In *Culture and Healing in Asian Societies*: *Anthropological*, *Psychiatric and Public Health Studies*, ed. A. Kleinman et al., 41-67. Boston: G. K. Hall(凯瑟琳·古尔德-马丁:"作为现代医生的瘟神",亚瑟·克兰曼等编《亚洲社会的文化与治疗:人类学、精神病学与大众健康研究》,波士顿:G. K. 霍尔出版社,1978 年,第 41—67 页)。

Graham, David Crockett. 1961. *Folk Religion in Southwest China*. Washington: Smithsonian Institution, Miscellaneous Collections, Vol. 142, no. 2(葛维汉:《中国西南的民间宗教》,华盛顿:史密森学会,杂集,1961 年,第 142 卷,第 2 期)。

Greenhalgh, Susan. 1985. "Is Inequality Demographically Induced? The Family Cycle and the Distribution of Income in Taiwan," *American Anthropologist*, 87: 571-94(葛苏珊:"不平等是由人口统计引起的吗? 台湾的家庭周期与收入分配",《美国人类学家》,第 87 卷,第 571—594 页)。

——. 1990. "The Evolution of the One-Child Policy in Shanxi", *China Quarterly*, no. 122 (June): 191-229("陕西独生子女政策的演变",《中国

季刊》,1990 年,第 122 期,第 191—229 页)。

——. 1992. "Negotiating Birth Control in Village China." Population Council, Research Division, Working Paper ♯38("中国村庄的生育控制协商",人口理事会研究部,1992 年, 工作报告第 38 号)。

——. 1993. "The Changing Value of Children in the Transition from Socialism: The View from Three Chinese Villages." Population Council, Research Division, Working Paper. Prepared for Elizabeth Brumfiel, ed. *The Economic Anthropology of the State*. Lanham, Md.: University Press of America("社会主义转型中孩子价值的变化:基于中国三个村庄的观点",人口理事会研究部,工作报告,伊丽莎白·布伦菲尔编《国家的经济人类学》,马里兰州兰汉姆:美利坚大学出版社,1993 年)。

Greenhalgh, Susann, and Jaili Li. 1995. "Engendering Reproductive Policy and Practice in Peasant China: For a Feminist Demography of Reproduction,"*Signs* 20, no. 3: 601-41(葛苏珊和李佳丽:"用社会性别视野审视农民中国的生育政策与实践:女权主义的生育人口学",《标志》,1995 年,第 20 卷,第 3 期,第 601—641 页)。

373 Hall, Christine. 1997. *Daughters of the Dragon: Women's Lives in Contemporary China*. London: Scarlet (克里斯蒂娜·霍尔:《龙的女儿们:当代中国妇女的生活》,伦敦:斯卡利特出版社, 1997 年)。

Harrell, Stevan. 1993. "Geography, Demography, and Family Composition in Three Southwestern Villages." in *Chinese Families in the Post-Mao China*, ed. Deborah Davis and Stevan Harrell, 77-102. Berkeley: University of California(郝瑞:"中国西南三个村庄的地理、人口与家庭构成",戴慧斯和郝瑞编《后毛时代的中国家庭》,伯克利:加利福尼亚大学出版社,1993 年,第 77—102 页)。

He Liyi. 1993. *Mr. China's Son: A Villager's Life*. Boulder, Colo.: Westview(何力毅[音译]:《中国先生之子:一个村民的生活》,科罗拉多州博尔德:西部视点出版社,1993 年)。

Hinton, Carma, director. 1984. *Small Happiness* (video). Long Bow Group, Inc. Richard Gorden, Kathy Kline, and Daniel Sipp, producers. New York：New Day Films（卡玛·辛顿[即韩倞]：《小喜》[纪录片]，纽约：新时代电影，1984 年）。

Hinton, William. 1966. *Fanshen：A Documentary of Revolution in a Chinese Village*. New York：Vintage（韩丁：《翻身——中国一个村庄的革命纪实》，纽约：高品质出版社，1966 年）。

Honig, Emily, and Gail Hershatter. 1988. *Personal Voices：Chinese Women in the 1980's*. Stanford, Calif.：Stanford University Press（韩起澜和贺萧：《个人的声音：20 世纪 80 年代的中国妇女》，加利福尼亚州斯坦福：斯坦福大学出版社，1988 年）。

Hosie, Alexander. 1890. *Three Years in Western China；A Narrative of Three Journeys in Ssuchuan, Kuei-chow, and Yu-nan*. London：George Philip and Son（谢立山：《华西三年；三入四川、贵州与云南行记》，伦敦：乔治·菲利普父子出版社，1890 年）。

Hsieh, Ping-ying. 1986 [1945]. *Autobiography of a Chinese Girl*. London：Allen and Unwin（谢冰莹《一个中国姑娘的自传》，伦敦：艾伦与昂温出版社 1986[1945]年）。

Hsu. Francis. 1952. *Religion, Science, and Human Crises：A Study of China in Transition and Its Implications for the West*. London：Routldge and Kegan Paul（许烺光：《宗教、科学与人类危机：对转型中国及其对西方影响的研究》，伦敦：劳特利奇和基根·保罗出版社，1952 年）。

——. 1967 [1948]. *Under the Ancestor's Shadow：Kinship, Personality and Social Mobility in Village China*. Garden City, N. Y.：Doubleday.（《祖荫下：传统中国的亲属关系、人格和社会流动》，纽约花园城：双日出版社，1967[1948]年）。

Huang, Philip C. C. 1985. *The Peasant Economy and Social Change in North China*. Stanford, Calif.：Stanford University Press（黄宗智：《华北

的小农经济与社会变迁》，加利福尼亚州斯坦福：斯坦福大学出版社，1985年）。

——. 1990. *The Peasant Family and Rural Development in the Yangzi Delta*，1350-1988. Stanford，Calif. ：Stanford University Press（《长江三角洲小农家庭与农村发展，(1350—1988)》，加利福尼亚州斯坦福：斯坦福大学出版社，1990年）。

Huang，Shu-min. 1989. *The Spiral Road：Change in a Chinese Village Through the Eyes of a Communist Party Leader*. Boulder，Colo：Westview（黄树民：《螺旋式的道路：一个共产党领导人眼里中国村庄的变化》，科罗拉多州博尔德：西部视点出版社，1989年）。

Ikels，Charlotte. 1996. *The Return of the God of Wealth：The Transition to a Market Economy in Urban China*. Stanford，Calif. ：Stanford University Press（艾秀慈：《财神的回归：中国城市向市场经济转变》，加利福尼亚州斯坦福：斯坦福大学出版社，1996年）。

Jacka，Tamara. 1997. *Women's Work in Rural China：Change and Continuity in an Era of Reform*. Cambridge：Cambridge University Press（杰华：《中国农村妇女的工作：改革时代的变化与连续性》，剑桥：剑桥大学出版社，1997年）。

Jankowiak，William. 1993. *Sex，Death and Hierarchy in a Chinese City*. New York：Columbia University Press（威廉·扬科瓦克：《一个中国城市的性、死亡与等级制》，纽约：哥伦比亚大学出版社，1993年）。

Jaschok，Maria. 1988. *Concubines and Bondservants：The Social History of a Chinese Custom*. Hong Kong：Oxford University Press（玛丽亚·贾斯乔克：《妾役：一种中国习俗的社会史》，香港：牛津大学出版社，1988年）。

——. 1994. "Chinese 'Slave' Girls in Yunnan-Fu：Saving (Chinese) Womanhood and (Western) Souls，1930-1991." In *Women and Chinese Patriarchy：Submission，Servitude and Escape*，ed. Maria Jaschok and

Suzanne Miers，171-97. Hong Kong University Press（"云南的中国奴婢：拯救［中国的］女性气质和［西方的］灵魂，1930—1991"，玛丽亚·贾斯乔克和苏珊娜·迈尔斯编《妇女与中国父权制：屈从、奴役与逃脱》，香港大学出版社，1994 年，第 171—197 页）。

Jaschok，Maria，and Suzanne Miers，eds. 1994. *Women and Chinese Patriarch*. London：Hong Kong University Press（玛丽亚·贾斯乔克和苏珊娜·迈尔斯编：《妇女与中国父权制：屈从、奴役与逃脱》，伦敦：香港大学出版社，1994 年）。

Jeffery，Patricia，Roger Jeffery，and Andrew Lyon. 1989. *Labour Pains and Labour Power：Women and Childbearing in India*. London：Zed（帕特里夏·杰弗里、罗杰·杰弗里和安德鲁·里昂：《分娩之痛与权力：印度妇女与生孩子》，伦敦：泽德出版社，1989 年）。

Jeffery，Roger，and Patricia Jeffery. 1997. *Population，Gender and Politics：Demographic Change in Rural North India*. Cambridge：Cambridge University Press（帕特里夏·杰弗里、罗杰·杰弗里：《人口、社会性别与政治：印度北部农村的人口变动》，剑桥：剑桥大学出版社，1997 年）。

Jing Jun. 1996. *The Temple of Memories：History，Power，and Morality in a Chinese Village*. Stanford，Calif.：Stanford University Press（景军：《神堂记忆：一个中国乡村的历史、权力与道德》，加利福尼亚州斯坦福：斯坦福大学出版社，1996 年）。

Johnson，Graham. 1993. "Family Strategies and Economic Transformation in Rural China：Some Evidence from the Pearl River Delta." In *Chinese Families in the Post-Mao Era*，ed. Deborah Davis and Stevan Harrell 103-38. Berkeley：University of California Press（詹森："中国农村的家庭策略与经济转型：来自珠江三角洲的某些证据"，戴慧斯和郝瑞编《后毛时代的中国家庭》，伯克利：加利福尼亚大学出版社，1993 年，第 103—138 页）。

374

Johnson, Kay Ann. 1983. *Women, the Family and Peasant Revolution in China*. Chicago: University of Chicago Press(基·安·约翰逊:《中国的妇女、家庭与农民革命》,芝加哥:芝加哥大学出版社,1983 年)。

——. 1996. "The Politics of Infant Abandonment in China," *Population and Development Review* 22, no. 1: 77-98("中国弃婴的政治",《人口与发展评论》,1996 年,第 22 卷,第 1 期,第 77—98 页)。

Jordan, David K. 1972. *Gods, Ghosts and Ancestors: The Folk Religions of a Taiwanese Village*. Berkeley: University of California Press(焦大卫:《神、鬼与祖先:一个台湾村落的民间信仰》,伯克利:加利福尼亚大学出版社,1972 年)。

Judd. Ellen. 1989. "Niangjia: Chinese Women and Their Natal Families," *Journal of Asian Studies* 48, no. 3: 525-44(朱爱岚:"娘家:中国妇女及其生养之家",《亚洲研究杂志》,1989 年,第 48 卷,第 3 期,第 525—544 页)。

——. 1994. *Gender and Power in Rural North China*. Stanford, Calif.: Stanford University Press(《中国北方村落的社会性别与权力》,加利福尼亚州斯坦福:斯坦福大学出版社,1994 年)。

King, Haitung, and Frances B. Locke. 1983. "Selected Indicators of Current Health Status and Major Causes of Death in the People's Republic of China. An Historical Perspective." In *China Facts and Figures Annual*, Vol. 6, ed. John L. Scherer, 375-422. Gulf Breeze, Fla.: Academic International Press(海通·金和弗朗西斯·洛克:"健康状况与主要死因一些指标的历史透视",约翰·舍雷尔编《中国事实与数据年刊》,第 6 卷,学术国际出版社,1983 年,第 375—422 页)。

Kleinman, Arthur. 1980. *Patients and Healers in the Context of Culture: An Exploration of the Borderland Between Anthropology, Medicine, and Psychiatry*. Berkeley: University of California Press(凯博文:《文化情境中的病患者与医治者:对人类学、医学及精神病学边界的探索》,

伯克利:加利福尼亚大学出版社,1980 年)。

Ko，Dorothy. 1994. *Teachers of the Inner Chambers：Women and Culture in Seventeenth-Century China*. Stanford, Calif.：Stanford University Press(高彦颐:《闺塾师:中国 17 世纪的妇女与文化》,加利福尼亚州斯坦福:斯坦福大学出版社,1994 年)。

Lavely，William. 1991. "Marriage and Mobility under Rural Collectivism." In *Marriage and Inequality in Chinese Society*，ed. Rubie S. Watson and Patricia B. Ebrey，286-312. Berkeley：University of California Press(雷伟立:"农村集体制下的婚姻与流动",华若碧和伊沛霞编《中国社会中的婚姻与不平等》,伯克利:加利福尼亚大学出版社,1991年,第 286—312 页)。

Lay，G. Tradescent. 1843. *The Chinese as They Are：Their Moral and Social Character，Manners，Customs，and language with Remarks on Their Arts and Sciences，Their Medical Skill，The Extent of Missionary Enterprise，etc.* Albany，N. Y.：Geo. Jones. (特拉德森特·莱伊:《中国人的道德和社会特征、举止、习俗和语言——兼论他们的文理、医疗技能和传教事业的范围等》,纽约州奥尔巴尼:杰奥·琼斯出版社,1943 年)。

Leach，Edmund. 1967. "An Anthropologist's Reflection on a Social Survey." In *Anthropologists in the Field*，ed. D. C. Jongman and P. C. Gutkind，75-88. Assen, Netherlands：Van Gorcum(埃德蒙·里奇:"一个人类学家对一项社会调查的反思",窦韦·琼格曼等编《从事田野作业的人类学家》,荷兰阿森市:Van Gorcum 出版社,1967 年,第 75—88 页)。

Lee，Ching Kwan. 1998. *Gender and the South China Miracle：Two Worlds of Factory Women*. Berkeley：University of California Press(李静君:《社会性别与华南奇迹:工厂女工的两个世界》,伯克利:加州大学出版社,1998 年)。

Lee，James. 1982. "Food Supply and Population Growth in Southwest China，1250-1850，"*Journal of Asian Studies* 41，no. 4：711-801(李中清:

"中国西南的粮食供应与人口增长[1250-1850]",《亚洲研究杂志》,1982 年,41 卷,第 4 期,第 711—801 页)。

Levy, Howard. 1991 [1966]. *The Lotus Lovers: The Complete History of the Curious Erotic Custom of Footbinding in China.* Buffalo, N. Y.: Prometheus(霍华德·利维:《爱莲人:缠足习俗的完整史》,纽约州水牛城:普罗米修斯出版社,1991[1966]年)。

Li Jiali. 1994. "China's Family Planning Program: How and How Well, Did it Work?"*Population Council Working Paper* no. 65(李佳丽:"中国的计划生育项目是如何实施的,效果如何?"人口理事会工作报告第 65 号,1994 年)。

Lin Yueh-Hwa. 1947. *The Golden Wing: A Sociological Study Of Chinese Familism.* London: Kegan Paul, Trench, Trubner & Company(林耀华:《金翼:中国家族制度的社会学研究》,伦敦: Kegan Paul, Trench, Trubner & Company,1947 年)。

Lufeng County Gazette (LCG) Editorial Committee. 1997. *Lufeng xian zhi* (Lufeng County Gazette). Kunming: Yunnan People's Publishing House(禄丰县志编委会:《禄丰县志》,昆明:云南人民出版社,1997 年)。

Lufeng County Yearbook (LCY) Editorial Committee. 1999. *Lufeng xian nianjian* (Lufeng County Yearbook). Mangshi, Dehong, Yunnan: Dehong Nationalities Publishing House(禄丰县年鉴编委会:《禄丰县年鉴》,云南德宏州芒市:德宏民族出版社,1999 年)。

Maclachlan, Morgan. 1983. *Why They Did Not Starve: Biocultural Adaptation in a South Indian Village.* Philadelphia: Institute for the Study of Human Issues(摩根·麦克拉克伦:《他们为何不挨饿:南印度一个村庄的生物文化适应性》,费城:人类问题研究所,1983 年)。

Mann, Susan. 1991. "Grooming a Daughter for Marriage." In *Marriage and Inequality in Chinese Society*, ed. Rubie Watson and Patricia Buckley Ebrey, 204-30. Berkeley: University of California Press(曼素恩:

"女儿梳妆待嫁",华若碧和伊沛霞编《中国社会中的婚姻与不平等》,伯克利:加利福尼亚大学出版社,1991年,第204—230页)。

——. 1997. *Precious Records*: *Women in China's Long Eighteenth Century*. Stanford, Calif.: Stanford University Press(《缀珍录:漫长18世纪的中国妇女》,加利福尼亚州斯坦福:斯坦福大学出版社,1997年)。

Mao Zedong. 1990. *Report From Xunwu*. Translated with an introduction by Roger Thompson. Stanford, Calif.: Stanford University Press(毛泽东:《寻乌调查》,罗杰·汤普森翻译并作序,加利福尼亚州斯坦福:斯坦福大学出版社,1990年)。

McGough, James. 1979. *Fei Hsiao-t'ung*: *The Dilemma of a Chinese Intellectual*. White Plains, N. Y.: Sharpe(詹姆斯·麦高夫:《费孝通:一个中国知识分子的困境》,纽约:夏普出版社,1979年)。

Miller, Barbara. 1981. *The Endangered Sex*: *Neglect of Female Children in Rural North India*. Ithaca, N. Y.: Cornell University Press(芭芭拉·米勒:《面临危险的性别:印度北部农村对女童的忽视》,纽约州伊萨卡:康奈尔大学出版社,1981年)。

Mosher, Stephen. 1993. *A Mother's Ordeal*: *One Woman's Fight Against the One-Child Policy*. New York: HarperPerennial(斯蒂分·臭舍:《母亲的考验:一个妇女反抗独生子女政策》,纽约:哈珀永久出版社,1993年)。

Muegglar, Erik. 1998. "The Poetics of Grief and the Price of Hemp in Southwest China," *Journal of Asian Studies* 17, no. 4: 979-1008(埃里克·木克尔:"中国西南的悲情诗与大麻的价格",《亚洲研究杂志》,1998年,第17卷,第4期,第979—1008页)。

Mundlak, Yair, Donald Larson, and Al Crego. 1997. "Agriculture and Development," *World Bank Policy and Research Bulletin* 8, no. 1: 1-4(亚伊尔·芒德拉克等:"农业与发展",《世界银行政策与研究公报》,1997年,第8卷,第1期,第1—4页)。

Naquin, Susan, and Evelyn Rawski. 1987. *Chinese Society in the Eighteenth Century*. New Haven, Conn. : Yale University Press(韩书瑞和罗友枝:《18 世纪中国社会》,康涅狄格州纽黑文:耶鲁大学出版社,1987 年)。

National 1‰ Population Sample Investigation Material for Yunnan (NPSY) 1997. *quanguo 1‰ renkou chouyang diaocha ziliao*(National 1‰ Population Sample Investigation Material for Yunnan). Beijing: China Statistical Publishing House(云南省统计局:《2015 年云南省 1‰人口抽样调查资料》,北京:中国统计出版社,1997 年)。

Nussbaum, Martha. 1999. *Sex and Social Justice*. Oxford: Oxford University Press(玛莎·努斯鲍姆:《性与社会正义》,牛津:牛津大学出版社,1999 年)。

Ocko, Jonathan K. 1991. "Women, Property and the Law in the People's Republic of China." In *Marriage and Inequality in Chinese Society*, ed. Rubie Watson and Patricia B. Ebrey, 313-46. Berkeley: University of California Press(欧中坦:"妇女、财产与法律",华若碧和伊沛霞编《中国社会中的婚姻与不平等》,伯克利:加利福尼亚大学出版社,1991 年,第 313—346 页)。

Ogden, Suzanne. 1995. *China's Unresolved Issues: Politics, Development, and Culture*. 3d ed. Englewood Cliffs, N. J. : Prentice Hall(苏珊娜·奥格登:《中国悬而未决的问题:政治、发展和文化》,第 3 版,新泽西州恩格尔伍德市:普林蒂斯霍尔出版公司,1995 年)。

Osborne, Milton. 1996 [1975]. *River Road to China: The Search for the Source of the Mekong*. New York: Atlantic Monthly Press(米尔顿·奥斯本:《通往中国的江河之路:寻找湄公河的源头》,纽约:大西洋月刊出版社,1996[1975]年)。

Osgood, Cornelius. 1963. *Village Life in Old China*. New York: Ronald Press(科尼利厄斯·奥斯古德:《旧中国的乡村生活》,纽约:罗纳德

出版社,1963 年)。

Oxfeld,Ellen. 1993. *Blood, Sweat, and Mahjong: Family and Enterprise in an Overseas Chinese Community*. Ithaca, N. Y.: Cornell University Press(欧爱玲:《血汗与麻将:一个海外华人社区的家庭与企业》,纽约州伊萨卡:康奈尔大学出版社,1993 年)。

Papanek,Hanna. 1990. "To Each Less Than She Needs,from Each More Than She Can Do: Allocations, Entitlements and Value." In *Persistent Inequalities: Women and World Development*, ed. Irene Tinker, 162-181. New York: Oxford University Press(汉娜·帕帕内克:"少于她所需要的,多于她所能做的:分配、权利与价值",艾琳·廷克编《持久的不平等:妇女与世界发展》,纽约:牛津大学出版社,1990 年,第 162-181 页)。

Parker,Rozsika. 1989. *The Subversive Stitch: Embroidery and the Making of the Feminine*. New York: Routledge(罗兹斯卡·帕克:《颠覆性的针法:刺绣与女性气质的塑造》,纽约:劳特利奇,1989 年)。

Parrish,William, ed. 1985. *Chinese Rural Development: The Great Transformation*. Armonk, N. Y.: Sharpe(白维廉编:《中国农村发展:巨大的转变》,纽约州阿蒙克:夏普出版社,1985 年)。

Pasternak,Burton. 1983. *Guests in the Dragon: Social Demography of a Chinese District*, 1895-1946. New York: Columbia University Press(伯顿·帕斯特纳克:《龙之客:一个华人区的社会人口(1895-1946)》,纽约:哥伦比亚大学出版社,1983 年)。

——. 1985. *Marriage and Fertility in Tianjin, China: 50 Years of Transition*. Honolulu: East-West Population Institute("中国天津的婚姻与生育:50 年的变迁",檀香山:东西方人口研究所,1985 年)。

Pasternak,Burton, and Janet Salaff. 1993. *Cowboys and Cultivators: The Chinese of Inner Mongolia*. Boulder, Colo.: Westview(伯顿·帕斯特纳克和珍妮特·萨拉福:《牛仔与农夫:内蒙古的中国人》,科罗拉多州博尔德:西部视点出版社,1993 年)。

376

Population Census of Yunnan Province（PCYP）. 1991. *Yunnan sheng di si ci renkou pucha shouhui zongziliao* （Major figures of manual tabulation on 1990 population census of Yunnan Province）. Kunming：Yunnan People's Publishing House(云南省人口普查办公室:《云南省第四次人口普查手工汇总资料》,昆明:云南人民出版社,1991 年)。

Population Census Office. 1987. *The Population Atlas of China*. Oxford：Oxford University Press(人口普查办公室:《中国的人口地图集》,牛津:牛津大学出版社,1987 年)。

Poston, Dudley L. , Jr. , and David Yaukey, eds. 1992. *The Population of Modern China*. New York：Plenum(鲍思顿等编:《现代中国的人口》,纽约:Plenum 出版社,1992 年)。

Potter, Jack. 1974. "Cantonese Shamanism. " In *Religion and Ritual in Chinese Society*, ed. Arthur Wolf, 207-301. Stanford, Calif. : Stanford University Press(杰克·波特:"广东的萨满教",武雅士编《中国社会中的宗教与仪式》,加利福尼亚州斯坦福:斯坦福大学出版社,1974 年, 第 207-301 页)。

Potter, Sulamith, and Jack Potter. 1990. *China's Peasants：The Anthropology of a Revolution*. Cambridge：Cambridge University Press(苏拉密斯·波特和杰克·波特:《中国农民:革命的人类学》,英国剑桥:剑桥大学出版社,1990 年)。

Pruitt, Ida. 1945. *A Daughter of Han：The Autobiography of a Chinese Working Woman*. Stanford, Calif. : Stanford University Press(艾达·普鲁伊特:《汉人之女:一个中国女工的自传》,加利福尼亚州斯坦福:斯坦福大学出版社,1945 年)。

Putterman, Louis. 1985. "The Restoration of the Peasant Household as Farm Production Unit in China；Some Incentive Theoretic Analysis. " In *The Political Economy of Reform in Post-Mao China* , ed. Elizabeth Perry and Christine Wong, 63-82. Cambridge：Council on East Asian Studies,

Harvard University(路易斯·帕特曼:"中国农户重新成为农业生产单位的若干激励因素理论分析",裴宜理和黄佩华主编《后毛中国改革的政治经济学》,剑桥:哈佛大学东亚研究委员会,1985 年,第 63-82 页)。

Qian Cheng run, Du Jinhong, and Shi Yueling. 1985. "Yi District's 'Lu Village' Past and Present." In *Yizu wenhua yanjiu wenji*(*Collected Essays on Yi Minority Research*), eds. Yunnan Social Science Academy; Chuxiong Yi Minority Cultural Research Institute. Kunming, China: Yunnan People's Publishing House(钱成润、杜晋宏和史岳灵:"彝区禄村的过去与现在",云南社会科学院和楚雄彝族文化研究所编《彝族文化研究文集》,昆明:云南人民出版社,1985 年)。

Qian Chengrun, Shi Yueling, and Du Jinhong. 1995. *Fei Xiaotong Lucun Nongtian Wushi Nian*. Kunming, China: Yunnan People's Publishing House(钱成润、史岳灵和杜晋宏:《费孝通禄村农田五十年》,昆明:云南人民出版社,1995 年)。

Qin Zhaoxiong. 1998. "The Politics of Change in a Chinese Village: A Native Anthropologist's Perspective." Paper presented at the International Congress of Anthropological and Ethnological Sciences (ICAES) meeting, Williamsburg, Va., July 30(秦兆雄:"一个中国村庄变化的政治:本土人类学家的观点",1998 年 7 月 30 日在弗吉尼亚州威廉斯堡举行的国际人类学和民族学大会上报告的论文)。

Rofel, Lisa. 1999. *Other Modernities: Gendered Yearnings in China After Socialism*. Berkeley: University of California Press(罗丽莎:《另类的现代性:改革开放时代中国性别化的渴望》,伯克利:加利福尼亚大学出版社,1999 年)。

Rosen, Stanley. 1995. "Women and Political Participation in China," *Pacific Affairs* 68, no. 3: 315-341(骆思典:"中国的妇女与政治参与",《太平洋事务》,1995 年,第 68 卷,第 3 期,第 315—341 页)。

Rosen, Stanley, ed. 1987-1988. "Chinese Women: 1987-88,"*Chinese*

Sociology and Anthropology：*A Journal of Translations* 20，no. 1-3（骆思典编："1987—1988 年的中国妇女"，《中国社会学与人类学译文杂志》，1987—1988 年，第 20 卷，第 1—3 期）。

Ruf，Gregory A. 1998. *Cadres and Kin*：*Making a Socialist Village in West China*，1921-1991. Stanford，Calif. ：Stanford University Press（葛瑞峰：《干部与亲属：在中国西部建造一个社会主义村落（1921—1991）》，加利福尼亚州斯坦福：斯坦福大学出版社，1998 年）。

Sachs，Carolyn. 1996. *Gendered Fields*：*Rural Women*，*Agriculture and Environment*. Boulder，Colo. ：Westview（卡罗琳·萨克斯：《社会性别化的领域：农村妇女、农业与环境》，科罗拉多州博尔德：西部视点出版社，1996 年）。

Schein，Luisa. 2000. *Minority Rules*：*The Miao and the Feminine in China's Cultural Politics*. Durham，N. C. ：Duke University Press（路易莎：《少数民族准则：中国文化政治中的苗族与女性》，北卡罗来纳州达勒姆：杜克大学出版社，1992 年）。

Sen，Amartya. 1997. "Marriage，Family and Gender Bias in India. " In *Indian Development*：*Selected Regional Perspectives*，ed. Jean Drèze and Amartya Sen. Delhi：Oxford University Press（阿马蒂亚·森："印度的婚姻、家庭与社会性别偏见"，让·德雷兹和阿马蒂亚·森编《印度的发展：区域观点选编》，德里：牛津大学出版社，1997 年）。

——. 1999. *Development as Freedom*. New York：Knopf（《以自由看待发展》，纽约：克诺夫出版集团，1999 年）。

Sen，Gita，and Caren Grown. 1987. *Development*，*Crises and Alternative Visions*：*Third World Women's Perspectives*. London：Earthscan（吉塔·森和卡伦·格罗恩：《发展、危机与另类远景：第三世界妇女的观点》，伦敦：地球扫描出版社，1987 年）。

377　Seybolt，Peter J. 1996. *Throwing the Emperor from His Horse*：*Portrait of a Village Leader in China*，1923-1995. Boulder，Colo. ：

Westview(彼得・西博尔特:《敢把皇帝拉下马:中国一个村庄领导的画像(1923—1995)》,科罗拉多州博尔德:西部视点出版社,1996 年)。

Sheridan, Mary. 1984. "Contemporary Generations. Zhao Xiuyin: Lady of the Sties." In *Lives: Chinese Working Women*, ed. Mary Sheridan and Janet Salaff, 204-235. Bloomington: Indiana University Press(玛丽・谢里丹:"当代各代:养猪女赵秀英",玛丽・谢里丹和珍妮特・萨拉福编,《中国劳动妇女的生活》,布卢明顿:印第安纳大学出版社,1984 年,第 204—235 页)。

Simon, Scott. 1994. *The Economics of the Tao: Social and Economic Dimensions of a Taoist Monastery*. M. A. thesis, Department of Anthropology, McGill University(斯科特・西蒙:"道的经济学:道院的社会和经济维度",麦吉尔大学人类学系硕士论文,1994 年)。

Sinn, Elizabeth. 1994. "The Protection of Women in 19th-Century Hong Kong." In *Women and Chinese Patriarchy: Submission, Servitude and Escape*, ed. Maria Jaschok and Suzanne Miers. London: Zed(伊丽莎白・辛恩:"19 世纪香港对妇女的保护",玛丽亚・贾斯乔克和苏珊娜・迈尔斯编《妇女与中国的父权制:屈从、奴役与逃脱》,伦敦:泽德出版社,1994 年)。

Siu, Helen. 1989. *Agents and Victims in South China: Accomplices in Rural Revolution*. New Haven, Conn.: Yale University Press(萧凤霞:《华南的能动者与受害人:农村革命的共谋》,康涅狄格州纽黑文:耶鲁大学出版社,1989 年)。

Skinner, G. William. 1997. "Family Systems and Demographic Processes." In *Anthropological Demography: Toward a New Synthesis*, ed. David I. Kertzer and Tom Fricke, 53-95. Chicago: University of Chicago Press(施坚雅:"家庭制度与人口统计过程",大卫・克特泽和汤姆・弗里克编,《人类学的人口统计:走向新的综合之道》,芝加哥大学出版社,1997 年,第 53—95 页)。

Smil, Vaclav. 1993. *China's Environmental Crisis: An Inquiry into the Limits of National Development*. Armonk, N. Y.: Sharpe(瓦科拉夫·斯米尔:《中国的环境危机:对国家发展局限性的探究》,纽约州阿蒙克:夏普出版社,1993 年)。

Smith, Christopher. 1990. *China: People and Places in the Land of One Billion*. Boulder, Colo.: Westview(克里斯托弗·史密斯:《中国:10 亿人大地上的人民与地方》,科罗拉多州博尔德:西部视点出版社,1990 年)。

Smith, Nicol. 1940. *Burma Road*. Indianapolis: Bobbs-Merrill(尼科尔·史密斯:《滇缅公路》,印第安纳波利斯:鲍勃斯-梅里尔出版社,1940 年)。

So, Alvin. 1986. *The South China Silk District: Local Historical Transformation and World-System Theory*. Albany: State University of New York Press(苏耀昌:《华南丝绸之乡:当地历史转型与世界体系理论》,奥尔巴尼:纽约州立大学出版社,1986 年)。

Spence, Jonathan. 1990. *The Search for Modern China*. New York: Norton(史景迁:《追寻现代中国》,纽约:诺顿出版社,1990 年)。

Stacey, Judith. 1983. *Patriarchy and Socialist Revolution*. Berkeley: University of California Press(朱迪思·斯泰西:《父权制与社会主义革命》,伯克利:加利福尼亚大学出版社,1983 年)。

State Statistical Bureau (SSB). 1992. *Zhongguo tongji nianjian* (China Statistical Yearbook). Beijing: China Statistical Publishing House(国家统计局:《中国统计年鉴》,北京:中国统计出版社,1992 年)。

——. 1995. *Zhongguo renkou tongji nianjian* (China Population Statistics Yearbook). Beijing: China Statistical Publishing House for the Department of Population and Employment Statistics(《中国人口统计年鉴》,北京:中国统计出版社,1995 年)。

——. 1996. *Zhongguo laodong tongji nianjian* 1995 (China Labor Statistics Yearbook 1995). Beijing: China Statistical Publishing House for the Department of Population and Employment Statistics(《中国劳动统计年鉴(1995)》,北京:中国统计出版社,1996 年)。

——. 1999. *Zhongguo tongji nianjian* (China Statistical Yearbook). Beijing: China Statistical Publishing House(《中国统计年鉴》,北京:中国统计出版社,1999 年)。

Statistics Canada. 2001. CANSIM, Matrix6367. 8 August, 2001, www. statcan. ca/english/ Pgdb/People/Population/demo10a. htm(加拿大统计局:2001 年 8 月 8 日 矩阵[6367],2001 年)。

Stockard, Janice. 1989. *Daughters of the Canton Delta: Marriage Patterns and Economic Strategies in South China*, 1860-1930. Stanford, Calif. : Stanford University Press(珍妮丝·斯托卡德:《珠江三角洲的女儿们:华南婚姻模式与经济策略(1860—1930)》,加利福尼亚州斯坦福:斯坦福大学出版社,1989 年)。

Tian Rukang [T'ien Ju-K'ang]. 1944. "Supplementary Chapter: Female Workers in a Cotton Textile Mill." In *China Enters the Machine Age*, ed. Kuo-heng Shih, 178-98. Cambridge: Harvard University Press(田汝康:"补充性一章:棉纺厂的女工",史国衡编《中国进入机器时代》,剑桥:哈佛大学出版社,1944 年,第 178—198 页)。

Topley, Marjorie. 1975. "Marriage Resistance in Rural Kwangtung." In *Women in Chinese Society*, ed. Margery Wolf and Roxanne Witke. Stanford, Calif. : Stanford University Press (马乔丽·托普利:"广东农村的抗婚",卢蕙馨和罗克珊·威特克主编《中国社会中的妇女》,加利福尼亚州斯坦福:斯坦福大学出版社,1975 年)。

Unger, Jonathan, and Jean Xiong. 1990. "Life in the Chinese Hinterlands under the Rural Economic Reforms," *Bulletin of Concerned Asian Scholars* 22 no. 2: 4-17)(安戈和熊景明:"农村经济改革之下中国内地的生活",《关心亚洲问题的学者公报》,1990 年,第 22 卷,第 2 期,第 4—17 页)。

United Nations Development Program （UNDP）. 1995. *Human Development Report* 1995. New York：Oxford University Press(联合国开发计划署:《人类发展报告(1995)》,纽约:剑桥大学出版社,1995 年)。

378   U. S. Census Bureau （USCB）. 1999. International Data Base. Table 010. ＜http://www. census. gov/cgi-bin/ipc/idbagg＞（February 25, 2000）(美国人口普查局:国际数据库 表格 010,1999 年)。

Vogel, Ezra F. 1989. *One Step Ahead in China*：*Guangdong under Reform*. Cambridge：Harvard University Press(傅高义:《在中国先行了一步:改革中的广东》,剑桥:哈佛大学出版社,1989 年)。

Walker, Kathy Le Mons. 1993. "Economic Growth, Peasant Marginalization, and the Sexual Division of Labor in Early Twentieth-Century China：Women's Work in Nantong County," *Modern China* 19, no. 3：354-86(凯西·沃克:"中国 20 世纪初的经济增长,农民边缘化与性别劳动分工:南通县妇女的工作",《近代中国》,1993 年,第 19 卷,第 3 期,第 354—386 页)。

Wang Ping. 2000. *Aching for Beauty*：*Footbinding in China*. Minneapolis：University Minnesota Press(王萍:《为美丽而遭罪:中国的缠足》,明尼阿波利斯:明尼苏达大学出版社,2000 年)。

Wang, Shaoxian and Virginia Li, eds. 1994. *Yunnan Funu de Xinsheng* (Women's voice from Rural Yunnan：Needs assessment of reproductive health). Beijing：Beijing Medical College, Lianhe Chubanshe （United Publishing House)(王绍贤和李涓主编:《云南农村妇女的心声:生育健康需求评估》,北京:北京医科大学、中国协和医科大学联合出版社,1994 年)。

——. 1985. *Inequality among Brothers*：*Class and Kinship in South China*. Cambridge：Cambridge University Press(《兄弟之间的不平等:华南的阶级与亲属关系》,剑桥:剑桥大学出版社,1985 年)。

——. 1986. "The Named and the Nameless：Gender and Person in Chinese Society." *American Ethnologist* 13, no. 4：619-631("有名与无名

的：中国社会的社会性别与个人"，《美国民族学家》，1986 年，第 13 卷，第 4
期，第 619—631 页）。

——. 1991a. "Wives, Concubines and Maids: Servitude and Kinship in
the Hong Kong Region 1900-1940. " In Marriage and Inequality in Chinese
Society, ed. Rubie Watson and Patricia Ebrey. Berkeley: University of
California Press("妻、妾与女仆：1900-1940 年香港地区的奴役与亲属关
系"，华若碧和伊沛霞编《中国社会中的婚姻与不平等》，伯克利：加利福尼亚
大学出版社，1991 年 a)。

——. 1991b. " Marriage and Gender in Chinese Society: An
Afterword. " In Marriage and Inequality in Chinese Society, ed. Rubie
Watson and Patricia Ebrey. Berkeley: University of California Press("中国
社会中的婚姻与社会性别：编后记"，华若碧和伊沛霞编《中国社会中的婚姻
与不平等》，伯克利：加利福尼亚大学出版社，1991 年 b)。

——. 1994. "Girls' Houses and Working Women: Expressive Culture
in the Pearl River Delta, 1900-41. " In Women and Chinese Patriarchy, ed.
Maria Jaschok and Suzanne Miers, 25-44. London: Hong Kong University
Press("闺房与劳动妇女：1900-1941 年珠江三角洲的表达文化"，玛丽亚·
贾斯乔克和苏珊娜·迈尔斯编《妇女与中国的父权制》，伦敦：香港中文大学
出版社，1994 年，第 25-44 页）。

Watson, Rubie and Patricia Ebrey. eds. 1991. Marriage and
Inequality in Chinese Society. Berkeley: University of California Press(华
若碧和伊沛霞编：《中国社会中的婚姻与不平等》，伯克利：加利福尼亚大学
出版社，1991 年）。

Wilhelm, Kathy. 1992. " Land Wars: Peasants Fight Back after
Businesses Evict Them from Small Plotsof Land. " in the Montreal Gazette,
22 April(凯西·威廉："土地之战：农民在商家将他们逐出小块地之后进行
的反击"，《蒙特利尔报》，1992 年 4 月 22 日）。

Wilk, Richard. 1989. "Decision Making and Resource Flows within the

Household: Beyond the Black Box." In *The Household Economy*: *Reconsidering the Domestic Mode of Production*, ed. Richard Wilk, 23-52. Boulder, Colo.: Westview(理查德·威尔克："户内的决策与资源流动：超越黑匣子的探究"，理查德·威尔克编《家庭经济：重新思索家庭生产方式》，科罗拉多州博尔德：西部视点出版社，1989年，第23-52页）。

Wolf, Arthur, and Huang, Chieh-shan. 1980. *Marriage and Adoption in China, 1845-1945*, Stanford, Calif.: Stanford University Press(武雅士和黄介山：《中国的婚姻与领养（1845—1945）》，加利福尼亚州斯坦福：斯坦福大学出版社，1980年）。

Wolf, Margery 1972. *Women and the Family in Rural Taiwan*. Stanford, Calif.: Stanford University Press(卢蕙馨：《台湾农村的妇女与家庭》，加利福尼亚州斯坦福：斯坦福大学出版社，1972年）。

——. 1975. "Woman and Suicide in China." In *Women in Chinese Society*, *ed*. Margery Wolf and Roxane Witke, 111-42. Stanford, Calif.: Stanford University Press（"中国的妇女与自杀"，卢蕙馨和罗克珊·威特克编《中国社会中的妇女》，加利福尼亚州斯坦福：斯坦福大学出版社，1975年，第111—42页）。

——. 1985. *Revolution Postponed*: *Women in Contemporary China*. Stanford, Calif.: Stanford University Press(《延迟的革命：当代中国的妇女》，加利福尼亚州斯坦福：斯坦福大学出版社，1985年）。

——. 1990. "The Woman Who Didn't Become a Shaman," *American Ethnologist* 17, no. 3（"没有成为萨满的妇女"，《美国民族学家》1990年，第17卷，第3期）。

——. 1992. *A Thrice-Told Tale*: *Feminism, Postmodernism, and Ethnographic Responsibility*. Stanford, Calif.: Stanford University Press（《一个讲了三次的故事：女权主义、后现代主义与民族志的责任》，加利福尼亚州斯坦福：斯坦福大学出版社，1992年）。

Wolf, Margery and Roxane Witke, eds. 1975. *Women in Chinese*

Society. Stanford，Calif.：Stanford University Press(卢蕙馨和罗克珊·威特克主编：《中国社会中的妇女》，加利福尼亚州斯坦福：斯坦福大学出版社，1975 年)。

World Bank. 1992. *China：Strategies for Reducing Poverty in the 1990s*. Washington，D. C.：World Bank(世界银行：《20 世纪 90 年代中国减贫战略》，华盛顿特区，世界银行，1992 年)。

——. 1995. *Staff Appraisal Report：China Southwest Poverty Reduction Project*. Report No. 13968-CHA. Washington，D. C.：Agricultural Operations Division，China and Mongolia Department，East Asia and Pacific Regional Office(《工作人员评估报告：中国西南的减贫项目》，13968-CHA 号报告，华盛顿特区：东亚与太平洋地区办事处中国与蒙古局农业业务处，1995 年)。

Xiang Jingyun［Hsiang Ching-yuen Patrick］. 1940. "Tenure of Land in China：A Preface to China's Land Problems and Policies." Ph. D. diss.，University of Wisconsin，Department of Agricultural Economics(向景云：《中国的农地制：中国土地问题与政策序言》，博士论文，威斯康星大学农业经济学系，1940 年)。

Xiang Jingyun［Hsiang Ching-yuen Patrick］and Liu Dewei［Liu Pearl］. 1999. *Staying Power：Patricia Xiang across China's Twentieth Century*，ed. Laurel Bossen，Boulder，Colo.：Gold Hill(向景云和刘德伟(1999)：宝森编《留住权力》，科罗拉多州博尔德：金山出版社，1999 年)。

Yan Yunxiang. 1996. *The Flow of Gifts：Reciprocity and Social Networks in a Chinese Village*. Stanford，Calif.：Stanford University Press(阎云翔：《礼物的流动：一个中国村庄中的互惠原则与社会网络》，加利福尼亚州斯坦福：斯坦福大学出版社，1996 年)。

Yang，Mayfair Mei-hui. 1994. *Gifts，Favors，and Banquets：the Art of Social Relationships in China*. Ithaca，N. Y.：Cornell University Press(杨美惠：《礼物、关系学与国家：中国人际关系与主体性建构》，纽约州伊萨

卡：康奈尔大学出版社，1994 年）。

Yunnan Province. 1991. *Yunnan sheng di si ci renkou pucha shougong huizong ziliao*（Major figures of manual tabulation of the 1990 Population Census of Yunnan Province）. Kunming：Yunnan People's Publishing House（云南省人口普查办公室：《云南省第四次人口普查手工汇总资料》，昆明：云南人民出版社，1991 年）。

Yunnan Province Statistical Bureau（YPSB）. 1992. *Yunan tongji nianjian*（Yunnan Statistical Yearbook）. Kunming：China Statistical Publishing House（云南省统计局：《云南统计年鉴》，昆明：中国统计出版社，1992 年）。

——. 1995. *Yunan tongji nianjian 1995*（Yunnan Statistical Yearbook 1995）. Beijing：China Statistics Publishing House（《云南统计年鉴（1995）》，北京：中国统计出版社，1995 年）。

——. 1999. *Yunan tongji nianjian 1999*（Yunnan Statistical Yearbook 1999）. Beijing：China Statistics Publishing House（《云南统计年鉴（1999）》，北京：中国统计出版社，1999 年）。

Zappi, Elda Gentili. 1991. *If Eight Hours Seem Too Few：Mobilization of Women Workers in the Italian Rice Fields*. Albany：State University of New York Press（埃尔达·扎皮：《假如八小时看似太少：动员意大利稻田里的女工》，纽约州奥尔巴尼：纽约州立大学出版社，1991 年）。

Zeng, Yi et al. 1993. "Causes and Implications of the Increase in China's Reported Sex Ratio at Birth," *Population and Development Review* 19, no. 2：283—302（曾毅等："中国出生性别比攀升的原因与意义"，《人口与发展评论》，1993 年，第 19 卷，第 2 期，第 283—302 页）。

Zhao Shiqing, Qu Guang, Peng Zhenglong, and Peng Tiensen. 1994. "The Sex Ratio of Suicide Rates in China," *Crisis* 15, no. 1：44-48（赵石青等："中国的自杀性别比"，《危机》，1994 年，第 15 卷，第 1 期，第 44—48 页）。

Zhao Xiong He and David Lester. 1997. "The Gender Difference in

Chinese Suicide Rates,"*Archives of Suicide Research* 3:81-97(何兆雄和大卫·莱斯特:"中国自杀率的社会性别差异",《自杀研究档案》,1997 年,第 3 卷,第 81—97 页)。

Zhou,Kate Xiao. 1996. *How the Farmers Changed China:Power of the People.* Boulder,Colo.:Westview(周晓:《农民如何改变了中国:人民的力量》,科罗拉多州博尔德:西部视点出版社,1996 年)。

Zhu Ling. 1991. *Rural Reform and Peasant Income in China:The Impact of Post-Mao Rural Reforms in Selected Regions.* New York:St. Martins(朱玲:《中国农村改革与农民收入:后毛时代一些地区农村改革的影响》,纽约:圣马丁出版社,1991 年)。

注:本索引采用了以下惯例:*f* 代表图形或照片,*t* 代表表格。索引中的页码为英文版页码,即本书的页边码。

507

389

"海外中国研究丛书"书目